사회복지학개론

사회복지학개론

김정희 · 김숙향 · 민원홍 · 손선옥 · 이은아 · 신경안 · 김도훈

KNOWLEDGE COMMUNITY 공동체

머리말

급격하게 변화하는 산업화와 문명의 발달은 인간에게 편의성을 제공하고 있으나, 반면 예측할 수 없는 복잡다단한 사회문제를 촉발함으로써 사회구성원들에게 높은 위기의식을 경험하는 삶을 살아가게 한다. 이러한 가운데 사회복지가 위기를 경험하는 사회구성원들에게 최후의 사회안전망의 역할을 한다는 기대는 더욱 증가하고 있다. 국가도 이전 시대와 달리 한정된 자원으로 국민의 공통적 욕구를 충족할 수 있도록 적극적인 개입을 시도하게 되었으며, 또한 사회구성원들의 사회복지에 대한 관심도 증가되었고 사회복지에 대한 전문성을 요구하게 되었다.

이렇게 사회복지에 대한 관심의 증가는 사회복지학을 배우고자 하는 예비사회복지사를 증가시키게 되었다. 예비사회복지사 증가로 인해 사회복지실천현장에서 요구하는 이론과 기술을 연마하기 위한 개론서가 필요하게 되었다. 사회복지학은 시대적 변화와 배경을 전제로 다양한 사회복지정책들이 어떻게 이루어지는지 연계하는 실천적 영역이라 할 수 있다.

본 서는 13장으로 구성되어 있다. 먼저 제1장 사회복지의 이해에서는 사회복지의 정의와 사회복지의 관점, 사회복지의 목적과 기능, 사회복지의 특성을 설명하였다. 제2장 사회복지의 가치와 윤리에서는 사회복지의 가치와 사회복지의 윤리를 설명하였다. 제3장 사회복지의 역사에서는 자선사업 시대와 근대 사회사업 시대를 설명하였다. 제4장 사회복지정책론에서는 사회복지정책의 개념, 사회복지정책의 발달이론과 사회복지정책의 분석 틀을 설명하였다. 제5장 사회복지행정에서는 사회복지행정의 개념, 사회복지행정과 일반행정, 사회복지조직과 사회복지행정, 사회복지행정의 영역, 사회복지행정의 과정 및 기능, 사회복지행정의 이론, 사회복지조직과 전달체계, 리더십, 조직문화를 설명하였다. 제6장 사회보험과 공공부조 정책에서는 사회보험 정책과 공공부조 정책을 설명하였다. 제7장 아동복지에서는 아동복지의 개념과 발달과정, 아동복지의 원칙, 아동학대와 아동보호서비스, 아동복지 전망과 과제를 설명하였다. 제8장 노인복지에서는 노인복지의 개념, 현대사회와 노인문제, 노인복지 정책 및 과제를 설명하였다. 제9장 장애인복지에서는 장애의 개념과 범주, 장애인복지의 이념, 장애인복지의 관점과 변화 동향, 장애인복지정책과 과제를 설명하였다. 제10장 다문화복지에서는 다문화복지의 개념과 다문화주의 관련 정책 유형, 다문화 관련 정책, 다문화복지의 실천, 다문화사회복지 실천가의 자세를 설명하였다. 제11장 1인가구와 사회복지에서는 1인가구 개념, 현대사회와 1인가구의 리스크, 1인가구 복지정책 및 과제를 설명하였다. 제12장 복지국가와 사회적 인정에서는 복지국가, 복지국가와 사회적 인정을 설명하였다. 마지막으로 제13장 자원봉사와 사회복지에서는 자원봉사의 개념, 자원봉사화 사회복지, 자원봉사활동의 과제와 전망을 설명하였다.

본 서는 사회복지의 다양한 영역에서 연구활동을 하고 집필진들이 마음을 모아 사회복지교육 현장의 현실적 요구에 부응하고자 집필되었다. 미래의 사회복지 실천현장에서 전문가로서 활동하고자 하는 전문인, 사회복지에 대한 기본적 이해를 바탕으로 사회복지사로서 역할수행에 도움을 받고자 하는 예비사회복지사들이 사회복지의 기본을 이해하고 사회복지실천현장과 이론 간의 괴리감을 극복할 수 있도록 집필에 신경을 썼다. 이 책을 활용하게 될 교수들과 이 책으로 사회복지를 전공하는 학생들과 교양과목으로 선택하는 수강생들에게 사회복지의 기초적인 지식을 쌓아가는 데 도움이 되고 안내자의 역할을 하기를 바란다.

마지막으로 이 책이 세상의 빛을 보고 출판되기까지 도움을 주신 공동체 가족 여러분께 감사드린다.

2022년 2월

저자 일동

차례

■ 머리말 ··· 3

Chapter 01 사회복지의 이해 / 9

1. 사회복지의 정의 ··· 9
2. 사회복지의 관점 ··· 20
3. 사회복지의 목적과 기능 ··· 29
4. 사회복지의 특성 ··· 36

■ 학습문제 ··· 41
■ 참고문헌 ··· 43

Chapter 02 사회복지의 가치와 윤리 / 45

1. 사회복지의 가치 ··· 45
2. 사회복지의 윤리 ··· 53

■ 학습문제 ··· 58
■ 참고문헌 ··· 60

Chapter 03 사회복지의 역사 / 63

1. 자선사업 시대 ··· 63
2. 근대 사회사업 시대 ··· 71

■ 학습문제 ··· 85
■ 참고문헌 ··· 87

Chapter 04 사회복지정책론 / 89

1. 사회복지정책의 개념 ··· 89
2. 사회복지정책의 발달이론 ··· 90

3. 사회복지정책의 분석 틀 ········ 95
■ 학습문제 ········ 102
■ 참고문헌 ········ 103

Chapter 05 사회복지행정 / 105

1. 사회복지행정의 개념 ········ 105
2. 사회복지행정과 일반행정 ········ 106
3. 사회복지조직과 사회복지행정 ········ 109
4. 사회복지행정의 영역 ········ 112
5. 사회복지행정의 과정 및 기능 ········ 114
6. 사회복지행정의 이론 ········ 115
7. 사회복지조직과 전달체계 ········ 126
8. 리더십 ········ 136
9. 조직문화 ········ 144
■ 학습문제 ········ 150
■ 참고문헌 ········ 153

Chapter 06 사회보험과 공공부조 정책 / 155

1. 사회보험 정책 ········ 155
2. 공공부조 정책 ········ 168
■ 학습문제 ········ 175
■ 참고문헌 ········ 176

Chapter 07 아동복지 / 177

1. 아동복지의 개념과 발달과정 ········ 177
2. 아동복지의 원칙 ········ 182
3. 아동학대와 아동보호서비스 ········ 184
4. 아동복지 전망과 과제 ········ 190
■ 학습문제 ········ 193
■ 참고문헌 ········ 195

Chapter 08 노인복지 / 197

1. 노인복지의 개념 ······ 197
2. 현대사회와 노인문제 ······ 208
3. 노인복지 정책 및 과제 ······ 217
■ 학습문제 ······ 231
■ 참고문헌 ······ 232

Chapter 09 장애인복지 / 233

1. 장애의 개념과 범주 ······ 233
2. 장애인복지의 이념 ······ 243
3. 장애인복지의 관점과 변화 동향 ······ 246
4. 장애인복지정책과 과제 ······ 253
■ 학습문제 ······ 261
■ 참고문헌 ······ 263

Chapter 10 다문화복지(사회복지와 문화적 다양성) / 265

1. 다문화복지의 개념 ······ 265
2. 다문화주의 관련 정책 유형 ······ 271
3. 다문화 관련 정책 ······ 275
4. 다문화복지의 실천 ······ 288
5. 다문화사회복지 실천가의 자세 : 문화적 역량 ······ 291
■ 학습문제 ······ 295
■ 참고문헌 ······ 297

Chapter 11 1인가구와 사회복지 / 299

1. 1인가구 개념 ······ 299
2. 현대사회와 1인가구의 리스크 ······ 300
3. 1인가구 복지정책 및 과제 ······ 306
■ 학습문제 ······ 308
■ 참고문헌 ······ 309

Chapter 12 복지국가와 사회적 인정 / 311

1. 복지국가 ······ 311
2. 복지국가와 사회적 인정 ······ 319
■ 학습문제 ······ 326
■ 참고문헌 ······ 328

Chapter 13 자원봉사와 사회복지 / 329

1. 자원봉사의 개념 ······ 329
2. 자원봉사와 사회복지 ······ 333
3. 자원봉사활동의 과제와 전망 ······ 337
■ 학습문제 ······ 339
■ 참고문헌 ······ 341

■ 찾아보기 ······ 343

Chapter

01

사회복지의 이해

1. 사회복지의 정의

1) 사회복지의 개념 정의

사회복지(社會福祉, social welfare)에 대한 개념 정의는 시대에 따라 그리고 각국의 경제적 발전 정도에 따라 학자마다 다르게 정의되었다. 이는 사회복지가 논쟁적인 사회과학의 개념으로서 모든 사회에서 동의할 수 있는 단일한 개념으로 정의하기 어렵기 때문이다. 일반적으로 사회복지는 사회구성원들에 대한 복지를 가리키는 말이다. 복지(福祉)란 인간 생활의 만족스러운 이상(理想) 상태를 뜻함과 동시에 그 이상 상태를 지향하는 구체적인 실천 활동까지 포함하는 개념이라고 할 수 있다. 사회복지의 개념에는 한 사회 안에 사는 모든 사회성원들이 일생 동안 행복하고 안정된 바람직한 삶을 누릴 수 있도록 하는 인간의 사회적 노력이 내포되어 있음을 알 수 있다. 사회복지는 실천 활동까지 포함하는 개념으로서 사회복지의 개념을 어떻게 정의하느냐에 따라 사회복지를 바라보는 관점과 그 사회 안의 구성원들을 대상으로 구체화하는 실천 활동의 범위가 달라질 수 있다.

(1) 사회복지의 개념

사회복지(社會福祉, social welfare)라는 용어는 '사회적(social)'이란 형용사와 '복지(welfare)'라는 명사의 합성어이다. '사회적(social)'이란 사회 안에서의 삶의 질과 개인, 집단, 사회 전체 간의 사회 내적 관계와 관련됨을 의미한다. 즉, '지역사회나 집단 속에서 함께 지낸다'는 뜻을 지니는 것으로 서비스 제공의 목적이 사회적 욕구(social needs)를 겨냥한다. 사회적 욕구란 사회적 관계(social relationships)가 효과적 조직화에 따라 욕구 충족의 정도가 결정되는 성질의 욕구를 말한다. 이윤추구와 같은 경제적 동기가 아니라 상부상조, 이타성, 비영리적 동기와 같은 사회적 동기에 의해 서비스를 제공한다. 이는 이타적 속성의 공동체적 삶의 요소에 관심을 갖는다는 것을 의미한다. 한편 영어의 welfare는 복합명사로 well은 '편안히 잘 지내는 상태 내지 만족스런 상태'를 의미하며, fare는 '먹다, 지내다, 해나가다, (일이) 잘되어 나가다'의 의미를 가진다. 따라서 '복지'는 만족하고 편안한 상태를 의미하는 목적 지향적인 개념과 그러한 상태를 달성하기 위한 활동을 의미하는 수단 지향적인 개념이 동시에 포함되어 있다. '사회적'이라는 용어가 덧붙여져서 '사회복지'는 '사회적으로 안정된 삶'과 '사회적으로 행복한 삶'을 추구한다는 의미를 내포하고 있다. 이러한 측면에서 『사회사업사전(Dictionary of Social Work)』은 사회복지(social welfare)를 "인간의 다양한 요구를 해결하며, 사회 기능을 강화하고 유지하도록 설계된 공식적(제도화된), 그리고 비공식적인 프로그램, 정책, 서비스 및 급여들"(Garthwait, 2012)로 정의하였다.

여러 학자들의 개념 정의를 살펴보면, 사회복지란 인간의 욕구나 사회적 위험, 또는 그로부터 사회적으로 규정되는 사회문제 등을 사회적으로 충족, 해결, 보호 등이 되도록 하는 제3자의 개입체계로 정의할 수 있다. 이때 제3자의 개입체계에는 국가나 정부의 공식적 또는 정부가 아닌 민간사회의 비공식적 프로그램, 정책, 서비스 및 급여 등이 해당한다(김제선 외, 2021). 이는 모든 사회구성원이 쾌적한 생활환경 속에서 안녕과 행복을 누리며 살고자 하는 복지사회(福祉社會, welfare society)의 이상이자 목표의 의미를 가진다고 할 수 있다. 사회복지에 대한 학자들의 정의는 <표 1-1>과 같다.

〈표 1-1〉 사회복지에 대한 개념 정의

학 자	개념 정의
프리들랜더 (Friedlander, W. A., 1955)	사회복지란 개인과 집단을 원조하여 건강상의 만족스러운 기준에 도달할 때까지 행하는 계획적인 사회적 서비스와 시설의 조직적인 제도이다.
던햄 (Dunham, A., 1967)	사회복지는 가족, 아동생활, 건강, 사회적응, 여가, 생활수준 및 사회적 관계성과 같은 영역에 있어서 인간의 욕구를 해결하는 것을 도와줌으로써 사회적 행복의 추진을 위한 조직적 노력이다.
레셔 (Rescher, N., 1970)	복지란 다차원적인 것으로 한 사람의 인간복지를 고려할 때도 복합적인 구성요소가 포함된다. 그중에서도 특히 중요한 것은 신체적인 면에서의 복지, 물리적인 복지(풍요, 번영, 부), 정신적·심리적인 복지이다.
로마니쉰 (Romanyshyn, J. M., 1971)	사회복지란 한정적으로는 사회적 약자에 대한 재정적 원조나 서비스를 의미하며, 다른 한편으로는 국민의 보편적 욕구에 대한 공동의 책임을 의미한다.
국제연합 (1971)	개인, 집단, 지역사회, 제도 및 사회적 수준에 있어서 보다 나은 사회적 기능 또는 사회적 관계를 목표로 한 사회적 서비스 및 인간의 복지를 가능하게 하는 과정이다.
바커 (Barker, R. L., 1987)	사회복지는 사회의 유지에 기본적인 사회적, 경제적, 교육적, 건강적 욕구를 충족시키려는 사람을 돕는 프로그램 급부 및 서비스에 대한 국가의 체계이다.
미국사회사업가협회 (NASW, 1973)	사회의 유지에 기본적인 사회적·경제적·교육적·건강적 욕구를 충족하도록 돕는 프로그램, 급여 및 서비스에 관한 국가의 체계이며 지역사회나 사회의 집합적 행복의 상태를 갈한다.
김만두 (1986)	모든 국민들의 인간다운 생활을 보장하기 위해서 사회생활상의 곤란과 문제를 개인적, 집단적, 지역사회 수준에서 예방하고 보호하며 치료하기 위한 사적·공적 개입의 프로그램, 서비스, 제도 등의 총체적인 체계이다.
장인협 (1987)	가족이나 시장기구로부터 탈락된 자들에게 정상적인 사회생활을 유지할 수 있도록 보호, 치료, 예방의 정책이나 방법을 활용하는 것이다.
김상규 외 (1990)	인간의 행복을 증진시키기 위하여 정부나 민간단체들이 여러 가지 프로그램이나 사회적 서비스 또는 제도를 통해서 사회적 역기능을 줄이기 위한 체계적이고 조직적인 노력이며 실천 활동이다.

출처 : 김만두(1986); 오종희 외(2018); 고명수 외(2018).

(2) 사회복지와 사회사업

사회복지(social welfare)와 사회사업(social work)이라는 용어는 가끔 혼동되고 때로는 동의어로 사용된다. 실제로 사회복지는 폭넓은 의미를 가지며, 사회사업, 공공복지 그리고 기타 관련된 프로그램과 활동을 포함한다(Skidmore & Thackeray, 2000).

프리들랜더와 앱터(Friedlander & Apte, 1980)는 사회복지와 사회사업을 구별하면서

"사회복지는 국민들을 위한 기본적인 것으로 인정된 사회적 욕구를 충족시키기 위하여, 그리고 사회질서의 회복을 위하여 제반 급여를 확보하거나 강화시키는 법률, 프로그램, 급여 및 서비스 체계이다. 반면에 사회사업은 개인, 집단, 지역사회가 사회적 혹은 개인적 만족과 독립을 확보할 수 있도록 도와주는 인간관계상의 과학적 지식과 기술에 바탕을 둔 전문적인 서비스이다. 따라서 사회복지는 사회사업보다 넓은 의미를 지니고 있다"고 하였다(Friedlander & Apte, 1980, 김상균 외, 2007 재인용)

또한 국제사회복지사협회(IFSW : International Federation of Social Workers)는 사회사업(social work)을 "사회변화, 인간관계에서 문제해결, 인간의 역량강화와 해방 등을 위해 인간행동과 사회제도이론을 활용하여 인간이 환경과 상호작용하는 지점에서 개입하는 것"으로 정의하였다(IFSW, 2000). 사회사업에 대한 학자들의 정의는 <표 1-2>와 같다.

〈표 1-2〉 사회사업에 대한 개념 정의

학 자	개념 정의
솔로먼 (Soloman, A., 1921)	사회사업이란 문화적인 이상, 특히 경제면에 상응하는 국민생활 양태를 도입, 보호하는 것을 목표로 하는 국가 및 사회적 노력의 총체를 말하지만, 이들 모든 노력이란 문화가 뒤떨어져 있거나 또는 그것을 방해받고 있는 사회계층의 건강, 도덕 및 경제적 제 관계를 향상시키는 것을 목적으로 하는 행위이다.
미국사회사업교육협회 (1954)	사회사업은 인간과 환경 간의 상호작용을 이루는 사회적 관계에 초점을 두는 활동을 통하여 개인들의 사회적 기능을 단독으로나 집단적으로 향상시키고자 함에 있으며, 그 기능으로서는 손상된 능력의 회복, 개인적·사회적 자원의 제공, 사회적 기능장애의 예방을 들고 있다.
프리들랜더 (Friedlander, W. A., 1955)	사회사업은 개인으로 하여금 개인을 집단의 일원으로서 사회적·인간적인 만족과 독립을 성취하도록 원조하여 주고 인간관계에 관한 과학적 지식과 숙련을 기초로 한 전문적 활동이다.
던햄 (Dunham, A., 1967)	사회사업은 개인·집단·지역사회의 인구집단에 관심을 두고 이것의 보호·치료 및 예방을 포괄한다.
국제연합 (1971)	사회과학과 기초 과학에서 도출되어 사회개발의 훈련 및 조사에 교육적으로 인정받는 사업에 의해 지지된 지식, 방법 및 철학의 체계에 주로 기초를 두는 훈련에 의해서 터득된 사회복지 분야에 있어서 사람들의 사회적 욕구를 충족시키기 위한 전문적인 운영 방법이다.
미국사회사업가협회 (NASW, 1973)	사람들의 효과적 수준의 심리·사회적 기능을 수행하도록 돕고 모든 사람의 행복을 증진시키도록 사회변화에 영향을 미치는 응용과학으로 개인, 집단, 지역사회가 사회적 기능을 수행할 수 있도록 그들의 행복을 증진시키거나 회복시키도록 돕고 이러한 목표에 적절한 사회적 조건을 조성하는 전문적 활동이다.

출처 : 박상하 외(2009); 오종희 외(2018); Barker(1995).

사회사업은 미시적 차원에서 인간에게 개입하는 실천적 지식과 기술에 관한 사항인 반면, 사회복지는 거시적 차원에서 사회에 대한 개입체계의 제도와 정책에 관한 사항을 의미한다. 따라서 사회사업은 선별적이고 개별적이기 때문에 사후적, 치료적 그리고 소극적인 특징을 가지는 반면, 사회복지는 보편적이고 전체적이기 때문에 사전적, 예방적 그리고 적극적인 특징을 가진다. 사회복지와 사회사업의 일반적 개념을 비교하면 다음과 같다.

〈표 1-3〉 사회복지와 사회사업의 개념 비교

구 분	사회복지	사회사업
어 의	이상적인 면을 강조	실천적인 면을 강조
개 념	거시적(macro)	미시적(micro)
목 적	바람직한 사회(전체에 관심) : 사회환경 변화	바람직한 인간(개인에 관심) : 개인 변화
대 상	전체적, 일반적, 보편적	선별적, 개별적, 특수계층
범 위	보편성	개별성
기 능	사전예방, 적극적	사후치료, 소극적
방 법	정책, 제도 : 고정적 (안정적, 원칙적, 정적인 특징)	전문지식과 기술 : 역동적 (대상과 문제에 따라 유연한 특징)

이러한 측면에서 사회복지가 사회적 기능의 제도나 활동의 총체로서 의미를 갖는 반면에, 사회사업은 전문적 지식과 기술을 바탕으로 개인, 가족, 이웃의 문제해결과 사회적 기능수행(social functioning) 향상을 원조하는 전문적 실천 활동으로 이해된다. 하지만 현대사회에서 일상적으로 이 둘의 개념은 혼합되어 사용되는 측면이 강하다. 대표적으로 미국사회복지사협회(NASW : National Association of Social Workers)에서 6번째 개정하여 발간한 『사회사업사전(The Social Work Dictionary)』(Barker, 2013)에서는 "사회유지에 기본이 되는 사회, 경제, 교육, 건강의 욕구를 충족해 주는 프로그램, 급여 그리고 서비스에 관한 국가체계"이며, 또한 "공동체 또는 사회의 집합적 안녕의 상태"로 설명하였다. 즉, 욕구를 충족해 주는 개입행위이면서 그것을 통해 불안이 없는 안녕 상태가 되는 것이 사회복지이며 사회사업이라는 것이다(김제선 외, 2021).

우리나라의 경우, 1950년대부터 1970년대 중반까지 미국 등 서구의 영향을 받아 '사회사업(social work)'이라는 개념이 교육이나 실천현장에서 통용되었다. 그러나 1970년대 후반에 이르면서 '사회사업의 토착화 과제'가 제기되었고, 당시 우리나라의 사회문제를 고려할 때 '사회복지'라는 광의의 제도적 접근이 필요하다고 하여 학계나 실천현장에서 '사회사업(social work)'이라는 이념적 접근이 우위를 차지하게 되었다. 그리하여 1980년대에는 사회사업과 사회복지라는 용어가 혼용되어 오다가 1983년 사회복지사업법의 개정으로 '사회사업'의 용어가 '사회복지'로 거의 대체되었다(박정선, 2014). 1990년대에 이르러 '사회복지'라는 용어로 통일되는 경향이 나타나게 되었다(박종삼, 2002).

위와 같이 다양한 학자들의 사회복지와 사회사업의 개념 정의를 살펴 정리하면, 학술적인 개념 논의를 제외하고는 사회복지(social welfare)와 사회사업(social work)의 두 개념을 합해 사회사업을 포함한 사회복지로 정의할 수 있다. 두 개념 간의 공통점과 차이점을 구분하기보다는 이 두 개념을 혼합하여 사회사업, 그리고 관련된 프로그램들과 활동들을 포함한 사회복지로 사용하고자 한다.

2) 사회복지 관련 개념

(1) 사회보장

사회보장(social security)이란 인간이 질병, 실업, 사망, 노령, 장애, 사고 등으로 인해 스스로의 문제를 감당할 수 없는 경우 사회입법을 통해 제공되는 보호조치를 말한다. 이때의 보호조치는 사회보험(social insurance), 공공부조(public assistance), 보건 및 복지서비스를 통해 강구되는 것이 보통이며, 엄격한 의미에서 민간(private) 자원봉사기관이나 단체에 의해 제공되는 보호조치는 사회보장에서 제외되는 경우가 많다. 이 용어는 1933년 미국에서 최초로 등장하여 1935년 '사회보장법(Social Security Act)'에 명기되었다. 이어 1938년 뉴질랜드에서 '사회보장법'이 제정되어 사회보장의 개념은 점차 확대되었다(김태성 외, 2010; 최일섭 · 정 은, 2009). 일반적으로 널리 사용하게 된 것은 1942년의 영국의 베버리지 보고서 이후이다. 베버리지는 사회보장을 소득보장을 의미하는 것으로 정의하였는데 이러한 베버리지의 정의는 오늘날까지도 영국에서 통용되는 일반적인 정의로 자리잡아 사회보장은 주로 소득보장을 의미하며 의료보장과는 구분되는 개념으로 사용되고 있다.

그러나 국제노동기구(ILO)에서는 의료보장을 사회보장의 하위영역에 포함하고 있다. ILO는 사회보장을 "질병, 부상, 출산, 실업, 노령, 사망 등으로 인한 소득의 중단 또는 감소에 의하여 발생하는 사회적, 경제적 곤란에 대처하기 위하여 사회가 구성원들에게 제공하여 주는 소득보장, 의료제공, 아동수당 등과 같은 일련의 공적인 조처"로 정의하고 있다. 우리나라에서 사회보장은 사회보장기본법 제3조에 의하면 출산, 양육, 실업, 노령, 장애, 질병, 빈곤 및 사망 등의 사회적 위험으로부터 모든 국민을 보호하고 국민 삶의 질을 향상시키는 데 필요한 소득・서비스를 보장하는 사회보험, 공공부조, 사회서비스를 말한다.

〈표 1-4〉 우리나라 사회보장 범주

사회보험	국민에게 발생하는 사회적 위험을 보험의 방식으로 대처함으로써 국민의 건강과 소득을 보장하는 제도
공공부조	국가와 지방자치단체의 책임하에 생활 유지 능력이 없거나 생활이 어려운 국민의 최저생활을 보장하고 자립을 지원하는 제도
사회서비스	국가・지방자치단체 및 민간부문의 도움이 필요한 모든 국민에게 복지, 보건의료, 교육, 고용, 주거, 문화, 환경 등의 분야에서 인간다운 생활을 보장하고 상담, 재활, 돌봄, 정보의 제공, 관련 시설의 이용, 역량 개발, 사회참여 지원 등을 통하여 국민의 삶의 질이 향상되도록 지원하는 제도

(2) 사회서비스

사회서비스(social services)는 기본적이며 보편적인 인간 욕구를 해결하기 위한 서비스로서 영국을 중심으로 많이 사용되는 용어이다. 영국에서는 소득보장, 건강, 교육, 주택(주거), 개별 사회서비스(personal social service) 등의 5대 영역을 포괄하는 넓은 의미로 사용된다. 사회서비스(social services)는 인간이 독립적 생활을 유지하고 가족관계를 강화하고, 개인, 집단, 가족 또는 지역사회의 기능을 강화하기 위한 사회복지전문직과 인간원조전문직의 활동을 의미한다. 사회서비스는 넓게는 인간서비스와 동일한 의미로도 사용되며, 사회복지의 광의의 개념과 유사한 개념으로 사용되기도 한다(Mehr & Kanwischr, 2004; Titmus, 1974). 그러나 현재 사회복지 분야에서는 사회서비스의 개념을 일반적으로 노인, 장애인, 아동 등의 개인이 처한 상황과 욕구를 개별화하여 그 개인의 사회적 기능 수준을 향상하는 데 목적을 둔 상담, 주간보호, 가정방문서비스 등의 비물질적 서비스를 의미하는 대인적 사회서비스에 국한된 의미로 사용하는 경우가 많다(Johnson et al., 1997). 이러한 측면에서 사회서비스는 인적자원(human resources)의 보존, 보호, 개선을 직접적인 목적으로 하는 조직적인 활동을 의미한다. 사회서비스는 대면관계를 기반으로 하여 개인에게 주어진다는 의미의 대인 사회서비스(personal social service)로 서비스 제공자인 전문가가 아동, 노인, 장애인 등 서비스 대상자와 대면관계에 기초하여 직접적·전문적 서비스를 제공하는 특징이 있다(장인협 외, 1999).

우리나라에서 논의되고 있는 사회서비스의 개념을 보면, 넓은 의미와 좁은 의미로 구분할 수 있다. 넓은 의미로는 우리나라 표준산업분류상 사회서비스는 공공행정, 국방, 교육서비스, 의료서비스 및 사회복지서비스를 포함하고 있으며, 좁은 의미로는 사회적 돌봄서비스(social care service)를 말한다. 그러나 법적 규정에 의하면, 사회서비스를 넓은 의미로 파악하고 있다. 사회보장기본법에서 명시하고 있는 사회서비스란 도움이 필요한 모든 국민에게 복지, 보건의료, 교육, 고용, 주거, 문화 환경 등의 분야에서 인간다운 생활을 보장하고 상담, 재활, 돌봄, 정보의 제공, 관련 시설의 이용, 역량 개발, 사회참여 지원 등을 통하여 국민의 삶의 질이 향상되도록 지원하는 제도이다. 사회적기업육성법에서 사회서비스란 교육, 보건, 사회복지, 환경 및 문화 분야의 서비스, 그밖에 이에 준하는 서비스로 다양한 영역의 서비스를 포함하고 있다. 또한 「사회서비스 이용 및 이용권 관리에 관한 법률」에서는 사회서비스를 사회복지사업법에 따른 사회복지서비스, 보건의료기본법에 따른 보건의료서비스, 그 밖에 이에 준하는 서비스로 규정하고 있다. 이처럼 사회서비스는 사회복지를 비롯하여 다른 영역에서 제공되는 서비스까지 포괄하는 것으로, 개인 또는 사회 전체의 복지 증진 및 삶의 질 제고를 위해 사회적으로 제공하는 서비스로 언급되고 있다(오정수 외, 2020).

(3) 사회안전망

사회안전망(social safety net)의 개념은 세계은행(IBRD), 국제통화기금(IMF) 등에 의해 사용된 용어로, 기존 사회보장제도하에서 적절한 보호를 받지 못한 채 여전히 위험에 노출된 사람들을 보호하기 위한 대책을 의미한다. 사회안전망의 목적은 모든 사회적 위험에 대한 포괄성과 사회구성원 모두에게 적용되는 보편성을 실현하고 기본적인 생활을 보장하는 데 있다. 대량실업, 재해, 전시 등의 국가위기상황(기존의 사회보장이나 사회복지보다 좀 더 긴급하고 과도기적 상황)에서 국가가 국민에게 기초생활을 보장해 줌으로써 이들이 안정된 사회생활을 할 수 있도록 하는 역할을 수행한다.

우리나라에서 사회안전망은 실업·질병·노령·빈곤 등 사회적 위험으로부터 국민을 보호하기 위한 제도적 장치로서 빈곤층 및 취약계층 보호를 위한 공공부조, 국민들의 복지지원 등을 위한 사회복지서비스, 노후소득보장, 건강, 재해 등 잠재적 위험에 대비하기 위한 사회보험을 포괄하는 광의의 개념으로 사용되고 있다.

〈표 1-5〉 사회안전망 보장체계

<table>
<tr><th colspan="3">사회안전망</th><th>제 도</th><th>사회적위험</th><th>대상계층</th></tr>
<tr><td rowspan="9">공공
사회
안전망</td><td colspan="2" rowspan="4">1차 예방
(사회보험)</td><td>의료보험</td><td>질병</td><td>일반 국민</td></tr>
<tr><td>국민연금</td><td>노령</td><td rowspan="3">근로자</td></tr>
<tr><td>산재보험</td><td>산업재해</td></tr>
<tr><td>고용보험</td><td>실업</td></tr>
<tr><td rowspan="4">2차 :
기초생활보장</td><td rowspan="3">보완적 장치</td><td>공공근로사업</td><td rowspan="3">실업</td><td rowspan="3">실직자</td></tr>
<tr><td>직업훈련</td></tr>
<tr><td>각종부대사업</td></tr>
<tr><td>공공부조</td><td>기초생활보장</td><td>빈곤</td><td>저소득계층</td></tr>
<tr><td colspan="2">3차 : 긴급구호</td><td>긴급복지지원제도</td><td>빈곤, 질병</td><td>저소득계층</td></tr>
<tr><td colspan="3">민간 사회안전망</td><td>-</td><td>실업, 빈곤</td><td>저소득계층</td></tr>
</table>

출처 : 김유경(2021).

사회안전망은 정부에 의해 주도되는 공공 사회안전망과 민간부문에 의해 주도되는 민간 사회안전망으로 구분할 수 있다. 우리나라의 사회안전망은 '사회보험-공공부조 및 사회복지서비스-긴급복지지원'이라는 3단계 체계로서 사회적 위험(social risks)에 대한 보장체계를 구축하고 있다. 1차 안전망으로 사회보험이, 2차 안전망으로 기초생활보장이, 3차 안전망으로 긴급구호 등이 있다. 1차 안전망은 빈곤과 같은 어려움에 처하지 않도록 사전에 예방하기 위한 프로그램들로 사회보험이 주 역할을 한다. 2차 안전망은 1차 안전망에 의해 보호받지 못하는 사람을 대상으로 공공부조를 통한 기초생활보장과 그 밖의 공공근로와 노동시장에서의 지원을 제공하는 것이다. 3차 사회안전망은 위험이 급격히 노출되었으나 이에 대한 개별적 대비가 되어있지 않은 가구와 개인을 대상으로 하는 긴급구호를 의미한다.

(4) 사회복지서비스

사회복지서비스(social welfare service)는 빈민, 노인, 여성, 장애인, 아동 등 사회적 보호가 필요한 사람들의 사회적 기능을 향상하고 자립할 수 있도록 원조하는 서비스 행위를 의미한다. 이러한 사회복지서비스는 개인이나 가족, 집단 등의 미충족 욕구나 생활상의 문제에 대해 개별화된 전문서비스를 제공하지만, 사회복지의 고유 영역 내에서 서비스가 이루어진다. 따라서 사회복지서비스는 사회복지와 인간서비스, 사회서비스보다는 좁은 의미를 지닌 개념이라고 할 수 있다.

우리나라와 일본에서는 사회복지서비스와 사회복지사업이라는 표현이 자주 사용된다. 이 경우에는 사회복지라는 제도적 틀 안에서 제공되는 개별 사회적 서비스라는 보다 제한된 의미로 이해되며, 법률용어로 사용되고 있다(김상균 외, 2007).

우리나라 사회복지사업법 제2조 제6항에서 "사회복지서비스란 국가·지방자치단체 및 민간부문의 도움을 필요로 하는 모든 국민에게 사회보장기본법 제3조 제4호에 따른 사회서비스 중 사회복지사업을 통한 서비스를 제공하여 삶의 질이 향상되도록 제도적으로 지원하는 것을 말한다"고 규정하고 있으며, 동법 제2조

제1항에서 "사회복지사업이란 다음 각 목의 법률에 따른 보호·선도(善導) 또는 복지에 관한 사업과 사회복지상담, 직업지원, 무료 숙박, 지역사회복지, 의료복지, 재가복지(在家福祉), 사회복지관 운영, 정신질환자 및 한센병력자의 사회복귀에 관한 사업 등 각종 복지사업과 이와 관련된 자원봉사활동 및 복지시설의 운영 또는 지원을 목적으로 하는 사업을 말한다"고 명시하고 있다. 따라서 사회복지사업법에서 규정하고 있는 사회복지사업에 관련된 각 법에 의해 제공되는 사업 및 서비스를 사회복지사업, 사회복지서비스로 이해할 수 있다.

사회복지사업법에 명시된 사회복지사업의 관련법은 다음과 같다.

가. 국민기초생활 보장법
나. 아동복지법
다. 노인복지법
라. 장애인복지법
마. 한부모가족지원법
바. 영유아보육법
사. 성매매방지 및 피해자보호 등에 관한 법률
아. 정신건강증진 및 정신질환자 복지서비스 지원에 관한 법률
자. 성폭력방지 및 피해자보호 등에 관한 법률
차. 입양특례법
카. 일제하 일본군위안부 피해자에 대한 생활안정지원 및 기념사업 등에 관한 법률
타. 사회복지공동모금회법
파. 장애인·노인·임산부 등의 편의증진 보장에 관한 법률
하. 가정폭력방지 및 피해자보호 등에 관한 법률
거. 농어촌주민의 보건복지증진을 위한 특별법
너. 식품등 기부 활성화에 관한 법률
더. 의료급여법
러. 기초연금법
머. 긴급복지지원법
버. 다문화가족지원법
서. 장애인연금법
어. 장애인활동 지원에 관한 법률
저. 노숙인 등의 복지 및 자립지원에 관한 법률
처. 보호관찰 등에 관한 법률
커. 장애아동 복지지원법
터. 발달장애인 권리보장 및 지원에 관한 법률
퍼. 청소년복지 지원법
허. 그 밖에 대통령령으로 정하는 법률

2. 사회복지의 관점

1) 사회복지의 관점

(1) 협의의 개념과 광의의 개념

이론적 관점에서 사회복지의 개념은 사회복지활동의 대상범주에 따라 협의의 개념과 광의의 개념 두 관점으로 크게 나누어 볼 수 있다. 이와 같은 관점은 로마니쉰(John M. Romanyshyn)의 견해처럼 소극적 사회복지와 적극적 사회복지라는 용어로 표현할 수도 있다.

① 협의의 개념

협의의 개념으로서의 사회복지는 그 대상을 기초생활보장제도와 같이 빈곤한 사람들이나 아동, 장애인, 노인 등과 같은 사회적 약자로 한정지어 실천하는 사회복지활동으로 보는 개념이다. 사회복지를 빈곤계층 대상의 공공부조나 전문적 사회사업활동과 동일시하는 경향은 협의의 사회복지 개념에 해당한다. 영국의 구빈법과 같은 빈곤계층을 대상으로 한 공공부조와 19세기 후반 영국과 미국의 박애사업이 협의의 개념으로 이해되고 있다. 협의의 개념은 보완적 또는 잔여적 사회복지 개념으로서 사회복지를 가족이나 시장제도에 의하여 사회가 정상적으로 기능하지 못할 때 도움을 주는 활동으로 보는 견해이다.

〈표 1-6〉 협의의 사회복지

카두신 (Kadushin, 1972)	• "사회복지는 흔히 국민 전체의 복지를 지원·제고하는 것이라고 정의되고 있지만, 실제로 사회복지의 범위는 보다 협의적이고 잔여적인 방향(residual orientation)을 취하고 있다." • 당시 미국의 사회복지는 국민 중 특수계층의 욕구를 충족시키려는 정책, 급여, 프로그램 및 서비스를 의미하는 용어로 사용된다.
협의의 사회복지 개념에 입각한 제도와 정책을 실시하는 경우	• 초점－경제적 효과성 : 자원 낭비를 줄이고 꼭 필요한 대상에 할당되는가에 초점 • 장점－필요한 사람들에게 자원을 집중하므로 경제적 효율성과 비용 효과성 등의 측면에서 장점이 있다. • 한계－대상자 선별과정에서 낙인(수치심, stigma)을 유발할 수 있고, 사회구성원 중 일부에게만 급여를 지급하기 때문에 사회통합 효과가 낮다.

출처 : 김유경(2021).

② 광의의 개념

광의의 개념으로서의 사회복지는 특정(문제) 계층 일부만을 대상으로 하지 않고 사회 전체 성원을 대상으로 하는 확대된 개념으로 적극적이고 제도적인 개념으로서 협의의 내용 외에 사회정책, 사회보장, 보건, 의료, 주택, 고용, 교육 및 문화 등이 포함된다. 정부의 시책뿐만 아니라 민간부문과 자원봉사 등을 포함하며, 정부의 시책도 보건복지부에 한정되지 않고 고용노동부, 교육부, 국토교통부, 문화체육관광부 등 다양한 정부 부처를 광범위하게 포괄하는 개념이다. 즉, 모든 국민의 최상의 복지와 안녕의 상태를 위하여 사회가 제도적 · 조직적 · 지속적으로 노력하는 모든 체계와 과정을 포괄한다.

〈표 1-7〉 광의의 사회복지

로마니쉰 (Romanyshyn, 1971)	• 사회복지는 개인과 사회 전체의 복지 증진을 위한 모든 형태의 사회적 노력을 포함한다. • 사회문제의 치료와 예방, 인적자원의 개발, 인간 생활의 향상에 직접적 관련성을 갖는 일체의 시책과 과정을 포함한다. • 개인 또는 가정에 대한 사회적 서비스 제공뿐만 아니라 사회 제도를 강화 · 개선하려는 노력을 포함한다.
프리들랜더와 앱터 (Friedlander & Apte, 1980)	• 사회복지는 국민의 복지를 도모하고, 사회질서를 원활히 유지하는 데 필요한 사회적 욕구를 충족시키기 위한 제반 시책 • 입법, 급여(benefits), 프로그램과 서비스를 포함하는 제도
광의의 사회복지 개념에 입각한 제도와 정책을 실시하는 경우	• 초점 - 사회통합 : 모든 성원이 얼마나 평등한 구성원으로 대우받는가에 초점 • 장점 - 소득재분배, 인간의 존엄성, 사회통합 등 사회적 효과성 측면에서 장점 • 특징 - 포괄적 맥락에서 정책적 접근 및 보편적 접근 선호

출처 : 김유경(2021).

(2) 잔여적 복지와 제도적 복지

윌렌스키와 르보(Wilensky & Lebeaux, 1965)는 그들의 저서 『산업사회와 사회복지(Industrial Society and Social Welfare)』에서 사회복지 개념을 사회복지의 기능에 따라 잔여적(殘餘的, residual)인 것과 제도적(制度的, institutional)인 것으로 구분하였다. 이 두 관점은 철학적으로 정반대의 위치에 있고, 역사적으로 볼 때 잔여적 관점에서 제도적 관점으로 변화되어 왔지만 대체로 두 관점이 혼합되어 있는 것이 현실이다.

① 잔여적 복지

잔여적 관점의 사회복지는 개인의 욕구가 1차적으로 가족과 시장에서 충족되고 그렇지 못할 경우에만 잠정적·일시적으로 사회가 나서서 돕는 것으로 간주한다. 다시 말해서, 가족 및 시장경제 같은 주요 제도들이 제 기능을 수행하지 못할 경우 파생되는 문제를 임시적으로 보완, 보충, 해소하기 위한 제도가 사회복지라는 것이다. 그리고 평상시에는 가족 및 시장경제 같은 주요 제도들이 제 기능을 수행하기 때문에 사회복지활동이 불필요하다. 즉, 사회복지제도는 사회유지에 필수적인 기능이 아니다. 자발적이든 비자발적이든 개인적 결함(부적응, 일탈, 무능, 비정상 등)으로 궤도를 이탈하게 되는 낙오자나 일탈자에 대해 최소한도의(제한적, 임시적, 응급처치적) 보호를 제공하는 것이며, 사회복지활동이 필요하지 않은 상태가 가장 최선의 상태이다. 즉, 사회복지제도는 사회유지와 발전을 위해 제일선에서 필요한 기능이 아니며, 안전망(safety－net) 기능만 수행한다. 그리고 사회복지대상자는 사회에 의존적인 사람으로서 가급적 의존적인 상태에서 벗어나기 위해 스스로 노력해야 하는 도덕적 의무가 있으며, 그러한 사회적 기대를 저버릴 경우 비난과 경멸의 대상이 된다(Kirst-Ashman, 2003). 또한 가족과 시장을 통해 욕구가 충족되는 상태로 회복되면 사회복지는 중단된다는 점에서 '잔여적'이다. 잔여적 개념의 사회복지는 다음과 같은 성격을 가진다.

- 일시적, 응급처치적, 임시적, 보충적, 소극적, 사후적(사후 치료적), 제한적(한정적) 성격
- 단기간에 복지제공 및 종결
- 절대적 빈곤 개념과 최저기준 강조
- 사회문제의 발생 원인으로 개인의 책임 강조
- 대상자에 대해 선별적(선택적)이고 개별적인 접근
- 권리가 아니라 '자선(구호)', '시혜(dole)'적 의미의 사회복지

② 제도적 복지

제도적 관점의 사회복지는 국민의 권리로서 강조한다. 따라서 어려움에 처한 개인에게 낙인을 찍거나 비정상적인 존재로 보지 않는다. 잔여적 관점과는 달리 현대의 산업사회에서는 가족과 시장경제제도가 평상시에도 온전히 운영되기 힘들기 때문에 사회복지제도가 사회유지와 발전에 필수적일 수밖에 없다고 본다. 사회문제의 발생 원인으로 사회구조적 책임(국가 책임)을 강조한다. 즉, 사회문제는 불공정하고 불합리한 사회구조로 인해 발생한다고 본다. 각 개인이 모든 문제를 대처할 수 없고, 가족이나 직장을 통해 모든 것을 충족할 수 없는 것은 매우 자연스럽고 정상적인 것이다. 따라서 이를 돕기 위한 원조기관은 '정상적인' 제도적 위치를 획득한다. 이런 점에서 제도적 개념의 사회복지는 다른 사회제도와 동시에 제일선(first line)에서의 기능을 수행하며 다른 사회제도와 중복되는 기능과 함께 독자적인 기능을 확보한다. 그러므로 사회복지는 사회를 유지하는 데 필수적 기능을 수행하며, 그러한 기능이 지속적 사회활동의 유형으로 조직되고 제도화되어 있어 광의의 사회복지의 개념에 해당한다. 제도적 개념의 사회복지는 예방적, 보편적(보편주의적), 포괄적인 성격을 갖는다.

잔여적 복지와 제도적 복지의 특징을 비교하면 <표 1-8>과 같다.

〈표 1-8〉 잔여적 복지와 제도적 복지 개념의 차이점

개념 \ 내용	잔여적 복지	제도적 복지
배 경	前 산업사회(전통사회) ← 산업화	→ 산업사회
이 념	예외주의, 보수주의	보편주의, 자유주의
추구하는 기본 가치	시장경제, 개인주의	평등의 구현
기 능	• 자원이 고갈된 후 사후적 기능 • 보충적(잔여적), 일시적(임시적)	• 자원 고갈의 예방적 기능 • 제도적, 항구적
대 상	사회적 도움이 필요한 사회적 취약계층 및 요보호대상자 한정	전체 사회 구성원
의 미	좁은 의미의 사회복지	넓은 의미의 사회복지
실천주체	국가의 역할 강조하지 않음 =국가 책임 최소화	국가의 역할 강조 =국가 책임 점차 확대

개념 \ 내용	잔여적 복지	제도적 복지
욕 구 (문제 상황)	• 그 욕구가 예외적인 것이다. • 긴급한 상황, 위기 상황의 문제	• 그 욕구가 산업화로 인해 생기는 것으로 언제나 예상된다. • 현대생활의 복잡성에서 문제가 발생
사회복지 프로그램	일부 사회적 취약계층을 위한 최소한의 국가의 역할을 수행하는 프로그램	국가에 의한 소득보장, 의료, 주택, 사회복지서비스 등 사회구성원의 삶의 질을 향상시키는 다양한 프로그램
서비스기간	구호품, 시혜, 자선 등 일시적 개선	예방과 재활을 강조하는 제도로 영구적
장 점	• 경제적 효율성(비용 효과성) 높음 • 목표 효율성(대상 효율성) 높음	• 사회통합(사회적 효과성) 효과 • 낙인감 유발하지 않음 • 사회적 욕구나 문제에 대한 예방 효과
한 계	• 자격요건 행정비용 발생(운영 효율성 감소) • 낙인감(수치심) 발생으로 사회통합 저해 (사회적 효과성 감소) • 부정수급 예방을 위한 지속적 관리	• 한정된 자원의 효과적 사용 한계성 • 비용 효율성(경제적 효과성) 낮음 • 목표 효율성(대상 효율성) 낮음
대표 사례	공공부조 : 국민기초생활보장제도, 긴급복지지원제도, 의료급여제도, 장애인연금제도, 기초연금제도 등	사회보험, 사회수당, 기본소득, 아동수당

③ 잔여적 개념과 제도적 개념에 대한 통합적 관점 : 개발적 관점

미즐리와 리버모어(Midgley & Livermore, 1995)는 잔여적·선별적 사회복지와 제도적·보편적 사회복지에 대한 통합적 관점으로 개발적 관점(developmental perspective)을 제시하였다. 개발적 관점에서는 사회복지를 "경제개발 과정과 연계하여 모든 사람의 복지를 증진하기 위한 계획적인 사회변화의 과정"이라고 본다. 개발적 관점에서는 "경제발전이 사회발전의 원동력이고 사회복지는 경제발전의 긍정적인 동력"이라고 보고 경제발전에 긍정적 기여를 하는 사회복지 개입을 지지하면서, 경제제도와 사회복지제도의 조화를 강조한다. 이러한 개발적 관점은 신자유주의적 관점인 근로연계복지(work-fare, 근로조건부복지) 개념에 잘 반영된다. 노동을 조건으로 복지를 제공함으로써 복지가 개인의 노동역량 강화 및 기회를 증대하고, 이는 곧 경제발전과 사회발전의 기반이 될 수 있다고 본다. 이런 관점에서 사회복지 재정지출은 인적자원 개발을 통해 더 나은 미래를 구축하기 위한 사회투자로 해석된다.

(3) 선별적 복지와 보편적 복지

국가가 사회복지의 자원을 국민에게 제공하는 방법으로 선별주의(selectivism)에 입각한 방법과 보편주의(universalism)에 입각한 방법으로 구분할 수 있다.

① 선별적 복지

선별적 복지는 예외주의(exceptionalism)와 보수주의(conservatism) 이념에 기반을 두고 있다(Popple & Leighniner, 1999). 즉, 사회문제는 특정 범주에 속한 사람에게서 발생하며 사회규범에 비추어 볼 때 예외적이고, 개인의 결함·사고·불행한 상황에서 발생한다고 본다. 따라서 선별적 사회복지의 관점에서는 사회복지의 대상을 노인, 장애인, 아동 등 사회적 약자나 요보호대상자로 한정하고, 이들의 문제나 고통을 경감시키고 해결하는 데 초점을 둔다(권중돈 외, 2013). 이는 중산소득계층에 의한 집중적 급여활용을 방지하여 재정의 절감을 도모할 수 있다는 장점을 가진다. 반면 보다 넓은 수혜계층을 가지는 보편적 복지에 비하여 정치적 지지기반이 협소하며, 빈자에 대한 낙인(stigma) 부여, 자격 있는 빈자의 신청기피, 부정수급, 과다한 행정 비용지출, 수급자와 비수급자 간 통합저해 등의 단점이 있다. 기초생활보장과 같은 제도가 선별주의에 근거한 프로그램이라고 할 수 있다.

② 보편적 복지

보편적 사회복지의 관점은 사회적 취약계층만이 아니라 사회구성원 전체를 사회복지의 대상으로 하며, 건강, 소득, 주택, 교육, 여가활동 등 광범위한 영역에서 구성원들의 욕구에 대응한 정책에 초점을 둔다. 선별적 복지가 사후적 조치라고 한다면 보편적 복지는 사전적 예방조치라고 할 수 있다. 보편적 복지는 대상이 일정한 범위와 기준에 속하면 누구나 권리로 받을 수 있어 자산조사 등으로 인한 낙인(stigma)문제가 없으며, 광범위한 정치적 기반을 형성하고 사회적 통합을 증진시킬 수 있다. 반면 사회복지 급여가 필요하지 않은 대상에게도 서비스가 제공될 수 있어 급여의 비효율성이 초래될 수 있다는 단점이 있다. 사회보험제도는 보편주의에 근거한 프로그램이라고 할 수 있다.

선별적 복지와 보편적 복지의 특징을 비교하면 <표 1-9>와 같다.

〈표 1-9〉 선별적 복지와 보편적 복지 개념의 차이점

구 분	선별적 복지	보편적 복지
주요 내용	• 사회복지 대상을 사회적 약자나 요보호 대상자로 한정(예외주의 이념) • 자산조사 등을 통한 대상자 선별	• 사회문제는 사회체계 자체가 불완전하고 불공평해서 발생 • 사회복지는 국민의 권리. 일정 범주에 속하는 모든 사람에게 사회적 권리로 급여를 제공(집합주의 이념)
장 점	높은 비용 효율성과 목표 효율성(대상효율성)	기여자와 수혜자를 구분하지 않기 때문에 낙인이 감소하고 사회통합 효과가 높음. 높은 운영효율성
단 점	비인간화, 낙인유발, 사회통합(사회적 효과성) 저해, 낮은 운영 효율성(대상자 선정 과정에서 많은 행정 비용 소요)	낮은 비용 효율성(한정된 자원을 꼭 필요한 부분에 효과적으로 사용하는 데 한계)과 목표 효율성(대상 효율성)
대표 사례	빈곤층 대상 공동주택이나 공공부조(국민기초생활보장제도, 긴급복지지원제도, 의료급여제도, 장애인연금제도, 기초연금제도 등)	사회보험, 사회수당, 기본소득, 아동수당

2) 사회복지 관점의 변화

로마니쉰(Romanyshyn)은 서구사회를 중심으로 산업사회 이전으로부터 19세기의 자유방임 자본주의를 거쳐서 후기 산업사회(실업, 도시빈곤, 산재위험 등의 문제가 상존)로 변화하면서 사회복지 개념이 자선과 교정에서 복지사회의 건설로 점차 변화되어 왔다고 설명한다. 산업사회 이전으로부터 후기 산업사회로의 이행과정에서 사회복지에 대한 관점의 변화를 구체적으로 세분하여 다음과 같이 설명하였다(김유경, 2021; Romanyshyn, 1971).

(1) 잔여적 개념에서 제도적 개념으로

① 잔여적 개념은 사회복지를 시장이나 가족과 같은 정상적인 사회구조를 통하여 욕구를 충족할 수 없는 사람들이 최후로 의지하는 것으로 본다. 응급

적이고 일시적인 구호에 그치며, 도움을 필요로 하는 사람들의 결함을 강조한다.

② 반면 제도적 개념은 변화하는 사회·경제 환경에서 사람들이 잘 대처하도록 일선에서 돕는 서비스가 산업사회에 필요하다고 본다. 이러한 관점에서 사회복지는 정상적인 사회제도로서 최일선의 기능을 수행하는 것으로 받아들여지게 되었다.

(2) 자선에서 시민의 권리로

① 자선으로서의 복지가 자선을 바라보는 19세기 중산층의 관점(자선관)을 반영하는 것이라면 시민권으로서의 복지 개념은 노동자들이 시민계급으로 성장(투표권 획득, 정당을 통한 정치적 파워 증대)하는 과정에서 획득한 권리 목록의 확대로 본다.

② 18세기에 노동자들은 신체, 언론, 재산의 자유 등 자유권(공민권)을 확보하고 난 후, 19세기 초·중반 이후에 정치권(참정권)을 확보했다. 이를 바탕으로 19세기 말, 20세기 초에 사회권으로 복지에 대한 권리를 확보하게 된다.

(3) 특수성에서 보편성으로

① 사회복지를 빈민들에 대한 특별한 서비스로 보는 것에서 벗어나, 많은 사람들이 보편적으로 가지고 있는 욕구를 충족시키는 프로그램으로 보는 것이다.

② 현대 산업사회에서 실업, 노령, 장애, 부양자의 사망, 질병으로 인한 높은 의료비 등 사회적 위험에 많은 사람들이 노출되어 있기 때문에 보편적인 사회복지 프로그램이 필요하게 된다.

(4) 최저 수준에서 적정 수준으로(최저생활보장에서 최적생활보장으로)

① 사회의 경제수준이 높아짐에 따라 사회복지 수준의 기준이 최저(minimum) 수준의 보장으로부터 적정(optimum) 수준의 보장으로 옮겨가게 되었다.
② 이러한 변화는 절대적 빈곤개념을 대체하여 상대적 빈곤개념이 등장하게 된 데에서도 찾아볼 수 있다.

(5) 개인의 변화에서 사회개혁으로

① 과거에는 욕구와 문제의 원인을 개인의 도덕적인 결함에서 찾았다. 따라서 해결을 위해서는 개인을 변화시켜야 한다고 생각했다.
② 오늘날에는 대부분의 사회복지 문제의 발생 원인을 구조적인 사회제도의 결함에서 찾는다. 그렇기 때문에 개인의 변화보다는 사회개혁을 강조하고, 사회구조의 변화를 통해 문제를 해결하고자 한다.

(6) 자발적 자선(민간지원)에서 공공활동(공공지원)으로

① 공공부문이 복지에 대한 책임을 지기 시작한 것은 17세기 초 영국 빈민법까지 거슬러 올라갈 수 있지만, 19세기 혹은 20세기 초까지도 미국의 경우는 자발적인 사회복지활동에 크게 의존하였다.
② 산업화의 진전에 따라 발생한 대규모의 문제들을 중산층의 자선만으로 대처하기 어렵게 되면서 국가의 복지 기능을 확대하라는 정치적 압력이 커지며 정부의 개입이 증가되었다.

(7) 빈민에 대한 복지로부터 복지사회로

① 초기 사회복지는 소수의 빈민들에게 집중되어 있었다.
② 점차 복지사회 개념이 형성되면서 모든 사회제도가 개인들의 발전에 기여

하고, 모든 사람들이 건강하고 문화적인 생활을 할 수 있는 사회를 만드는 데 관심을 가지게 되었다.

3. 사회복지의 목적과 기능

1) 사회복지의 목적

일반적으로 사회복지는 인간의 욕구 충족을 지원하려는 동기로부터 발전하였으며, 사회복지의 목적은 인간다운 삶을 영위하면서 존엄한 인간의 가치를 실현하고 살기 좋은 복지사회를 구현하는 데 있다. 복지사회는 모든 사회적 상황에서 평안하고 만족스러운 상태를 추구하는 것으로 규정하고 있다. 즉, 훌륭하고 바람직한 사회, 빈곤이나 불행이 없는 사회, 국민 대다수가 자유롭고 평등한 생활을 영위할 수 있는 사회를 말한다. 인간복지 측면에서 복지사회는 행복한 삶을 의미하며 사회복지의 목적이라고도 할 수 있다. 이는 국가와 사회가 추진하고 있는 사회복지 시책들의 목표라고 할 수 있으며, 사회복지의 일반적 목적을 의미한다고 말할 수 있다. 또한 사회복지는 사회에서 현실적으로 요구되는 기능적인 목적이 있다. 이를 좀 더 세분화하면 인간의 욕구 충족, 정상적인 발달, 인간의 존엄성 확보, 사회구성원의 정상화, 사회적 통합을 목적으로 하는 일반적 목적과 사회에서 현실적으로 요구되는 기능적 목적이 있다.

(1) 사회복지의 일반적 목적

인간의 욕구, 사회적 위험 그리고 사회문제 등은 그 각각이 어떠한 의미와 영향을 미치기도 하지만, 서로 연계되어 복잡하고 전혀 예상하지 못하는 부정적 파급효과를 만들기도 한다. 이러한 개별적 또는 복합적 문제나 부정적 영향 등은 우리가 살고 있는 사회질서를 위협하거나 흩트리기도 하며, 또는 다른 많은 사회구성원에게 예기치 못한 직·간접적 피해 등을 안겨줄 수 있다. 이 때문에 그 사회, 엄밀히 말하면 지방자치단체를 포함한 정부는 이러한 인간의 욕구, 사회적 위험, 사회문제 등을 충족 또는 예방하고 보호하며 해결해야 하는 책임이 있는 것이다. 그 해결을 위한 정책적 노력이 사회복지인 것이며, 그의 목적이라 할 수 있다. 사회복지의 목적은 다음과 같이 설명할 수 있다(김제선 외, 2021).

첫째, 인간의 욕구가 충족되도록 하는 것이다. 인간이 생존을 위해 근본적으로 충족되어야 하는 욕구가 만약 그 개인이나 비공식적 사회(민간, 사적)체계로 가능하지 않을 경우 정부 등의 공식적 사회(공공, 공적)체계에 의해 충족되도록 하는 것이다.

둘째, 인간이 건강하고 정상적으로 성장하고 발달되도록 보장하는 것이다. 1942년 '베버리지 보고서'에서 사회보장의 목표로 표현되었던 '요람에서 무덤까지(from the cradle to the grave)'처럼 사람이 태어나서부터 사망할 때까지 모든 삶의 단계를 건강하게, 그리고 정상적으로 성장하고 발달되도록 하는 것이 사회복지 또는 사회보장제도가 갖고 있는 목적이면서 또 한편 목표이다.

셋째, 인간의 존엄성이 확보되도록 하는 것이다. 인간으로서 가지고 있는 인격이나 인권 또는 행복한 삶을 살기 위한 기본권이 인정되고 존중되어야 하는 것이다.

넷째, 사회구성원들이 정상적인 생활을 할 수 있는 정상화를 목적으로 한다. 사회구성원 중 어떠한 장애나 불편, 차별, 침해, 편견 또는 그 밖의 곤란한 사항 등으로 말미암아 정상적인 생활이 어려울 경우 그 원인이 해결되도록 하는 것은 물론 그에 따라 파생되는 부정적 영향 등이 감소되어 정상적인 생활로 돌아가도록 하는 정상화(normalization) 이념이 우리 사회에 정착되게 하는 것이다.

다섯째, 이질적이고 다양한 계층 간에 나타날 수 있는 다양한 갈등과 대립, 그에 따른 사회문제들로부터 사회(적)통합이 되도록 하는 것이다. 사회통합이란 사회 내 다양한 집단의 조화로운 관계나 안정된 관계의 형성 과정이다. 이를 통해 종국에는 사회구성원들이 공동체에 귀속감을 느끼도록 하고, 사회생활에 적극 참여하도록 하면서 결속력을 갖도록 하는 것이다.

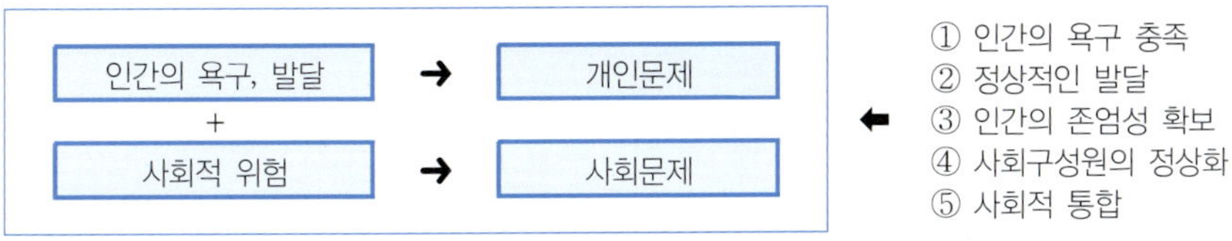

|그림 1-1| 사회복지의 일반적 목적

(2) 사회복지의 기능적 목적

일반적으로 복지국가와 복지사회는 모든 사회적 상황에서 평안하고 만족스러운 상태를 추구하는 것으로 규정하고 있다. 이것이 사회복지에 의미를 부여할 수 있는 것이다. 정리한다면 사회복지는 한편으로 이상적인 목적 이외에도 사회에서 현실적으로 요구되는 기능적인 목적이 있다. 그러므로 복지의 사회 기능적 목적에는 아래와 같은 사회통합과 유지, 존속을 위한 목적, 경제성장과 안정을 위한 목적, 정치적 안정을 위한 목적 등이 있다(김귀환, 2021).

① 사회통합, 유지, 존속

사회 불평등과 같은 사회문제가 심화되면 사회갈등도 심화되며, 사회의 유지·존속도 위태로워진다. 사회복지는 사회문제를 해결하면서 완화시키는 작용을 한다. 이것에 의해 사회갈등은 약화되어 사회의 통합 정도가 커지며 그만큼 사회의 유지·존속도 보장된다.

② 경제성장과 안정

사회복지는 한편으로 경기가 지나치게 호황일 때는 일정 정도의 사회적 부를 저축시키는 역할을 하며, 다른 한편으로 지나친 불황일 때는 사회보장을 위한 지출을 통하여 소비의 진작이 경기 활성화를 자극함으로써 경기를 조절하는 기능을 한다. 또한 사회복지는 사회구성원들에 있어서 인적 자본의 질을 향상시키는 역할을 함으로써 지속적인 경제성장에 기여하기도 한다.

③ 정치적 안정

사회복지는 정치적이다. 그러므로 사회복지의 최종 목적이라 할 수 있는 사회통합은 정치적 결과물로서 사회복지정책의 합리적인 실천을 통하여 신뢰 문제들의 해결 또는 사회적 갈등을 해소시킨다. 사회·정치적 불안요소가 제거됨으로써 사회구성원들은 안정된 상태에서 생활을 영위할 수 있을 것이다.

결론적으로 사회복지의 최종적인 목적은 한편으로는 인간 개개인의 인격과 기본권의 보장이다. 위에서 논의된 세 가지의 사회복지의 목적은 모두 인간의 인권실현을 위한 토대인 것이다. 다른 한편으로는 사회복지의 목적은 경제시장이나 자신의 가족에 의해 생활요구를 충족시킬 수 없는 특별한 악조건하에 있는 개인에 대해 생활요구를 충족할 수 있게 함에 있다고 규정할 수 있다. 이런 목적을 구체적으로 실천하기 위해서는 사회복지의 기능에 대한 논의가 요구된다.

2) 사회복지의 기능

하나의 국가와 사회가 존립하기 위해서는 수많은 기능이 국가와 사회로부터 제공되어야 하며 가장 효과적이고 효율적으로 이들 기능을 수행하기 위한 사회제도가 있어야 한다. 길버트와 스펙트(Gilbert & Specht, 1974)는 사회가 공통적으로 수행하지 않으면 안 되는 필수적인 기능을 생산·분배·소비, 사회화, 사회통제, 사회통합, 상부상조의 기능 다섯 가지로 나누었다(장인협 외, 1999; 최일섭 외, 2006).

〈표 1-10〉 사회제도별 일차적 기능

제 도	일차적 기능	내 용
경제제도	생산·분배·소비	생산·분배·소비 기능은 경제제도에 의해 수행된다. 기업, 의료기관, 금융기관, 교육기관뿐만 아니라 정부기관 등도 서비스를 생산·분배·소비하는 기능을 수행하는 주요 기관에 해당한다.
가족제도	사회화	사회화 기능은 주로 가족제도에 의해 수행된다. 하지만 사회화는 개인의 일생을 통해 지속되는 과정이기 때문에 가족뿐만 아니라 학교와 직장도 사회화의 기능을 수행하는 주요 기관에 해당한다.

제 도	일차적 기능	내 용
정치제도	사회통제	사회통제 기능은 주로 정치제도에 의해 수행된다. 사회통제 기능을 담당하는 일차적인 기관은 정부이며, 정부는 강력한 경찰력과 사법권 등 공권력을 통해 법을 집행하는 강제력을 발휘한다. 정부 외에도 가정, 학교, 종교기관 등도 부분적으로 사회통제 기능을 수행한다.
종교제도	사회통합	사회통합 기능은 주로 종교제도에 의해 수행된다. 사회통합기능을 수행하는 일차적 기관은 종교기관이며, 그 외 사회복지기관이나 시설도 사회통합 기능을 담당하는 주된 기관이다.
사회복지제도	상부상조	상부상조 기능은 주로 사회복지제도에 의해 수행된다. 개인과 가정은 누구나 자력으로 생활하기 어려울 때 외부의 도움을 받지 않을 수 없다. 이때 다른 주요 사회제도에 의해 욕구를 충족할 수 없는 경우에 필요로 하게 되는 사회적 기능이 바로 상부상조 기능이다.

출처 : 김유경(2021).

경제제도, 가족제도, 정치제도, 종교제도, 사회복지제도는 하나 이상의 사회적 기능을 수행하고 있으며, 동시에 가장 핵심적인(일차적인) 기능을 담당한다. 사회복지제도의 핵심적인 기능은 상부상조이다. 달리 말하면, 상부상조 기능을 담당하는 일차적 제도는 사회복지제도이다. 사회복지의 역할은 사회복지의 목적을 실천하여 실현하는 것으로 이것을 위한 제도화의 결과물을 사회복지의 기능이라 할 수 있다. 현대사회에서 사회복지의 기능은 일반적으로 사회제도의 관점에서 보는 것이 보편화되어 있다. 이는 사회제도의 기능적인 측면을 사회복지의 관점에서 이해하려는 것이다. 사회가 하나의 개체로서 존속하여 발전해 나가려면 반드시 몇 가지 필수적인 제도적인 기능들이 수행되어야 할 필요가 있다. 사회가 인간의 복지를 실현하기 위해서는 사회복지의 기능을 수행할 사회적 제도를 발전시켜 나가야만 한다(강영숙 외, 2020).

(1) 생산 · 분배 · 소비의 기능

인간이 생존하고 활동하기 위해서는 필수적으로 의 · 식 · 주를 필요로 한다. 사회가 정상적으로 존속하고 발전하기 위해서는 사회구성원들이 생활에 필요한 제반자원과 물자를 생산하고 분배하고 소비하는(production-distribution-consumption) 기능이 필요하고 그것이 또한 제도적으로 보장되어야 함을 의미한다. 즉, 경제제도에 의해 사회적으로 생산과 분배와 소비가 잘 이루어진다면 국가의 경제수준은 높아질 것이고 따라서 사회복지의 수준도 높아질 것이다.

(2) 사회화의 기능

사회화(socialization)란 그 사회가 지니고 있는 고유한 지식, 가치관, 관습, 규범, 풍속, 전통 등을 다음 세대에 전수하여 그들을 사회의 존속에 적합한 사람으로 성장시키는 기능을 말한다. 사회가 공동체로서 정상적으로 기능하기 위해서는 사회화 과정에서 그들이 어떠한 사회적 가치관과 규범으로 교육되었으며 얼마나 사회에 적응할 수 있는 능력을 부여받았는가 하는 것이 중요한 의미를 지닌다. 사회 부적응이나 사회적 일탈, 비행이나 범죄와 같은 반사회적 행위는 일반적으로 사회화 과정에 문제가 있거나 잘못된 사회화의 결과로 보고 재교육, 또는 재사회화를 통해 이를 교정하고자 한다. 사회화의 기능을 교육하는 제1차적 장소는 가족이며, 사람들은 어릴 때의 가족관계를 통해 사회화된다. 따라서 사회화 기능을 수행하는 사회제도는 바로 가족제도이다. 인간은 어려서 가족제도를 통해 1차적으로 사회화되며 2차적으로 학교에서, 그리고 3차적으로 사회와 직장생활 등을 통해서도 지속적으로 사회화 과정을 거치게 된다. 사회복지는 가족이 사회화의 기능을 잘할 수 있도록 가족정책과 가족제도에 관심을 가지며 가족의 복지를 지향한다.

(3) 사회통제의 기능

사회통제(social control)란 사회구성원들이 그 사회의 법과 규범과 규칙을 잘 지키도록 영향을 미침으로써 사회의 존속 발전을 추구하는 것을 말한다. 인간사회에 통제적 기능이 없다면 사회는 온갖 불법과 무질서, 범죄와 악행이 난무할 것이다. 따라서 사회구성원들이 법과 질서와 규칙을 지키도록 강제하는 구속력이 필요하게 되며, 사법권이나 경찰력, 법적 강제력을 동원하여 사회구성원들이 사회에 순응하도록 하는 것은 정치제도이다.

(4) 사회통합의 기능

사회통합(social integration)의 기능은 사회구성원들 간의 분쟁과 불화를 방지하여 인간 상호 간의 이해를 증진하여 인간들의 사회적인 결속과 유대감을 강화하는 것이다. 이는 사회구성원 간의 신뢰를 바탕으로 개인의 사기를 진작시킴으로써 사회에 대한 충성심을 불러일으켜 사회의 존속을 유지시키려는 것이다. 사회통합적인 기능의 구심적인 역할을 하는 것은 종교제도로서 사회복지는 역사적으로 종교와 밀접한 연관을 갖고 사회구성원 간의 사회통합에 영향을 미쳐왔다. 종교는 인간사회에 사랑의 실천을 강조하면서 사회통합적인 면에서 사회복지와 맥을 함께하고 있는 사회제도이다.

(5) 상호부조의 기능

인간은 독자적으로 살아갈 수 없는 사회적 존재로서 가족이나 이웃 또는 사회구성원 간에 서로 도움을 주고받으며 살아간다. 사회구성원 간에 도움을 주고받는 것은 상호부조(mutual support)의 기능으로 이는 사회복지제도가 맡고 있다. 즉, 사회복지는 다른 여러 사회제도와 함께 통합적인 기능으로서 인간의 사회생활에 관여하면서, 그 사회제도에서 보호받지 못하는 개인에게 상호부조의 형태로 작용하게 된다.

4. 사회복지의 특성

1) 사회복지활동의 특성

사회복지는 '환경 속의 인간'을 받들고(奉) 섬기는(仕) 사회제도이면서 인간의 모든 생활영역에 개입하는 인간봉사 전문직 중의 하나이다(Mehr & Kanwiserche, 2004, 권중돈 외, 2011 재인용). 사회복지는 사회문제의 해결을 위해 실제적 서비스를 담당하는 응용과학적 전문 영역이며 동시에 실천가가 활용하는 자원의 성격을 갖는다. 인간의 구체적 욕구를 충족하기 위해 과학적 지식을 사용하기 때문에 자선(charity)이나 사회공헌(philanthropy)과는 구별된다. 사회복지는 인간의 욕구 충족을 위한 원조활동이라는 실천성을 내용으로 하고 있으며, 사회적 실체로서 역사성과 사회변동에 조응하는 가변성, 사회제도의 기능적 수행, 다양한 사회적 위험에 대한 대응성 등을 특성으로 하는 역동적인 의미를 가지고 있다(오정수 외, 2020).

사회복지활동을 사회복지활동이 아닌 것과 구분하는 기준으로 길버트와 테렐(Gilbert & Terrell)은 사회복지를 "경제적 시장 밖에서 이루어지는 급여 배분 기제"라고 정의하여 사회복지냐 아니냐를 경제적 시장을 기준으로 구분하였다. 윌렌스키와 르보(Wilensky & Lebeaux)는 현대적 의미에서 사회복지활동을 구분하는 기준으로 다음과 같은 다섯 가지의 한계 기준을 제시한 바 있다.

(1) 공식적 조직

공식적 조직에 의해 제공되는 활동이 사회복지활동이다. 이와 같은 기준에서 개인적인 원조는 사회복지활동이 아니다. 공식적인 조직이란 사람들에게 지속적인 원조를 제공하는 정규적이고 체계적인 사회복지조직을 의미한다. 따라서 개인적인 차원에서 적선을 하거나 자선을 베푸는 행위, 가족 또는 이웃 간에 이루어지는 상호부조적 원조는 공식적으로 조직화된 것이 아니기 때문에 엄격한 의미에서 사회복지활동이라고 할 수 없다.

(2) 사회적 승인과 사회적 책임성

사회적으로 승인된 목적과 방법으로 수행되고 사회적 책임을 가지는 활동이다. 즉, 불법행위를 지원하는 것은 행위자체가 원조행위라고 하더라도 사회적 승인을 받을 수 없기 때문에 사회복지활동이 될 수 없으며, 방법도 사회복지사업이나 관련 법규에서 정한 범위 내에서 이루어져야 한다.

(3) 이윤동기의 부재

영리를 목적으로 하는 것은 사회복지가 아니라는 입장이다. 가족 간의 상호부조적 원조가 사회복지활동에서 제외되는 것처럼 시장경제체계 내에서 이윤을 추구하기 위해 제공되는 프로그램이나 서비스도 제외된다. 이윤을 추구하고 서비스에 대한 요금을 받는 대부분의 활동은 사회복지에 포함되지 않는다.

(4) 기능적 보편성(인간의 욕구에 대한 통합적 관심)

사회복지는 인간의 욕구를 부분적으로 보고 접근하는 것이 아니라 통합적으로 접근하는 활동이다. 즉, 통합적 관심이란 개인적인 경제적 결핍이나 신체적 고통의 해소에 초점을 둔 활동이 아니라 사회적·심리적·경제적 욕구들에 광범위한 관심을 가지고 이 욕구의 충족을 위해 다양한 형태로 접근한다는 것을 의미한다. 인간의 욕구는 다양하기 때문에 그 다양한 욕구를 충족시키기 위해 사회복지서비스는 다양한 형태로 제공된다.

(5) 인간의 소비 욕구에 대한 직접적 관심

사회복지는 국방, 치안과 같은 개인의 삶에 간접적으로 영향을 미치는 활동과는 구별되는 것이며 음식, 주거, 의료, 상담과 같은 인간의 소비 욕구에 직접적으로 관심을 갖는 활동이다. 이와 같이 사회복지활동은 전체 사회나 생산자의 이익보다는 각 개인과 그의 소비자로서의 욕구에 직접적 관심을 갖는다.

2) 사회복지학의 특성

학문으로 성립되기 위해서는 고유의 연구주제 및 대상, 연구방법에 기초하여 현상을 과학적으로 설명하는 이론정립과 그것의 현실적용이 가능해야 한다. 여타의 사회과학처럼 사회복지학 역시 고유의 주제와 연구방법을 기초로 학문으로 정립되었다. 즉, 사회복지학은 '사회복지'라는 사회현상을 대상으로 과학적 방법을 적용하여 연구·분석하고 이론의 개발과 실천의 적용을 모색하는 학문이다. 사회복지학은 개인 수준의 미시적 차원뿐만 아니라 국가의 제도적 수준의 거시적 차원에서 전개되고 있는 도움활동 및 욕구 충족을 위한 실천 활동 등을 과학적으로 연구하는 학문이다. 특히 사회복지학은 인간 존엄성의 실현, 사회적 권리 및 사회정의의 신장 등에 노력하는 가치지향적인 학문이며, 사회문제를 해결하기 위한 구체적인 서비스와 개입을 강조하는 실천학문이라 할 수 있다(오정수 외, 2020).

사회복지학은 본질적으로 인간과 사회문제에 대한 과학적 분석과 문제해결을 위한 노력의 결과로 이루어진 지식체계로서, 사회과학의 한 분야이다. 그러나 구체적으로 현실에 개입하여 현실을 변화시키는 데 기여한다는 점에서 여느 학문과 다르다. 사회복지학은 사회과학의 한 분야이면서도 기존 학문분과와 중복되지 않으면서 동시에 차별성도 유지하는 틈새 과학적 성격을 갖는다. 즉, 응용과학적인 사회복지활동의 성격 때문에 다른 사회과학들과 구별되는 독자적이고 고유한 학문체계를 지닌다. 사회복지학이 여타 학문들과 구별되는 가장 큰 특징은 가치성에 있다. 다른 학문들이 탈가치와 가치중립을 지향하는 것과 달리 사회복지학은 인간의 존엄성, 자율성, 사회연대, 약자에 대한 보호와 사회정의 등의 가치를 지향한다. 그리고 특정 가치에 대한 확신이 강조되더라도 문제해결의 실천성을 초월할 수 없기 때문에 상호 충돌 가능성이 있는 양극단의 어느 하나를 선택하지 않는다. 두 가지 이상의 가치를 조화시키려고 노력하는 태도는 이론의 활용 측면에서도 그대로 나타나는데, 여러 이론의 장점을 함께 극대화하려고 한다. 학문으로서 사회복지학은 어떤 특성을 가지고 있는가를 살펴보면 다음과 같다(장인협 외, 2009).

첫째, 사회복지학은 모든 학문 분야처럼 과학성을 추구하나, 인간과 사회에 관한 과학적인 탐구방법을 기반으로 하여 사회복지현상을 과학적으로 설명하고 논증함으로써 사회복지학의 이론과 실천의 체계를 발전시키고 있다.

둘째, 사회복지학은 인간의 욕구 충족을 목적으로 한다. 인간의 욕구는 다양하고 무한한 특징을 지니고 있다. 사회복지학은 인간의 삶의 질에 관련된 기본적이고 보편적인 욕구를 충족시키기 위한 방법과 제도를 발전시키는 데 초점을 두고 있다.

셋째, 사회복지학은 다학문성(multi-discipline)을 특성으로 한다. 사회복지학은 정치학, 경제학, 사회학, 심리학 등 인접 사회과학의 다양한 학문적 성과를 활용한 이론과 실천의 체계를 발전시키고 있다.

넷째, 사회복지학은 인간의 욕구 충족을 위한 실천 활동을 강조하고 사회문제 해결을 지향한다. 사회복지학은 응용사회과학 또는 실천사회과학으로서 사회문제의 해결을 위한 방법을 창출해 내고 이를 실제 사회현상에 적용하는 실천지향적인 학문이다.

이와 같은 특성을 지닌 사회복지학은 순수과학이 아니라 문제해결을 최우선으로 하는 응용과학 또는 실천과학이다. 문제해결을 최우선으로 하기 때문에 여러 이론들을 절충하여 활용할 수 있다. 사회과학의 여타 분과학문이 개발한 개념, 지식, 이론을 적극 활용하는 다학문적(다학제적)이고 종합과학적인 속성을 지닌다. 사회복지학은 인접 사회과학 분야들과 불가분의 관계에 있으며 밀접한 교류관계를 유지해야 한다. 사회복지학이 사회과학의 여타 분과 학문들과 불가분의 관계에 있으며 또한 밀접한 교류관계를 유지해야 하는 이유(김유경, 2021; Davis, 1950)는 다음과 같다. 첫째, 사회과학이 발전시킨 인간에 관한 지식과 인간의 사회적 행동에 관한 지식을 충분히 이용함으로써 사회복지실천에 새로운 통찰을 얻을 수 있다. 둘째, 사회복지의 목적, 기능, 전제, 방법 등에 대한 평가, 검증, 수정이 많으면 많을수록 사회복지는 인류에 더욱 많은 공헌을 할 수 있다. 셋째, 사회복지는 사회과학이 필요로 하는 인간의 생활경험에 관한 풍부한 지식을 가지고 있기 때문이다.

학습문제

1. 사회복지 대상자 선정 원칙인 선별주의와 보편주의에 대한 설명으로 옳지 않은 것은?
   ① 선별주의는 보편주의에 비해 상대적으로 소득재분배의 효과가 크다.
   ② 선별주의에는 국민기초생활보장제도, 장애연금 등이 포함된다.
   ③ 보편주의는 낙인유발로 사회통합을 저해한다.
   ④ 보편주의는 일정 범주에 속하는 모든 사람에게 사회적 권리로 급여를 제공한다.
   ⑤ 보편주의는 선별주의에 비해 수급자 선정을 위한 행정적 비용이 적게 든다.

2. 윌렌스키(Wilensky)와 르보(Lebeaux)의 제도적 개념에 대한 설명으로 옳은 것은?
   ① 제도적 개념에서는 가족 또는 시장 같은 다른 사회제도의 기능이 원활하게 수행되지 못할 때 사회복지 제도를 활용하는 것으로 본다.
   ② 제도적 개념에서의 사회복지는 보충적, 일시적, 대체적 성격을 지닌다.
   ③ 제도적 개념에서는 사회복지가 그 사회의 필수적이고 정상적인 제일선(first line)의 기능을 수행하는 것으로 이해한다.
   ④ 제도적 개념에서의 사회복지는 대상범위를 기준으로 볼 때 선별적 사회복지와 연결되어 있다.
   ⑤ 제도적 개념에서는 절대적 빈곤의 개념에 따라 빈곤수준을 낮게 책정한다.

3. 로마니쉰(Romanyshyn)이 제시한 사회변화에 따른 사회복지 개념의 변화로 옳은 것만을 모두 고른 것은?

ㄱ. 최적생활 보장에서 최저생활 보장으로 변화
ㄴ. 자선에서 시민의 권리로 변화
ㄷ. 특수성에서 보편성의 성향으로 변화
ㄹ. 공공지원에서 민간지원으로 변화
ㅁ. 개인의 변화에서 사회의 개혁으로 변화

① ㄱ, ㄴ, ㄹ　② ㄱ, ㄷ, ㄹ　③ ㄴ, ㄷ, ㅁ
④ ㄷ, ㄹ, ㅁ　⑤ ㄴ, ㄷ, ㄹ

4. 사회복지와 관련한 용어에 대한 설명으로 옳은 것은?

① 사회보장은 인적 자원(human resources)의 보존, 보호, 개선을 직접적 목적으로 하는 조직화된 활동으로 사회입법과 민간단체를 통해 제공되는 보호조치를 말한다.

② 사회서비스는 기본적이며 보편적인 인간의 욕구를 해결하기 위한 서비스로서 소득보장, 의료, 교육, 주택, 개별적 서비스 등을 포함한다.

③ 사회사업은 사회적 시책에 의한 제도적 체계이며, 사회복지는 전문적 사회사업에 의한 기술적 체계를 말한다.

④ 사회안전망은 대량실업, 재해, 전시 등 국가위기 상황에서 국가가 국민에게 기초생활을 보장해 주어 안정된 사회생활을 하도록 만드는 보호조치로 민간에서 제공되는 것은 제외된다.

⑤ 사회사업은 사회복지보다 다소 광의의 의미를 지닌다.

5. 사회과학으로서 사회복지학의 특성에 대한 설명으로 옳지 않은 것은?

① 인간의 구체적 욕구 충족을 위해 과학적 지식을 사용한다.

② 다문학적인 성격을 가지고 있기 때문에 사회과학의 다양한 학문적 성과를 총체적으로 활용한다.

③ 사회문제의 해결을 위한 방법을 창출해 내고 이를 실제 사회현상에 적용하는 실천지향적 학문이다.

④ 대상자의 이익을 최우선으로 하기 때문에 상호충돌 가능성이 있는 양극단의 가치 중 어느 하나를 선택해야만 한다.

⑤ 인간의 삶의 질에 관련된 기본적이고 보편적인 욕구를 충족시키기 위한 방법과 제도를 발전시키는 데 초점을 두고 있다.

1. ③ 2. ③ 3. ③ 4. ② 5. ④

참고문헌

강영숙·장현숙·이지복·정영교·김성숙(2020). 사회복지학개론. 정민사.

고명수·현영렬·서지숙·신선희·허은진 외(2018). 사회복지개론. 정민사.

권중돈·조학래·윤경아·이윤화·이영미 외(2011; 2021). 사회복지학개론. 학지사.

김귀환(2021). 사회복지학개론. 정민사.

김만두(1986). 현대사회복지개론. 홍익재.

김상균·최일섭·최성재·조흥식·김혜란 외(2007). 사회복지개론. 나남출판.

김유경(2021). 사회복지학개론Ⅰ. 공동체.

김제선·임경선·최세영(2021). 사회복지학개론. 어가.

김태성·홍선미·조성은(2010). 사회복지개론. 청목출판사.

박상하·유정욱·박연희·박일연·김충식(2009). 사회복지개론. 양서원.

박정선(2014). 사회복지법의 개념 정립을 위한 소고. 사회보장연구, 30(1), 81-103.

박종삼(2002). 사회복지학개론. 학지사.

서보준·송은희·김우호·서민호·조 웅(2020). 사회복지학개론. 지식공동체.

오정수·최해경·정연택·류진석·유채영(2020). 사회복지학개론. 양서원.

오종희·김형수·이승준·어홍선(2018). 사회복지개론. 정민사.

장인협·이혜경·오정수(1999; 2009). 사회복지학. 서울대학교출판부.

최일섭·이형주(2006). 지역사회복지론(제3개정판). 서울대학교출판부.

최일섭·정 은(2009). 현대사회복지의 이해. 공동체.

Barker, R. L.(1995). *The Social Work Dictionary*(3rd ed.). Washington, DC : NASW Press.

Friedlander, Walter, A., & Apte, Robert, Z.(1980). *Introduction of Social Welfare*. Englewood Cliffs, New Jersey : Prentice-Hall, Inc.

Garthwait, C.(2012). *Dictionary of Social Work*. The University of Montana.

Johson, L. C., Schwartz, C. L., & Tate, D. S.(1997). *Social Welfare : A reponse to human need*. Boston : Allyn and Bacon.

Kirst-Ashman, K. K.(2003). *Introduction of Social Work and Social Welfare : Critical thinking perspectives*. CA : Brooks/Cole.

Mehr, J. J., & Kanwischer, R.(2004). *Human Services : Concepts and intervention strategies*. New York : Pearson Education.

Skidmore, R. A., & Thackeray, M. G.(2000). *Introduction of Social Work*(8th ed). Boston : Allyn and Bacon.

Titmus, R. M.(1974). *Social Policy*. London : George Allen and Unwin.

Chapter 02

사회복지의 가치와 윤리

1. 사회복지의 가치

1) 사회복지와 가치

사회복지에서 가치는 중심부를 차지하는데, 이는 다른 원조 전문직과 마찬가지로 그 직업이 기술적인 감각이 아니라 도덕적인 감각을 가지고 옳은 일을 한다는 것이 무엇인지 등과 같은 윤리적 결정을 하도록 만들기 때문이다. 일반적으로 가치의 개념은 다양한 방식으로 사용될 수 있으나, 공통적으로는 선호나 선택의 개념과 관련된다. 예를 들면, "나는 너의 회사를 가치 있게 생각하고 있다"라고 할 때에, 이는 그 회사가 우리에게 중요할 뿐만 아니라 다른 회사들보다는 그 회사를 선택하려고 한다는 것을 의미한다.

사회복지실천 현장에서 근무하게 되면 사회복지사의 사적인 삶은 전문직의 삶으로 옮겨가게 되고, 이때 가치의 개념은 추가적인 차원을 갖게 된다. 사회복지사의 사적인 삶에서 당신이 알고 지내고 있는 사람들과 맺는 관계와 클라이언트와의 관계가 동일한 것처럼 행동할 수 없다. 왜냐하면 사회복지사는 직무에 의해 자신에게 부여된 권력과 책무성을 갖게 되기 때문이다.

가치는 행동에 있어 바람직한 수단과 목적에 대한 생각이며(Kluckhohn, 1951), 특정 대상이나 상황을 넘어서 행동이나 판단을 이끄는 광범위한 신념이다(Rokeach,

1968). 이러한 점에서 볼 때에 가치는 일상생활에서 크고 작은 일들에 대한 결정을 내릴 때 작용하는 판단의 기준이 될 뿐만 아니라 인간행동에서 중심적 위치를 차지하는 지속적인 신념이 되고(이영선, 2000), 단기적으로 변하지 않는 행동의 심리적 기준이 될 수 있다(김동원, 1993). 다만, 우리가 선택하는 일상에서의 가치라는 것들이 사회복지실천현장에서 추구하는 가치와는 다를 수 있다.

사회복지실천현장에서도 사회복지사나 기관이 추구하는 가치가 존재한다. 다만, 기관을 방문하는 클라이언트의 개인적 가치가 사회복지사나 기관이 추구하는 가치와 상이하게 될 때에 적어도 사회복지사로서 지향하는 가치에 따라 클라이언트에게 제공되는 서비스의 결정에 영향을 줄 수 있게 된다. 따라서 사회복지사에서는 다른 전문직과 구별되는 다음의 두 가지 관점이 존재한다(Beckett, Maynard, & Jordan, 2017 : 77). 하나는 사회복지사들이 대체로 선별주의와 구별되는 보편주의적인 서비스만을 제공하지 않는다는 점이다. 사회복지는 우리 사회에서 상대적으로 불이익을 당하거나 배제되는 사람들과 함께 일하는 것에 대한 전문성이 있다. 따라서 사회복지 전문직의 가치는 사회정의에 특별히 강조점을 두게 되는 것이 적절하다. 다음으로, 사회복지사가 책임감을 가지고 존경받을 만한 태도와 함께 전문가로서의 권위를 가지고 클라이언트를 대할 때에 클라이언트들은 다른 사람들과 마찬가지로 자신들의 삶을 스스로 통제할 수 있게 된다. 이러한 점에서 사회복지 전문직은 다른 전문직과 차별성이 존재한다.

2) 사회복지의 기본 가치

리머(Reamer, 1966)는 사회복지실천에서 가치의 중요성을 다음의 네 가지 측면에서 설명하고 있다.

첫째, 사회복지실천의 본질적인 목적과 사명에 이미 가치가 내재되어 있다. 즉, 삶의 문제를 겪고 있는 사람들이 사람답게 살 수 있도록 도와야 한다는 신념과 이를 실천하기 위해서는 단순한 자선과는 구별되는 전문적 지식과 가치로 무장한 사회복지사에 의해 전문적인 실천이 이루어져야 한다는 것이다.

둘째, 사회복지사는 클라이언트와 동료 혹은 다른 사회 구성원들과의 관계에서 가치의 영향을 받으므로 사회복지의 전문가치를 내면화하여야 한다.

셋째, 사회복지사는 서비스 전달과정의 개입방법이나 개입 수준의 결정에서 가치의 영향을 받으므로 사회복지의 전문가치를 내면화하여야 한다.

넷째, 사회복지사는 클라이언트의 문제와 그 해결 과제에 직면하여 자신의 의무와 클라이언트의 욕구 사이에서 윤리적 갈등을 경험할 수 있고, 이러한 갈등은 사회복지사와 클라이언트의 가치뿐만 아니라 사회복지실천의 가치 사이에서 상충되어 발생할 수 있다. 그러므로 사회복지사는 사회복지의 전문가치를 내면화하고 이에 기초한 실천을 하여야 한다.

이와 같이 본질적으로 가치 실현의 특성을 가지고 있는 사회복지의 기본적인 전문가치는 인간의 존엄성, 자유, 평등, 사회적 연대, 사회정의의 다섯 가지로 요약될 수 있다(권중돈 외, 2019 : 53-55; 손병덕 외, 2021 : 41-46; 윤철수 외, 2018 : 70-75 재인용).

(1) 인간의 존엄성

인간의 존엄성은 인간의 천부적 가치를 기반으로 한다. 사회복지가 지향하는 본질적인 목적은 인간의 존엄성 구현이다. 이는 인간은 누구나 그 성취 여부나 능력에 관계없이 존중받아야 한다는 천부적 가치에 대한 신념이다. 인간을 존중한다는 것은 인종, 성별, 정치, 경제, 사회적 지위, 종교, 교육 수준, 지능, 신체적 조건과 같은 속성에 따라 판단되거나 차별받아서는 안 된다는 실천적 신념이다.

이러한 인간존중사상은 인권사상으로 발전하여, 인간은 누구나 존엄한 가치가 있으므로 존중받을 권리가 있다는 신념으로 구체화되었다. 1948년 제3차 국제연합(UN) 총회에서는 '인권에 관한 세계선언'을 하였다. 이 유명한 선언은 오늘날 세계 어디서나 인권의 존중 정도를 평가하는 기본적인 지표가 되고 있다. 다음은 세계인권선언문 제1조의 내용이다.

모든 사람은 태어나면서부터 자유로우며, 동등하게 존엄성과 권리를 보장받아야 합니다. 여러분은 인간이라는 이유만으로 지구상의 모든 사람들과 똑같은 권리를 가지고 있습니다. 이 권리는 양도할 수 없는 것으로, 누구도 빼앗을 수 없는 권리입니다. 모든 개인은 자신이 누구인지, 어디에 살든지에 관계없이 존엄성을 보장받아야 합니다.

1948년 12월 10일

이러한 인간의 존엄성과 인권존중의 가치는 우리나라 모든 법의 기초가 되는 헌법 제2장 제10조에 구체적으로 명시되어 있다.

제2장 국민의 권리와 의무

제10조 모든 국민은 인간으로서 존엄과 가치를 가지며, 행복을 추구할 권리를 갖는다. 국가는 개인이 가지는 불가침의 기본적 인권을 확인하고, 이를 보장할 의무를 가진다.

사회복지에서 인간의 존엄성 가치는 목적이면서 동시에 실천가치로서 클라이언트와의 관계에서 이를 실현하기 위한 실천적인 노력을 강조하고 있다. 이는 구체적으로 클라이언트 중심적인 실천으로 가치가 구현되고 있으며, 클라이언트를 있는 그대로 수용하고, 클라이언트가 있는 그 자리에서 출발하는 것을 강조하는 수용과 무비판의 실천가치로 구체화되었다.

(2) 자유

자유라는 개념은 개인이 언제나 구속에서 벗어나(소극적 자유) 무엇인가를 할 수 있는 것(적극적 자유)이며, 동시에 선택할 수 있는 것(심리적 자유)이다(강용규 외, 2007 : 37 재인용). 여기서 소극적 자유는 강요와 강압의 부재를 의미하거나, 개인 또는 집단이 다른 사람들의 간섭이나 구속 없이 자신이 바라는 대로 할 수 있는 권리를 의미한다(Berlin, 1969; 손병덕 외, 2021 : 44 재인용). 적극적 자유는 개인이 선택한 대로 행동할 수 있는 능력을 말한다. 심리적 자유는 선택할 수 있는 능력을 말한다.

이러한 자유는 우리나라 헌법 제2장 '국민의 권리와 의무'의 제12조에서 제22조에 걸쳐 신체, 거주 이전, 직업 선택, 주거, 사생활의 비밀, 통신의 비밀, 양심, 종교, 언론·출판, 집회 결사, 학문과 예술의 자유에 대하여 구체적으로 보장하고 있다. 사회복지에서 자유의 가치는 클라이언트의 자기결정과 선택을 존중하고, 사생활을 보호하는 비밀보장의 실천가치로 구체화되었다.

(3) 평등

사회복지에서 추구하는 기본적이고 본질적인 가치 중의 하나는 평등(equality)이다. 이는 모든 인간이 인간답고 만족스런 삶을 영위할 권리를 지니고 있다는 인간 존엄성과 인권에 대한 신념을 구체화하고자 하는 가치이기도 하다. 평등은 한정된 사회적 자원의 재분배를 통하여 사회 구성원의 삶의 질을 골고루 향상시키고자 하는 것이다. 일반적으로 평등의 수준에 따라 다음의 세 가지로 분류된다(송근원·김태성, 1995 : 209-211; 이경남 외, 2007 : 33).

가장 적극적인 평등인 '결과의 평등'이 그 첫 번째이다. 이는 '수량적 평등'이라고도 하는데, 모든 사람에게 욕구나 능력의 차이에 관계없이 사회적 자원을 똑같이 분배하는 것을 의미한다. 즉, 투입된 노력과 관련된 여러 가지 요인인 능력이나 동기, 학력 등 개인차와 관계없이 생산된 결과물을 똑같이 분배해야 한다는 사회주의적 이념과 같다. 그러나 이러한 수량적 평등은 이념적으로는 가능하지만 현실에서는 불가능한 개념이다.

두 번째는 '비례적 평등'이다. 이는 결과적 평등과 달리 개인의 욕구, 노력, 능력, 기여에 따라 사회적 자원을 상이하게 분배하는 공평 또는 형평성(equity)을 평등의 개념으로 본다. 수량적 평등에 비해 불평등이 분명히 존재하지만, 자본주의 사회에서 실질적인 평등의 개념으로 널리 받아들여지고 있다.

세 번째는 '기회의 평등'이다. 이는 매우 소극적인 평등의 개념으로 결과의 평등은 고려하지 않고, 과정상의 기회만 같으면 된다는 개념이다. 개인의 능력과 관계없이 바둑을 둘 수 있는 기회만 주면 된다는 것으로, 참여의 기회만 동등하게 부여하면 평등하다고 보는 개념이다.

그러나 참여의 기회가 동등하게 주어지더라도 능력과 자원의 차이가 있을 때 구체적으로 평등이 실현되는가를 고려해 봐야 한다. 그러므로 기회의 평등이라는 소극적 평등으로는 사회적 양극화의 문제와 사회적 취약계층의 삶의 질을 담보할 수 없다는 인식을 기반으로, 사회적 안전망의 구축을 위한 사회보장정책의 도입과 제도의 개선을 위한 거시적 실천이 요구된다.

(4) 사회적 연대

연대의 사전적 의미는 '여럿이 함께 무슨 일을 하거나 함께 책임진다'는 뜻이다. 사회적 연대(social solidarity)는 사회적 존재로서 인간의 속성과 관련된 가치다. 사회적 연대는 '두 사람 이상이 무슨 일을 하거나 함께 책임지는 일'이라는 사전적 의미를 갖는 용어다. 따라서 연대는 인간의 사회성에 대한 신념을 내포하고 있으며, 서로에 대한 책임을 강조한다(강용규 외, 2007 : 34 재인용). 이런 의미에서 사회적 연대는 공동의 책임성(collective responsibility)과 동의어로 사용되고 있으며, 공동체 정신을 강조하고 있어 사회문제의 해결을 위한 사회운동(social action)의 이념적 기반이 되고 있다.

그러므로 사회문제에 대한 문제 제기나 해결 등의 다양한 활동에서 개인적인 활동보다는 그 문제에 관련이 있는 이해 당사자나 관심이 있는 사람들이 참여하여 문제를 제기하거나 해결하려는 전반적인 노력을 사회적 연대라고 할 수 있다. 그렇기 때문에 사회적 연대는 인권문제에 대한 문제 제기와 해결 과정에서 매우 중요하다. 왜냐하면 인권은 인간의 권리로서 모든 사람이 누려야 할 권리이며, 내가 인권을 누릴 때 나와 동일한 다른 사람의 인권도 고려하여야 하기 때문이다. 이러한 사회적 연대의 가치는 사회적으로 소외된 취약계층의 사회적 통합을 지원하게 될 뿐 아니라, 사회 전체가 상호 의존성을 기반으로 안정되고 공동체 기능이 강화되며 발전하는 원동력이 될 수 있기 때문에 중요하다. 오늘날 지나친 분업화와 자동화로 인간소외 현상이 심화되고 있는 사회현상 때문에 최근 연대적 노력과 공동체의 회복이 더욱 강조되고 있다.

(5) 사회정의

일반적으로 사회정의(social justice)는 절차상의 정의, 실질적인 정의, 능동적 과정으로서의 정의 등으로 구분된다(장인협 · 이혜경 · 오정수, 2013). 절차상의 정의는 법률에서 정한 합법적인 절차를 강조하고, 실질적인 정의는 결과로서의 분배의 정의를 강조한다. 분배 정의의 의미는 크게 두 가지로 구분된다. 먼저, 광의(廣義)의 분배정의는 사회적으로 의미 있는 모든 편익과 부담이 사회구성원 사이에서 분배되는 것과 관련된 정의이며, 협의(俠義)의 분배정의는 경제적인 것에 국한된 편익과 부담의 분배와 관련된 정의를 뜻한다. 또한 능동적 과정으로서의 정의는 불의한 현상을 예방하고 치료하는 사회적 과정을 강조한다. 사회복지에서는 실질적인 정의와 능동적인 과정으로서의 정의를 강조하며, 사회적으로 보다 나은 처우와 권한 및 자원의 배분이 이루어지도록 노력한다. 이를 위해 사회복지사는 구체적으로 사회적인 취약계층과 함께하고, 그들을 위한 사회적 환경과 제도의 변화를 위해 노력한다. 즉, 빈곤, 실업, 차별, 기타 사회적 불의의 문제에 초점을 두고, 가능한 한 자원과 기회의 접근을 확대하기 위해 노력한다(이경남 외, 2007 : 34-35 재인용). 이러한 자원과 기회의 확대를 통해 사회복지사는 대인적 상황, 기관 및 조직과의 상황, 제도적이고 정책적인 사회 환경에 대하여 클라이언트를 옹호하고 대변하는 활동을 하게 된다.

3) 사회복지의 실천가치

가치는 지식과 기술과 함께 사회복지실천의 중심축 중에 하나다. 가치는 믿음과 같은 것으로 좋고 바람직한 것에 대한 지침이며, 적합한 행동 선택에 영향을 준다(Lowenberg & Dolgoff, 1988 : 12). 사회복지의 기본 가치는 프리드랜더(Friedlander,

1958)의 인간의 존엄성, 인간의 자율성, 기회의 평등 그리고 사회적 책임성으로 전제되고 있으며, 사회복지실천에 있어 전문적 가치는 다양한 형태로 설명되고 있다. 가장 많이 거론되는 가치로는 '개인의 가치와 존엄성', '개인에 대한 존경', '개인의 변화가능성에 대한 가치', '클라이언트의 자기결정권', '비밀보장과 사생활보장', '적절한 자원과 서비스 제공', '클라이언트에게 권한부여', '동등한 기회보장', '비차별성', '다양성의 존중' 등이 있다(NASW, 1995 : 894; 윤철수 외, 2018 : 75).

한편, 레비(Levy, 1988)는 실천가치에 우선하는 사회복지전문직 자체의 가치를 세 개 그룹으로 구분하여 설명하고 있다. 사람, 결과, 수단에 대한 가치로서 사회복지전문직이 업무를 수행할 때 믿고 따라야 하는 믿음의 체계를 나열해 놓은 것이다(윤철수 외, 2018 : 77-78 재인용).

첫째, '사람우선 가치'이다. 이는 전문직 수행의 대상인 사람 자체에 대해 전문직 갖추고 있어야 할 기본적 가치관이다. 개인의 가치와 존엄성, 개인의 건설적인 변화에 대한 능력과 욕구, 상호책임성, 소속의 욕구, 공통적인 인간의 욕구 그리고 개개인의 독특성에 대한 가치 등이 거론된다. 클라이언트를 하나의 개별화된 인간으로 보고, 능력을 인정해 주며, 그에 따라 권한을 인정해 주는 가치관이다. 이는 사회복지실천의 기본 철학과 같은 것이다.

둘째, '결과우선 가치'이다. 사람에 대해 사회참여에 대한 기회를 동등하게 제공해야 한다는 사회적 책임에 대한 믿음이다. 그뿐만 아니라 빈곤, 질병, 차별대우, 부적절한 주거환경 및 불공정한 교육기회 등에 대한 문제를 해결하거나 미연에 방지해야 할 사회적 책임에 대한 가치이며 이와 동시에 이러한 욕구를 충족시킬 수 있는 자원을 제공해야 하는 사회적 책임에 대한 믿음이다.

셋째, '수단우선 가치'이다. 서비스를 수행하는 방법 및 수단과 도구에 대한 가치관이다. 이는 사람은 존경과 존엄으로 다루어져야 하며, 자기결정의 권리를 가져야 하고, 사회변화에 참여하도록 북돋워져야 하며, 하나의 독특한 개인으로 인정되어야 한다는 믿음과 같은 것이다. 인간의 자율성으로 요약될 수 있는 수단우선 가치는 아마도 사회복지 실천과정에서 매우 중요하게 실천되어야 할 가치체계일 것이다. 사회복지사에게 아무리 바람직해 보이는 결정도 클라이언트의 자율적 결정이 아닌 강요된 것이라면 이는 기본 가치관에 어긋나는 것이다. 모든 결정에서 클라이언트의 자율성이 보장되어야 한다.

2. 사회복지의 윤리

1) 윤리의 개념

윤리(ethics)라는 단어는 개인의 성격, 본성, 성향을 뜻하는 그리스어 'ethos'에서 유래되었으며, 행동·위반 혹은 책임 있는 존재의 특성과 관련하여 옳고 그름을 구분할 때에 사용된다(Leathard & McLaren, 2007). 일반적으로 윤리란 인간의 행위의 도덕적 의사결정에 관련되는 철학의 한 분야다. 윤리는 사람들에게 무엇이 옳고 그른지를 결정함에 있어 어떤 지침이 되는 원칙을 발견해 내는 데 초점을 둔다. 이를 가치와 비교해 보면 가치란 좋고(good) 바람직한지(desirable)에 관심을 두는 데 비해 윤리는 무엇이 옳고(right) 바른지(correct)에 관심을 둔다는 점에서 다르다. 일반인의 윤리는 인간관계에서 그 사회의 도덕률과 가치에 기초해서 이를 행하고 지켜야 할 의무를 명확히 밝힌다. 반면에 전문가의 윤리란 어떤 특수한 입장의 역할, 즉 전문가 역할을 수행하는 데 수반되는 특수한 의무를 성문화한 것이다(김정진·임은희·권진숙, 2007).

최근에는 과학기술의 발달을 동반하여 사회의 급격한 변화로 인해 사회복지사가 다양한 윤리적 결정을 해야 하는 상황이 증가하였고, 사회복지 클라이언트의 권리를 포괄적으로 인정해야 하는 사회적 분위기의 영향으로 사회복지의 가치와 윤리에 대한 관심이 높아지고 있다(양옥경 외, 2010). 이에 따라 사회복지실천에 있어서 발생할 수 있는 윤리적 문제에 좀 더 효과적으로 다룰 수 있는 방안에 대한 사회복지실천현장에서의 고민과 함께 구체적인 해결 기술개발에 대한 요구가 높아지고 있다.

2) 윤리강령

윤리강령(code of ethics)은 전문가가 지켜야 할 전문적 내용 기준과 원칙을 기술해 놓은 것으로 전문가들이 공통으로 합의한 내용을 담고 있다(양옥경 외, 2010). 비록 법적 제재의 힘을 갖지는 못하지만, 사회윤리적 제재의 힘을 갖는다. 윤리강령은 전문가들이 자신의 전문적 가치기준에 맞게 실천할 수 있도록 판단기준을 제시하며, 해당 전문직 실천 대상자에게 그 전문직이 지켜야 할 기본 윤리행위를 알리고 전문직의 비윤리적 행위에 대해 판단할 수 있는 기준을 제시하는 기능이 있다(권중돈 외, 2019 : 59-60).

전문적 지위를 추구하는 모든 전문직은 전문가 윤리강령을 통하여 전문직의 실천과 관련되는 윤리적 원칙과 전문가들이 지켜야 할 원칙을 명문화하고 있다(윤철수 외, 2018 : 83 재인용). 레비(Leavy, 1973)에 의하면 사회복지 윤리강령은 세 가지 측면에서 전문직의 근본적인 목적 달성에 공헌한다고 하였다. 사회복지 윤리는,

첫째, 전문직의 행위를 이끌어 주고,
둘째, 사회복지사의 기능을 수행하는 데 원칙을 제시해 주며,
셋째, 사회복지실천의 평가기준을 제시한다.

즉, 사회복지 윤리강령은 사회복지사가 사회복지사로서의 능력과 역할 및 지위에 맞게 행동하도록 이끌어서 사회복지전문직의 구성원으로서 사회적 기대에 부응하는 실천을 하도록 안내하는 지침이 되는 것이다(김경진, 2015).

사회복지실천의 고유한 윤리적 실현을 추구하는 작업은 전문직 단체의 확립이 다른 나라보다 일찍 행해졌던 미국에서 가장 먼저 이루어졌다. 미국은 사회복지협회가 1921년 설립된 후, 1954년에 윤리강령을 발표하였다. 1955년에 미국사회복지사협회(NASW)가 결성되고, 사회복지사의 전문성과 함께 그 존재 의의 및 윤리적 실천을 분명하게 하기 위해 수차례에 걸친 개정이 이루어졌으며, 2017년 개정이 가장 최신이다.

미국사회복지사협회(NASW) 윤리강령이 내포하고 있는 핵심 가치와 그에 따른 윤리적 원칙은 <표 2-1>과 같다.

〈표 2-1〉 미국사회복지사협회(NASW) 윤리강령의 핵심 가치 및 윤리적 원칙

핵심 가치	윤리적 원칙
가치1 : 서비스	사회복지사의 궁극적인 목표는 욕구가 있는 사람들을 원조하고 사회문제에 이의를 제기하는 것이다.
가치2 : 사회정의	사회복지사는 클라이언트의 인권침해, 억압, 차별 및 사회경제적 부정의에 민감하게 도전하여 사회변화를 가져올 수 있어야 한다.
가치3 : 인간의 존엄성과 가치	사회복지사는 인간의 고유한 존엄성과 가치를 존중해야 한다.
가치4 : 인간관계의 중요성	사회복지사는 인간관계의 중요성을 인식하고 클라이언트의 사회적 관계망을 강화해야 한다.
가치5 : 통합	사회복지사는 신뢰받을 수 있는 방식으로 행동해야 한다.
가치6 : 유능성	사회복지사는 자신의 능력 범위 내에서 실천 활동을 하여야 하며, 그 능력 확장을 위해 지속적으로 전문적 지식과 기술을 향상시켜야 한다.

한국의 사회복지사 윤리강령은 1988년에 제정되고 1992년 1차, 2001년 2차, 2021년 제3차의 개정을 거쳤다. 한국의 사회복지사 윤리강령은 미국 사회복지사협회 윤리강령뿐만 아니라 국제사회복지사협회(ISFW)의 영향을 많이 받았다(권중돈 외, 2011 : 61). 주요 윤리적 기준은 첫째, 사회복지사의 기본적 윤리기준으로서 전문가로서의 자세, 전문성 개발을 위한 노력, 경제적 이득에 대한 태도가 포함되어 있다. 둘째, 사회복지사의 클라이언트에 대한 윤리기준으로서 클라이언트와의 관계, 동료의 클라이언트와의 관계가 있다. 셋째, 사회복지사의 동료에 대한 윤리기준으로서 동료, 수퍼바이저가 있다. 넷째, 사회복지사의 사회에 대한 윤리기준, 다섯째, 사회복지사의 기관에 대한 윤리기준, 마지막으로, 사회복지윤리위원회의 구성과 운영으로 구분되어 있다.

한국사회복지사 윤리강령

◆ 전문

사회복지사는 인본주의·평등주의 사상에 기초하여, 모든 인간의 존엄성과 가치를 존중하고 천부의 자유권과 생존권의 보장 활동에 헌신한다. 특히 사회적·경제적 약자들의 편에 서서 사회정의와 평등·자유와 민주주의 가치를 실현하는 데 앞장선다. 또한, 도움을 필요로 하는 사람들의 사회적 지위와 기능을 향상시키기 위해 저들과 함께 일하며, 사회제도 개선과 관련된 제반 활동에 주도적으로 참여한다. 사회복지사는 개인의 주체성과 자기 결정권을 보장하는 데 최선을 다하고, 어떠한 여건에서도 개인이 부당하게 희생되는 일이 없도록 한다. 이러한 사명을 실천하기 위하여 전문적 지식과 기술을 개발하고, 사회적 가치를 실현하는 전문가로서의 능력과 품위를 유지하기 위해 노력한다. 이에 우리는 클라이언트·동료·기관 그리고, 지역사회 및 전체사회와 관련된 사회복지사의 행위와 활동을 판단·평가하며 인도하는 윤리기준을 다음과 같이 선언하고 이를 준수할 것을 다짐한다.

사회복지사는 지금까지 고찰한 가치와 윤리에 관한 내용들을 고려하면서 다음과 같은 실천강령들을 바탕으로 직무에 임해야 한다(GSCC, 2010). 첫째, 사회복지서비스 이용자와 보호제공자들의 권리와 이익을 증진해야 한다. 둘째, 사회복지서비스 이용자와 보호제공자들의 신뢰와 확인을 수립하고 유지하도록 노력해야 한다. 셋째, 서비스 이용자가 겪을 수 있는 위험과 해로부터 보호하면서 이용자의 독립성을 증진해야 한다. 넷째, 서비스 이용자들의 행위가 자신이나 다른 사람에게 해를 가하지 않는 것을 보증하는 동안에 서비스 이용자들의 권리를 존중해야 한다. 다섯째, 사회복지서비스에 있어서 대중의 신뢰와 확신을 유지해야 한다. 마지막으로, 직무의 품질을 설명할 수 있어야 하며, 자신들의 전문적 지식과 기술을 항상 최신으로 유지하고 향상시키는 것에 대한 책임감을 가지고 있어야 한다.

또한 사회복지사는 실천현장에서 가치와 윤리의 적용에 대한 필요성과 관련하여 다음과 같은 역할들을 수행해야 한다(Parrot, 2010). 첫째, 사람들과 함께 일하는 것을 준비해야 하며, 그들의 욕구와 상황을 사정해야 한다. 둘째, 사회복지에 있어서 계획하고, 수행하며, 리뷰하고 평가해야 한다. 셋째, 욕구와 관점, 그리고 상황들을 나타내기 위해 개인들을 지원해야 한다. 넷째, 위험을 관리해야 한다. 다섯째, 수퍼비전에 책임감을 가지고 자신의 실천행위를 지지해야 한다. 여섯째, 사회복지실천에 있어서 전문가적인 유능감을 보여주어야 한다.

이러한 관점에서 사회복지에서의 가치와 실천은 다음과 같은 역할을 수행하게 된다. 첫째, 사회복지사 자신의 가치, 선입견, 윤리적 딜레마와 이해의 상충 그리고 실천에 대한 그들의 함의에 대한 인식의 역할 둘째, 개체로서의 각각 개인과, 위해로부터 그들을 보호하는 동안에 개인들의 독립과 삶의 질, 그리고 개인들, 가족, 보호제공자들, 집단들, 그리고 지역사회나 공동체들의 존엄성과 사생활 보호 등과 관련한 존경과 증진의 역할, 셋째, 각 개인별 언어의 사용과 그들의 선택과 관련된 의사소통의 형식에 대해 인정하고 용이하게 해야 한다. 넷째, 개인들, 가족들, 그리고 지역사회나 공동체들의 다양성과 전문성, 그리고 경험들에 대해 가치를 부여하고, 인정하며, 존중해야 한다. 다섯째, 개인과 가족들, 보호제공자들, 집단들 그리고 지역사회나 공동체들의 신뢰와 확신을 유지해야 한다. 여섯째, 차별, 불이익, 그리고 다른 형태의 불평등과 부정의에 대해 도전하기 위한 전략들을 이해하고 이용할 수 있어야 한다.

마지막으로, 사회복지에 있어서 가치와 윤리가 사회복지 전문직의 정체성 구축에도 영향을 줄 수 있다는 논의들이 존재한다(Dent & Whitehead, 2002; Jenkins, 2004). 먼저, 사회복지사 개인적 차원에서 실천가 자신의 속성에 대한 초점이 소위 '덕윤리(virtue ethics)'라고 일컫는 분야에 관심이 있는 철학자들의 관점과 연결될 수 있다는 주장과(Clark, 2006; Gray, 2010), 옳은 것 또는 정의와 같은 추상적인 개념보다는 책무성과 보호 관계 등을 강조하는 보호 윤리(ethics of care)와 관련한 것과 같이 전통적인 윤리학과 구별되는 소위 '응용 윤리학(applied ethics)'과 관련된다(Bell, 2015 : 37). 더 나아가 이렇게 정체성에 대한 개별화된 초점뿐만 아니라, 개인이 모인 집단이나 조직 차원에서 다양한 상호작용과 관계들을 통해 형성되는 '집합적인 정체성(collective identity)'의 형성과도 관련된다(Frost, 2008). 다만, 사회복지사의 경우 또는 사회복지사가 되고자 하는 경우 이러한 사회복지 전문직의 정체성의 형성에 영향을 주는 가치와 윤리를 고려하기에 앞서서 자기 자신의 사회복지사로서의 정체성에 대한 인식이 선행되어야 함을 주장하고 있다(Bell, 2015 : 38).

학습문제

1. 다음 중 윤리강령의 기능이 아닌 것은?

① 사회복지사들의 윤리적 민감성을 고양시켜 윤리적 실천을 제고한다.
② 실천현장에서 윤리적 갈등이 생겼을 때 지침을 제공한다.
③ 사회복지사 스스로 자기규제를 함으로써 전문성을 확보한다.
④ 사회복지사의 비윤리적 실천으로부터 클라이언트를 보호한다.
⑤ 전문직의 행동기준과 원칙을 제시하여 법적 제재의 힘을 갖는다.

2. 다음 중 윤리에 대한 설명 중 옳지 않은 것은?

① 윤리는 행동·위반 혹은 책임 있는 존재의 특성과 관련하여 옳고 그름을 구분할 때에 사용된다.
② 인간의 행위의 도덕적 의사결정에 관련되는 철학의 한 분야다.
③ 사람들에게 무엇이 옳고 그른지를 결정함에 있어 어떤 지침이 되는 원칙을 발견해 내는 데 초점을 둔다.
④ 좋고(good), 바람직한지(desirable)에 관심을 둔다.
⑤ 인간관계에서 그 사회의 도덕률과 가치에 기초해서 이를 행하고 지켜야 할 의무를 명확히 밝힌다.

3. 다음 중 사회복지의 주요 실천가치에 해당되지 않은 것은?

① 클라이언트에게 권한부여
② 개인에 대한 존경
③ 클라이언트의 자기결정권
④ 사회정의
⑤ 비밀보장과 사생활보장

4. 사회복지의 가치와 관련된 것이다. 옳지 않은 것은?

① 인간의 존엄성 ② 자유 ③ 평등
④ 사회연대 ⑤ 비차별성

5. 다음 한국사회복지사 윤리강령에 대한 설명이다. 옳지 않은 것은?

① 가장 최근의 개정은 2001년에 이루어졌다.
② 1988년에 제정되었다.
③ 크게 전문과 윤리적 기준으로 구성된다.
④ 미국사회복지사협회와 세계사회복지사협회 윤리강령의 영향을 받았다.

1. ⑤ 2. ④ 3. ④ 4. ⑤ 5. ①

참고문헌

강용규 · 김희성 · 배은영 · 양정하 · 오종희 · 유용식 · 주익수(2007). **사회복지행정론**. 공동체.

권중돈 · 조학래 · 윤경아 · 이윤화 · 이영미 · 손의성 · 오인근 · 김동기(2019). **사회복지학개론(4판)**. 학지사.

김경진(2015). **사회복지실천기술론**. 학지사.

손병덕 · 백은령 · 성문주 · 신승연 · 오혜정 · 이상무 · 이은미 · 황혜원(2021). **사회복지개론**. 학지사.

송근원 · 김태성(1995). **사회복지정책론**. 나남.

양옥경 · 김정진 · 서미경 · 김미옥 · 김소희(2010). **사회복지실천론**(개정4판). 나남.

윤철수 · 노 혁 · 도종수 · 김정진 · 김미숙 · 석말숙 · 김혜경 · 박창남 · 성준모(2018). **사회복지개론(3판)**. 학지사.

이경남 · 김경미 · 김남숙 · 김인숙 · 김현주 · 박미정 · 서화정 · 원기연 · 이순영 · 허영숙 · 황인옥(2007). **사회복지개론**. 공동체.

장인협 · 이혜경 · 오정수(2013). **사회복지학**(제3개정판). 서울대학교출판부.

Beckett, C., Maynard, A., & Jordan, P.(2017). *Values & Ethics in Social Work*(3rd ed.). Sage.

Bell, L.(2015). Ethics, values and social work identity(ies). In L. Bell & T. Hafford-Letchfield(eds.), *Ethics, Values and Social Work Practice*. Open University Press.

Berlin, I.(1969). *Four Essays on Liberty*. Oxford University Press.

Clark, C.(2006). Moral character in social work. *British Journal of Social Work, 36*(1), 75-89.

Council on Social Work Education(1992). *A Curriculum Policy Statement for Baccalaureate Degree Programs in Social Work Education*. Mimeographed.

Dent, M., & Whitehead, S.(2002). Introduction : configuring the 'new' professional. In M. Dent and S. Whitehead(eds.), *Managing Professional Identities : Knowledge, Performativity and the 'New' Professional*. London : Routledge.

Friedlander, W. A.(1958). *Concepts and Methods of Social Work*. Prentice Hall.

Frost, E.(2008). Is there a European social work identity?. *European Journal of Social Work, 11*(4), 341-354.

Gray, M.(2010). Moral sources and emergent ethical theories in social work. *British Journal of Social Work, 40*(6), 1794-1811.

GSCC(2010). *Codes of Practice for Employers of Social Care Workers*. The General Social Care Council.

Jenkins, R.(2004). *Social Identity*(2nd ed.). London : Routledge.

Leathard, A. & McLaren, S.(2007). Introduction. In A. Leathard and S. McLaren(eds.), *Ethics : Contemporary Challenges in Health and Social Care*. Bristol : Policy Press.

Leathwood, C. & O'Connell, P.(2003) 'It's a struggle' : the construction of 'new student' in higher education. *Journal of Education Policy, 18*(6), 597 - 615.

Levy, C. S.(1988). The value base of social work. *Journal of Education for Social Work, 1*, 34-42.

Lowenberg, F. & Dolgoff, R.(1988). *Ethical Decisions for Social Work Practice*. Itasca : F. E. Peacock Publishers.

NASW(1995). *The Social Work Dictionary*. Washington : NASW Press.

Parrot, L.(2010). *Values and Ethics in Social Work Practice*(2nd Ed). Learning Matters Ltd.

Reamer, F. G.(1966). *Social Work Values a Ethic*. New York : Columbia University Press.

Chapter 03

사회복지의 역사

1. 자선사업 시대

사회복지의 시작은 교회에서 시작되었다. "네 이웃을 네 몸같이 사랑하여라. 너희가 여기 있는 형제 중에 가장 보잘것없는 사람에게 해준 것이 바로 나에게 해준 것이다"라고 신약성서에서 가난한 자를 돕는 것을 언급하였다. 사도 바울도 자선의 미덕을 강조하였으며 가난한 자를 돕기 위해서 희사금(喜捨金 : 목적달성을 위해 내놓은 돈)을 거두었다. 즉, 종교가 사회적으로 어려운 대상자에 대한 신의 사랑을 실천하였다는 것을 의미하며 사회복지의 시작이 교회에서 시작되었다는 것을 입증하는 것이다. 교회는 빈민부양, 과부 및 노인, 신체장애인, 고아, 환자의 보호, 방랑 외국인의 보호, 죽은 자의 매장 등의 자선을 행하였다. 자선에 필요한 재원은 십일조 및 기부금 등으로 충당하였다. 또한 중세 교회에 반대하여 교회개혁의 선구자로 교회가 앞장서 나서게 되었는데 주로 수도원이 주축이 되었다(김명근 외, 2014 재인용). 이렇듯 사회복지는 종교적 동기에서 출발하여 현재까지 계승되어 민간차원의 자선을 실천하고 있다.

사회복지의 종교적 동기는 자선에 관한 개인의 행동에서 엿볼 수 있다. 자선은 동서고금을 막론하고 신앙심에 기초를 두어 불교와 기독교에서 구제활동을 하였다. 특히 기독교적 자선사업이 교회를 중심으로 교구단위로 행해졌고, 각 교구에서 수납한 십일조의 일부를 빈민구제에 사용하였다. 이후 교회중심의 종교적 자선사업은 정부의 구빈사업과 결부되어 구빈사업으로 변화되었으며, 16세기에는 구빈사업이 정부의 책임으로 전환되었으나, 다시 종교적 자선사업으로 환원되어 현재까지도 자선활동이 이루어지고 있다(이강희 외, 2006).

1) 구빈사업 시대(이강희 외, 2006)

15세기부터 시작되어 19세기까지 영국은 양육과 양모의 수요가 급증하게 되어 지주들은 농지를 목장으로 변경하여 양 치는 목장을 만들어 경계를 둘러치고 담을 쌓아 공동경작권을 배제하고 사유지임을 증명하는 인클로저(enclosure)[1] 운동(공유지의 사유화 목장화)이 전개되었다. 이로 인해 농장 농민들은 일자리를 잃어버리고 런던과 같은 대도시로 이동하여 부랑자가 되거나 공업노동자가 되었다. 부랑자들의 증가는 당시 사회문제로 제기되어 자선사업 시대와는 달리 부랑하는 빈민을 구제하기보다 사회질서를 위협하는 집단으로 간주하여 이들을 억압하여 사회질서를 유지해야 한다는 인식이 강했다. 즉, 부랑 빈민을 노동을 싫어하는 대상으로 간주하는 도덕적 결함에서 빈곤의 원인을 찾은 인식에서 유추할 수 있다.

이는 빈곤 자체를 범죄행위로 간주함을 의미하며 빈민을 노동능력의 유무에 따라 근로능력이 있는 빈민(the able-bodied poor), 근로능력이 없는 빈민(the impotent poor), 요보호아동(dependent children)으로 분류하는 1601년 제정된 엘리자베스 구빈법(The Elizabethan Poor Law)에서 찾을 수 있다.

1) 인클로저란 공동경작권이 존재하고 있던 토지를 경계표식으로 담을 치고, 사유지로 바꾸어 명시하는 것을 말한다. 이 운동은 소수의 지주계급에게 토지를 집중시키고 수많은 농민들을 토지로부터 몰아내어 이들이 생계수단을 잃은 부랑인과 걸인들로 전락하는 요인이 되었다. 15~16세기 이후 인구증가로 양육과 양모의 수요가 급증하면서 대규모로 인클로저가 행해졌다. 지주들은 농민에게 토지를 빌려주고 지대를 받는 것보다 농지를 목장화하여 양을 키우는 것이 더 많은 이익을 가져다주었기 때문에 인클로저 운동이 영국을 비롯한 유럽 각지에서 행해졌다(이강희 외, 2004).

(1) 초기의 빈민법

14세기에 접어들면서 봉건제가 붕괴하는 조짐을 보이기 시작했다. 양모 매뉴팩처(manufacture)의 성장, 농경지를 목장으로 전환, 외국무역의 성장, 전쟁, 흑사병 등은 봉건제 붕괴의 요인이었다.

1348~1349년에 발생한 흑사병은 대량의 사망자를 초래하거나 많은 유민을 발생시켜 봉건제를 무너지게 하는 일차적 촉발요인으로 작용했다. 흑사병은 영국 인구의 1/3을 사망으로 몰아넣었다. 이후 1360~1370년에 2차 흑사병 확산으로 많은 인구가 감소하여 14세기 후반에 노동력 확보의 어려움에 직면하였다.

또한 15세기부터 시작하여 19세기까지 진행된 인클로저 운동은 지주들의 토지에 대한 공유화로 소수의 지주계급에게 토지를 집중시켜 농민들이 생계수단을 잃은 부랑인과 걸인이 되는 요인이 되었다. 그리고 프랑스와 백년전쟁(1377~1453)에서 귀환한 병사들이 부랑문제를 더욱 심각하게 하는 요인이 되어 징병은 부랑인을 외국에 파병하는 정책적 개입으로 이루어졌고 전쟁 후 귀환한 병사들이 다시 부랑인이 되었다(박광준, 2002).

봉건제의 붕괴는 인구이동을 가능하게 하였고 임금계약제를 가능하게 하였으며, 영주로부터 농노의 분리를 초래함으로써 대량의 새로운 빈민을 양산하게 되었다. 빈민의 증가는 사회문제화되어 국가가 걸인, 부랑인을 비롯한 빈민들을 통제하기 시작하였으며, 14세기까지 빈민에 대한 자선의 무관심으로 교회 복지기능의 한계가 드러나 국가는 빈민구제의 역할에 적극적으로 나서게 되었다.

(2) 1349년 노동자법

영국에서 지주계급들은 농민들이 토지에 얽매여 지주를 위해 노동을 제공하는 봉건제를 그리워하며 무너져 가는 체제 확립을 위해 노력하였다. 이러한 노력으로 1349년 노동자법(Statute of Laborers)을 제정하여 지주계급이 농업노동자의 공급을 안정적으로 확보하려는 시도를 하였다.

1348년부터 1349년까지의 흑사병과 흉작으로 노동력 감소와 농민의 유민화가 초래되면서 구빈법적인 통제가 시작되었다. 생산활동이 가능한 노동자 등은 흑사병으로 사망하게 되어 노동력 확보의 어려움, 빈민 발생 등의 열악한 상황에 처하게 되었다. 그리고 과다한 임금을 주지 않으면 노동을 거부하고 생계유지를 위한 구걸을 더 선호하게 되었다. 이러한 문제를 해결하기 위해 신체 건강한 모든 남자와 여자는 봉사활동보다 장원에서 노동을 하는 의무를 제도화하였다.

1351년에는 장원에서 노동을 의무로 하는 제도를 강화하는 입법화를 하였다. 1351년 노동자법에서는 특정 지역의 특권지역 거주자를 제외하고는 노동자들이 추수기에 거주지 밖으로 나갈 수 없도록 하였으며, 왕과 영주들은 구걸과 이동, 부랑, 노동력 부족의 문제를 동일한 문제로 간주하여 하나의 법으로 다루려는 입장을 취하였다. 노동자법의 관점에서 걸인은 빈곤의 문제가 아니라 노동력 공급의 문제로 바라보았던 것이다. 그러나 사회경제적 변화는 노동자법으로 감당하기 어려웠으며, 봉건제로부터 자본주의로의 이행은 계속되었다.

1381년 백년전쟁에서 영국의 전세가 불리해지자 전쟁비용 충당을 위해 1377년, 1379년, 1381년 등 세 번에 걸쳐 농민들에게 인두세를 부과하는 것이 원인이 되어 '농민반란'이 일어나 당시 사회의 상황은 평화롭지 않았다. 즉, 당시 농민들은 인두세 납부를 거부하면서 관리들과 충돌하게 되었다.

1388년 노동자법의 강화로 노동자는 허가장을 지니고 이동하게 되었다. 만일 허가장이 없다면 허가장을 가질 때까지 족쇄를 채우거나 출발지로 되돌려 보냈다. 또한 노동이 가능한 구걸하는 대상자도 허가장 없이 거주지를 이탈한 대상자와 동일한 취급을 하고 노동 무능력자에게는 구걸면허제를 실시하였다. 그리고 지역주민이 걸인들에게 구제를 제공할 수 없으면, 걸인이 태어난 지역이나 다른 지역으로 이주는 물론 감옥 투옥을 선택하도록 하였는데, 이를 통해 당시의 걸인에 대한 범죄인 취급을 하는 빈민법의 취지를 알 수 있다.

노동자법은 유민과 걸인 등의 빈민에 대한 지리적 이동 금지, 생계수단이 없는 건강한 성인의 노동력 제공의 의무, 건강한 빈민에게 자선을 행하는 자는 처벌, 노동자 임금의 상한성을 설정하여 최저임금의 고정화를 제시하였다. 또한 빈민의 이동으로 야기되는 약탈, 파괴, 폭동 등의 정치사회적 불안 예방을 위하여 빈민을 통제하였다는 역사적 의의와 노동력 감소가 봉건적 농업생산 과정을 마비 혹은 약화요인이라고 인식하여 노동통제정책과 사회정책을 경제정책의 하위수단으로 실시하였다는 시사점을 갖는다.

(3) 엘리자베스 구빈법

1601년 엘리자베스 구빈법(The Elizabethan Poor Law)은 1572년 이후의 빈민법을 집대성하여 체계화한 최초의 성문법이다. 엘리자베스 구빈법은 빈민구제를 정부책임의 인식, 행정적 기관의 설립, 빈민에 대한 재원은 조세를 통해 운영, 노동력의 유무에 따라 빈민을 구분하여 대처하였으며, 요보호아동 등을 보호하고 도제제도의 도입, 강제작업장과 구빈원의 활용, 친족부양의 책임을 강조하는 제도를 시행하였다(이형하 외, 2020 : 65).

또한 엘리자베스 빈민법은 빈민을 노동능력이 있는 빈민(able bodied poor), 노동능력이 없는 빈민(impotent poor), 요보호아동(dependent children)으로 분류하여 빈민을 구호하면서 과거보다 훨씬 더 강화된 통제를 하였다.

노동능력이 있는 빈민은 건강한 빈민으로 작업장(workhouse)에서 노동을 하는 조건으로 최소한의 구호를 제공하고 작업장 입소를 거부하는 빈민은 교정원이나 감옥으로 보내 일반 범죄자로 취급하여 처벌하였다. 노동능력이 있는 빈민에 대한 노동을 전제하는 강력한 조건부 수급을 하였다. 근로능력이 있는 빈민은 최소한의 생계지원을 제공하여 노동을 전제하는 구제를 통해 노동에 대한 상품화의 강제와 아울러 자본주의적 산업화에 기여하였다(김태성 · 성경륭, 1993). 반면 노동능력이 없는 빈민(impotent poor)은 구제할 가치가 없는 빈민으로 노인, 장애인, 여성이 혼자 아동을 부양해야 하는 편모 등이 해당된다. 노동능력이 없는 빈민은 구빈원(poorhouse)에 수용되거나 자신의 집에서 식품, 연료 등을 공급받는 원외구제(outdoor relief)를 하였다. 구빈원은 불결한 환경과 가혹한 처우로 빈민보호보다는 '사회가 원하지 않는 빈민'으로 위치시켜 그들을 적은 비용으로 처리하는 장소로 악명이 높았다. 작업장은 강제노동을 방불케 할 정도로 처벌과 착취가 행해졌다. 원내구제는 당시 비용지출 경감을 위한 제도로서 기능을 하였다.

마지막으로 고아, 기아 등의 빈곤아동(요보호아동)은 부모로부터 버림을 받거나 가정의 심각한 빈곤으로 보호받지 못하는 아동을 의미한다. 빈곤아동은 위탁을 원하는 가정에서 보호받거나, 자발적 위탁가정이 없다면 강제로 입찰을 통해 아동을 보호하였다. 그러나 8세 이상의 아동은 도제생활(apprentice)을 하게 하였으며, 도제생활을 하는 남자 아동은 24세가 될 때까지, 여자 아동은 21세 혹은 결혼할 때까지 가정부로 살게하는 도제로서 생활을 하도록 하였다. 그러나 무능력자 부모, 자녀는 능력이 있는 한 모두 자신들의 책임을 전제하는 친족부양의 책임을 강조하였다.

빈민구제의 재원은 교구단위로 주민이 납부하는 빈민세(poor rate)로 마련하여 교구 자치적으로 운영하도록 하였다. 당시 많은 교구는 자치적으로 재원을 마련하였기에 교구별 빈민세 차이는 당연한 것이었다. 이로 인해 각 교구는 타 교구에서 빈민이나 부랑인이 자신의 교구로 들어오는 것을 반대하는 지역이기주의 조장의 원인이 되었으며, 또한 구빈부담 절감을 위해 교구 내 빈민들 간의 결혼을 억제하여 사생아 발생도 초래하였다.

제시한 바와 같이 엘리자베스 빈민법은 세계 최초 구빈을 성문법으로 규정, 공공부조의 시초, 빈민구제에 대한 국가의 책임을 인정하여 구빈원리 확립, 요보호대상 아동을 공적으로 보호하고, 노동능력에 따라 작업장과 구빈원에서 빈민을 구제하여, 빈민에 대한 친족부양 책임강조와 부랑자 예방에 적극적으로 개입하였다는 역사적 의의가 있다(이형하 외, 2020 : 66).

2) 빈민법의 개정(이강희 외, 2006 : 80-96)

(1) 정주법

1662년 정주법(The Law of Settlement)은 인구이동의 억제와 구빈세 증가 억제를 위해 제정되었다. 즉, 빈민에 대한 거주지를 제한하는 법으로 주민들의 이동을 금지하여 구빈부담에 대한 가능성을 고려하였다. 빈민과 노동자의 지역 이동을 통제하는 거주지 제한법으로 각 교구는 다른 교구에서 유입되는 빈민을 차단하고 자기교구 소속 교구민만을 부양하고 책임졌다. 이는 지역 간의 구빈행정의 격차를 초래하는 요인이 되었을 뿐 아니라 구빈행정이 중앙에서 독립하여 지방자치단체의 문제를 야기하였다. 또한 구빈행정에 대한 치안판사와 빈민감독관의 재량은 농업자본가의 예비노동력과 저임금확보의 원인이 되었다. 즉, 정주법은 농촌 노동력의 이동을 막고 지주들을 보호하기 위한 봉건제도의 산물이라는 비판과 함께 지방주의 성격을 갖는다. 그리고 정주법의 적용은 빈민감독관들이 자기 지역의 빈민 수를 줄이기 위해 빈민들을 매수하여 몰래 다른 교구로 이동, 빈민의 거주조건에 관한 교구 간의 빈번한 논쟁과 소송, 노동력이 부족한 지방의 산업발전 저해와 노동이 가능한 빈민에게 실업을 조장하는 요인이 되었다.

(2) 작업장법

1696년 작업장법(Workhouse Act)은 브리스톨 작업장에서 빈민을 고용함으로써 빈민의 처우를 개선한다는 원내구제의 취지에서 제정되었다. 작업장법은 1722년 작업장 테스트법으로 개정되어 노동 가능한 빈민을 고용하여 국가의 부를 증대하고자 하였다. 그러나 작업장에서 빈민의 생활은 매우 처참한 생활이었다. 작업장법은 비효율적인 운영, 빈민의 혹사, 노동력 착취 등의 결과를 초래하여 빈민들의 구제신청보다 빈민을 엄격하게 통제하고 위반 시 족쇄, 감금, 식사금지, 외출금지 등의 처벌규정이 있어 작업장은 최악의 수준으로 노동능력이 있는 빈민은 구제신청을 회피하게 되어 자연스럽게 구빈세의 억제가 가능해졌다. 그러나 작업장에서 노동을 가능하게 하였다는 최초의 프로그램이라는 점에서 의의가 있다.

(3) 길버트법

길버트법(Gillbert Act)은 1782년 하원의원인 길버트(Gillbert)의 제안에 의해 입법화된 법으로 빈민의 처참한 작업장 생활과 작업장의 빈민 노동력 착취, 최악의 생활환경을 개선하기 위해 제정되었다. 또한 노동능력이 있는 빈민에 대한 원외구제의 적용을 통해 작업장법의 폐단을 개선하고자 하였다. 원외구제가 이루어짐에 따라 가족과 함께 생활이 가능해졌다. 또한 빈민에게 직업을 알선해 주고 저임금 빈민에게는 부족한 임금을 구빈세에서 보조해 주어 거택보호의 효시가 되는 의의를 갖는다.

길버트법은 구빈행정에 대한 비판과 반성, 연합교구의 설립과 전문관리인 제도의 도입에 의해서 구빈행정의 합리화 도모, 인도주의적 입장에서 빈민의 처우를 개선하고자 하였으나, 강제성은 없었다.

(4) 스핀햄랜드법

스핀햄랜드법(Speenhamland Act)은 저임금 노동자의 임금을 보충해 주는 최저생활보장을 위한 임금보조제도이다. 이 제도는 18세기 말 실업, 전쟁, 흉년 등으로 곡물가격이 폭등하여 1795년 5월 6일 치안판사들이 버크셔의 스핀햄랜드에 회합하여, 최저생활비에 미달하는 저임금 노동자에 대해 밀빵의 가격과 노동자의 가족 수에 비례하여 부족분을 보조하기 위해 도입된 제도이다. 영국의 전쟁과 계속된 흉작으로 생활비와 물가가 폭등하고 궁핍과 소요, 혁명의 사회적 상황은 생계비 상승과 곡물가격 폭등, 인클로저 운동을 촉진시킴으로써 농민을 더욱 빈곤하게 만들었다. 당시 빈곤노동자의 최저생활보장을 위한 구빈세 부담을 가중시켜 중산층의 반발을 사기도 하였다. 또한 임금보조를 받는 빈곤노동자는 교구로부터 보조금을 받을 수 있어 적극적인 생산활동 참여보다 도덕적 해이 초래와 자본가들의 부당이득만을 보충해 주는 결과도 초래한다는 비판이 제기되어 1834년 신구빈법이 실시되면서 폐지되었다.

(5) 신빈민법

16세기 이후 지속적으로 증가하는 빈민의 발생으로 구빈제도가 형성되어 체계적인 엘리자베스 빈민법이 제정되었다. 그러나 엘리자베스 빈민법은 봉건적 성격을 띠고 있어 산업혁명 이후 성립된 자본주의 체제의 진행과정에서 구빈비용의 계속적인 증가와 구빈제도의 역기능이 초래되어 구빈비용 절감과 산업사회의 특성에 따라 적절한 법이 제정되었다. 신빈민법(The Poor Law Amendment Act)은 엘리자베스 빈민법의 종식과 빈민에 대한 가혹한 성격을 갖는 구빈행정을 확립하고자 하였으며, 20세기 사회보장제도가 성립될 때까지 영국 공적부조의 기본 원리 기능을 하였다(이강희 외, 2011 : 81).

신빈민법은 빈민에 대한 처우개선을 위해 첫째, 임금보조제도의 철폐를 주장하는 임금보조철폐의 원칙 둘째, 노동이 가능한 빈민은 작업에 배치하는 작업장 활용의 원칙 셋째, 병자, 노인, 허약자, 아동을 부양하는 과부에게만 원외구호를 허용하는 원칙 넷째, 교구단위의 구호행정을 구호법연맹으로 통합하는 구호행정통합의 원칙 다섯째, 구빈수혜자의 생활조건이 노동자의 생활조건보다 높지 않아야 한다는 열등처우의 원칙 여섯째, 중앙통제위원회를 설립하여 빈민을 통제하는 중앙통제의 원칙 등 여섯 가지 원칙을 권고했다(이형하 외, 2020 : 66-67).

2. 근대 사회사업 시대

1) 영국의 사회복지 역사

(1) 자선조직협회

18세기 중엽 영국은 산업화, 도시화로 인해 도시로 인구가 집중하게 되었다. 이로 인해 도시는 인구증가와 함께 빈민의 증가로 문제해결을 위한 구호사업을 시도하게 되었다. 당시 빈민에 대한 구호사업은 민간단체와 성직자들이 중심되었고, 종교단체도 가세하여 빈민구제활동을 하였다. 성직자와 민간단체 중심의 빈민구제 활동은 서비스제공과 관련된 전문적인 교육 없이 체계적이지 못한 상황으로 빈민을 구제하게 되어 다양한 문제를 초래하게 되었다.

특히 빈민에 대한 중복수혜는 비효율적인 문제로 제기되어 자선조직협회(COS : Charity Organization Society)가 1869년 런던에서 처음 설립되었다. 자선조직협회는 자조를 강조하는 윤리를 중요시하였으며, 공공의 구빈정책을 반대하는 입장이었다. 그러나 사적 자선, 기부 및 자원봉사 활동을 위한 순수 민간의 구제는 지지하였으며, '빈민에게 물고기를 주지 말고 물고기를 잡는 방법을 가르쳐 주자'의 슬로건에서 자조의 미덕을 알 수 있다.

자선조직협회는 로크(Charles Stewart Lock), 보산게트(Charles Bosanquet), 데니슨(Edward Denision), 힐(Octavia Hill) 등 자유주의 유력인사들의 주도로 민간단체에서 전개되었다. 자선조직협회는 영국의 스펜서(H. Spencer)가 다윈의 진화론을 인간 사회에 적용하여 만든 사회적 다윈주의(social Darwinism)의 절대적 영향을 받았으며, 특히 백인이 여타 인종보다 우월하다고 제시하였다. 스펜서는 빈민, 유색 인종, 정신적·신체적 장애인 등 결함을 보이는 사람을 돕는 것은 신의 섭리와 시장의 '보이지 않는 손(invisible hand)'에 역행하는 것으로 보았으며 생명을 인위적으로 연장시키는 빈민법은 사회에 불필요한 것으로 생각하였다. 또한 빈민에 대한 동정은 멸시로, 빈민구제는 사회통제로 전환되어야 하며, 빈민과 빈민을 구제하는 자는 비난을 받아야 한다고 주장했다(원석조, 2017 : 67). 이러한 빈민에 대한 구호는 하되 사회적 낙인감을 주어 빈곤의 원인을 '개인의 탓'으로 바라보아 비판받게 되었다. 즉, 자선조직협회는 빈곤을 개인의 도덕적 결함의 결과로 간주함으로써 사회경제적 뿌리를 무시하였다는 점에서 비판을 받았다.

자선조직협회의 설립목적은 중복 구빈 제거, 환경조사를 통한 적절한 원조 제공을 하기 위함이었다. 중복 구빈을 제거하기 위해 연락기관을 설치한 것이 오늘날 지역사회복지로 발전하였다. 또한 빈민에 대한 적절한 원조를 위해 우애방문원(friendly visitors)의 중상층 여성들이 자원봉사자로 참여하여 빈민을 직접 찾아가는 환경조사를 실시하였다. 환경조사를 토대로 빈곤에서 벗어날 수 있도록 탈빈곤 동기를 강화하여 스스로 빈곤으로부터 벗어날 수 있도록 하였다. 자선조직협회는 이후 개별사회사업에 영향을 주었으며 우애방문원은 오늘날 사회복지사의 역할을 수행하여 빈민을 구호하였다는 의의를 가진다.

영국의 자선조직협회는 미국으로 전파되어 더욱 발전하게 되었다. 19세기 중후반 미국은 사회적 다원주의가 정신세계를 지배하였으며, 미국 최초의 자선조직협회는 1877년 거틴 목사를 주축으로 결성된 뉴욕 버팔로 자선조직협회였다.

미국 자선조직협회운동은 영국 자선조직협회와 같이 단순 구호 활동을 넘어 체계적이고 효율적인 자선을 지향했다. 요보호 대상자를 기관에 등록시켰고 공공기관들과의 협력관계를 구축하였으며, 요보호 대상자들에 대한 효율적인 관리를 위해 유급사무원(사회복지사)을 채용하였다. 또한 자원봉사자인 우애방원이 구호대상자들에 대한 개별면접을 실시하여 지원 여부를 결정하였으며, 개별면접 후 수집된 자료는 개별적으로 작성, 관리되어 구호를 위한 자료로 활용되었다. 이후 자선조직협회 운동은 19세기 말 합리성, 효율성, 예측 가능성, 계획 등 기업계에서 나온 새로운 가치관을 수용하는 미국 사회의 정신을 반영하여 전개되었다.

(2) 인보관운동

인보관운동(settlement house movement)은 1854년 데니슨(Edward Denison) 목사가 주축이 되어 캠브리지 대학교와 옥스퍼드 대학교 교수와 학생들이 빈민들이 거주하는 지역에서 함께 거주하면서 빈민들의 빈곤 문제 극복을 위한 사회개혁 운동으로 시작되었다. 인보관운동은 빈민에 대한 구제와 보호보다는 사회개혁을 강조한 운동이다. 이 운동은 바네트(Samuel Barnett) 목사에 의해 계승되어 빈민의 경제적 문제보다는 정신적 문제를 호소하였으며, 빈곤 해소를 위해 빈민에게 교육을 실시하여 그들이 빈곤에서 벗어날 수 있는 사회환경의 변화 강조와 국가개입에 의한 빈민들의 생활개선이 불가피하다고 하였다.

빈곤지역에서 함께 생활하던 옥스퍼드 대학교 대학생인 토인비(Arnold Toynbee, 1852~1883)는 당시 전염병이 유행하는 지역에서 빈민들과 함께 생활하면서 그들의 탈빈곤을 위해 인보활동을 전개하다 결핵으로 세상을 떠나게 되었다. 그의 열성적인 활동은 사회적으로 귀감이 되어 그의 동료들이 1884년 런던의 동부 빈민

지역에 토인비 홀(Toynbee Hall)을 설립하였다. 토인비 홀은 세계 최초의 지역사회복지관(community welfare center)이 되었다. 토인비 홀은 빈민의 교육수준 향상과 빈민의 생활환경 개선, 사회적 욕구를 파악하여 빈민이 지닌 사회문제, 건강문제 등의 해결을 위한 사회입법에 관심을 두었다(원석조, 2017 : 72).

인보관운동은 사회 지식층이 직접 빈민들과 함께 생활하였으며, 그들이 경험하는 문제를 개인의 문제로 인식하지 않고 사회구조에서 비롯된 문제로 인식하여 사회개혁 운동으로 전개되어 집단사회사업에 영향을 미치게 되었다.

영국의 인보관운동이 미국에 전파되어 코이트(Stantion Coit)와 스토버(Charles B. Stover)가 1886년 뉴욕의 동부 지역에 설립한 인보길드(the Neighborhood Guild)가 최초의 인보관이다. 이후 1889년 애덤스(Jane Addams)와 스타(Ellen Gates Starr)가 영국 런던의 토인비 홀 모델을 발전시켜 헐 하우스(Hull House)를 시카고에 건립하였다. 1900년 워드(Lillial Wald)가 동료 간호사들과 함께 헨리 스트리트 인보관(the Henry Street Settlement)을 설립하여 이민 여성을 대상으로 간호교육 실시 등과 함께 '방문간호사협회(the Visiting Nurses Association)'를 창설하게 되었다.

인보관운동 참여자는 고학력 여성들이었으며, 재정은 부유한 개인이나 클럽의 기부금으로 충당되어 직업훈련의 제공, 일자리 알선, 노동운동 지원, 아동노동 반대, 부정부패 추방 등의 활동을 전개하여 이민자들의 사회경제적 개선을 촉진하여 이들의 상황을 개선하려 했다.

2) 미국의 사회복지 역사

(1) 1870년대 이후

미국의 사회복지역사는 자선조직협회(1877), 근린조합(1887), 헐 하우스(1889), 뉴딜정책(1933)에 대한 이해가 필요하다. 1877년 뉴욕주의 버팔로에 최초의 자선조직협회가 설립되었다. 인보관은 1887년 코이트와 스토버가 뉴욕에 최초의 인보관을 설립하였으며, 1889년 제인 아담스가 시카고에 헐 하우스 인보관을 설립하여 지역사회복지운동을 전개하였다.

1929년 10월 미국의 경제공황은 대량실업과 빈곤을 촉발시켜 사회복지의 원칙과 실천에 큰 변화를 가져왔다. 공적구호(public relief)는 주로 시와 주 당국에 의해 임명된 자나 빈민감독관, 수퍼바이저(supervisor)들에 의해 소극적으로 다루어졌다. 빈민에 대한 사회구성원들과 임명된 자들은 빈곤의 인식을 개인의 게으름이나 악덕으로 인식하였으며, 구호는 굶주림을 벗어날 정도였다. 또한 실업자 증가에 따른 빈곤문제를 해결하고자 자금 및 자원 동원에 최선을 다했으나, 실효는 거두지 못했다.

1933년 대통령으로 취임한 루스벨트(Franklin D. Roosevelt)는 구제, 부흥, 개혁의 과업을 목적으로 뉴딜(New Deal)정책[2)]을 실시하였다. 뉴딜정책은 실업자를 위한 지출과 공공구호 사업을 추진하였으며, 적절한 소득보장을 위해 노력하였으며 대공황으로 혼란해진 사회를 재건하고자 하였다.

(2) 사회보장법 제정

1933년 5월 연방긴급구호법(Federal Emergency Relief Administration)을 제정하여 대통령 직속기관인 연방긴급구호청(Federal Emergency Administration)을 창설하여 반환될 불요불급의 자금을 구빈의 목적으로 각 주에 지출하도록 하였다. 이로 인하여 1934년 말 전 인구의 6분의 1이 구제받는 성과를 달성하였다(최일섭, 2020 : 47). 연방긴급구호법 제정을 계기로 마침내 1935년 사회보장의 용어를 세계 최초로 사용하여 사회보장법(Social Security Act, 1935)을 제정하였다.

1935년 제정된 사회보장법은 연방정부 차원에서 시행된 최초의 사회복지 프로그램으로 미국 사회보장제도의 역사적 근간이 되었으며, 사회보장법의 프로그램은 사회보험 프로그램, 공공부조 프로그램, 보건 및 복지서비스 프로그램으로 이루어졌다.

2) 미국의 대공황으로 마비된 경제불황 극복을 위해 루스벨트 대통령은 미국의 자본주의를 수정하는 경제정책과 정치 및 사회전체에도 영향을 미치는 뉴딜정책을 실시하여 혼란해진 사회재건을 위한 새로운 정책을 실시하였다.

〈표 3-1〉 사회보장 프로그램

사회보험 프로그램	• 실업보험, 노령·유족 및 장애보험 • 노령연금은 연방정부가 관장, 실업보험은 주정부가 관장하고 연방정부가 재정 보조
공공부조 프로그램	• 노령부조, 요보호 아동부조 • 주정부가 관장하고 연방정부가 재정보조
보건 및 복지서비스 프로그램	• 모자 보건서비스, 지체장애 아동을 위한 서비스, 아동 복지서비스, 직업 재활 및 공중 보건서비스 • 주정부가 관장하고 연방정부가 재정 보조

출처 : 손용근 외(2021).

(3) 1960년대 빈곤과의 전쟁

1964년 존슨(Lyadon B. Johnson) 대통령은 빈곤과의 전쟁을 선언하고 연방정부 차원에서 사회복지 법령을 제정 및 개정하였다. 빈곤문제 해결을 위해 취학 전 빈곤아동 조기 프로그램으로 헤드스타트 프로그램을 실시하였다. 헤드스타트 프로그램을 실시하여 저소득층 자녀가 교육에서 배제되어 빈곤의 악순환을 겪는 것을 예방하려고 하였다. 또한 장애인 및 저소득층을 대상으로 한 의료보장 프로그램으로 메디케이드, 65세 이상 고령자와 장애인을 대상으로 하는 의료보장 프로그램, 부양아동 가족을 위한 원조를 위해 AFDC 제도를 시행하여 빈곤층의 빈곤극복을 위해 정부가 적극적으로 개입하였다.

(4) 1980년대 레이거노믹스

레이건 미국 대통령에 의해 추진된 경제정책으로 경제의 재활성화를 통하여 힘에 의한 위대한 미국의 재건을 기한다는 국가정책이다. 신자유주의를 바탕으로 복지 프로그램의 감축과 신연방주의를 표방하였으며, 정부의 복지비용 최소화, 연방정부의 권한을 주정부로 이양, 연방세금의 감면, 단기 서비스 제공을 시행하였다.

(5) 1990년대 이후 사회복지

AFDC 제도를 폐지하고 1997년 빈곤가구를 위한 한시부족 프로그램(TANF)를 실시하였다. TANF[3]는 공공부조제도로서 부양아동이 있는 한부모가족에 대해 급여를 제공하는 제도이다. 2000년대 이후 오바마 정부는 건강보험 개혁안을 추진하여 건강보험 수혜률을 95%까지 끌어올리고자 하였다.

3) 한국의 사회복지 역사

우리나라는 처음부터 사회복지 용어를 사용하기보다는 사회사업의 용어를 사용하다 이후 1940년대 들어와서 사회복지라는 용어를 사용하였다. 근대화가 서구국가보다 늦게 시작되었으나, 어려운 상황 극복을 위해 국가적 차원, 주민들의 상부상조 차원에서 사회복지사업과 활동이 전개되었다(최일섭 · 정 은, 2006 : 45-53).

(1) 근대 이전의 사회복지관행

고대, 삼국시대, 고려시대는 다소 차이가 있으나, 왕에 의한 빈민구제는 다르지 않았다. 왕의 책임을 중시하는 '책기론(責己論)'에서 알 수 있다. 책기론에 의하면 국가는 빈민을 구제하고 환과고독(鰥寡孤獨 : 홀아비, 과부, 고아, 자녀가 없는 노인)의 무의무탁한 사궁(四窮 : 나이 든 홀아비, 나이 든 홀어미, 부모 없는 아동, 자식 없는 노인)을 구제하는 데 초점을 두었다.

특히 빈민에 대한 복지사업을 시행하였는데 다음과 같다(이형하 외, 2020 : 56-57).

첫째, 각종 재해에서 빈곤한 백성들에게 국가가 비축한 관곡을 배급하여 구제하였다.

둘째, 환과고독의 무의무탁한 빈민구제를 위해 왕이 이들을 방문하고 위로하고

---

3) TANF(Temporary Assistance to Needed Families)는 미국의 공공부조제도로 빈곤가구를 위한 일시부조 프로그램이다. 부양가족이 있는 편부모 가족에 대한 급여를 제공하거나 수급자에게 직업훈련 및 프로그램을 지원하여 노동시장 진입을 강조하는 제도이다.

의류, 곡물, 관제 등을 지급하여 구제하였다.

셋째, 재해로 인한 피해를 입은 지역의 주민들에게 그 재해의 정도에 따라 조세를 감면해 주었다.

넷째, 춘궁기 등에 백성들에게 대여한 관곡을 거둘 때 재해 및 흉작으로 상환이 어려우면 그 원본과 이자를 감면해 주었다.

다섯째, 천재지변과 같은 자연재난은 왕의 잘못에 대한 신의 분노로 인식하여 죄인의 형벌 경감과 석방 등으로 신의 노여움을 풀고자 하였다.

삼국시대의 사회복지제도는 고국천왕 16년(194년)에 을파소가 만든 진대법이다. 진대법은 3월에서 7월에 관곡을 빈곤한 사람에게 대여하였다가 추수기인 10월에 납입하게 하는 제도이다. 이후 고려의 의창과 조선의 환곡·사창으로 연결되었다.

고려시대와 조선시대는 각종 공공구빈기관과 환자의 치료를 담당하는 의료기관이 설립되어 의료적인 지원이 있었다. 또한 삼국시대와 마찬가지로 상평창은 곡식의 매매를 통한 물가조절과 구빈사업 등을 담당하였으며, 동서대비원과 혜민국 등은 환자를 치료하였다.

조선시대의 향약은 덕업상권(德業相勸), 과실상규(過失相規), 예속상교(禮俗相交), 환난상휼(患難相恤) 등 4개 덕목의 실천을 근본 목적으로 하고 있으나, 특히 환난상휼 덕목은 복지에 초점을 두었다. 또한 전통사회의 민속적인 부락협동관행으로 두레, 계, 품앗이는 향약과 같은 복지적 의미를 둔 활동이 이루어졌다.

(2) 일제강점기의 구호사업

일제강점기의 사회복지구호사업은 근대적인 복지이념에 의해 시행되기보다는 일제의 식민정책의 일부로, 우리 민족이 일제에게 복종하고 충성하도록 하는 사회적 통제와 정치적 의미가 있는 시행이었다. 그럼에도 불구하고 근대적 의미의 사회복지제도 도입과 실시라는 역사적 의의를 갖는다.

한일합방 당시 사회복지사업은 총독부 내무부 지방국 지방과에서 휼구자선사업에 관한 업무를 맡게 되었으며, 1912년에는 내무부 지방국 제2과를 두어 사회복지사업을 관장하게 하였다. 이후 1921년부터 내무부 제2과에서 사회복지사업 관련 업무의 지도와 통제 담당하였다(최일섭 외, 2006 : 118). 그리고 1921년 4월에 조선사회사업연구회가 조직되었다. 이후 1929년 4월 조선사회사업연구를 조선사회사업협회로 개정·확대하여 총독부 사회과에 사무실을 두어 사회복지를 전개하였다.

1929년에 구호법이 제정·공포되었으나, 국가재정의 어려움으로 1932년 일본 본토에서 실시하게 되었다. 이후 12년이 지난 1944년 3월 1일에 이르러서 조선구호령으로 공포·실시하였다.

조선구호령은 일제강점기에 국가의 개입에 의한 빈민구제였으나, 그 이면은 일제의 식민정책의 일부였다. 즉, 일제가 조선을 식민지화하기 위한 취약계층 구호라는 명분아래 겉으로 보여주기 위한 사회복지정책이었다. 그럼에도 불구하고 조선구호령은 우리나라 공공부조의 효시라는 역사적 의의를 갖는다. 이후 조선구호령은 1961년 생활보호법 제정과 1999년 국민기초생활보장법 제정의 뿌리가 되어 우리나라 공공부조의 토대가 되었다.

(3) 해방 이후 사회복지 발달

해방 이후 우리나라는 미군정을 거쳐 1948년 8월 15일 대한민국 정부가 수립되었다. 미군정 3년 동안 사회복지 변화는 거의 없었다. 6·25 전쟁은 많은 전쟁고아를 발생시켜 이들에 대한 보호의 개입은 선택의 여지가 없는 상황이었다. 그러나 우리나라는 자력으로 개입하여 구제하기는 어려운 실정으로 외국의 민간원조단체(KAVA : Korean Association of Voluntary Agencies)의 도움에 의존하여 교육, 보건, 사회복지, 구호 및 지역사회 개발 등의 사업이 전개되었다.

이후 1947년 우리나라 최초 이화여자대학교에 기독교사회사업학과가 설치되었고, 1953년 중앙신학교(현 강남대학교)에 사회사업학과 개설, 1957년 국립대학 최초로 서울대학교 대학원에서 사회사업학과가 개설되었으며, 이듬해 서울대학교

문리과대학 학사과정에 사회사업학과가 개설되는 등 전문사회사업 교육이 도입되어 한국의 전문사회복지교육에 영향을 미쳤다.

① 군사혁명으로 시작된 군사정부의 사회복지

1960년 5 · 16 군사혁명으로 시작된 3공화국부터 5공화국까지의 '군사정부'는 경제적으로 수출주도형 공업화정책과 경제발전 지향적인 정책을 펼쳐 사회복지제도의 초석을 마련하는 시기가 되었다.

국제연합(UN)의 권고에 따라 실시된 지역사회개발사업이 농촌을 중심으로 시작된 새마을 운동으로 흡수 · 통합되면서 농촌의 근대화에 크게 기여하였다. 또한 사회개발(social development)의 개념이 도입되어 경제개발과 함께 국가발전계획이 추진되어 1970년대 후반 우리 경제가 급속히 발전하게 되었으며 사회복지법적 토대도 마련하게 되었다.

- 1960년 공무원연금법 제정
- 1961년 생활보호법 제정
- 1961년 아동복리법 제정
- 1961년 고아입양특례법 제정
- 1961년 윤락행위 등 방지법 제정
- 1962년 재해구호법 제정
- 1962년 국가유공자 및 월남귀순자 특별보호법 제정
- 1963년 사회보장에 관한 법률 제정
- 1963년 산업재해보상보험법 제정
- 1963년 군인연금법 제정
- 1970년 사회복지사업법 제정
- 1973년 국민복지연금법 제정
- 1977년 의료보호법 제정

② 전두환 군사정부(1981~1988년)

전두환 군사정부는 국정의 정통성 확보를 위해 '복지사회의 건설'을 주요 국정 지표로 정하여 사회복지법을 개정·제정하였다. 그러나 대부분의 법이 선언적인 것으로 사회복지 증대와는 거리가 있었다.

- 1980년 사회복지사업기금법 제정
- 1981년 아동복리법을 아동복지법으로 개정
- 1981년 노인복지접 제정
- 1981년 심신장애자복지법 제정
- 1986년 최저임금법 제정
- 1987년 사회복지사를 사회복지전담요원 공무원으로 채용(현 사회복지전담공무원)
- 1986년 국민연금복지법 폐지 후 국민연금법 제정

③ 노태우 정부(1988~1993년)

1988년에 출범한 노태우 정부는 여성의 경제활동 참여를 위해 영유아보육법의 법적 토대를 마련하여 영유아 돌봄사회화를 마련하는 등 사회복지와 관련된 새로운 법률이 입법화되고 기존 제도의 개선이 이루어졌다. 특히 1986년 '서울아시안게임'과 1988년 '서울올림픽'의 성공적 개최와 함께 국가 위상이 높아짐에 따라 복지국가 실현을 위한 국가의 적극적 개입이 이루어졌다.

- 1988년 국민연금의 실시
- 1988년 최저임금제의 도입
- 1988년 보호관찰법 제정
- 1989년 의료보험 전 국민 대상 실시
- 1989년 모자복지법 제정
- 1989년 장애인고용촉진 등에 관한 법률 제정
- 1991년 영유아보육법 제정
- 1991년 청소년기본법 제정

- 1991년 고령자촉진법 제정

④ 김영삼 문민정부(1993~1998년)

김영삼 문민정부는 노태우 정부의 입법화된 사회복지법의 개정을 통한 복지행정의 확대기를 이루었다.

- 1993년 고용보험법 제정
- 1994년 성폭력범죄 처벌 및 피해자 보호 등에 대한 법률 제정
- 1995년 군 단위 이하 지역주민 대상의 국민연금 실시
- 1995년 국민건강증진법 제정
- 1995년 보호관찰 등에 관한 법률 제정
- 1995년 정신보건법 제정
- 1995년 사회보장기본법 제정
- 1995년 여성발전기본법 제정
- 1997년 장애인·노인·임산부 등의 편의증진에 관한 법률 제정
- 1997년 가정폭력방지 및 피해자보호 등에 관한 법률 제정
- 1997년 사회복지공동모금회법 제정
- 1997년 청소년보호법 제정

⑤ 김대중 정부(1998~2003년)

1997년 'IMF 경제위기'하에서 출범한 김대중 정부는 우리나라의 사회안전망이 취약하다는 분석과 함께 사회복지제도의 발전에 중요한 전기가 마련되었으며, 이로써 정부는 사회안전망 구축에 힘을 쏟았다.

- 1998년 노사정위원회 출범
- 1998년 고용보험의 모든 사업장으로 확대
- 1999년 사회복지공동모금회법 법명 변경
- 1999년 국민건강보험법 제정(의료보험 전체 통합)

- 1999년 국민기초생활보장법 제정
- 2002년 건강보험재정건전화 특별법 제정
- 전국민연금실시

⑥ **노무현 정부**(2003~2008년)

노무현 정부는 사회복지정책의 기본 노선으로 '노사정 사회협약' 등 국민 참여에 바탕을 둔 복지를 강조하였다. 복지와 성장의 선순환 정착을 위해 제도의 재편을 시도하였다(김영근 외 : 68).

- 2004년 농어촌주민의 보건복지증진을 위한 특별법 제정
- 2004년 건강가정기본법 제정
- 2004년 성매매방지 및 피해자보호 등에 관한 법률 제정
- 2005년 사회복지사업을 지방으로 이양하고 지역사회복지협의체 신설
- 2005년 긴급복지지원법 제정
- 2005년 저출산·고령사회기본법 제정
- 2005년 교통약자의 이용편의 증진법 제정
- 2005년 자원봉사활동기본법 제정
- 2006년 식품기부 활성화에 관한 법률 제정
- 2007년 기초노령연금법 제정
- 2007년 노인장기요양보험법 제정
- 2007년 장애인차별금지법의 제정과 장애인 대상 활동보조서비스 도입
- 2007년 사회적기업 육성법 제정

⑦ **이명박 정부**(2008~2013년)

이명박 정부는 실용주의를 목표로 하는 경제회복에 초점을 두어 사회복지정책과 급여에 대한 개선보다 보완을 시도하였다.

- 2008년 다문화가족지원법 제정

- 2008년 중증장애인 생산품 우선구매 특별법 제정
- 2009년 국민연금과 직역연금의 연계에 관한 법률 제정
- 2010년 성폭력방지 및 피해자 보호 등에 관한 법률 제정
- 2011년 사회복지사 등의 처우 및 지위 향상을 위한 법률 제정
- 2011년 장애아동복지지원법 제정
- 2011년 사회서비스 이용 및 이용권 권리에 관한 법률 제정
- 2011년 노숙인 등의 복지 및 자립지원에 관한 법률 제정

⑧ 박근혜 정부(2013~2017년)

박근혜 정부는 창조경제를 목표로 하여 경제살리기에 초점을 두면서 사상 최대 슈퍼 복지 예산을 통한 복지정책을 실시하였다.

- 2014년 기초노령연금법 폐지 후 기초연금법 제정
- 2014년 사회보장급여의 이용제공 및 수급권자 발굴에 관한 법률 제정
- 2014년 주거급여법 제정
- 2014년 아동학대범죄의 처벌 등에 관한 특례법 제정
- 2014년 발달장애인 권리보장 및 지원에 관한 법률 제정
- 2015년 장애인 건강권 및 의료접근성 보장에 관한 법률 제정
- 2015년 장애인·노인 등을 위한 보조기기 지원 및 활용촉진에 관한 법률 제정

학습문제

1. 신빈민법(The Poor Law Amendment Act)에 관한 설명으로 옳지 않은 것은?

① 1832년 왕립위원회(royal commission)의 조사를 토대로 1834년에 제정되었다.
② 국가의 도움을 받는 사람의 처우는 스스로 벌어서 생활하는 최하위 노동자의 생활수준보다 높지 않아야 한다는 원칙을 내용으로 하고 있다.
③ 원외구제를 인정하였다.
④ 구빈행정체계를 통일시키고자 하였다.
⑤ 빈민을 가치 있는 빈민과 가치 없는 빈민으로 분류하였다.

2. 사회복지역사에 관한 내용 중 연결이 옳은 것은?

① 엘리자베스 구빈법(1601)-열등처우의 원칙
② 길버트법(1782)-원외구제 허용
③ 스핀햄랜드법(1795)-원내구제 허용
④ 미국사회보장법(1942)-보편적 의료보험제도 도입
⑤ 베버리지보고서(1942)-소득비례방식의 사회보험 도입

3. 인구이동의 억제와 구빈세 증가 억제를 위해 제정된 법령은?

① 1662년 정주법
② 1696년 작업장법
③ 1782년 길버트법
④ 1795년 스핀햄랜드법
⑤ 1601년 엘리자베스 구빈법

4. 1869년 런던에 설립된 자선조직협회에 대한 설명으로 옳지 않은 것은?

① 빈민에 대한 중복수혜에 대한 문제제기로 전개되었다.
② 빈곤을 개인의 탓으로 바라보았다.
③ 우애방문원은 빈곤가정을 방문하여 환경을 조사하였다.
④ 미국 최초의 자선조직협회는 1877년 거티 목사를 주축으로 설립된 뉴욕 버팔로 자선조직협회이다.
⑤ 자선조직협회운동은 집단사회사업에 영향을 미쳤다.

5. 한국의 사회복지 역사에 대한 설명으로 옳지 않은 것은?

① 삼국시대의 사회복지제도는 고국천황 16년에 을파소가 만든 진대법이다.
② 1944년 조선구호령은 일제강점기에 국가의 개입에 의한 최초의 공공부조이다.
③ 1947년 이화여자대학교에 기독교사회사업학과가 최초 개설되었다.
④ 1950년대 우리나라 사회복지는 외원단체에 의한 활동이 주류를 이루었다.
⑤ 1957년 중앙신학교에 최초 사회사업학과가 개설되었다.

1. ③ 2. ② 3. ① 4. ⑤ 5. ⑤

참고문헌

김명근 · 길귀숙 · 박종팔 · 박주현 · 조성상(2014). 사회복지개론. 양서원.
김태성 · 성경륭(1993). 복지국가론. 나남.
박광준(2002). 사회복지의 사상과 역사. 양성원.
원석조(2017). 사회복지개론. 양서원.
이강희 · 양희택 · 노희선(2006). 사회복지발달사. 양서원.
이형하 · 정민숙 · 양정남 · 박일연 · 김혜선(2020). 사회복지개론. 공동체.
최일성 · 정 은(2006). 현대사회복지의 이해. 공동체.

Chapter 04

사회복지정책론

1. 사회복지정책의 개념

사회복지정책(social welfare policy)의 개념(elusive concept)을 학자들마다 서로 다르게 정의하고 있기 때문에 그 개념을 파악하기는 쉽지 않다.

사회복지정책의 어의적 개념은 '사회복지(social welfare)'와 '정책(policy)'의 합성어이다. 프리들랜더(Friedlander, 1974 : 4)는 사회복지란 "개인과 집단이 만족스러운 생활과 건강 수준을 달성하도록 도와주고, 그들의 모든 능력을 개발하여 그들 가족과 지역사회의 욕구에 걸맞게 그들의 복리를 증진하도록 하여주는, 개인적 · 사회적 관계를 성취하기 위해 고안된 조직화된 사회서비스와 제도 체계"라고 정의한 바 있다.

그리고 길버트와 테렐(Gilbert & Terrell, 2002 : 3)은 여섯 가지의 기본적인 사회제도들의 기능으로 사회복지를 ① 가족 간 경제적 지원, ② 종교신념에 입각한 사회복지 서비스의 기능, ③ 급여기능, ④ 사회복지 상품과 서비스 기능, ⑤ 상호부조조직의 자조, 자원봉사, 비영리 사회복지서비스 기능, ⑥ 정부의 빈곤정책, 경제적 보장, 보건의료, 교육, 사회복지서비스 기능 등으로 구분하였다.

사회복지정책의 개념을 이해하기 위해서는 먼저 정책의 개념을 이해하는 것이 필요하며 일반적으로 두 가지 형태의 개념이 존재한다.

첫째, 정책의 개념을 단순히 특정한 목표를 달성하기 위한 행동지침으로 이해하는 것이다. 정책을 이와 같이 목표 달성을 위한 행동지침으로 이해하면 정부 외에 사기업과 같은 사적 조직에서도 정책이라는 말을 사용할 수 있다. 둘째, 정책의 개념을 정책의 공공성으로 이해하는 것이다. 공공성을 강조할 때 정책의 개념은 정부가 어떤 목표를 달성하기 위하여 의도적으로 선택한 행동지침을 말한다 (원석조, 2014 : 21-24).

사회복지정책은 사회복지와 정책의 합성어로서 정책의 용어에 포커스를 맞추어 정의하면 사회복지정책은 '정부가 사회복지의 목표를 달성하기 위하여 의도적으로 선택한 행동지침'이라고 할 수 있다. 여기서 사회복지의 개념은 최근의 추세를 반영하여 잔여적 개념보다는 제도적 개념으로, 더 나아가서 통합적 사회제도로서 사회복지의 개념을 파악하고자 한다. 따라서 사회복지의 궁극적 목표는 개인, 집단, 지역사회, 전체 사회 속에서 사람들의 삶의 질을 개선하려는 사회적 개입인 것이다.

정책이란 '특정 목적을 달성하기 위한 행동들의 원칙, 지침, 일정한 계획, 조직화된 노력'으로 사회복지정책의 일반적 개념은 '권위 있는 공공기관이 사회문제 해결이나 공익의 정책목표를 달성하기 위하여 정치적 → 행정적 과정을 거치거나 당위성에 입각하여 의도적으로 선택한 미래의 행동지침'이라고 할 수 있다.

2. 사회복지정책의 발달이론

사회복지정책의 발달형태는 국가마다 특이한 양상을 보이고 있기 때문에 사회복지정책의 발달을 일반화하려는 이론은 많은 한계를 가지고 있다. 그럼에도 지금까지 많은 이론들을 개발해 왔으며 학자에 따라서 이를 분류하는 방법도 다양하다. 또한 김태성(1994)은 사회복지발달의 결정요인을 정치적 요인, 경제적 요인, 사회적 요인으로 구분하여 분석하고 있다.

본 장에서는 사회복지정책의 발달이론인 산업화이론, 확산이론, 사회양심이론, 독점자본이론, 사회민주주의이론을 구분하여 살펴보고자 한다.

1) 산업화이론

산업화이론(logic of industrializaion) 또는 수렴이론(converence theory)은 경제발전이 상당한 수준에 도달하면서 사회복지도 발전하게 된다는 이론으로 대표적인 학자로는 윌렌스키와 르보가 있다(원석조, 2014 : 185; 이진숙 외, 2017 : 110).

이 이론은 이데올로기적 갈등은 전혀 강조하지 않고 경제적인 면과 사회적인 면만을 강조하여 이데올로기의 종말론과도 맥락을 같이한다. 즉, 서로 다른 정책 이념과 문화를 가진 국가들도 산업화가 비슷한 수준에 도달하면 사회복지정책의 구조나 내용은 유사해진다는 것이다.

설리번(Sullivan)은 사회복지정책의 발달을 산업화이론의 측면에서 다음과 같이 세 가지로 제시하고 있다(박병현, 2003 : 56-57; 이진숙 외 2017 : 110).

첫째, 산업화는 노동인구의 속성을 변화시켜 대규모의 피고용층을 발생시켜 노동력을 팔아야만 생계를 유지할 수 있는 사람들의 숫자를 크게 증가시킨다. 피고용자로서 이러한 사람들의 소득이 질병, 노령, 실업, 산업재해 등으로 중단될 때 그들의 삶이 위협받게 되므로 이들의 소득을 제도적으로 보장하기 위한 소득 프로그램이 도입된다. 둘째, 산업사회는 사회적 위험의 증가, 도시화, 가족구조의 변화 등 이전에는 경험하지 못했던 사회문제들을 발생시키지만 이를 해결해 줄 수 있는 전통적 지지망, 즉 가족, 친지, 교회 등의 기능은 오히려 약화시킨다. 따라서 이러한 문제를 해결하거나 욕구를 충족시키기 위해 국가에 의한 공식적 사회복지제도가 도입되었다. 셋째, 산업화는 여성을 경제시장에 참여시키게 만들었고 전통적인 여성의 역할을 대신할 제도의 필요성이 증가하면서 주간보호(day care) 등과 같은 돌봄기능을 하는 사회복지제도가 발달하게 되었다.

이와 같이 산업화이론은 사회복지제도의 형성에 산업화의 역할을 강조하고 있다. 선진산업사회에서 사회복지정책의 구조와 내용에 결정적 영향을 미치는 것이 정치체제의 요소가 아니라 산업화의 요소라는 점이다.

2) 확산이론

확산이론(diffusion theory)의 대표학자는 콜리어와 메식(Collier & Messick, 1975), 타이라와 킬비(Taira & Lilby, 1969)로 한 나라의 사회복지정책이 다른 나라의 정책에도 영향을 미친다는 데 초점을 둔 이론이다. 확산이론의 핵심은 사회복지정책의 도입을 모방과정의 결과로 인식한다. 이는 한 국가의 제도적 혁신이 인근 국가로 확산되는 것인 동시에 선진국으로부터 후진국으로의 관념과 기술의 이전과정이기도 하다.

이 이론은 콜리어와 메식(Collier & Messick, 1975)이 전 세계 59개국을 분석한 결과 경제발전수준이 상대적으로 낮은 동유럽 및 남유럽 국가들이 유럽 선진 복지국가들의 영향을 받아 사회보장을 확대했고 영국 식민지 국가 중 영국인들이 정착한 국가들에서 유럽식 사회보장이 도입된 것에서 확산과정을 확인할 수 있다고 주장하였다. 그렇게 보면 1911년 영국의 국민보험과 1880년대의 독일 비스마르크 사회보험을 한국의 각종 제도에 도입했고, 특히 건강보험은 일본의 건강보험을 거의 그대로 모방한 것이다(원석조, 2010 : 172-173; Collier & Messick, 1975).

이상의 확산이론이 사회복지정책 발달을 설명하는 데 유용한 두 가지 점이 있다(현외성, 2002 : 76).

첫째, 기존의 이론들은 사회복지정책의 발달을 국내적인 요인을 가지고 설명하려는 것인 반면에 확산이론은 국제적인 관계와 범위로 그 영역을 넓혀 설명함으로써 어느 정도 설득력을 인정받고 있다. 둘째, 현대사회와 같이 교통과 통신이 잘 발달되고 최근에 와서 인터넷 등으로 명실상부한 지구촌이 되어 버린 상황에서 확산이론은 설득력이 훨씬 높아지고 있다.

3) 사회양심이론

사회양심이론(social conscience theory)은 사회구성원들의 집단양심을 사회복지의 변수로, 즉 사회적 양심의 증대가 사회복지의 발전을 가져오는 원동력이 되었다고 보는 이론이다. 이 이론은 한 사람 또는 몇몇 학자들이 독창적으로 만든 것이 아니라 영국의 베이커(Baker)가 기존의 사회복지학의 교재를 분석하여 그로부터 공통적인 관념을 추출한 내용이다.

사회양심이론의 내용은 다섯 가지로 요약된다(이진숙 외 2017 : 110).

첫째, 사회복지정책은 인간이면 누구나 다 가지고 있는 타인에 대한 사랑이 국가를 통해 실현된다. 사회복지의 혜택은 시혜적이다. 둘째, 사회복지정책은 두 가지 요인에 의해 변화한다. 하나는 사회적 의무감의 확대이고 다른 하나는 사회적 욕구에 대한 과학적 지식의 증대이다. 셋째, 변화는 누적적이며 정책은 비록 항상 그렇지는 않지만 대체로 보다 관대하고 보다 넓은 범위로 발전한다. 넷째, 개선은 불가피하며 현행 사회복지정책은 지금까지의 것 중 최선의 것이다. 다섯째, 비록 현재의 사회복지서비스는 불완전하고 결점을 가지고 있지만 사회복지의 주요 문제들은 앞으로 해결될 것이며 현재 사회는 매우 튼튼하게 구성되어 있어 개선에 대한 전망은 낙관적이다(Baker, 1979 : 177-178).

4) 독점자본이론

독점자본이론은 전통적인 마르크스주의에 그 이론적 뿌리를 두고 고도화된 독점자본주의에 대한 분석을 통해 복지국가의 발전을 설명하고 있다. 이 이론을 신마르크스주의(neo-marxism)이론이라고도 한다.

전통적인 마르크스주의에서 국가는 자본주의 생산양식 체계를 유지하고 강화하기 위해 주로 자본가의 이익을 위해 기능을 하기 때문에 복지 확대는 불가능하다고 하였다. 그러나 전통적 마르크스주의 이후에도 독점자본주의가 계속해서 나타났고, 특히 이 시기에 국가의 역할도 변하여 국민의 복지도 책임지는 복지국가가 등장하였다. 이러한 시대적 상황에서 전통적 마르크스주의를 수정・발전시킨 신마르크스주의가 출현하였다.

독점자본주의 이론은 도구주의 관점(instrumentalism)과 구조주의 관점(structuralism)으로 분류하고 있다(김태성・성경륭, 2000 : 139-142).

도구주의 관점에서 자본주의 사회는 자본가들이 경제조직을 독점하기 때문에 이러한 경제 부문의 독점에 힘입어 정치조직에도 자본가들이 강력한 영향력을 발휘하게 되고 따라서 국가의 역할은 자본가들의 이익을 수행하는 도구에 지나지 않는다고 본다. 이 관점에 의하면 대공황 같은 자본 축적의 위기나 폭등, 전쟁 등과 같은 사회혼란이 있을 때 자본가들이 자본 축적 또는 노동력 재생산의 필요성에 따라 국가에 영향을 행사하여 복지국가 사회복지정책이 형성되고 발전된다고 본다. 미국의 뉴딜정책과 사회보장이 그 대표적인 예이다.

구조주의 관점은 독점자본가들이 국가기구에 영향력을 행사하여 도구화하는 것이 아니라 독점자본주의 경제의 구조 그 자체 때문에 국가의 기능은 자본가의 이익과 합치될 수밖에 없다고 본다. 즉, 독점자본주의 경제구조상 국가는 필연적으로 자본주의 사회의 경제체제를 유지하고 강화해야 한다는 것이다. 이런 관점에 의하면 노동자 계급의 도전이 자본주의에 매우 위협적이기 때문에 노동자 계급을 통제하고 분열시키는 기능이 매우 중요하다. 그런데 자본가들은 계급의식도 없고 또한 개인들은 단기적인 이익 때문에 분열되기 쉬우므로 이때 국가가 노동자 계급을 통제하거나 분열시키기 위한 전략으로 사회복지정책을 확대하게 된다는 것이다.

이상에서 본 바와 같이 독점자본이론은 세 가지 면에서 기여한 바가 크다(남기민, 2010 : 59).

첫째, 자본주의 문제를 분석하여 복지국가의 사회복지정책 발달을 설명함으로써 누가 복지국가로 인해 이익을 보는가에 대한 답을 분명하게 해주었다. 둘째, 복지국가의 성격을 좀 더 거시적으로 언급하고 있어서 국가의 역할에 대한 이해를 쉽게 할 수 있다. 셋째, 복지국가의 구체적인 사회복지정책의 내용을 분석하는 데 도움을 준다. 오늘날 고도로 발전된 복지국가에서도 여전히 구빈법의 잔재를 갖고 있는 복지 프로그램이 존재하는 이유를 규명하는 데 기여한다.

5) 사회민주주의이론

사회민주주의이론(social democratic theory)은 독점자본주의이론처럼 자본주의 내 계급 갈등에 초점을 맞추고 있다. 그러나 사회민주주의이론은 독점자본주의이론이 복지국가의 사회복지정책 발달을 자본가의 이익 추구의 결과로 보는 것과는 달리 노동자계급의 정치세력 확대의 결과로 보고 있다.

이 이론은 고도로 발달된 자본주의의 성립과 더불어 의회민주주의 제도의 정책을 그 배경으로 하고 있다. 산업화 과정에서 급격히 늘어난 노동자 계급은 중앙집권화된 노동조합운동의 조직화를 통해 힘이 강해진다. 특히, 선거권이 모든 노동자들에게 확대되면서 노동자 계급은 그들의 이익을 대변하는 정당을 지지하는 과정 속에서 사회권의 확대를 통해 복지국가 사회복지정책의 발달이 이루어진다(박종삼 외, 2003 : 52). 이 이론에서 복지국가가 발전하기 위해서는 ① 선거권의 노동계급으로의 확대, ② 노동계급을 대변하는 사회민주당의 발전, ③ 강하고 중앙집권화된 노동조합운동, ④ 우익정당의 약화, ⑤ 지속적인 사회민주당의 집권, ⑥ 지속적인 경제성장, 노동자의 강한 계급의식과 종교, 언어, 인종적 분열의 약화 등 요인이 충족되어야 한다(김태성 · 성경륭, 2000 : 153; 이진숙, 2017 : 112-113).

이 이론은 다음과 같은 장점이 있다.

첫째, 정치적 요소들에 대한 분석이 중요하다는 것을 보여 준다. 둘째, 이 이론은 수렴이론이나 독점자본이론처럼 경제적 변수에만 지나치게 의존하는 것에서 탈피하여 복지국가의 발전을 설명하는 데 실증적인 연구를 통해 뒷받침되고 있어 설명의 폭을 넓혔다.

3. 사회복지정책의 분석 틀

사회복지정책을 분석하기 위한 틀 또는 모형은 매우 다양하다. 그러나 어느 것도 사회복지학계에서 보편적으로 인정하거나 사용하지 않는다. 그것은 분석 틀마다 강조점이 서로 다르거나 여러 가지 한계점이 있기 때문이다. 최근까지 사회복지정책의 분석 틀로서 가장 널리 알려져 있는 것은 길버트와 스펙트(Gilbert & Specht, 1974)의 사회복지정책분석 틀이다. 본 장에서는 길버트와 스펙트(Gilbert & Specht, 1974)의 분석 틀을 살펴보고자 한다.

1) 정책분석의 의의 및 방법

사회복지정책은 학문적으로나 정치적으로 중요하게 다루어지고 있다. 사회복지정책이 소득분배, 고용, 교육, 주택, 보건 등과 관련된 서비스를 결정함에 있어서 객관적 분석 없이 특정 개인이나 집단 등의 이해관계에 의해 좌우될 수 없고 또한 기존의 사회복지정책이나 새로 수립하는 사회복지정책의 자치체계와 이론적 기반을 마련하여 주기 때문이다. 또한 사회복지정책의 여러 대안 중에서 적절한 것을 선택하게 함은 물론 사회복지정책을 수립하는 데 있어서 고려하지 않으면 안 되는 사항들을 파악하는 데 도움을 주기 때문이다. 구체적으로 사회복지정책분석은 일반적으로 정부 관련 부서나 혹은 민간의 사회복지기관에서 사회복지정책전문가에게 특정 프로그램이나 문제를 의뢰함으로써 이루어진다. 그리하여 프로그램이나 문제에 관련된 몇 가지 선택 대안들이 정책분석을 통하여 제안되고 정책결정과정을 통해서 실행된다.

2) 정책분석방법

(1) 정책분석의 접근방법

정책분석가들은 그가 행하는 정책분석의 목적에 따라 얻고자 하는 정보의 성격이 다르고 그에 따라 분석의 접근방법도 달라질 수 있다. 던(Dunn, 1981 : 36)은 정책분석에서 추구하는 정보의 유형과 그에 따른 접근방법을 세 가지로 나누고 있다.

첫째, 문제가 해결되었는지에 대한 판단기준이 되는 가치(value)에 대한 정보이다.

둘째, 가치의 실현을 제한하거나 가능하게 하는 사실(fact)에 대한 정보이다.

셋째, 문제의 해결과 가치의 실현을 가져다 줄 수 있는 행동(action)에 대한 정보이다.

앞의 세 가지 정보를 얻기 위해서 분석가들은 경험적 접근, 평가적 접근, 규범적 접근을 하게 된다.

경험적 접근방법은 주어진 정책의 원인과 결과효과에 대해 기술하는 데 주로 관심을 가진다. 이에 따라 산출되는 정보는 기술적 성격을 가진다. 예컨대 국가의 복지지출을 기술, 설명, 예측하는 것이다.

평가적 접근방법은 주로 사회정책의 가치를 결정하고 무엇이 바람직한 것인가를 탐색하는 것과 관련된다. 예컨대 다양한 복지정책에 대한 기술적인 정보를 산출한 후 분석가는 그 정책들의 윤리적·도덕적인 의미나 결과를 평가한다.

규범적 접근방법은 사회문제를 해결하기 위한 미래의 행동노선을 제안하는 데 관심을 가진다. 예컨대 빈곤문제를 해결하기 위한 방법으로 최저임금을 보장하는 정책을 제안하는 것이다.

〈표 4-1〉 정책분석의 접근방법

접근방법	관심문제	정보의 유형
경험적	그것은 존재하는가?(사실)	지시적
평가적	그것은 가치가 있는가?(가치)	평가적
규범적	무엇이 행해져야 하는가?(행동)	처방적

출처 : Dunn(1981), p. 36.

(2) 정책분석방법

사회복지정책의 분석 유형 중 가장 일반적으로 활용되는 것이 바로 길버트와 스펙트(Gilbert & Specht, 1974)의 3P 분석이다. 즉, 과정(Process), 산출(Product), 성과(Performance)분석이다.

과정(Process)분석은 정책의 산출이나 결과보다는 정책이 형성되는 일련의 과정에 초점을 두고 각 단계마다 구분을 하고 있다. 정책과정의 구분은 학자에 따라 다르기는 하지만 일반적으로 문제의 분석, 의제의 형성, 대안의 탐색, 대안의 선택, 정책의 집행, 정책의 평가 등으로 구분된다.

정책과정에 대한 분석은 정책의 형성과정의 역동성에 대한 이해뿐만 아니라 정책에 영향을 미치는 사회적 상황, 행위자 개발단계가 정책의 결과에 어떻게 기여하였는지를 설명하는 데 도움을 주기 때문에 정책분석에서 널리 이용되는 방법이다.

산출(Product)분석은 정책형성과정을 통하여 최종적으로 선택된 정책산물인 법령이나 계획 등에 나타난 정책 내용을 분석하는 것이다. 이것은 단순히 정책의 내용을 기술하는 것뿐만 아니라 정책의 내용을 구성하는 주요 정책요소도 포함한다. 예컨대 정책대상자의 선정방법, 급여 내용, 급여의 전달방법, 재원조달 방법 등의 선택이 어떤 가치나 이론 및 가설을 토대로 이루어졌는지를 분석하는 것이다. 따라서 산출분석은 '선택된 정책의 요소들의 형태와 실체는 무엇인가? 이러한 선택에서 제외된 대안이 무엇인가?' 그리고 이 선택에 개입된 가설들이 무엇인가를 분석하는 것이다.

성과(Performance)분석은 정책선택의 결과를 기술하고 평가하는 것이다. 이 분석의 핵심은 첫째, 정책이 잘 수행되었는지를 분석하는 것으로서 정책이 대상자들에게 제대로 전달되었는지, 비용은 얼마나 들었는지를 평가하는 것이다. 둘째, 정책의 영향을 분석하는 것으로서 정책의 집행 이전과 이후의 행위와 조건의 차이를 분석하여 정책의 효과를 평가하는 것이다.

위 세 가지 분석방법은 실제에서는 상호 관련되며 중복적으로 사용되기도 하지만 실제와는 상관없이 이론적으로 이들을 구분하는 것은 의미가 있다.

3) 사회복지정책의 주요 분석 틀

앞에서 논의한 분석방법을 적용하여 사회복지정책의 분석에 있어서 나름대로의 정책분석 틀을 제시하고 있는데, 질(Gill)의 주요 분석 틀 세 가지를 살펴보고자 한다.

(1) 질(Gill)의 분석 틀

질(Gill, 1992)은 사회복지정책의 분석과 통합을 위한 분석의 틀로서 다음과 같이 다섯 가지 부문에 22개 항목을 제시하고 있다(구재관 외, 2015 ; 187-190).

① A부문 : 정책에 의해 다루어지는 이슈

- 이슈의 성격, 범위, 분포상태
- 이슈의 역동성에 관한 인과관계이론 혹은 가설

② B부문 : 정책의 목적, 가치전제, 이론적 입장, 표적부분 및 실질적 효과

- 정책의 목적
- 정책의 목적에 내재하는 가치전제와 이데올로기적 지향
- 정책의 전략과 실질적 실천 조항에 내재해 있는 이론 혹은 가설
- 사회의 표적 부분 : 정책이 목표로 겨냥한 사람
  - 생태학적, 인구통계학적, 생물적, 심리적, 사회적, 경제적, 정치적, 문화적 특성
  - 관련 하위집단과 전체 표적대상자 수
- 생태적 · 인구통계적 · 생물적 · 심리적 · 사회적 · 경제적 · 정치적 · 문화적 영역에서 사회의 표적 및 비표적 대상에 미치는 정책의 장단기 효과
  - 정책목표의 의도된 효과와 달성 정도
  - 의도하지 않았던 효과
  - 전체적인 비용과 편익

③ C부문 : 정책의 핵심과정에 내표된 뜻과 사회정책의 보편적 영역

- 삶을 유지시키는 물질적 · 상징적 자원, 재화와 서비스의 개발에 있어서의 변화

- 양적 · 질적인 변화
- 우선순위의 변화

- 전체적인 사회의 과업과 기능 내에서 특정한 사회적 지위를 개인이나 집단에게 할당하는 것에 있어서의 변화
  - 새로운 지위, 역할, 특권의 개발
  - 기존의 지위, 역할, 특권의 강화와 보호
  - 개인과 집단을 지위에 선발하고 위임하는 기준과 절차에서의 변화
- 개인과 집단에 대한 권리의 분배에 있어서의 변화
  - 일반적이고 구체적인 자격, 지위에 관련된 구체적인 보상과 일반적이고 구체적인 속박의 질과 양에서의 변화
  - 일반적이고 구체적이거나 또는 구체적 자격으로서 그리고 지위에 관련된 구체적인 보상으로서 각각 분배된 권리의 비율이나 또는 권리의 배분이 지위의 할당에 관련된 정도에서의 변화

④ D부문 : **정책과 정책개발 및 실행을 둘러싼 세력들 사이의 상호작용**

- 입법, 행정, 사법적 측면을 포함한 주체의 정책개발 및 수행에서의 역할
- 정책이 입법화되기 전후 그 정책을 찬성하거나 또는 반대한 정치세력들
  - 형태, 규모, 조직구조, 자원, 전반적인 힘, 관심 정도, 가치 전체, 이념 정향
- 자연환경의 물리적, 생물적인 속성과 사회구성원의 생물적, 기본심리적 속성
- 관련된 다른 사회정책
- 관련된 대외정책과 외부 사회 세력
- 문화적, 경제적, 기술적 영역에서 사회의 발달 단계
- 사회의 규모와 제도적 분화나 복잡성
- 사회의 신념, 가치, 이념, 관심, 전통
- 결론과 예측

⑤ E부문 : 대안적인 사회정책 개발 – 비교와 평가

- 대안적인 사회정책 구체화
  - 동일한 정책목표를 추구하거나 대안적인 정책방안 모색
  - 동일한 정책이슈에 관한 다른 정책목표의 추구
- 비교와 평가

학습문제

1. 확산이론에 관한 설명으로 옳은 것은?

① 산업화가 촉발시킨 사회문제에 대한 대응으로 사회복지제도가 확대되었다.
② 사회복지정책의 확대 과정은 국제적인 모방의 과정이다.
③ 사회복지정책의 확대 과정에서 정당정치의 역할을 우선시한다.
④ 20세기 사회권이 시민의 권리로 확장되면서 사회복지정책이 확대되었다
⑤ 집단적 사회양심의 축적과 인도주의 가치의 구현에 의해 사회복지정책이 발달되었다.

2. 수렴이론에 관한 설명으로 옳은 것을 모두 고른 것은?

ㄱ. 산업화로 인한 사회문제에 대응하여 사회복지제도 확대
ㄴ. 복지국가 간 차이점보다 유사점 강조
ㄷ. 이데올로기나 정치적 변수의 역할은 중요하지 않음
ㄹ. 경제발전 수준과 사회복지지출 수준 간에 강한 상관관계 존재

① ㄱ, ㄴ, ㄷ　② ㄱ, ㄷ　③ ㄴ, ㄹ
④ ㄹ　⑤ ㄱ, ㄴ, ㄷ, ㄹ

3. 사회복지정책의 분석 유형 중 가장 일반적으로 활용되는 것이 길버트와 스펙트(Gilbert & Specht)의 3P 분석이다. 3P 분석의 내용과 관계가 없는 것은?

① 과정분석은 정책의 산출이나 결과보다는 정책이 형성되는 일련의 과정에 초점을 둠
② 산출분석은 정책형성과정을 통하여 최종적으로 선택된 정책 내용을 분석함
③ 성과분석은 정책선택의 결과를 기술하고 평가함
④ 3P 분석은 과정분석, 산출분석, 성과분석으로 구분함
⑤ 과정분석은 정책선태의 결과를 기술하고 평가함

1. ②　2. ②　3. ⑤

참고문헌

구재관 · 김성철 · 김재원 · 박경숙 · 박종팔 · 이양훈(2015). 사회복지정책론. 양서원.

김태성(1994). 사회복지정책입문. 청목출판사.

김태성 · 성경륭(2000). 복지국가론. 나남출판.

남기민(2010). 사회복지정책론. 학지사.

박병현(2003). 사회복지정책론. 학현사.

원석조(2010). 사회복지정책론. 공동체.

______(2014). 사회복지정책론. 공동체.

이진숙 · 주은선 · 신지연 · 윤나리 · 노승택(2017). 사회복지정책론. 양서원.

현외성(2002). 사회복지정책론. 양서원.

Baker, J.(1979). Social Conscience and Social Policy. *Journal of Social Policy, 8, Pairt 2*.

Collier, D. & Messick, R. E.(1975). Prerequisites versus Diffusion : Testing altemative Explanations of Social Security Adpotion. *American Ploitical Science Review,* 69(4), 1299-1315.

Dunn, W.(1981). *Public Analysis*. Prentice-Hall.

Friedlander, W. A., & R. Z. Apte(1974). *Introduction Social Welfare*(4th ed). N. J. : Prentice-Hall.

Gilbert, M., & Terrell(2002). *Dimensions of Social Welfare Policy*(5th ed). Boston : Allyn & Bacon.

Taira, K., & Kilby, P.(1969). Differences in Social Security Development in Selected Countries, *International Social Security Review, 22*, 139-154.

Chapter 05

사회복지행정

1. 사회복지행정의 개념

1) 행정과 경영, 관리

사회복지행정은 사회복지(social welfare)와 행정(administration)이 합쳐진 개념으로 기본적으로 사회복지의 이념, 가치, 주요 이론을 수용하면서도 경영학과 행정학 등 타 분야의 이론과 기법들이 포괄적으로 적용되고 있다(황성철 외, 2014 : 17).

일반적으로 행정(administration)이라는 개념은 공공행정으로 정부나 지방자치단체 등 공공기관에서 이루어지는 목표 및 실행계획 수립, 재정관리, 인적자원관리 등의 행위를 총괄적으로 말하지만, 행정이 조직의 목표를 효과적 · 효율적으로 수행하기 위해 관리한다는 점에서는 경영학에서 다루는 경영 또는 관리(management)와 유사성이 있다. 따라서 행정이라는 개념을 단순히 공공행정의 의미에 제한하지 않고 공공부문, 민간의 영리 또는 비영리부문 등 모든 영역에서 이루어지는 조직의 관리(management)라는 측면에서 이해할 필요가 있다(이준영, 2016 : 24).

사회복지행정은 사회복지 정책과 실천을 이어주는 역할을 하며 사회복지행정에서 행정은 일반행정, 경영, 관리를 포함하는 용어로 볼 수 있다.

2) 사회복지행정의 개념

황성철 외(2014)는 사회복지행정을 "사회복지정책을 서비스로 전환시키는 사회복지조직의 목표달성을 위한 조직구성원의 협력적인 활동의 체계와 과정"으로 정의하고 있다. 세부적으로는 사회복지조직을 중심으로 정책이 서비스로 전환되는 과정이고, 사회복지조직의 목표달성을 위해 인적·물적자원을 관리하는 과정이다. 또한 사회복지행정은 관리자를 포함한 모든 조직구성원의 역동적인 협력활동이며, 조직을 변화시키고 발전시키는 사회복지실천의 개입방법이다(황성철 외, 2014 : 18-19).

사회복지행정은 사회복지행정을 사회복지실천방법 중 하나로 보는 협의의 사회복지행정과 협의의 사회복지행정을 포함하여 국가의 사회복지정책을 구체화하는 등 총체적인 활동을 의미하는 광의의 사회복지행정으로 구분할 수 있다. 협의의 사회복지행정은 사회사업행정, 즉 사회복지 기관 및 시설의 행정으로 사회복지조직에서 인적·물적자원을 동원하고 관리하여 조직의 목표를 달성하기 위한 활동이고, 광의의 사회복지행정은 협의의 사회복지행정뿐만 아니라 정부와 지방자치단체 등의 공적 전달체계에 의해 사회복지정책을 실현하기 위한 구체적인 활동까지도 포함한다. 사회복지행정은 그 주체에 따라 국가와 지방자치단체 등의 공공부문과 영리·비영리 법인과 개인의 민간부문 행정으로 구분할 수 있다.

2. 사회복지행정과 일반행정

사회복지행정과 일반행정은 너무 유사하여 차별성이 크게 없다는 동질론과 두 가지는 본질적으로 다르다는 이질론이 있다(황성철 외, 2014 : 22).

1) 동질론

동질론자의 입장에서는 일반조직이나 사회복지조직이나 특정한 목적 달성을 위해 인적 및 물적자원을 효율적으로 조직하고 관리한다는 점에서는 차이가 없다고 본다. 어떤 조직에서도 행정의 기능은 고유한 것으로 비록 제각기 다른 조직들이 각기 추구하고자 하는 목표, 구조, 기술 그리고 서비스 대상 유형에는 차이가 있지만 그러한 조직들이 본래의 목표를 달성하기 위해서 수행하는 기획, 예산편성 및 집행, 조직설계 및 인사관리, 사업 및 서비스 평가 등 기본적인 행정기능은 공통적으로 수행된다는 점을 강조한다.

일반행정과 사회복지행정의 공통점으로 들 수 있는 것은 다음과 같다. 첫째, 행정은 기본적으로 문제해결과정을 내포하고 있다. 둘째, 조직 내 개인과 집단이 조직목표달성에 적절한 활동을 할 수 있도록 하는 조력의 과정을 공통적으로 요구한다. 셋째, 기본적으로 행정은 최적의 제품 또는 서비스를 생산하도록 인적·물적자원을 조직화하는 것에 관심을 두고 있으며, 사회복지조직 또한 효과적이고 효율적인 사회복지서비스를 산출하도록 부서화와 팀제를 형성하여 적절한 인력배치와 프로그램 수행에 필요한 예산을 관리하는 과정을 거친다. 넷째, 사회복지조직은 사회적 필요성에 의해서 설립되고 유지되고 있으며, 정부가 공공자원을 사회복지기관의 운영이나 프로그램에 지원하는 것도 어느 의미에서 공공의 의지(public will)를 간접적으로 실현시키는 것으로 볼 수 있다(황성철 외, 2014 : 23).

2) 이질론

이질론자는 사회복지조직의 독특성과 사회복지전문직의 특성을 강조하여 사회복지조직의 목적, 가치, 활동 등 조직의 특성을 고려한다면 사회복지조직은 행정이나 경영 조직과는 다른 관리방법이 요구된다고 한다. 또한 사회복지조직은 본질적으로 휴먼서비스 조직으로 삶의 과정, 사고유형, 행동양식, 가치관 등에서 천차만별한 인간을 변화시키는 독특한 조직으로 일반행정의 원리와 방법이 그대로 적용되기는 어렵다는 것이다.

사회복지행정과 일반행정의 차이점은 다음과 같다. 첫째, 사회복지조직이 산출하는 사회복지서비스는 본래 무형의 즉시성과 소멸성을 가지고 있으며 비축이 불가능하므로 일반행정과 관리의 원칙이 적용되기 어렵다. 둘째, 사회복지행정은 일반행정과 관리에 관한 지식을 초월하여 조직 내부의 관리문제와 더불어 외부 환경관리의 문제도 중요하다. 셋째, 사회복지행정은 행정가 또는 관리자에 의해서만 이루어지는 것만이 아니라 관리자를 포함한 사회복지조직의 모든 구성원이 복잡 다양한 행정 및 관리과정에 참여하고 전체 조직의 목표달성에 크게 영향을 주고 있다. 넷째, 사회복지행정의 성패는 전문성과 자율성을 가지고 서비스를 제공하는 전문사회복지직의 직무수행에 크게 의존하고 있다는 것이다(황성철 외, 2014 : 24).

사회복지조직의 관리자는 전문직인 사회복지사와 일을 하기 때문에 일방적인 지시와 통제는 한계가 있고 갈등이 생길 수도 있다. 또한 사회복지조직에 혼재되어 있는 다양한 전문 직종과도 내부적인 목표설정과 활동방향에 합의를 이루기가 매우 힘들다. 때로는 서비스를 제공하는 차원을 넘어서 클라이언트 집단의 이익추구와 지역사회와의 협력까지도 요구되기 때문에 더욱 일반행정의 원리가 그대로 적용되기는 어려울 수 있다.

사회복지조직도 일반 다른 조직처럼 조직의 목표 달성을 위해 인적자원과 재정 등을 관리하고 행정의 기본 과정인 기획(Planning), 조직(Organizing), 인사(Staffing), 지시(Directing), 조정(Coordinating), 보고(Reporting), 재정(Budgeting), 평가(Evaluating)의 POSDCoRBE 과정을 포함하고 있다. 그러나 사회복지조직은 사람들을 대상으로 서비스를 제공하면서 그들의 삶에 중요한 역할을 하는 휴먼서비스 조직이라는 것에서 유래하는 고유한 특성을 충분히 고려해야 하고, 사회복지전문직의 역할수행에 많이 의존한다는 점에서 다른 행정 또는 경영 조직과는 차이가 있다(황성철 외, 2014 : 25).

3. 사회복지조직과 사회복지행정

1) 사회복지조직의 특성

하센펠드(Hasenfeld, 2009 : 9-29)는 사람들의 삶에 중요한 역할을 하는 학교, 병원, 그리고 사회서비스기관과 같은 곳을 휴먼서비스 조직이라고 하면서 그 속성을 ① 원재료가 사람이고 도덕적인 일, ② 제도적 환경을 우선시하고 제도적 기반의 휴먼서비스 기술, ③ 현장에서 불확정성을 다루는 휴먼서비스 기술, ④ 클라이언트-워커 관계 중심, 그리고 ⑤ 감정적인 일이면서 여성인력이 주도적인 일이라고 했다. 김영종(2017 : 39)도 휴먼서비스 조직으로서 사회복지조직의 본질은 서비스의 대상이 인간이라는 것으로 사람과 함께 사람에 대해 직접적으로 일을 한다는 점이라고 하면서, 이것이 사회복지행정이 일반 기업이나 공공행정과 차별되는 고유성이 있다는 근거이고 사회복지행정은 휴먼서비스적 속성을 특별하게 고려해야 한다고 하였다.

사회복지조직은 클라이언트에게 사회복지서비스를 직접 제공하거나 계획함으로써 인간 또는 사회문제를 해결 내지 완화시키는 기능을 수행하는 조직으로서 여기에는 사회복지서비스와 밀접하게 관련된 공적·사적의 모든 조직이 포함되며, 다른 유형의 공식조직과 구별되는 다음과 같은 특성이 있다(최성재·남기민, 2006 : 22-25).

첫째, 사회복지조직의 원료는 가치중립적이 아닌 사회적·도덕적 정체성을 지니고 있는 인간이기 때문에 사회복지조직이 사용하는 서비스 기술은 그 사회의 지배적인 가치에 의해 제약을 받을 뿐만 아니라 도덕적으로 정당화되어야 한다.

둘째, 사회복지조직의 목표는 불확실하며 애매모호하다. 조직의 원료가 인간이라는 것은 조직의 목표와 관련하여 다양한 사회 집단과 조직들로 구성되어 있는 과업환경과 각기 다른 전문적·사회적 배경을 가진 직원들 속에서 합의를 찾기가 어렵다는 것이다.

셋째, 사회복지조직의 기술은 불확실한 것으로 이는 사회복지조직의 원료로서 인간은 변동적이고 불안정하며, 인간과 관련된 지식 또한 불안전하기 때문이다. 또한 인간의 속성들 가운데 관찰 또는 측정될 수 없는 것이 많기 때문이다.

넷째, 사회복지조직에서의 핵심적 활동은 직원과 클라이언트 관계로 구성되어 있다. 이러한 관계는 역동적인 상호작용 관계로 조직이 클라이언트의 욕구와 문제를 확인하고 필요한 서비스를 제공하며, 클라이언트의 변화를 위해 함께 노력하고 바람직한 결과를 달성하는 수단이 된다.

다섯째, 사회복지조직은 사회복지서비스의 효과적 제공을 위하여 전문성을 가지고 있는 직원들에게 의존한다. 인간 관련 문제들의 성격과 복잡성 때문에 과학적이고 이론적이고 실천적인 전문지식과 이상적인 서비스 제공을 위한 사명감과 책임감을 갖는 것이 필요하다.

여섯째, 사회복지조직에는 그 성과를 신뢰성 있고 타당성 있게 측정할 척도가 부족하다는 것이다. 이는 조직목표의 다양성과 모호성, 서비스 기술의 불확실성, 그리고 인간 속성의 관찰과 측정의 본질적인 어려움 등에 기인한다.

사회복지조직은 사회복지의 가치이자 목표인 인간으로서의 존엄과 가치, 인간다운 삶, 삶의 질 향상 등을 실현하기 위한 조직으로 본질적으로 가치지향적이며 외부 자원에 의존하기 때문에 사회적 책임성을 가지고 있다. 이러한 특성으로 사회복지조직의 목표는 계량화하기 힘들며 성과 또한 측정이 어렵다. 또한 인간을 대상으로 서비스를 제공하기 때문에 전문가의 역량에 따라 서비스의 양과 질에 차이가 있으며 제공 기술 또한 불확실한 경우가 많다.

2) 사회복지행정의 특성

사회복지행정은 사회복지조직이 처한 각기 다른 환경과 상황에서 다양한 클라이언트와 집단의 요구를 바탕으로 개별화된 서비스를 제공하기 때문에 일반 조직의 행정과는 다른 특성을 보이고 있다. 사회복지행정은 조직목표에 대한 사회적 기대와 태도가 모호하고 지지 또한 약한 경우가 흔히 있기 때문에 다양한 기대를 갖는 과업환경으로부터 지지와 협력을 확보하려는 특성과 대내적으로 다양한 조직구성원의 관점과 요구를 조정하는 특성, 그리고 인간을 다루는 지식과 기술의 불완전성으로 인한 서비스 기술의 불확실로 서비스를 관리하고 통제하는 데 한계를 보이는 특성이 있다(황성철 외, 2014 : 29-31).

3) 사회복지행정의 가치

사회복지행정의 가치는 사회복지정책이 사회복지서비스로 전환되는 과정에서 사회복지조직이 추구해야 할 방향이자 목표라고 할 수 있다. 이러한 가치에는 합법성(legality), 효율성(efficiency), 효과성(effectiveness), 공평성(equity), 접근성(편익성, convenience) 등이 있다. 합법성이란 법률에 근거하여 행정행위가 이루어지는 것으로 행정의 예측가능성과 안정성을 도모하여 국민의 권리와 자유를 보장하는 것이다. 효율성은 자원을 낭비하지 않고 일을 올바로 처리하는 것(doing things right)과 관련된 것으로 목적달성을 위한 수단과 관련되며, 효과성은 조직의 목표달성 정도를 말하는데, 목표달성을 위해 올바른 일을 하는 것(doing the right things)으로 조직의 목적과 관련이 있다. 사회복지행정이 추구하는 것은 제한된 자원을 낭비하지 않는 높은 효율성과 높은 수준의 사회복지서비스를 제공한다는 높은 효과성을 달성하는 것으로 효율성과 효과성은 사회복지행정의 성과이기도 하다.

공평성은 동일한 욕구를 가진 대상자에게는 동일한 서비스를 제공해야 한다는 것으로 동일한 것을 동일하게 취급하는 수평적 공평성과 상이한 사람들을 서로 다르게 취급하는 수직적 공평성이 있다. 접근성(편익성)은 사회복지 서비스 이용자가 서비스를 쉽게 이용할 수 있도록 하는 것에 관한 것이다. 접근성을 높이기 위해서는 지리적 접근성뿐만 아니라 심리적 접근성, 비용부담 등 다양한 측면을 고려하여 찾아가는 서비스(아웃리치), 온라인 서비스, 충분한 이용정보 제공 등을 위해 노력해야 한다. 대응성은 클라이언트의 욕구를 정확히 파악하여 욕구에 맞는 서비스를 제공하는 것을 말한다.

4. 사회복지행정의 영역

사회복지행정의 영역은 사회복지행정의 범위를 어디까지로 할 것이냐의 문제로서 오늘날에는 사회복지조직관리를 중심으로 조직 내부의 영역과 환경과의 관계를 주된 영역으로 다루고 있다. 황성철 외(2014 : 31-34)는 사회복지행정의 영역을 평면적으로 보고 다양한 사회복지행정 관련 활동과 요소를 수평적 영역으로, 사회복지조직구성원이 행정에 관여하는 범위와 수준을 중심으로 발생하는 것을 수직적 영역으로 구분하고 있다.

1) 수평적 영역과 수직적 영역

수평적 영역은 관리라는 측면에서 다양한 활동 영역을 크게 조직관리, 환경관리, 자원관리, 프로그램 관리로 나눌 수 있고 수직적 영역은 관리자의 위계수준에 따라 주된 활동영역이 달라진다. 수직적 영역에서 사회복지조직의 관리자는 서로 중첩되는 부분도 있으나 최고관리자, 중간관리자, 일선관리자로 나눌 수 있고 각자가 담당하는 영역이 있다.

2) 관리기술 영역

사회복지관리자는 관리자의 위계수준에 따라 주로 관여하는 조직의 활동영역도 다르지만 그들이 관리활동에 사용하는 관리기술의 유형도 달라진다. 카츠(Katz, 1955 : 34)는 리더십을 관리기술의 견지에서 개념화하려는 시도로서 효과적인 경영관리는 관리자가 가지고 있는 세 가지 기본적 기술에 달려있다고 하면서 조직의 관리계층에 요구되는 관리기술을 제시하고 있다.

(1) 전문적(기능적) 기술(technical skills)

전문적 기술은 일선 관리자가 반드시 갖추어야 하는 기술로서 현장 실무를 수행하는 데 필요한 전문적 지식과 기술이다. 여기에는 상담, 사례관리, 사회복지조사, 단위 사업의 계획 및 평가 등 클라이언트와 지역사회를 대상으로 한 서비스의 실행에 필요한 기술들이 있다. 기능적 기술은 관리계층이 올라갈수록 그 비중은 작아지며 최고관리자에게는 의사결정을 위한 최소한의 기술이다.

(2) 인간관계(대인관계) 기술(human skills)

인간관계 기술은 사람들의 욕구를 이해하고 동기부여를 하는 등 사람과의 관계를 다루는 기술로서 모든 수준의 관리자에게 공통적으로 요구되는 기술이다. 전문적 기술이 사물과 관련된 기술이라면, 인간관계 기술은 사람과 관련된 기술이다. 인간관계 기술은 구성원들이 공동목표를 위해 하나의 집단으로서 협력적으로 일하도록 하는 데 도움을 준다(Northouse, 2013a : 65-66).

(3) 개념적 기술(conceptual skills)

개념적 기술은 조직의 방향수립과 의사결정에 필요한 미션과 비전, 운영방향, 전략, 환경과의 관계 등에 대한 기술로서 복잡한 상황을 분석하고 규정하고 해결하는 기술이라 할 수 있다.

관리자가 직급이나 직책 상승에 따른 적절한 관리기술을 갖추지 못한 경우, 효과적·효율적인 기관 운영이 제대로 이루어지지 못해 기관운영의 성과를 기대할 수 없다. 일선관리자가 중간관리자를 거쳐 최고관리자가 되는 과정에서 그간 일선관리자에게 요구되었던 기능적(전문적) 기술은 그 비중이 줄어들고 크게 요구되지 않던 개념적 기술은 그 비중이 커지며, 인간관계 기술은 모든 관리계층에서 그 비중이 중요하다. 일반적으로 기능적 기술은 하위직급에서 그 비중이 가장 크고, 개념적 기술은 최고관리자들에게 그 비중이 가장 크게 된다. 사회복지조직의 관리자는 조직의 관리계층에 따른 관리기술을 이해하고 그 위치에 적합한 기술을 활용할 수 있어야 한다.

〈표 5-1〉 조직의 관리계층에 요구되는 관리기술

관리자 수준	요구되는 기술		
최고 관리층	전문적 기술	인간관계기술	개념적 기술
중간 관리층	전문적 기술	인간관계기술	개념적 기술
일선 관리층	전문적 기술	인간관계기술	개념적 기술

출처 : Katz, R. L.(1955), Northouse, P. G.(2013a : 65) 재인용.

5. 사회복지행정의 과정 및 기능

귤릭과 어윅(Gulick & Urwick)은 행정의 과정을 기획(Planning), 조직(Organizing), 인사(Staffing), 지시(Directing), 조정(Coordinating), 보고(Reporting), 재정(Budgeting), 평가(Evaluating)의 여덟 가지로 나누었는데, 영어 약자로 POSDCoRBE라고 표현한다. 사회복지행정 또한 조직을 바탕으로 이루어진다는 점에서 이러한 과정을 포함하고 있다.

20세기 초에 페이욜(Fayol)은 모든 관리자가 수행하는 다섯 가지 기능인 기획(planning), 조직화(organizing), 지시(commanding), 조정(coordinating), 통제(controlling)를 처음 제안하였고, 오늘날에는 이러한 기능들은 지시와 조정을 합친 네 가지로 압축되었다(Robbins & Coulter, 2012 : 37). 여기서는 이러한 관리 기능들을 중심으로 살펴보고자 한다.

사회복지행정은 일반 기업처럼 조직의 정해진 목표를 달성하는 데 필요한 네 가지 관리기능(management functions)을 수행한다.

첫째, 기획(planning)은 조직의 목표를 정의하고 정의된 목표 달성을 위해 전략을 수립하여, 활동들을 조정하기 위하여 여러 계획들을 개발하는 과정이다. 둘째, 조직화(organizing)는 관리자가 조직의 구조를 설계하는 것을 말하는데, 어떤 과업을 수행해야 하고, 누가 그것들을 해야 하는지, 과업들은 어떻게 그룹화되어야 하는지, 누가 누구에게 보고를 해야 하고 의사결정은 어디서 이루어져야 하는지 등을 결정하는 것이다. 즉, 부서를 나누고 구성원들에게 구체화된 업무를 나누어 주는 것이다. 셋째, 조직에는 사람이 있으며 관리자의 일은 사람과 함께 사람을 통해 조직의 목표를 달성하는 것으로 지휘(leading)는 조직의 구성원인 사람들에게 지시하고 조정하는 것이다. 조직구성원들을 동기부여하고 사람들에게 지시하며, 가장 효과적인 커뮤니케이션 채널을 선택하고 갈등 해결을 돕는 등의 일을 포함한다. 넷째, 통제(controlling)는 계획된 대로 활동들이 달성되도록 하고 중요하게 이탈되는 것들을 바로잡는 것이다.

〈표 5-2〉 관리(Management)의 네 가지 기능

Planning	Organizing	Leading	Controlling	Lead to
목표설정, 전략수립, 활동들을 조정하는 계획 개발	조직구조 설계, 무엇을 해야 하고, 어떻게 해야 하고, 누가 해야 하는지를 결정	지시하고 조정, 동기부여, 지휘, 사람들을 상대하는 것과 관련된 다른 활동들	계획대로 수행되고 있는지 활동들을 모니터링, 비교, 수정활동 등	조직의 정해진 목표 달성

출처 : Stephen P. Robbins & Mary Coulter(2012), p. 37.

6. 사회복지행정의 이론

사회복지행정의 실천이론과 원칙들은 주로 행정학과 경영학, 그리고 조직행동에 관한 사회과학 및 행동과학이론으로부터 도입되었으며, 조직이론을 중심으로 발전되어 왔다. 사회복지행정은 조직을 중심으로 사회복지정책이 서비스로 전환시키는 것이기 때문에 사회복지행정의 이론은 조직이론이 핵심이다.

일반적으로 조직이론은 조직의 외부 환경을 고려하는 개방체계이론(open system

theory)과 고려하지 않는 폐쇄체계이론으로 구분할 수 있다. 폐쇄체계이론에는 고전적 이론으로 베버(Weber)의 관료제이론, 테일러(Taylor)의 과학적 관리론, 페이욜(Fayol), 귤릭(Gulick)과 어윅(Urwick)의 행정관리론이 있고, 인간관계이론으로 메이요(Mayo)의 호손(Hawthorne) 공장 실험연구, 맥그리거(McGregor)의 X, Y 이론, 리커트(Likert)의 네 가지 조직유형 등이 있다. 개방체계이론으로는 상황이론, 정치경제이론, 조직군생태학이론, 제도이론 등이 있으며, 현대적 조직이론으로는 총체적 품질관리(TQM), 학습조직이론, 목표관리(MBO) 등이 있다.

사회복지의 인간에 대한 관점이 환경 속의 인간으로서 인간과 환경과의 상호작용을 강조하듯 조직 또한 환경 속의 조직으로 이해하고 환경과 상호작용하는 개방체계 관점에서 보아야 한다.

1) 고전이론

(1) 관료제(bureaucracy)

베버(Weber)가 주장한 것으로 계층적 조직구조를 가지고 규정과 규칙에 따른 합리적인 지배가 제도화된 조직 형태를 의미한다. 관료제는 합리적이며 합법적인 규칙과 최대한의 효율성을 목적으로 한 계층적 조직체계에 관한 이론으로 관료제는 종종 실제 존재하는 공공 행정조직의 구성원리를 의미하는 것으로 이해되지만, 어떤 조직이든지 조직의 규모가 커지면 관료적인 조직운영을 채택하는 것이 불가피하게 된다(이준영, 2017 : 155).

관료제의 특성으로는 공식적인 지위에 기반을 둔 위계적인 권위구조(계층적 조직구조), 명확하고 고도로 전문화된 업무 분업, 사적 감정의 배제, 규칙과 규정 등이 있다. 관료제의 특성인 위계적 권위구조는 엄격한 지시이행이라는 순기능이 있는 반면, 원활한 의사소통에 장애가 될 수 있으며, 전문화된 업무 분업은 전문성 강화라는 장점이 있지만 직무에 대한 권태감을 가져올 수 있다. 또한 규정과 규칙은 조직의 안정성을 보장하고 효율적인 의사결정을 가능하게 하는 순기능이 있으나, 정해진 규정에 집착하는 관행은 조직운영의 경직성과 형식주의(red-type), 목표전치

(goal displacement)라는 역기능을 초래할 수 있다.

(2) 과학적 관리론(scientific management)

과학적 관리론을 창시한 테일러(Taylor)는 비능률로 인한 손실을 방지하기 위해 체계적인 관리시스템 수립을 주장하였는데, 조직에서 개개인이 수행하는 일의 형태와 소요시간을 표준화하여 적정 일일작업량을 산출하고 분업을 통해 개인별 과업 부여와 성과에 기초한 임금을 지급하면 조직의 생산성을 높일 수 있다고 주장하였다(한국복지행정학회, 2014 : 69).

과학적 관리론에서는 과학적 분석을 바탕으로 한 능률적 작업방법이 기업의 생산성을 증대시키고 노동자들에게 적절한 보상을 확보해 줄 수 있다는 낙관적 견해를 가졌으나, 조직구성원을 단지 기계의 부품처럼 취급하고 인간의 개성과 능력 등을 고려하지 않으며 오직 조직 생산성의 향상을 추구하였다는 점에 문제가 있다. 또한 구성원들이 오로지 임금 획득이라는 경제적 동기를 위하여 일하는 기계로 보고 인간의 감정・정서를 무시하였다(이준영, 2017 : 158).

(3) 행정관리론(administrative management)

테일러의 과학적 관리론에 영향을 받아 개발된 행정관리론은 작업현장으로부터 과업을 분석하는 '아래로부터'의 연구인 과학적 관리론과 달리 '위로부터' 연구하여 생산성・효율성보다 관리기능의 향상에 주로 초점을 맞추어 조직의 최적 방법을 설계하는 과정을 추구하고자 하였다. 대표적인 학자는 귤릭(L. Gulick), 어윅(L. Urwick), 페이욜(H. Fayol) 등으로 행정관리이론은 조직관리에 대한 '이상적' 혹은 '전형적' 조직구조의 원칙들을 제시하고 있다(강종수, 2011 : 34; 한국복지행정학회, 2014 : 73).

귤릭(Gulick)은 조직행정의 핵심 기능을 POSDCoRB라는 일곱 가지 관리기능(기획, 조직, 인사관리, 지도, 조정, 보고, 예산)으로 제시하였으며(Gulick & Urwick, 1937), 페이욜

(H. Fayol)은 조직관리자들이 준수해야 할 다섯 가지 관리요소를 확인하고 14개의 관리원칙을 제시하였다(강종수, 2011 : 34). 행정관리이론은 '행정원칙'이 단순하고 과학적인 검증을 갖추지 못했다는 비판을 받았으나, 체계이론의 발전에 영향을 미쳤을 뿐만 아니라 조직운영에 지대한 영향을 미치고 있다(한국복지행정학회, 2014 : 73).

2) 인간관계이론(human relations theory)

인간관계이론은 관료제 이론이나 과학적 관리론에 대한 비판과 함께 대안으로 제시한 이론으로 메이요(Mayo)와 그의 동료들이 1920년대 후반과 1930년대 초기에 미국 시카고 인근 호손 공장의 실험적 연구결과를 통해서 제시한 조직이론이다. 작업환경이 생산성에 어떤 영향을 미치는가를 확인하고 작업환경 향상을 통한 생산성 증가가 주된 관심사였다. 대표적인 학자는 메이요(Mayo), 맥그리거(D. McGregor) 등이며, 메이요(Mayo, 1945)의 호손 공장 연구 결과는 생산성은 인간관계에 의해 좌우되고 조직에 존재하는 비공식적인 집단은 개인의 태도와 생산성에 영향을 주며, 조직에서 개인은 비경제적인 동기인 심리적·사회적 욕구에 따라 행동한다는 것이다(한국복지행정학회. 2014 : 71).

인간관계이론은 인간을 비인간적 합리성과 기계적인 도구로서 관리하려고 하는 고전적인 과학적 관리방법에 대한 반동으로서 제기된 것이며, 인간을 감정, 정서 및 사회성을 지닌 존재로 간주하고 그들의 관리에 있어서 인간주의를 실현할 것을 강조하는 것이 특징이다(신복기 외 2016 : 69). 고전이론에서는 합리적이며 물질적인 보상에 민감한 이른바 '경제적 인간'을 가정하므로 경제적 보상을 통해 동기를 부여하는 것아 가능하다고 본 반면, 인간관계이론에서는 감정적이며 비물질적 보상에 더 민감하게 반응하는 정서적인 인간을 가정한다(이준영, 2017 : 157).

인간관계이론은 조직 내의 비공식적인 소집단활동과 스스로 작업동기를 설정하는 자율성이 중요시되어야 한다는 점을 강조하는 등 조직에서 인간적인 측면을 중요하게 부각시켰다는 점은 큰 공헌이지만 인간의 비합리적이고, 정서적인 측면만을 강조하는 편협적 인간관을 견지하고 있다는 점, 조직에 미치는 환경의 중요성을 간과하고 있다는 점, 사회심리적 요인 이외의 조직의 목표, 자원, 클라이언트의 요구 및 속성 등 다른 요인들을 고려하고 있지 못하다는 점에서 비판받고 있다(최성재 · 남기민, 2006 : 95).

3) 개방체계이론(조직환경이론)

개방체계이론에는 상황이론(contingency theory), 정치경제이론(political economy theory), 조직군생태학이론(population-ecology theory), 제도이론(institutional theory) 등이 있다.

(1) 상황이론

상황이론은 기존 이론들이 조직을 폐쇄체계로 본 것과는 달리 조직을 개방체계로 보고 상황에 적합한 조직구조와 형태를 유지하는 것이 바람직하다는 입장으로, 환경에 적합한 조직구조의 선택이 조직의 생존을 높인다는 것이다. 또한 상황이론가들은 특정한 조직구조와 관리방법이 다른 구조와 방법보다 효과적이라는 가정을 부정하고 효과적인 조직은 다양할 수 있으며, 그 조직의 특성과 환경과의 적합성이 조직의 성패를 좌우한다고 본다. 상황이론은 환경적 변화에 의한 요구를 수용하는 방향으로 조직구조를 형성하는 것이 조직의 목표 달성에 더욱 유리하다고 하지만, 어떠한 상황이나 환경에는 어떠한 조직이 효과적이라는 일정한 원칙과 지침을 제공하지 못했기 때문에 이 이론을 과학적으로 검증하거나 현실에 적용하는 데에는 한계가 있다(황성철 외, 2014 : 82).

(2) 정치경제이론

정치경제이론은 자원과 권력관계를 중심으로 전개되는 역동적인 상호작용의 역할관계에 따라 조직의 성패가 좌우된다는 점을 강조하는 이론으로, 조직의 생존과 발전에 필수불가결한 기본적인 자원으로 합법성과 권력과 같은 정치적 자원과 생산과 서비스에 요구되는 경제적 자원의 두 가지를 말하고 있다.

이 이론은 조직과 환경 간의 상호작용을 중시하며, 그러한 상호작용이 조직 내부 역학관계에 미치는 영향들에 초점을 둔다. 조직은 서비스의 생산과 생존에 필요한 정치적·경제적 자원을 과업환경(task environment)과의 관계에서 획득하는데, 이러한 외부 환경적 요소는 조직에 영향을 미치고 조직 내에서의 권력과 경제관계들이 조직 내 서비스 기술과 의사결정에 영향을 미친다고 한다. 과업환경은 조직에 직접적인 영향을 미치는 환경으로 지역사회의 다른 조직과 클라이언트 집단을 포함하고 있으며, 이러한 과업환경들은 조직이 필요로 하는 중요한 자원들을 통제하고 있고 조직을 통해 자신들의 목적을 달성하려고 하기 때문에 서로 밀접한 이해관계를 가지고 있다. 이러한 측면에서 조직은 조직의 생존과 운영에 필수적인 자원을 확보해야 하고 과업환경에 의존적일 수밖에 없게 된다.

정치경제이론의 하나인 자원의존이론에서는 조직이 과업을 수행하기 위한 필요 자원을 조직 스스로가 내부적으로 마련할 수 없기 때문에 조직은 결국 외부환경에 의존적일 수밖에 없다고 한다(Thompson, 1967). 이런 측면에서 조직의 생존과 발전에 결정적인 역할을 하는 과업환경을 분석하고 적절히 대처하는 전략수립은 관리자들에게 우선적이면서도 매우 중요한 역할이다. 정치경제이론은 사회복지조직을 둘러싼 정치경제적 관계가 조직의 운영과 서비스 전달체계에 어떤 영향을 미치는지를 현실적인 차원에서 잘 설명해 주기 때문에 이론적으로 기여하는 바가 크다(Hasenfeld, 1992 : 32).

(3) 조직군생태학이론

조직군생태학이론은 조직을 개방체계로 보아 환경과의 상호작용을 전제로 하고 있지만, 조직군을 둘러싸고 있는 환경적 요구에 부합하는 조직만이 선택되어 생존하게 되어 조직의 생존을 결정하는 것은 결국 환경이라는 결정론적 입장을 취하고 있다. 전체적으로 조직들은 유사한 조직구조와 특성을 일정 기간 유지하고 있지만 결국 어떤 조직은 역동적으로 발전하고 어떤 조직은 변형되거나 소멸

된다. 이것은 조직들 간의 조직군생태학적 역동성과 조직의 생성과 소멸이라는 주기성에 의해 나타나는데, 궁극적으로 변화하는 환경에 적응적인 조직은 살아남고 그렇지 않은 조직은 도태된다는 점을 강조한다(Hannan & Freeman, 1988, 황성철 외, 2014 : 87 재인용).

어떤 조직들이 생겨나고 유사 조직의 수가 점차 늘어나는 것은 사회적으로 그 조직의 필요성이 인정되고 있다는 점을 반영한다. 반면 급격하게 유사 조직들이 소멸되는 것은 사회적으로 그러한 조직의 필요성이 줄어들기 때문이라는 점을 반영한다. 조직군생태학이론은 환경의 개념이 매우 모호하고 지나치게 환경결정론적인 입장을 지니고 있다는 점에서 비판을 받고 있다(황성철 외, 2014 : 88).

(4) 제도이론

제도이론은 개방체계적 관점에서 조직에 대한 환경의 영향력을 강조하는 이론으로 환경을 막연하게 다루는 조직군생태학이론과 달리, 조직들이 기술적인 특성들보다는 조직의 규범과 조직을 둘러싼 사회적 가치와 규범의 결집체인 제도적 환경이 조직의 특성과 행태를 좌우한다는 점을 강조한다(황성철 외, 2014 : 85-86). 따라서 개별 조직들이 그들이 수행하는 활동에 대한 지원과 정당성을 얻기 위해 반드시 따라야만 하는 사회적 가치와 규범 및 제도적 환경에 순응하는 것이 중요하다고 한다. 이러한 제도적 환경이야말로 조직의 행동과 구조에 영향을 미치는 핵심적 원천이며, 조직은 사회적 정당성을 확보하기 위해서 제도환경에서 기대하는 것들을 조직의 행동이나 구조에 반영하고 동조적인 방식을 통해 정당성을 확보하게 된다.

디마지오와 포웰(DiMaggio & Powell, 1983)은 조직이 제도환경이 요구하는 바와 같은 모습을 취하게 되는 방식, 즉 동형화(isomorphism)를 정부나 법률의 규정에 의한 강제적 과정과 다른 조직들의 성공한 사례에 대한 모방적 과정, 그리고 전문직의 규범으로 그 절차를 수용하게 되는 과정의 세 가지로 구분하고 있다. 조직의 동형화는 유사한 분야에 있는 조직이 그들의 환경으로부터 유사한 영향에 직면한 결과로서 유사한 환경 적응 과정을 거치기 때문에 서로 더 닮게 되는 것을 말한다.

동형화 과정에는 크게 강압적, 모방적, 규범적 동형화가 있으며, 강압적 동형화의 경우, 사회적으로 요구되는 가치나 기준, 정부나 법률 등에 의해 조직들이 유사한 변화를 겪으며 서로 비슷해지는 과정을 의미한다. 두 번째로, 모방적 동형화의 경우, 어떠한 조직이 혁신을 이루어내어 그것을 모두가 따라 하거나 어떠한 조직이 다른 조직을 따라 하는 것이 자신에게 이득이 될 것이라 판단됨에 따라 발생한다. 마지막으로 규범적 동형화의 경우, 이전에 사회에서 지배적인 위치를 차지하던 전문가 집단이 다른 전문가 집단에 의해 대체됨에 따라 발생하게 되는, 즉 대부분의 조직에 새로운 유형의 전문가들이 고용됨에 따라 발생하는 전방위적인 동형화 과정이다.

제도이론은 조직이 자원환경에만 놓여 있는 것이 아니라 제도환경에도 놓여있다는 점을 설명하면서 합법성의 취득을 중요하게 여기기 때문에 사회복지조직에서 제도환경의 의미와 중요성을 이해하는 데 도움이 된다. 그렇지만 핵심 개념인 제도화 과정을 명확하게 서술하지 않고 제도화된 규칙을 적용한 결과에 대해서도 언급을 회피하고 있기 때문에 구체적인 조직관리의 원칙을 도출하지 못했다는 한계가 있다(황성철 외, 2014 : 86).

최근 공공조직, 영리와 비영리 조직들은 내·외부의 환경변화에 적응하는 과정에서 전체적으로 서로 유사한 형태로 변화하는 동형화 현상이 나타나고 있다. 공공조직은 영리조직의 형태를 닮아가면서 영리를 추구하는 공공조직으로 변화하고 있고, 영리조직은 사회적 가치를, 비영리 조직은 수익을 추구하면서 서로 유사한 형태의 조직으로 동형화되고 있다.

4) 현대조직이론

대표적인 현대조직이론으로는 총체적 품질관리(TQM : Total Quality Management), 학습조직이론(learning organization theory), 목표관리(MBO : Management by Objectives) 등이 있다.

(1) 총체적 품질관리(TQM : Total Quality Management)

총체적 품질관리(TQM)란 고객의 만족을 높이기 위해 서비스의 질을 중심으로 조직을 관리함으로써 소비자 만족을 추구하는 고객중심관리를 말하는데, 이를 위해 조직문화와 서비스의 질적 향상을 위한 효과적인 관리기법을 통합적으로 운영하는 조직관리방법을 말한다. TQM은 일본기업들이 산출물의 결함을 제거하여 소비자 만족을 극대화하는 조직관리방법을 효과적으로 사용하고 있다는 데 착안하여 1980년대 초반 미국 기업에도 적용하기 시작한 경영이론이며 기법으로(Martin, 1993 : 22), 고품질의 제품 및 높은 수준의 서비스 제공을 통한 고객만족을 목표로 도구, 기법, 훈련 등의 통합시스템을 통해 지속적인 개선을 하는 조직적 과정이다. TQM이 전통적인 관리기법과 구별되는 가장 큰 특징으로는 고객의 욕구나 필요에 따라 조직의 목표가 설정된다는 고객주의 관리가 강조되고, 조직운영과 서비스의 지속적인 개선을 통해 양질의 서비스를 산출하여 조직의 경쟁력을 증대시킨다는 것이다. 그리고 이를 위해 전 조직구성원들이 참여하여 노력하는 경영시스템을 갖춘다는 점이다(황성철 외, 2014 : 89).

(2) 학습조직이론(learning organization theory)

학습조직이론은 구성원들이 조직 내 학습을 통해 조직과 인력의 역량을 강화시켜 조직의 효과성을 극대화하고 변화와 혁신을 추구하는 조직이론이다. 학습조직은 조직구성원이 진정 바라는 결과를 창조할 능력을 확장하고, 새롭고 확대된 사고 패턴이 육성되며, 집단적 목표나 열망이 자유롭게 선정되고 함께 학습하는 방법을 지속적으로 배우는 조직을 의미한다. 센게(Senge, 1990)는 학습조직을 “조직원들이 진실로 원하는 성과를 달성하도록 지속적으로 역량을 확대시키고, 새롭고 포용력 있는 사고능력을 함양하며, 집중된 열의가 자유롭게 설정되고, 학습 방법을 서로 공유하면서 지속적으로 배우는 조직”이라고 정의하였다(신복기 외, 2016 : 82 재인용). 학습조직이론은 개인적 학습을 공유하면서 조직학습화시키고 그러한 학습을 공유시켜 구성원과 개인 모두의 역량을 강화시키는 방법을 추구한다(황성철 외, 2014 : 92).

(3) 목표관리(MBO : Management by Objectives)

목표관리는 드러커(Drucker, 1953)에 의해 제창되고 맥그리거(McGregor)가 소개한 것으로 목표에 의한 관리를 의미한다. 원래 목표관리는 민간기업 부문에서의 경영관리를 위한 것이었으나, 1973년 닉슨 대통령의 지시로 인해 공공부문에서 채택되어 실시되었다. 목표관리란 "참여의 과정을 통해 조직단위와 구성원들이 실천해야 할 생산활동의 단기적 목표를 명확하고 체계 있게 설정하고, 그에 따라 생산활동을 수행할 수 있도록 하며, 그 결과를 평가, 피드백시키는 관리체계"를 말한다(신복기 외, 2016).

목표관리에서는 명확한 목표설정과 책임한계의 규정, 참여와 상하협조, 피드백의 개선을 통한 관리계획의 개선, 조직구성원의 동기유발 그리고 업적평가의 개선 등을 도모하고 궁극적으로는 조직의 효율성을 증진시키려는 총체적 관리체제라 할 수 있다. 그렇지만 사회복지조직에서는 목표와 성과 측정이 어렵고 유동적인 관리상황에서는 성과를 내기 어려울 수 있다.

〈표 5-3〉 조직이론의 분류

구 분		대표이론	대표학자	주요 내용
폐쇄체계이론	고전적 이론	관료제이론	Weber(1947)	권위를 세 가지 종류로 분류, 관료제의 가장 두드러진 특성은 집권화와 공식화
		과학적 관리론	Taylor(1911)	조직 내 직원의 업무를 과학적으로 분석하며 이에 관한 지식을 적극적으로 활용한다면 조직의 능률성은 극대화될 수 있음
		행정관리론	Fayol(1916), Gulick & Urwick(1937)	생산성·효율성보다 행정관리 기능의 향상에 주로 초점, 귤릭은 행정의 기능을 POSDCoRB라는 일곱 가지로 제시, 페이욜은 조직관리자들이 준수해야 할 14개 원칙 제시

<table>
<tr><th colspan="2">구 분</th><th>대표이론</th><th>대표학자</th><th>주요 내용</th></tr>
<tr><td rowspan="3">폐쇄
체계
이론</td><td rowspan="3">인간
관계
이론</td><td>호손 공장
실험연구</td><td>Mayo(1933)</td><td>조직의 생산성은 인간관계에 의해 좌우</td></tr>
<tr><td>X, Y 이론</td><td>McGregor(1960)</td><td>조직 내에서 구성원을 보는 기본적인 시각 차이에 따라 인간을 X이론과 Y이론으로 구분</td></tr>
<tr><td>네 가지
조직유형</td><td>Likert(1967)</td><td>신뢰와 자유로운 의사소통, 목표에 대한 합의, 분권화된 의사결정, 자기책임하의 업무수행과 자율적인 통제가 있는 참여적 체계 4가 바람직</td></tr>
<tr><td colspan="2" rowspan="4">개방체계 이론</td><td>상황이론</td><td>Lawrence & Lorsch(1967),
Thompson(1967)</td><td>환경에 적합한 조직구조 선택, 조직의 특성과 환경과의 적합성이 조직의 성패를 좌우</td></tr>
<tr><td>정치경제 이론</td><td>Zald(1970),
Benson(1975)</td><td>자원과 권력관계를 중심으로 전개되는 역동적인 상호작용의 역할관계에 따라 조직의 성패가 좌우</td></tr>
<tr><td>조직군생태학
이론</td><td>Hannan &
Freeman(1988)</td><td>조직과 환경과의 관계에서 조직의 생존을 결정하는 것은 결국 환경</td></tr>
<tr><td>제도이론</td><td>DiMaggio &
Powell(1983)</td><td>조직의 성격은 기술적인 특성들보다는 제도적인 환경 속에 존재하는 규범이나 규칙들에 의해서 결정</td></tr>
<tr><td colspan="2" rowspan="3">현대조직이론</td><td>총체적 품질관리
(TQM)</td><td>Swiss(1992)</td><td>고객의 욕구나 필요에 따른 조직의 목표 설정, 전 조직구성원들이 참여하여 노력하는 경영시스템</td></tr>
<tr><td>학습조직이론</td><td>Senge(1990),
Argyris(1999)</td><td>개인적 학습을 공유하면서 조직학습화시키고 그러한 학습을 공유시켜 개인과 구성원 모두의 역량을 강화</td></tr>
<tr><td>목표관리
(MBO)</td><td>Drucker(1953)</td><td>참여를 통해 단기적 목표를 설정하고 생산활동을 수행하도록 하며, 활동의 결과를 평가·피드백 시키는 관리체계</td></tr>
</table>

출처 : 황성철 외(2014), pp. 68-94; 강종수(2011), pp. 34-35 재구성.

7. 사회복지조직과 전달체계

1) 사회복지조직

(1) 조직(organization)의 정의

사회복지행정은 사회복지 정책을 실천 현장에 전달하는 구조와 기능에 관한 것으로 이를 수행하는 핵심 기제는 조직이다. 조직은 특정한 목적을 달성하기 위해 함께 모인 개인들의 집단으로 비교적 지속적이고 의도적으로 조직화된 사회적 단위이고(Robinnsins & Judge, 2013), 공통의 목표달성을 위하여 체계적 구조를 갖고 상호작용을 하는 인간의 집단(임창희, 2017 : 10)이다. 에치오니(Etzioni, 1964 : 4)는 조직을 "특정 목표를 달성할 목적으로 의도적으로 구조화된 계획적 단위"라고 정의하였는데, "인간은 조직들에서 태어나고 교육받고 우리 삶의 많은 부분을 조직을 위해 일하면서 시간을 보낸다. 이처럼 대부분 인간의 삶이 조직 속에서 이루어지기 때문에 조직에 대한 이해는 그만큼 중요하다"고 하였다(Etzioni, 1964).

클라이언트들이 사회복지조직에 도움을 요청하는 것은 그들의 생존이나 삶의 질에 크게 연관이 있는 기관들로부터 도움을 받지 못하기 때문이지만, 결과적으로 사회복지조직에서 클라이언트를 돕기 위한 자원들은 여전히 다른 조직들로부터 나온다(Netting, Kettner, & McMurtry, 2004). 그렇기 때문에 사회복지실천에서 조직에 대한 이해와 조직의 중요성을 간과한다면 사회복지조직의 목표달성은 힘들게 될 것이다.

(2) 사회복지조직의 유형

사회복지조직은 크게 공공조직과 민간조직으로 나누고 민간조직은 비영리 민간조직과 영리 민간조직으로 나눌 수 있다. 카저와 스토이즈(Karger & Stoesz, 2002 : 144-149)는 사회복지조직은 영리와 비영리뿐만 아니라 규모와 관료제화의 정도,

그리고 민영화의 정도에 따라 네 가지 유형으로 구분하고 있다(황성철 외, 2014 : 108-110 재인용).

① 전통조직은 미국의 초기 자선조직협회(COS)와 지역복지관(settlement)과 같이 민간의 자발적인 원조 단체로 고유의 설립목적과 재정기반을 갖추고 있기 때문에 전형적으로 소규모 비영리조직의 형태를 갖추고 있다.

② 복지관료조직은 공공복지를 담당하는 연방정부와 주정부의 사회복지조직을 말한다. 주로 대규모 조직형태를 유지하고 관료조직화되어 있는 것이 특징이다. 우리나라의 공공부조와 사회보험을 담당하는 정부조직이다.

③ 임상치료소는 주로 사회복지사, 임상심리사, 의사 등과 같은 전문가들이 개별 치료소 또는 클리닉을 개원하여 서비스를 제공하는 조직으로 영리조직의 형태를 갖추고 관료제화의 정도는 약하며 소규모 조직이 일반적이다. 우리나라의 경우 특수교사, 언어치료사, 음악치료사 등 정부인정 또는 민간 자격증을 갖춘 사람들이 별도의 소규모 치료센터를 열어 장애아동에 대한 치료서비스를 제공하고 있다.

④ 사회복지경영조직은 대규모 조직을 갖추고 영리를 목적으로 사회복지서비스 영역에 진입한 조직이다. 이들 기관은 주로 요양원, 병원, 건강보험회사, 가정보호, 보육 등 가족, 의료 및 복지서비스 분야에 진출하여 사회복지사를 고용하여 임상적 치료와 사례관리 등을 담당하게 한다. 우리나라에서는 최근 바우처 사업의 시행으로 사회서비스 분야, 특히 지역사회서비스 투자사업에 진입한 조직들이나 사회적기업의 형태로 운영되는 조직이 여기에 속한다.

사회복지조직의 유형을 구분하는 가장 일반적인 기준은 운영주체에 따라 공공조직과 민간조직으로 구분하는 것인데, 오늘날에는 그 경계가 점차 모호해져 중간형태의 조직인 하이브리드 조직이 나타나고 있다.

하이브리드조직은 공공조직과 민간조직의 특성이 상호 융합된 중간 형태의 혼합조직을 말하여 준공공기관과 준민간조직이 있다. 준공공조직은 정부와의 계약하에 공공 프로그램을 운영하는 조직으로 비영리민간조직의 속성을 갖고 있지만 정부의 재정지원에 의존하는 조직이다. 준공공조직은 설립목적 또는 사명이 공공의 목적에 부합하고 별도의 규정과 조직체계를 갖추고 있으나 재원은 전적으로 정부에 의존하는 조직이다. 우리나라의 사회서비스원이나 각 시·도에서 설립되고 있는 사회복지 관련 재단들이 이에 속한다. 준민간조직은 법적으로 민간의 소유와 운영권을 인정하고 민간기관의 전형적인 정책결정기구인 이사회에서 모든 주요 사항이 결정되나 정부로부터 상당한 재정지원을 받기 때문에 정부의 규제로부터 자유롭지 못하는 조직이다. 우리나라에서는 각종 민간 사회복지서비스기관이 이에 속한다(황성철 외, 2014 : 110-111).

2) 사회복지 전달체계

(1) 전달체계의 개념

사회복지정책은 사회복지행정을 통해 구체적인 서비스로 전환되어 서비스를 필요로 하는 클라이언트에게 전달되어야 정책의 의도하는 바가 달성될 수 있기 때문에 사회복지행정에서 전달체계는 매우 중요한 문제이다.

사회복지서비스 전달체계(delivery system)란 지역사회체계 속에서 사회복지서비스 공급자 간 또는 공급자와 소비자(클라이언트, 수혜자) 간을 연결시키기 위한 조직적 장치(organizational arrangements)를 말한다(Gilbert & Terrell, 1988 : 143, 최성재·남기민, 2016 : 120 재인용). 즉, 전달체계란 지역사회에서 누가 어떻게 클라이언트에게 사회복지서비스를 제공할 것인가와 관련된 것이다. 사회복지서비스 전달체계는 사회복지서비스를 전달하는 조직과 방법에 대한 것으로 전달체계를 어떻게 구성하느냐에 따라 클라이언트에게 제공되는 서비스의 질이 달라질 수 있다.

(2) 전달체계의 구조와 유형

사회서비스 전달체계는 다수의 조직으로 구성되는데, 전달체계를 구성하는 조직들은 서비스 생산자, 소비자, 재정공급자, 규제자라는 네 가지 역할자 부문으로 분류될 수 있다(김영종, 2017 : 382). 서비스 생산자란 서비스를 직접 만들어 이용자에게 제공하는 역할자 부문으로 이들은 재정공급자와 규제자의 환경이 제시하는 제도적 규칙에 의해서 작동한다. 소비자란 서비스를 필요로 하거나 이용하는 역할자 부문이고 재정공급자는 주로 정부나 공공기관 조직들이 해당하며, 사회서비스 수요와 공급에 필요한 재정을 제공하는 조직들의 부문을 말한다. 규제자란 입법부나 행정부, 사법부의 정부 조직들이 주로 해당되며 전달체계 내에서 사회서비스와 관련된 제반 규제를 만들거나 수행하는 역할자 부문이다.

사회서비스 전달체계는 구성 부문들 간 연결과 작동 방식의 차이에 따라 크게 세 가지 유형으로 구분될 수 있다(김영종, 2017 : 382).

첫째는 시장 방식의 전달체계로 서비스 생산자와 소비자 부문의 직접 거래, 연결로 작동하며 소비자가 곧 재정공급자를 겸하고 규제자는 시장의 기능을 모니터링하는 정도의 수동적 역할에 그친다. 둘째는 생산자 지원 방식의 전달체계인데, 재정공급자 부문이 별도로 존재하고, 이를 통해 생산자 부문을 보조금과 서비스 구매계약(POSC)을 통해 지원하는 방식으로 별도의 재정공급자가 소비자에게 제공되는 서비스의 비용을 지원한다. 우리나라에서는 사회복지사업법이 생산자 지원 방식의 전달체계에 대한 기본적인 규제를 형성해 왔었고, 사회복지서비스의 생활시설과 이용시설 등이 대표적인 생산자 지원방식의 전달체계로 작동한다. 셋째는 소비자 지원방식으로 사회서비스 전달체계를 시장 방식에 유사하도록 하는 것으로 재정공급자가 소비자에게 구매력을 직접 지원한다.

소비자 지원방식은 보통 바우처 지급을 원칙으로 하고 있으며 바우처(이용권)는 현물 방식이지만, 정부가 재정공급자가 되어 바우처를 소비자에게 지급하면 소비자는 사업자를 선택해서 서비스를 제공받고 바우처로 비용을 지불한다. 그리고 사업자는 바우처를 재정공급자에게서 현금으로 상환받는다. 규제자의 역할은 바우처의 지급 대상이나, 바우처 발행과 상환 기제의 기술적 조건과 같은 것들이 규제의 중심을 이룬다. 우리나라에서는 2000년대 중반 이후 본격화된 보육, 노인장기요양, 장애인활동지원 등과 같은 보편적 사회서비스들은 3세대 사회서비스에서 바우처를 활용한 이용자 지원 방식을 채택해 왔다(김영종, 2017 : 390-395).

(3) 전달체계의 구분

사회복지 전달체계는 구조상 서비스 전달을 기획, 지원 및 관리하는 행정체계와 전달자가 소비자와 상호접촉을 가지면서 서비스를 직접 전달하는 집행체계로 구분될 수 있다. 또한 기능상으로는 서비스의 전달 업무를 원활히 하기 위한 행정기능과 클라이언트나 소비자의 욕구에 응하여 서비스를 직접 제공하는 기능인 서비스 제공기능으로 구분할 수 있다(최성재 · 남기민, 2016 : 121). 사회복지 전달체계는 관리 · 운영 주체에 따라 정부나 공공기관이 직접 관리하고 운영하는 공적(공공부문) 전달체계와 영리나 비영리 조직 등에 의한 사적(민간부문) 전달체계로 구분할 수 있다.

① 공공과 민간 전달체계

사회보장에 관한 기본적인 사항을 규정하고 있는 사회보장기본법에 따르면 사회복지 전달체계는 크게 사회보험 전달체계, 공공부조 전달체계, 사회서비스 전달체계로 구분된다. 사회보험 전달체계는 보건복지부 등 중앙부처와 산하의 공단을 통해서 직접 급여와 서비스가 제공되고 있으며, 공공부조의 경우 중앙부처와 지방자치단체인 시 · 도, 시 · 군 · 구의 행정조직을 통해 급여가 전달되고 있다. 사회서비스 전달체계는 중앙의 정부조직이 지방자치단체를 통하거나 지방자치단체에서 주로 민간의 사회복지조직을 통하여 서비스를 전달하고 있어 공공부문과 민간부문이 혼재된 전달체계를 갖추고 있다.

공공부문의 전달체계는 대부분 각종 법 규정에 의해 관료제적 방식으로 작동되며, 사회보험이나 공공부조의 대부분이 공공 부분의 전달체계를 통해 전달된다. 사회서비스 전달체계는 정부 등 공공기관이 관리하고 있으나, 수혜자에 대한 직접 서비스 제공은 민간부문에서 대부분 담당하고 있다. 근래 바우처 사회서비스를 통해 영리 조직들의 진입이 증가하고 있으며 민간 조직들에 대한 정부의 지원이 확대되면서 공공과 민간부문의 특성(작동방식) 차이가 줄어들고 있다(김영종, 2017 : 382).

② 지역사회 차원의 전달체계

지역사회 차원의 사회복지 전달체계는 다양한 주체와 유형의 사회서비스들이 복잡한 전달체계로 확장되면서, 이들을 국가와 중앙정부 차원에서 직접 제어하거나 관리하기는 점점 더 어렵게 되어 지역 혹은 지방자치단체 차원에서 사회복지 전달체계를 파악하고, 부문과 조직들 간 협력이나 조정, 통합을 유도하는 역할이 중요하다. 지역 차원에서 사회복지 체계를 구성하는 조직들은 하나의 통합된 관료제 구조에 들어있지 않고 각 조직들은 각기 다른 서비스 부문의 전달체계에 소속된 조직 일원으로 단지 지역이라는 활동의 장을 공동으로 점유하고 있을 뿐이다. 지역의 사회복지조직들은 각자 소속된 서비스 전달체계가 제시하는 규제의 틀 안에서 생산자와 재정공급자, 소비자의 관계를 가진다. 지역의 사회복지 전달체계를 구조화하는 데는 네트워크 조직 방식이 유용한데, 네트워크 방식의 지역사회복지 전달체계는 사회적 자본의 증대와 함께 사회의 효율성을 높이는 데도 기여한다. 우리나라의 지역사회보장협의체는 지역사회복지 전달체계의 네트워크 모형과 관련이 있다(김영종, 2017 : 395-397).

서비스 전달체계는 서비스의 종류와 성격들에 의해 분류될 수도 있다. 서비스 종류별(네트워크별) 구분은 서비스 수요자의 욕구를 중심으로 하는 서비스 전달체계로서 서비스 수요자의 관점에서 서비스 공급 조직들을 파악하는 것이다. 이는 지역사회에서 서비스 대상이나 내용에 따른 전달체계의 구분으로 장애인복지서비스 전달체계(네트워크), 노인복지서비스 전달체계(네트워크), 정신보건 전달체계, 사회서비스 전달체계(네트워크) 등으로 구분할 수 있다.

(4) 사회복지서비스 전달체계의 원칙

사회복지서비스 전달체계 구축의 주요 원칙은 전문성, 적절성, 포괄성, 지속성,

통합성, 평등성, 책임성, 접근용이성 등이 있다(최성재 · 남기민, 2016 : 122-127).

전문성(professionalization)은 사회복지서비스의 핵심적인 업무는 반드시 전문가가 담당해야 한다는 것으로, 전문가란 해당 분야의 직업윤리, 전문적인 기술과 지식, 그리고 공인된 자격을 가지고 권위를 인정받고 자율적 결정권을 가지며 그 결과에 책임을 지는 사람을 말한다.

적절성(adequacy, comprehensiveness)은 충분성이라고도 하며 사회복지서비스의 양과 질, 제공하는 기간이 클라이언트의 욕구 충족과 서비스 목표 달성에 충분해야 한다는 것이다. 충분성은 인적 · 물적자원의 확보 정도에 따른 제약이 있다. 적절성은 클라이언트가 가진 욕구의 종류에 서비스가 부합해야 한다는 적합성과 클라이언트가 필요로 하는 만큼 충분히 제공되어야 한다는 충분성의 하위기준이 있다(이준영, 2017 : 40).

포괄성(comprehensiveness, inclusiveness)은 클라이언트의 다양한 욕구나 문제를 고려하여 동시 또는 우선순위에 따라 다양한 서비스를 제공하는 것으로 여기에는 한 명의 전문가가 클라이언트의 다양한 문제를 다루는 일반화 접근방법, 다수의 전문가가 개입하는 전문화 접근방법, 다수의 전문가가 팀을 구성하여 접근하는 집단 접근방법, 한 명의 전문가가 책임을 지고 관리하는 사례관리 방법 등이 있다.

지속성(continuity)은 연속성이라고도 하며, 클라이언트가 필요로 하는 다른 종류의 서비스와 질적으로 다른 서비스를 조직 또는 지역사회 내에서 연속적이고 지속적으로 받을 수 있어야 한다는 것이다(Gates, 1980 : 53, 최성재 · 남기민, 2016 : 125 재인용). 지역사회 내에서 클라이언트에게 필요한 서비스들이 연계되어 지속적으로 제공되기 위해서는 한 조직 내의 서비스와 프로그램 간에 상호 협력이 잘 이루어져야 하고, 지역사회 내의 사회복지서비스 조직 간에도 유기적 연계가 잘 형성되어야 한다(최성재 · 남기민, 2016 : 125).

평등성(equity) 또는 공평성은 성별, 연령, 소득, 지역, 종교, 지위에 관계없이 모든 국민에게 차별 없이 사회복지서비스를 제공해야 한다는 원칙이다. 평등성의 원칙이 지켜지기 위해서는 보편주의 원리에 따라 전체 국민을 대상으로 사회복지서비스가 제공되어야 하지만, 현실적으로는 특정한 경우나 자원의 부족으로 인해 선별주의 원리에 따라 제한을 받는 경우가 있다.

책임성(accountability)은 사회복지조직은 국가 및 사회로부터 특정한 사회복지서비스를 전달하도록 위임받은 조직이므로 서비스 전달 시 전문적이고 질 높은 서비스 제공을 위해 기대되고 위임된 사항에 대해서는 책임을 져야 한다는 원칙이다. 이는 전달체계의 효과성이나 효율성과 주로 관련되어 있는데, 클라이언트와 재정자원 공급자, 서비스 제공자의 관점에서 전달체계의 책임성을 바라보는 관점은 각기 다를 수 있다(김영종, 2017 : 402).

접근성(accessibility)은 사회복지서비스를 필요로 하는 클라이언트가 서비스 접근에 장애 없이 손쉽게 서비스를 이용할 수 있도록 해야 한다는 원칙이다. 평등성의 원칙과도 연관성이 있는 것으로 클라이언트의 서비스 이용에 장애를 초래하는 요인은 물리적 위치, 비용부담, 정보 부족, 이용 거부감, 자원의 부족 등이 있다.

통합성(unification)은 클라이언트의 다양하고 복합적인 욕구와 문제해결을 위해서는 필요한 서비스들이 중복과 누락 없이 서로 연관되고 체계적으로 제공되어야 한다는 것이다. 서비스를 포괄적으로 제공하되 단편성을 극복하기 위해서는 통합성의 원칙에 따라 서비스를 체계적으로 제공해야 계획한 목표를 효과적·효율적으로 달성할 수 있게 된다. 통합적인 서비스 제공을 위해서는 프로그램이나 서비스 간, 제공기관 간 상호 유기적인 협조체계를 갖추어야 한다.

사회복지서비스의 전달체계 원칙 및 기준은 서로 밀접하게 관련되어 있으며, 하나의 원칙에 대한 지나친 강조는 고려되어야 할 다른 원칙이 소홀히 될 수 있기 때문에 제한된 자원과 현실적인 여건을 고려한 최적의 방안 모색이 필요하다.

(5) 전달체계 현황

정부기관과 같은 공공조직이 주체인 공공(공적) 전달체계는 주로 공공부조와 사회서비스 부문과 관련된 전달체계로서 횡적으로는 문제영역별로 국민기초생활보장업무, 노인복지, 장애인복지, 아동복지, 여성복지, 청소년복지 등을 포함하고 있으며, 종적으로는 중앙정부에서 주로 보건복지부가 정책개발과 정책시행의 조정, 감독, 평가를 담당하고 정책사항의 집행은 광역 자치단체(시 · 도), 기초자치단체(시 · 군 · 구), 읍 · 면 · 동의 행정체계를 통해 이루어지고 있다. 공공 전달체계는 안정적인 재정과 서비스의 통일성이 장점이며, 단점으로는 관료적이고 경직되어 있으며 체계가 복잡하고 외부요인에 다소 둔감하다는 것이다.

민간(사적) 전달체계는 민간의 영리 및 비영리 조직인 사회복지법인, 재단법인 및 사단법인, 종교단체 등에서 사회복지사업을 목적으로 운영하는 시설과 기관을 통한 전달체계를 말하는데, 민간 사회복지조직은 공공 사회복지조직처럼 특별한 상의하달식의 전달체계를 구축하지 않고 있다. 여기에는 행정당국의 지도감독을 받아 서비스를 전달하는 사회복지기관 및 시설과, 행정당국의 지도감독을 받지 않고 독자적으로 운영되는 민간 사회단체나 기타 법인체 등에 의해 사회복지서비스가 전달되고 있다. 민간 전달체계는 융통성, 창의적, 유연성, 사회변화와 요구에 민감하다는 장점이 있으나, 재정적으로 불안정하다는 것이 단점이다.

우리나라의 사회서비스 공급 특성은 정부가 직접 생산하여 공급하는 방식이 아니라 주로 비영리민간기관 등과의 서비스 위탁 계약이나 국고보조금 지급을 통하여 서비스를 공급하고 있다는 것이다. 즉, 민간이 사회복지서비스 공급자로서 정부의 역할을 대행하는 대행자 역할을 주로 하고 있다. 공공과 민간과의 관계는 비영리기관이 사회복지서비스 공급을 담당하는 일선기관이지만 민간은 그들이 생산하여 공급하는 서비스에 관한 중요한 결정권한은 없이 정부나 지방자치단체의 엄격한 관리 · 감독하에 서비스를 타율적으로 대행하는 관계로 볼 수 있다.

(6) 사회복지 전달체계 통합

사회복지서비스의 통합을 위한 노력은 사회복지조직의 사회적 책임성과도 연관되기 때문에 매우 중요하다. 사회복지 전달체계에서 서비스의 비연속성(분절성)과 파편성은 심각한 문제이며, 특히 사회서비스 관련 전달체계 내에 위치한 기관이나 프로그램들 간에 다양한 형태의 네트워크가 원만하지 않을 때 이러한 문제가 발생한다. 바람직한 전달체계를 위해서는 각 사회복지조직들이 네트워크 구축을 통해 서비스 간 협조체계를 구성하고 단편적이지 않은 통합적인 서비스를 지속적으로 제공하고 접근성을 향상시켜야 한다. 이에 대한 해결책으로 빈번하게 제안되는 것이 전달체계의 통합(integration)이다(김영종, 2017 : 403-405; 황성철 외, 2014 : 125).

서비스 통합에는 하나의 장소에서 모든 서비스를 모든 대상자에게 제공하는 물리적 통합과 제각기 분리된 형태의 각종 전문화된 사회복지조직이 대상자에게 다양한 서비스를 제공하는 기능적 통합이 있다. 사례관리(case management)는 지역사회 차원에서 각종 사회복지서비스를 통합하는 기능적 서비스 통합 방법이다(황성철 외, 2014 : 125). 전달체계 통합에는 여러 조직들을 묶어 완전히 새로운 단일 서비스 조직 구조를 만들어 내는 완전 통합과 각 조직을 독립적으로 유지하면서 서로 간의 관계를 보다 밀접하게 개선하고자 하는 단순 조정이 있다. 그러나 획일적인 구조의 전달체계는 접근성을 약화시키고, 다양성과 창의성이 강조되는 휴먼서비스의 발전에 오히려 역효과를 초래할 수 있다. 일반적으로 사회복지 전달체계의 통합과 관련해서 시도되는 방법들은 종합서비스센터, 단일화된 인테이크, 종합적인 정보와 의뢰 시스템, 사례관리, 클라이언트 트래킹(클라이언트 경로파악) 정보관리나 서비스들 간 조정의 방법들이 있다.

사회복지 전달체계의 통합성에 대한 논의는 공공과 민간 기관들 간의 기능이나 역할 조정, 행정 체계의 통합, 혹은 중앙과 지방 정부들 간의 역할분담 등과 같이 공급자 중심의 효율성 문제에 초점을 두어왔다. 현재는 서비스 수요자에 대한 책임성을 우선하는 관점에서 전달체계의 개선 노력을 지향하려는 움직임도 커지고 있으며, 지역사회를 중심으로 수요자 욕구별 서비스 네트워크를 통한 조정이나 통합 시도가 활발해지고 있다(김영종, 2017 : 403-405).

8. 리더십

인간을 대상으로 서비스를 제공하는 대표적인 휴먼서비스 조직인 사회복지조직은 외부 환경요인에 대부분의 자원을 의존하고 있어 다른 조직보다 환경의 영향을 많이 받는 특징이 있다. 그리고 인간의 존엄성, 삶의 질 향상과 같은 가치를 추구하고 전문가인 사회복지사의 직무수행에 크게 의존한다. 따라서 사회복지조직은 다른 행정조직이나 기업조직과 같은 조직구조나 성과에 대한 보상 등의 관리방식으로는 조직의 효과성을 기대하기 어렵다.

사회복지조직의 리더십은 사람을 대상으로 서비스를 제공하는 조직의 구성원인 사람들과 조직과의 관계에서 이루어진다. 따라서 사회복지조직 그 구성원에 대한 관계에서 조직이 어떠한 리더십을 가지느냐에 따라 여타의 조직에 비해 조직의 성패가 더 큰 영향을 받을 수 있다.

사회복지조직에서는 사회복지조직과 그 구성원들이 함께 사회복지의 가치에 따른 미션과 비전을 수립하고 클라이언트를 돕는 선한 일에 올바른 방향으로 목표를 설정하며, 적절한 방법으로 잘 수행한다는 믿음을 갖고 자발적인 몰입과 헌신하도록 하는 리더십이 필요하다. 이를 위해서는 조직과 구성원, 구성원들 사이의 소통과 공감 그리고 참여가 필수적이며, 이러한 과정에서 구성원 개인의 성장이 결국 조직의 성장과 발전을 가져올 수 있다.

1) 리더십의 개념

리더십의 정의에 대해서는 명확하고 통일된 개념이 확립된 것은 아니며, 보는 관점에 따라 다양하고 수많은 정의가 존재한다. 노트하우스(Northouse, 2013b)는 리더십이 어떤 것인지를 반영하는 개념을 특성, 능력, 스킬, 행동, 관계, 영향을 미치는 과정 등 몇 가지로 정리하였는데, 리더십에 대한 생각은 제각기 보는 사람의 관점에 따라 다양하고 복합적인 측면을 가지고 있으나, 실제로 리더십에는 각각의 관점에 따른 요소들이 포함되어 있다고 하였다.

일반적으로 리더십은 주어진 상황하에서 조직의 목적 달성을 위해 리더가 개인이나 집단의 행동에 영향을 미치는 과정 혹은 동기부여하는 능력이라고 이해된다.

카츠와 칸(Katz & Kahn, 1978)은 리더십을 "조직구성원이 업무를 수행하는 데 있어 요구되는 수준을 초월하는 수준의 성과를 스스로 수행해 내려는 노력을 불러일으키는 영향력"이라고 정의하고 있으며, 노트하우스(Northouse, 2013a)는 "공동의 목적을 달성(performance)하기 위하여 한 개인이 집단의 성원들(people)에게 영향(power)을 미치는 과정(process)"을 리더십이라고 한다. 과정이란 리더가 다른 사람에게 영향을 미치기도 하고 그들에 의해 영향을 받기도 하는 상호작용적인 것이고 리더가 팔로워들에게 영향을 미치는 것은 리더십의 필수조건이다. 또한 리더십은 공동의 목적을 가지고 있는 집단에서 일어나는 것으로 리더십은 성원들로 구성된 집단을 이끌어 어떤 과업이나 목표를 달성하는 것과 관련된 현상이라고 한다.

2) 관리와 리더십

리더십과 관리는 그 행사과정에서의 영향력, 효과적인 목표달성 지향, 사람들과의 관계 등 여러 면에서 비슷한 점이 있으나, 관리의 주된 기능이 조직에 질서와 안정성을 추구하는 것이라면 리더십의 일차적인 기능은 조직의 변화와 발전을 가져오게 하는 것으로 볼 수 있다(Kotter, 1990). 관리는 전통적으로 페이욜(Fayol, 1916)의 기본적인 관리기능인 계획(planning), 조직화(organizing), 인사(staffing), 통제(controlling)에 초점을 맞추지만 리더십은 일반적인 영향과정(influence process)을 강조한다.

리더십과 달리 관리는 20세기 초에 산업사회의 출현과 더불어 새로이 부상된 개념으로 당시 조직 내의 혼란상태를 해소시키기 위한 방법으로 처음 등장하게 되었고, 조직을 보다 더 효과적이고 능률적으로 운영하기 위한 방법으로 관리기능이 창안되었다(Northouse, 2013b : 18). 그렇지만 현대사회에서는 공식적인 조직구조가 수평화되고 덜 관료적이며 덜 공식적인 조직으로 바뀌어 가고 있어 관리(management)는 점차 그 중요성이 작아지고 있다(Robbins et al., 2013 : 543).

코터(Kotter, 1990 : 7-8)는 조직이 번창하기 위해서는 관리와 리더십 모두가 필수적이라고 하면서 만약 조직에 리더십 없이 강한 관리만 있다면, 그 결과는 업무처리에 질식되고 관료적이 될 것이고 반대로 조직에 관리가 없이 강한 리더십만 있다면, 그 결과는 의미 없고 방향이 없는 변화로 나타날 것이기 때문에 효과적인 조직이 되기 위해서는 관리와 리더십을 동시에 강화할 필요가 있다고 하였다(Northouse, 2013a : 20 재인용).

베니스와 나누스(Bennis & Nanus, 1985)는 "관리자는 일을 올바르게 하는 사람이고, 리더는 올바른 일을 하는 사람이다"라고 했는데 이는 관리자와 리더의 역할을 잘 말해주고 있다. 관리자가 조직의 목표와 과업 달성을 위해 조직구조를 설계하고 지시하고 조정하며 통제하는 사람이라면, 리더는 조직구성원들이 동기부여되어 자발적인 몰입과 헌신을 통해 조직의 변화와 혁신을 가져오도록 이끄는 사람이라고 할 수 있다.

사회복지조직은 '올바른 일(the right thing)'을 '잘해야 하는(do things right)' 사회적인 기대와 책임을 지고 있기 때문에 관리를 바탕으로 한 리더십이 올바른 일을 잘하도록 조직을 바람직한 방향으로 이끌 수 있다. 따라서 사회복지조직의 관리자는 관리자이면서 동시에 리더가 될 수 있도록 관리층의 역량을 강화해야 한다.

3) 과업과 관계, 그리고 리더십

훌륭한 리더는 자신이 수행해야 할 과업을 알고 조직구성원들이 그 일을 잘할 수 있도록 돕기 위해 좋은 관계를 유지하는 것에도 관심을 기울인다. 성공적인 리더는 여러 리더십 상황에서 과업행동과 관계행동의 최적의 조합을 선택한다.

과업 지향적인 사람들은 목표지향적이며 그 목표를 성취하고자 한다. 이러한 사람들은 할 일의 목록과 일정표를 좋아하며 일을 성취하고 일을 하는 것이 존재이유가 된다. 반면 관계 지향적 사람들은 과업 지향적 사람들만큼 목표지향적이지 않으며, 하는 것(doing)보다는 존재하는 것(being)에서 의미를 찾고 사람들과의 관계를 중시한다.

과업중심 리더십(task leadership)은 구조 주도(initiation structure), 성과 지향(production orientation), 성과에 대한 관심(concern for production)이라고도 불리는데, 과업중심 리더십은 구성원들이 목표를 달성하는 데 있어서 무엇인가를 하는 경우라면 언제든지 발생한다. 관계중심 리더십(relationship leadership)은 배려 행동(consideration behavior), 구성원 지향(employee orientation), 사람에 대한 관심(concern for people)이라고 불리는데, 관계중심 리더십 행동은 구성원들을 존엄과 존중으로 대하고 관계 형성과 사람들이 잘 어울리도록 도와주며 직장을 즐거운 곳으로 만드는 것 등이다. 효과적인 리더는 구성원의 욕구를 인식하고 그에 맞추어 과업 및 관계중심 리더십을 적절히 발휘한다. 결국 가장 훌륭한 리더는 과업을 수행하고 각각의 구성원들을 한 인간으로 보살핌으로써 부하직원들이 목표를 달성하도록 돕는 리더이다(Northouse, 2013b : 75-84).

조직의 리더는 조직의 목표달성을 위해 다양한 환경과 상황하에서 과업과 관계라는 쌍두마차를 몰고 가는 마부라 할 수 있다. 과업이 주로 관리 측면에서 해야 할 일이라면 관계는 주로 리더 측면에서 해야 할 일로 사회복지조직의 리더는 조직 관리자이면서 동시에 리더가 되어야 한다. 조직에서 인간적인 관계나 과업 중 어느 한 가지를 중시하여 다른 한 가지를 소홀히 한다면 조직의 발전을 기대하기 어렵다. 리더는 과업과 관계라는 두 가지의 과제를 함께 해결해야 하는 과정에서 조직이 처한 상황에 적합한 행동 유형을 결정해야 한다.

4) 리더십(leadership)에 대한 관점

리더십을 보는 관점에는 특성론과 과정론이 있다. 특성론적 시각에서는 리더가 될 수 있는 사람들은 천부적 특성이나 자질을 가지고 태어난다는 것으로 리더의 개인적 특성에는 특유한 신체적 특성, 성격 특성, 능력 특성 등이 있어 리더십은 특별히 리더십 재능을 타고난 사람들에게만 제한된다고 주장한다. 과정론적 시각에서 리더십은 상황 속에 존재하는 것으로 리더 행동에서 관찰될 수 있으며, 리더십은 후천적으로 학습에 의해 습득될 수 있는 것으로 누구나 발휘할 수 있다고 한다(Northouse, 2013b : 11-12).

5) 리더십(leadership)에 대한 접근 방법 및 주요 이론

노트하우스(Northouse, 2013b)는 리더십에 대한 접근 방법으로 특성 접근법과 행동 접근법, 상황 접근법, 관계중심 접근법, 뉴 리더십 접근법, 21세기 들어 새로이 부상하는 리더십 접근법으로 나누어 제시하고 주요한 이론들을 소개하고 있다.

(1) 특성 접근법(trait approach)

이 접근법은 정치인, 군인 등 위대한 리더들이 지녔던 선천적인 자질과 특징을 식별하는 데 치중했기 때문에 위인이론이라 불렸다. 이 접근법에서는 훌륭한 리더는 타고난다는 믿음에 기초하여 리더와 비리더를 구별할 수 있는 리더의 특성에 초점을 두고 훌륭한 리더들이 타고나거나 소유하고 있는 구체적인 특성을 찾아내고자 하였다. 이러한 연구는 1900년대부터 1940년대까지 두드러졌으며, 1970년대부터 예지력과 카리스마 리더십에 대한 연구가 진행되면서 재차 강조되었다. 학자들은 1980년대에 들어 주요한 리더십 특성으로 지능, 자신감, 결단력, 성실성, 사교성이라는 다섯 가지 핵심 특성(Northouse, 2013b : 35)과 연결 지은 반면, 1990년대에는 리더십의 한 특성으로서 감성지능에 대한 관심이 지지를 얻었다. 그러나 리더의 특성만을 기초로 한 설명은 환경요인은 물론 리더와 집단구성원과의 상호작용을 간과하기 때문에 특성만을 가지고는 유능한 리더십을 충분히 설명하지 못하고 있다.

(2) 행동 접근법(behavior approach)

1930년대 후반 리더십 연구는 리더의 바람직한 행동 유형(style), 즉 리더들이 무엇을 하고 어떻게 행동하는지에 초점을 맞추기 시작했다. 리더십 스타일 연구에서 리더십은 기본적으로 두 가지 종류의 행동, 즉 과업 행동(task behavior)과 관계성 행동(relationship behavior)으로 이루어져 있다고 보았다. 과업 행동은 목표달성을 촉진하는 행동으로 조직구성원들이 그들의 과업목표를 달성하도록 도와주는 행동들을 말하며, 관계성 행동은 하위자들이 서로 간에 좋은 인간관계를 가지고 잘 지내도록 도와주며 일터에서 만족을 느끼도록 도와주는 행동들을 말한다. 리더십 스타일 연구에서는 리더가 어떻게 하면 이들 두 가지 유형의 행동을 조합하여 하위자들의 과업목표를 위한 노력에 영향을 미칠 것인가를 설명하려고 하였다. 이러한 연구로는 1940년대 말 오하이오주립대학교 연구와 미시간대학교의 연구, 그리고 블레이크와 모튼(Blake & Mouton)의 연구(1964)가 있으며 1960년대에 전성기를 누렸다(Northouse, 2013b; 2013).

(3) 상황 접근법(situational approach)

이 접근법은 각기 상이한 상황에서는 상이한 유형의 리더십이 요구된다는 전제를 가지고 유능한 리더는 자신의 리더십 유형을 상이한 상황의 요구에 적합하도록 해야 한다고 본다. 이 이론은 1960년대 허시(Hersey), 블랜차드(Blanchard) 그리고 레딘(Reddin)에 의해서 검토되기 시작했다. 상황론적 접근법은 리더가 존재하는 환경을 고려하지 않은 특성 접근법과 행동 접근법과 달리, 다양한 상황적인 측면을 고려하여 리더의 행동이 특정 상황에 가장 적합할 때 리더십이 효과적이라고 보았다. 상황적 접근법은 1970년대에서 1990년대에 이르기까지 계속 다듬어지고 수정되었는데, 피들러(Fidler)의 상황모형, 허시-블랜차드(Hersey-Blanchard)의 상황적 리더십 이론(SLT : Situational Leadership Theory), 하우스(House)의 경로-목표이론(path- goal theory)이 있다.

상황모형에서는 효과적인 집단 성과는 팔로워들과 상호작용하는 리더의 스타일과 리더에게 통제와 영향력을 허용하는 상황의 정도 사이의 적절한 연관에 좌우된다고 본다. 상황적 리더십 이론은 부하의 준비성에 초점을 둔 상황적합 이론(contingency theory)으로 리더의 스타일과 특정한 상황적 변수 사이의 조화에 초점을 맞추면서 성공적인 리더십은 부하의 준비 수준에 적합한 올바른 리더십 스타일을 선택함으로써 가능하다고 주장한다. 경로-목표 이론에서 효과적인 리더는 구성원이 조직의 목적을 향해 나아갈 수 있게 방향을 제시해 주고 동시에 조직의 목적과 구성원의 업무가 일치되는 방향에서 업무들이 전개될 수 있도록 지원하는 역할을 수행해야 한다고 하였다. 이 이론에서는 상황을 부하의 상황과 업무환경의 상황으로 나누고 이러한 상황들에 적합하게 적용될 수 있는 네 가지 유형의 리더십 행동을 제시하였다.

(4) 관계중심 접근법(relational approach)

1990년대에는 연구가들이 리더와 구성원들 사이의 관계의 본질에 대해 살펴보기 시작했고 이 연구는 결국 리더-구성원 교환이론(LMX theory)으로 발전했다. 리더-구성원 교환이론은 고급 관계가 저급 관계보다 더 긍정적인 리더십 결과를 창출한다고 예측한다. 이 이론에서는 리더들이 내집단(in-groups)과 외집단(out-groups)을 만들고 내집단에 있는 사람들이 더 높은 성취율, 더 낮은 이직률, 더 큰 직무만족을 보일 것이라고 하였다. 이 이론에서 효과적인 집단 성과는 팔로워들과 상호작용하는 리더의 스타일과 리더에게 통제와 영향력을 허용하는 상황의 정도 사이의 적절한 연관에 좌우된다고 본다. 리더십에 대한 관계중심 접근법은 현재까지 일정한 관심을 끌고 있다(Northouse, 2013b : 2).

(5) 뉴 리더십 접근법(new leadership approach)

뉴 리더십 접근법은 1980년대 중반 나타나기 시작했을 때부터 붙여진 이름으로 1985년 배스(Bass)와 그의 동료들의 연구를 선두로 하여 예지력과 카리스마 리더십에 대한 이론이 나왔고, 이러한 접근법으로부터 리더십을 사람들과 조직을 변화시키는 과정으로 설명하는 변혁적 리더십 이론(transformational leadership theory)이 발전했다.

하우스(House, 1977)는 카리스마 리더의 특성, 그들의 행동, 그리고 이러한 카리스마 리더십의 발현에 기여하는 상황들에 대한 설명을 통해 카리스마 리더십의 내용을 구성하였다. 카리스마 리더는 사람들이 특정 방식으로 행동하도록 할 수 있는 개성과 행동을 가진 열정적이고 자기확신적인 리더이다. 카리스마 리더의 개인적 특성으로 규명된 다섯 가지로는 비전, 분명한 비전 표현, 비전 달성을 위해 기꺼이 위험 감수, 환경적인 제약과 팔로워의 욕구에 민감, 비범한 행동이 있다.

배스(Bass)는 교환관계에서 부하의 이해관계에 초점을 두고 이해관계를 자극함으로써 동기부여하는 거래적 리더십의 단계로부터 기대를 초월하는 수준으로의 조직변화를 가져오기 위해서는 구성원의 형질을 변화시키는 것에 기여하는 변혁적 리더십이 요구됨을 강조하였다. 배스(Bass)는 변혁적 리더의 특성으로 비전 제시, 카리스마, 상징적 행동, 부하에 대한 임파워먼트, 지적 자극, 인격적 통합성 등을 제시한다.

(6) 새로이 부상하는 리더십 접근법

21세기 들어서 떠오르는 리더십에 대한 접근법으로는 리더 및 리더십의 진정성을 살펴보는 진정성 리더십(authentic leadership)과 구성원들의 동기를 유발하기 위해 리더가 어떻게 가치관, 소명감 그리고 멤버십을 사용하는지 검토하는 영성 리더십(spiritual leadership)이 있다. 그리고 서번트 리더십(servant leadership)은 구성원들이 더욱 자율적이고, 박식하고, 그들 역시 서번트처럼 되는 것을 돕기 위해 그들의 욕구에 집중하는 봉사자로서의 리더가 지닌 '보살핌 원리'를 강조한다.

리더십에 관한 접근법들은 동시에 생기기도 하고 서로의 이론을 토대 삼아 발전해 왔으며 각각의 이론들은 다른 접근법의 발전에 영향을 미치고 있기 때문에 여러 접근법들을 명백히 구분되는 시대로 나누기는 어려움이 있다. 리더십 연구는 초기 위인들의 자질을 확인하는 것으로 시작되었고 리더의 행동 스타일의 연구로 바뀌었다가 상황변수의 리더십에 대한 영향에 관한 연구를 거쳐 최근에 와

서는 효과적인 리더십에 영향을 미치는 개인 특성의 중요한 역할을 다시 강조하는 방향으로 되돌아오고 있다(Northouse, 2013b).

6) 사회복지조직의 리더십

사회가 요구하고 필요로 하는 조직이 되지 못하고 그 역할을 수행하지 못하여 존립의 정당성을 획득하지 못하는 조직은 도태될 것이며, 변화에 적극적인 조직으로 대체될 것이다. 또한 대체되는 조직은 꼭 사회복지조직이 아닐 수 있기 때문에 이제는 사회복지조직에서도 안정과 유지 중심의 관리 차원을 벗어나 급변하는 환경에 적극적으로 대응하여 변화와 혁신을 주도적으로 대처해 나가야 할 시기에 직면하고 있다. 사회복지조직의 변화와 혁신을 위해서는 현재 리더십 상황을 파악하고 그에 적합한 리더십을 발휘하여야 한다. 이를 위해서는 무엇보다 리더의 비영리조직 경영에 대한 이해와 지식과 기법이 필요하며, 이를 적극적으로 도입하여 적용하려는 노력이 필요하다.

9. 조직문화(Organizational Culture)

1) 조직문화란?

사람들이 각자 독특한 개성을 가지고 있는 것처럼 조직 또한 기능과 강도는 다르지만 조직만의 독특한 개성인 각자의 문화를 가지고 있다. 조직구조가 조직구성원의 행동을 지배하는 공식적 시스템이라면, 조직문화는 조직구성원의 행동을 지배하는 비공식적 분위기라고 할 수 있다(임창희, 2017 : 624). 이러한 조직문화는 조직구성원들의 업무방식과 조직구성원 간의 상호작용에도 상당한 영향을 미친다.

강한 조직문화는 조직에 안정성을 제공하지만 어떤 조직에서는 변화에 장애가 될 수도 있다. 부정적인 조직문화에서는 구성원들이 타성에 젖어 새로운 시도를 주저하게 되거나, 소진되어 이직을 선택하는 등 결국 조직의 성장과 발전에 장애가 되기도 한다. 조직문화는 조직의 분위기를 만들고 조직구성원의 동기와 행동에 영향을 미치며 조직의 성과에 큰 영향을 미친다.

샤인(Schein, 1992)은 조직문화를 구성원들이 가지고 있고 한 조직을 다른 조직과 구별하는 공유된 의미체계라고 하면서, 구성원들 간의 공유된 가정, 신념 그리고 가치로 구성된다고 하였다. 그는 조직문화를 세 가지 차원으로 나누어 설명하였다.

첫째, 상징물(artifacts)은 눈으로 식별할 수 있는 조직의 구조와 과정으로 쉽게 인지할 수 있고 쉽사리 변화시킬 수 있다. 둘째, 수용된 가치(espoused values)는 조직의 철학, 목표, 전략에서 파악될 수 있는 내용이다. 셋째, 기본 가정(basic assumptions)은 조직구성원들이 무의식적으로 당연시하는 사고, 감정, 신념을 지칭하는 것으로 쉽사리 변화될 수 없는 내용이다(황성철 외, 2014 : 95).

조직에서 밑바탕을 구성하고 있는 신념과 가치는 외부환경에서의 생존문제와 내적인 통합문제를 해결하는 데 있어서 구성원들에게 도움을 제공한다. 문화는 강할 수도 있고 약할 수도 있으며, 조직 내에서 하나의 주도적인 문화가 존재할 수도 있고 하위부서들 내에 서로 다른 문화들이 존재할 수도 있다(Yukl, 2013 : 426).

2) 조직문화의 유형

구성원이 가지고 있는 공유된 의미체계인 조직문화에는 지배적인 문화가 있고 그 외에 많은 하위문화 집단이 있다. 지배적인 문화는 조직구성원의 대다수가 공유하고 있는 핵심 가치를 표현한다. 하위문화는 조직구성원이 직면하는 공통적인 문제, 상황, 경험을 반영하기 위해 형성되는 경향이 있으며, 부서나 지리적 분리에 의해 결정되기 쉽다. 만약 한 조직에 지배적인 문화가 없고 다양한 하위문화만 존재한다면 조직 내에서의 행동에 대해 옳고 그름을 판단할 기준이 없기 때문에 독립변수로서의 조직문화의 가치가 현저히 떨어질 것이다.

대부분의 조직구성원이 조직의 존재 목적인 사명이나 가치에 관하여 합의된 의견을 가지고 있다면 이 조직의 문화는 강하다고 표현할 수 있으며, 만약 의견이

다양하다면 그 문화는 약한 것이다. 조직의 목적에 대한 의견 일치는 응집력, 충성심, 조직에 대한 헌신을 높이고 이직률을 낮게 만든다. 강한 문화 아래서는 조직의 핵심 가치가 더 강조되고 더 널리 공유되며, 그 가치에 대해 더 많이 헌신하게 되고 그 문화는 더 강해진다. 강한 조직문화는 구성원의 행동에 대한 내부적 통제를 높이고 구성원의 행동에 더 큰 영향을 미치게 된다.

조직 내에서의 공식화는 예측 가능성, 질서, 일관성을 창출하고 강한 문화는 명문화된 서류 없이도 이러한 역할을 할 수 있다. 그러므로 공식화와 강한 문화는 공통된 목적지로 가는 두 가지의 다른 길로 보아야 한다. 조직의 문화가 강할수록 경영진이 직원의 행동을 지도하기 위한 공식적 규칙과 규정을 만들 필요가 줄어든다(Robbins & Judge, 2013 : 555).

3) 조직문화의 기능

조직문화는 조직구성원들이 어떻게 환경을 이해하고 반응해야 불안과 불확실성 그리고 혼란을 감소시킬 수 있을지를 도와준다(Yukl, 2013 : 426).

첫째, 문화는 한 조직과 다른 조직의 구분을 가능하게 함으로써 경계를 정의하는 역할을 한다. 둘째, 문화는 구성원에게 정체성을 제공한다. 셋째, 문화는 구성원이 자기의 개인 이익보다 큰 무엇에 헌신하는 것을 도와준다. 넷째, 문화는 직원의 말과 행동에 대한 표준을 제공함으로써 조직을 지지하여 사회체계의 안정성을 높여준다. 다섯째, 문화는 직원의 태도와 행동에 의미를 부여하고 그것을 조절하는 역할을 한다.

조직문화는 조직 내적인 측면에서 구성원들이 조직의 정체성을 공유하게 하면서 조직 내에서의 의사소통방식, 의사결정방식, 과업수행방식에 대한 영향력을 통해 조직의 내적 통합 수준을 결정할 수 있다. 또한 조직 환경과의 관계에서도 조직이 행동하는 방식, 즉 고객을 처리하는 방식, 경쟁자에 대응하는 방식 등의 환경과의 상호작용에 영향을 미친다. 즉, 조직문화는 이러한 내적 통합과정을 통해 그리고 환경대응방식을 통해 최종적으로는 조직의 성과에 매우 유효한 영향을 미친다(황성철 외, 2014).

긍정적 문화는 조직에의 헌신을 가져오고 직원의 행동을 일관성 있게 만듦으로써 조직에 기여하지만, 특히 강한 문화는 조직에 역기능적 영향을 미칠 수도 있다(Robbins & Judge, 2013 : 558-559). 문화의 부정적인 영향으로는 우선 조직이 제도화되면 조직이 생산하는 재화나 서비스보다 조직 그 자체를 더욱 중시하게 되고 원래의 설립목적이 더 이상 유효하지 않더라도 존속된다. 의문시되고 분석될 수 있는 행동이나 습관이 당연한 것으로 받아들여져서 때로는 혁신을 방해하고 조직문화 그 자체를 수단이 아닌 목적으로 인식하게 될 수도 있다.

조직문화의 공유된 가치가 조직의 성과를 높여주는 가치와 일치하지 않을 때, 그 문화는 조직이 환경변화에 반응하지 못하게 하는 장벽이 될 수도 있다. 그리고 인종, 나이, 성별, 장애, 또는 다른 이유로 인해 대다수의 조직구성원과 다른 직원을 채용할 때 모순이 발생하기도 한다. 개인이 지닌 다양한 행동과 독특한 장점은 조직에 동화되면서 점차 줄어들기 때문에 강한 문화는 다양성에 대한 장벽으로 조직에 부담이 될 수 있다. 즉, 강한 문화에서는 나와 다른 사람에 대한 편견과 차별로 인해 다양성에 대한 장벽이 있을 수 있다. 문화는 기업 인수나 합병 시 조직 간의 문화적 적합성이 장벽이 될 수 있다(Robbins & Judge, 2013 : 558-559).

4) 문화의 형성과 유지

한 조직의 현재의 관습, 전통, 일반적 업무 방식은 그전에 조직이 시도했던 일과 그런 시도로부터 얼마나 성공을 이루었는가에서 비롯된다. 조직문화의 형성을 궁극적인 원천인 창업자를 통해 살펴볼 때, 세 가지 방식을 통해 형성된다(Robbins & Judge, 2013 : 560-565). 첫째, 창업자는 자신과 같이 생각하고 느끼는 직원을 채용하고 유지한다. 둘째, 창업자는 직원들에게 자신의 사고와 느낌을 주입하고 가르친다. 마지막으로, 창업자의 행동이 역할모델로 작용하여 직원들이 그런 행동을 받아들이고 창업자의 신념, 가치, 가정을 내부화한다.

일단 새로운 문화가 형성되면 조직 내에서 직원들에게 공통적인 경험을 제공함으로써 그 문화를 유지하게 된다. 선발 과정, 성과 평가지표, 훈련 및 개발활동, 승진 절차 등을 통해 구성원들이 문화에 적응하도록 하고 그 문화를 따르는 사람에게는 보상을 하며, 따르지 않는 직원은 불이익을 준다. 특히 선발과정, 최고경영자의 행동, 사회화 방법이 문화를 보존하는 데 특별히 중요한 역할을 하며, 문화는 이야기, 의식, 물질적 상징, 언어 등의 형태를 통해 직원에게 전해지고 학습된다.

5) 조직문화의 변화

리더는 조직문화에 다양한 방식으로 영향을 미칠 수 있으며 이러한 영향은 서로 다른 접근방법들이 일치되는 모습을 보일 때 더욱 강해진다. 리더가 조직문화에 영향을 미치는 방법은 첫째, 이념적인 호소와 조직에 대한 지속적인 비전을 제시하는 것, 둘째, 상징, 슬로건, 의식, 의례와 같은 문화적 상징을 활용하는 것, 셋째, 공식적인 프로그램, 시스템, 조직구조, 편의시설들을 만들거나 수정하는 것이다(Yukl, 2013 : 428-429).

조직문화의 변화는 조직의 발전단계에 따라 어려울 수도 있고 쉬울 수도 있다(Schein, 1992). 새로운 조직의 설립자는 조직문화에 대하여 강한 영향력을 행사한다. 설립자가 조직 전체의 비전을 가지고 이를 수행하기 위해 제시하는 다양한 방법들이 성공적으로 달성되면 점차 조직의 문화로서 녹아들게 된다. 젊고 성공적인 조직에서 문화가 조직의 성공 수단으로 활용될 수 있을 때 더욱 강화되며, 기본 가정들은 현재의 구성원들로부터 내부화되고 새로운 구성원들에게 전수된다.

문화는 경험을 통해 어떤 가정들은 수정될 필요가 있음을 깨닫게 되면서 천천히 시간을 두고 진화한다. 조직이 성숙해지고 설립자 이외의 사람들이 리더십을 발휘할 수 있는 주요 지위를 차지하게 되면서 문화는 다양화되고 하위문화들이 서로 다른 부서들에게서 발달한다. 일반적으로 새로 생성된 조직보다는 성숙한 조직에서 문화를 변화시키는 것이 더욱 어려운 것은 구성원들이 공유하는 기본적인 신념과 가정의 많은 부분이 암묵적이고 무의식적인 요소들이기 때문이다. 성숙하고 비교적 번영한 조직에서는 리더가 문화에 영향을 미치는 것보다 문화가 리더에게 미치는 영향이 더욱 크다. 급격한 변화가 조직의 안녕과 생존에 위협을 미치지 않을 경우에는 조직변화는 크게 이루어지지 않는다(Yukl, 2013 : 430).

6) 사회복지조직에서의 조직문화

사회복지조직은 정부나 지방자치단체의 예산지원, 지역사회의 후원 등 외부자원에 의존하여 조직이 운영됨으로써 외부환경의 영향에 민감하게 반응하며 운영되어 온 측면이 있다. 이러한 이유들로 인해 조직구성원에 대한 과도한 업무량과 낮은 처우는 주어진 사업을 수행하는 데에 급급해하며 새로운 것에 대한 도전을 두려워하게 만든다. 이러한 일들이 반복되어 타성에 젖어 기존의 사업을 답습하는 조직문화는 사회복지조직에 대한 외부의 신뢰와 지지를 잃게 할 뿐만 아니라 내부 조직구성원들의 동기부여와 조직몰입, 그리고 헌신을 기대할 수 없게 만든다.

조직구성원의 행동을 지배하는 비공식적 분위기라고 할 수 있는 조직문화는 조직구성원의 인식과 행동에 영향을 주어 조직성과에 중요한 영향을 미친다. 긍정적인 조직문화는 조직구성원의 강점을 중시하고 처벌보다는 보상에 초점을 두며 조직생활에서의 활력 및 개개인의 학습과 성장에 관심을 가지는 문화이다(Nelson & Cooper, 2007).

사람을 대상으로 서비스를 제공하는 그 사람들이 구성원인 사회복지조직에서 소진을 예방하고 더 나은 휴먼서비스를 제공하기 위해서 긍정적인 조직문화를 만드는 것은 특히 중요하다. 조직의 사명과 가치, 목표와 방법에 대해 구성원 모두가 참여하여 공감대를 만들어 내고, 성과에 대해 적절한 지지와 보상이 주어지는 조직문화가 있는 조직에서는 그러한 문화들이 강조되고 공유됨으로써 조직의 변화와 성장을 위해 구성원들이 헌신하게 될 것이다.

학습문제

1. 다음 사회복지행정의 가치에 대한 설명 중 적절하게 연결된 것은?

ㄱ. 효율성 : 제한된 자원하에서 가능한 한 적은 자원을 투입해서 많은 서비스를 제공해야 한다.
ㄴ. 효과성 : 사회복지조직이 제공한 서비스가 클라이언트의 욕구 충족에 도움이 된 정도이다.
ㄷ. 접근성 : 대상자의 서비스 이용에 장애가 없도록 하는 것으로 지리적 접근성을 높이기 위해 아웃리치의 방법을 활용하기도 한다.
ㄹ. 공평성 : 동일한 것을 동일하게 취급하거나 상이한 것을 서로 다르게 취급하는 것은 공평성에 반하는 것이다.

① ㄱ, ㄷ ② ㄱ, ㄴ, ㄷ ③ ㄷ, ㄹ
④ ㄴ, ㄷ, ㄹ ⑤ ㄱ, ㄴ, ㄷ, ㄹ

2. 사회복지행정의 조직이론에 대한 설명으로 적절한 것은?

ㄱ. 테일러(Taylor)의 과학적 관리론은 조직구성원을 단지 기계 부품처럼 취급하고 인간의 개성과 능력 등을 고려하지 않고 오직 조직의 생산성 향상에만 관심을 두었다.
ㄴ. 조직군생태학이론은 조직을 개방체계로 보아 환경과의 상호작용을 전제로 하고 있지만 조직의 생존을 결정하는 것은 결국 환경이라는 결정론적 입장이다.
ㄷ. 제도이론은 조직이 자원환경에만 놓여 있는 것이 아니라 법과 가치와 규범 등을 중심으로 하는 제도환경에 놓여 있는 점을 설명하면서 합법성의 취득을 중요하게 여기고 있다.
ㄹ. 학습조직이론에서 학습조직화는 오랜 시간과 많은 자원이 소요되는 것으로 특히 만성적인 인력과 재원의 부족을 안고 변화하는 환경에 적응해야 하는 사회복지조직은 어려울 수 있다.

① ㄱ, ㄷ ② ㄱ, ㄴ, ㄷ ③ ㄷ, ㄹ
④ ㄴ, ㄷ, ㄹ ⑤ ㄱ, ㄴ, ㄷ, ㄹ

3. 다음 중 리더십에 대한 이론과 설명이 적절한 것은?

ㄱ. 행동이론(behavioral theory) : 특정한 행동이 리더와 비리더를 구분 짓는다.
ㄴ. 특성이론(trait theory) : 리더십은 타고나는 것이어서 특성을 통해 리더를 확인해야 한다.
ㄷ. 리더-구성원 교환 이론(LMX theory) : 리더들이 내집단(in-groups)과 외집단(out-groups)을 만들고 내집단에 있는 사람들이 더 높은 성취율, 더 낮은 이직률, 더 큰 직무만족을 보인다고 한다.
ㄹ. 상황이론(contingency theory) : 리더의 스타일과 특정한 상황적 변수 사이의 조화에 초점을 둔다.

① ㄱ, ㄷ ② ㄱ, ㄴ, ㄷ ③ ㄷ, ㄹ
④ ㄴ, ㄷ, ㄹ ⑤ ㄱ, ㄴ, ㄷ, ㄹ

4. 사회복지서비스 전달체계에 대한 설명 중 옳은 것은?

ㄱ. 공공 전달체계는 안정적인 재정과 서비스의 통일성이 장점이지만 관료적, 경직성, 복잡한 체계, 외부요인에 다소 둔감하다는 것이 단점이다.
ㄴ. 민간 전달체계는 공공 전달체계에 비해 환경의 변화와 클라이언트의 욕구에 민감하게 대처하여 다양하고 질 높은 서비스 제공이 가능하다.
ㄷ. 전달체계의 원칙 중 포괄성은 클라이언트의 여러 가지 욕구를 다양하게 고려하여 서비스가 제공되어야 한다는 것이다.
ㄹ. 전달체계의 원칙 중 다양하게 제공되는 서비스 체계 및 프로그램을 효과적인 서비스망에 의해 모두 제공하는 것을 통합성의 원칙이라고 한다.

① ㄱ, ㄷ ② ㄱ, ㄴ, ㄷ ③ ㄷ, ㄹ
④ ㄴ, ㄷ, ㄹ ⑤ ㄱ, ㄴ, ㄷ, ㄹ

5. 조직문화에 대한 설명 중 적절한 것은?

ㄱ. 조직구성원이 가지고 있는 한 조직을 다른 조직과 구별하는 공유된 의미체계를 말한다.
ㄴ. 조직문화는 조직의 설립자의 철학과 행위로부터 형성되고 구성원의 선발 기준과 사회화, 그리고 관리활동으로 유지된다.
ㄷ. 조직문화는 가치관, 믿음, 행동의 통일을 가져옴으로써 조직구성원들의 집단에 대한 몰입의 결과를 낳는다.
ㄹ. 샤인(Schein)이 말한 세 가지 수준의 조직문화에는 첫째, 상징물(artifacts), 둘째, 수용된 가치(espoused values), 셋째, 기본 가정(basic assumptions)이 있다.

① ㄱ, ㄷ　② ㄱ, ㄴ, ㄷ　③ ㄷ, ㄹ
④ ㄴ, ㄷ, ㄹ　⑤ ㄱ, ㄴ, ㄷ, ㄹ

1. ②　2. ⑤　3. ⑤　4. ⑤　5. ⑤

참고문헌

강종수(2011). 사회복지행정의 이해. 학지사.

김영종(2017). 사회복지행정(제4판). 학지사.

신복기 · 박경일 · 이명현(2016). 사회복지행정론(전정판). 공동체.

이준영(2016). 사회복지행정론. 학지사.

임창희(2017). 조직행동(제6판). 비앤엠북스.

최성재 · 남기민(2016). 사회복지행정론(개정3판). 나남.

한국복지행정학회(2014). 사회복지행정론(제2판). 양서원.

황성철 · 정무성 · 강철희 · 최재성(2014). 사회복지행정론(제3판). 정민사.

Bass, B. M.(1985). *Leadership and Performance Beyond Expectations*. New York : the Free Press.

Bennis, W. G., & Nanus, B.(1985). *Leaders, The Strategies for Taking Charge*. New York : Harper and Row.

DiMaggio, P. J., & Powell, I. W.(1983). The Iron Cage Revisited : Institutional Isomorphism and Collective Rationality in Organizational Fields. *American Sociological Review, 48*, 147-160.

Etzioni, A.(1964). *Modern Organizations.* Englewood Cliffs, NJ : Prentice Hall.

Gulick, L., & Urwick, L.(1937). *Papers on the Science of Administration*. New York : Institute of Public Administrator.

Hannan, M., & Freeman, J.(1988). Density dependence and the growth of organizational populations. In G. Carroll(Ed.), *Ecological Models of Organizations.* Cambridge, MA : Ballinger.

Hasenfeld, Y. H.(1992). The nature of human service organizations. In Y. Hasenfeld (Ed.), *Human Services As Complex Organizations,* pp. 3-13. Newbury Park, CA : Sage.

____________(2009). *Human Services as Complex Organizations*. Sage Publications.

Kats, D., & Kahn, R.(1978). The Social Psychology of Organizations(2nd ed.). New York : John Wiley.

Katz, R. L.(1955). Skills of an effective administrator. *Harvard Business Review, 33*(1), 33-42.

Kotter, J. P.(1990). *A Force for Change : How leadership differs form management*. New York : Free Press.

____________(1990). What leaders do. *Harvard business Review*, May-June, 103-111.

Nelson, D. L., & Cooper, C. L.(Eds.)(2007). *Positive Organizational Behavior*. SAGE

Publications Ltd.

Netting, F. E., Kettner, P. M., & McMurtry, S. L.(2004). *Social Work Macro Practice*(3rd ed). Boston, Allynand Bacon.

Northouse, P. G.(2013a). 김남현 역. 리더십 이론과 실제(제6판). 경문사.

______________(2013b). 이용철 외 공역. 리더십 입문(제2판). 시그마프레스.

Robbins, S. P., & Judge, T.(2013). 김태열 외 공역. 조직행동론(제15판). Pearson.

Schein, E. H.(1992). *Organizational Culture and Leadership*(2nd ed.). San Francisco : Jossey-Bass.

Thompson, J. D.(1967). *Organizations in Action.* New York : McGrew-Hill.

Yukl, G.(2013a). 강정애 외 공역. 현대조직의 리더십 이론. 시그마프레스.

________(2013b). *Leadership in Organizations*(8th global ed.). Edinburgh Gate, Harlow, England : Pearson Education Limited.

Zastrow, C.(1999). *The Practice of Social Work*(6th ed.). Pacific Grove, CA : Brooks & Cole.

__________(2010). *Introduction to Social Work and Social Welfare : Empowering People*(10th ed.). Cengage Learning.

Chapter 06

사회보험과 공공부조 정책

1. 사회보험 정책

사회보험 정책(social insurance policy)은 노령, 질병, 실업, 사망 등에 직면했을 때, 현금급여 또는 현물급여를 제공하여 보호하기 위한 정책이다.

우리나라는 사회보장기본법 제3조 제2항에서 사회보험을 "국민에게 발생하는 사회적 위험을 보험의 방식으로 대처함으로써 국민건강과 소득을 보장하는 제도"라고 규정하고 있다. 즉, 사회보험이란 "사회구성원에 대해서 그 생활을 위협하는 사고에 대해서 일정 기준의 소득을 보장하기 위한 강제보험"이라 할 수 있다.

우리나라에서 사회보험이 처음 도입된 것은 공무원연금법(1960)이지만 일반 국민 계층을 포괄적 대상으로 접근한 제도는 산업재해보상보험(1963)이 최초이며 1995년 7월부터 고용보험이 도입됨으로써 국민연금(1986), 사립학교교원연금법(1973), 국민건강보험(1977) 등과 함께 사회보험의 외형적 체계를 갖추게 되었다. 사회보장연금은 노후로 인한, 건강보험은 질병과 출산으로 인한, 산재보험은 산업재해로 인한, 실업(고용)보험은 실업으로 인한 소득의 중단이나 감소를 보전한다. 그리고 독일과 일본은 '제5의 사회보험'이라 하여 장기요양보험(long-term care insurance)을 신설했고 일본에서는 이를 개호보험이라 한다. 우리나라에서는 1980년부터 시행된 요양보험은 치매, 중풍 등으로 거동이 불편한 노인 또는 노인성질환을 가진 사람들을 요양시설에 모시거나 집으로 찾아가 돌보는 사회보험 정책이다(원석조, 2006 : 223; 양승일, 2015 : 174).

사회보험이 성립되기 위한 요건, 기본 원칙, 민간보험과의 차이점은 다음과 같다. 먼저 사회보험이 성립되기 위한 요건은 다음과 같이 네 가지로 구분하고 있다(박석돈, 2006 : 137).

첫째, 보험의 일반 요건과 마찬가지로 경제적 결합이 전제가 된다. 둘째, 우발적 사고이다. 사고 자체의 불확정성보다 도래 시점의 불확정성이 대부분이다. 사회보험의 대상이 되는 위험은 노령, 유족, 질병, 실업 등이다. 이러한 각각의 위험에 따라 대처하는 수단도 다르다. 셋째, 경제적 손실의 보전이라고 하는 재산적 필요가 요건이 된다. 민간보험은 경제적 원상회복을 목표로 하지만 사회보험은 최저생활을 목표로 한다. 넷째, 공동 위험에 대한 공공 대처의 의미가 있다. 이것은 상호적 충족을 의미한다.

다음으로 상기와 같은 사회보험이 추구해야 할 기본적인 원칙들은 다음과 같이 다섯 가지로 구분하고 있다(김근조, 1991 : 195-198).

첫째, 보편적인 적용의 원칙이다. 사회보험 적용에 있어 법정요건만 구비하면 모든 국민이 의무적으로 가입하여야 하고 사회적 위험의 분산과 예방에도 보편적이어야 한다는 의미이다. 따라서 법적인 강제성을 가지고 전 국민을 대상으로 하여야 한다. 둘째, 원칙적으로 국민의 최저생활을 보장할 수 있어야 한다. 재직 시기에 따른 일정 수준의 보험금을 보장한다는 원칙으로 공공부조의 최저생계비 보장 의미와는 다르다. 셋째, 소득재분배원칙이 잘 이루어진다는 것이다. 불평등을 완화하고 소득재분배의 효과를 갖기 위해 급여수준은 기여의 정도에 단순 비례하지 않아야 하며 저소득 피보험자에게 유리하도록 설계되어야 한다. 넷째, 보험료로 대부분의 재원이 조달되기 때문에 어느 정도 기여의 형평성이 보장되어야 한다. 다섯째, 기여금분담원칙이다. 재정운용방식에서 미래의 피보험자가 현재의 피보험자에 비해 상대적으로 높은 비율의 보험료를 부담하지 않도록 설계되어야 한다. 즉, 사회보험의 보험료납입기여에 있어 가입자가 전액부담하지 않고 고용주나 국가 등과 함께 분담한다.

마지막으로 사회보험은 보험이기 때문에 민간보험과 유사한 점이 많고 또 소득보장정책이라는 점에서 공공부조와 동일한 목적을 갖는다. 그러나 사회보험이 민간보험은 물론 공공부조와 본질적으로 다른 특징으로 다음과 같은 여섯 가지가 있다(현외성, 2010 : 210).

첫째, 사회보험은 강제적 프로그램이다. 사회보험 적용조건의 강제적용의 원리는 신청이나 직권에 의해 수급되는 공공부조와 수혜자 개인 선택에 의존하는 사회복지서비스 및 민간보험과 구별되는 특성 중의 하나이다. 둘째, 사회보험대상에 있어 포괄성의 원리는 강제적용 내지 강제가입의 결과 적용대상은 궁극적으로 전 국민이라는 점이다. 셋째, 사회보험의 급여수준에 있어서 최저수준의 원리는 사회보험제도에 의해 인간적인 최저수준을 보장해야 한다는 것이다. 넷째, 사회보험의 급여자격 및 조건에 따라 다르며 그 결과 당연히 급여수준도 차등적으로 수혜한다는 특성이 내포되어 있다. 다섯째, 사회보험은 정부가 관장한다. 따라서 최종 책임은 국가에 있다. 여섯째, 사회보험은 소득재분배와 사회통합이다.

본 절에서는 사회보험인 국민연금제도, 국민건강보험제도, 산업재해보상보험제도, 고용보험제도, 노인장기요양보험제도의 목적, 연혁, 대상범위 등 제도의 주요 내용을 소개하고자 한다.

1) 국민연금제도

(1) 목적

국민연금법 제1조에는 "이 법은 국민의 노령, 장애 또는 사망에 대하여 연금급여를 실시함으로써 국민의 생활 안정과 복지 증진에 이바지하는 것을 목적으로 한다"라고 규정하고 있다. 국민연금지급의 구체적인 목적은 다음과 같이 세 가지이다.

첫째, 소득능력 상실 시에도 최저생활을 할 수 있도록 그 소득을 보장한다. 둘째, 전 국민을 대상으로 보편주의를 실현하는 것이다. 셋째, 자본주의 사회의 소득 불평등 완화에 기여하는 소득재분배와 국민통합이다.

(2) 연혁

국민연금제도는 1973년 국민복지연금법을 제정하였다가 재정 등의 여건 악화로 그 시행이 보류되었다가, 1988년 국민연금제도 10인 이상 사업장의 피용자를 대상으로 최초로 실시되었다. 이후에는 경제 사회적 발전에 맞추어 여러 차례에 걸쳐 국민연금제도가 개정되었으며, 주로 연금급여의 대상자 확대와 연금재정의 안정을 위한 급여 조정 등이 그 내용이다.

〈표 6-1〉 국민연금제도 연혁

1973	국민복지연금법 공포(석유파동으로 시행 연기)
1986	국민연금법 공포 【법률 제3902호】 (구법 폐지)
1987	국민연금관리공단 설립
1988	국민연금제도 실시(상시근로자 10인 이상 사업장)
1992	사업장 적용범위 확대 (상시근로자 5인 이상 사업장)
1993	특례노령연금 지급 개시
1995	농어촌지역 연금 확대 적용
1999	도시지역 연금 확대 적용 (전국민 연금 실현)
2000	농어촌지역 특례노령연금 지급
2001	텔레서비스 시스템 전국 확대 운영
2003	사업장 적용범위 1단계 확대 (근로자 1인 이상 법인 · 전문직종사업장)
2006	사업장 적용범위 확대완료 (근로자 1인 이상 사업장 전체)
2008	완전노령연금(가입기간 20년 이상) 지급 개시
2009	국민연금과 4개 직역연금 가입기간 연계사업 시행
2011	장애인 복지법 상 장애 전(全) 등급 심사 개시
2012	10인 미만 사업장 저소득근로자에 대한 국민연금 보험료 지원사업 시행(두루누리 사업)
2014	기초연금 지급 개시
2015	노후준비지원법 제정과 국민연금공단에 중앙노후준비지원센터 지정 · 운영
2016	구직급여 수급자를 대상으로 실업크레딧 시행
2016	경력단절 여성 대상으로 추후납부를 확대

출처 : 국민연금공단 홈페이지.

(3) 대상범위

국민연금제도의 대상범위는 국내에 거주하는 18세 이상 60세 미만인 자를 가입대상으로 하고 있으며, 가입유형은 사업장가입자, 지역가입자, 임의가입자, 임의계속가입자로 구분하고 있다. 그리고 외국인가입자는 법 제126조 및 시행령 제111조에 따라 선별적으로 대상범위에 포함되고 있다.

① 사업장가입자(법 제8조)는 국민연금에 가입된 사업장의 18세 이상 60세 미만의 사용자 및 근로자로서 국민연금에 가입된 자를 말한다. 1인 이상의 근로자를 사용하는 사업장 또는 주한외국기관으로서 1인 이상의 대한민국 국민인 근로자를 사용하는 사업장에서 근무하는 18세 이상 60세 미만의 사용자와 근로자는 당연히 사업장가입자가 된다. 따라서 지역가입자가 사업장에 취업하면 자동적으로 사업장가입자가 되고, 지역가입자 자격은 상실된다.

② 지역가입자(법 제9조)는 국내에 거주하는 국민으로서 18세 이상 60세 미만인 자 중 사업장가입자가 아닌 사람은 당연히 지역가입자가 된다. 다만, 다른 공적연금에서 퇴직연금(일시금), 장애연금을 받는 퇴직연금 등 수급권자, 국민기초생활보장법에 의한 수급자 중 생계급여 또는 의료급여 또는 보장시설 수급자, 소득활동에 종사하지 않는 사업장가입자 등의 배우자 및 보험료를 납부한 사실이 없고 소득활동에 종사하지 않는 27세 미만인 자는 지역가입자가 될 수 없다.

③ 임의가입자(법 제10조)는 사업장가입자와 지역가입자가 될 수 없는 사람도 60세 이전에 본인의 희망에 의해 가입신청을 하면 임의가입자가 될 수 있다. 즉, 다른 공적연금에서 퇴직연금(일시금), 장애연금을 받는 퇴직연금 등 수급권자, 국민기초생활보장법에 의한 수급자 중 생계급여 또는 의료급여 또는 보장시설 수급자, 소득활동에 종사하지 않는 국민연금이나 다른 공적연금 가입자 또는 수급권자의 배우자 및 보험료를 납부한 사실이 없고 소득활동에 종사하지 않는 27세 미만인 자는 가입을 희망하는 경우 임의가입자가 될 수 있다.

④ 임의계속가입자(법 제13조)는 납부한 국민연금 보험료가 있는 가입자 또는 가입자였던 자로서 60세에 달한 자가 가입기간이 부족하여 연금을 받지 못하거나 가입기간을 연장하여 더 많은 연금을 받기를 원할 경우는 65세에 달할 때까지 신청에 의하여 임의계속 가입자가 될 수 있다.

⑤ 외국인 사업장가입자

- 국민연금 적용사업장에 종사하는 18세 이상 60세 미만의 외국인인 사용자 또는 근로자
- 외국인 지역가입자 : 국내에 거주하는 18세 이상 60세 미만의 외국인으로서 사업장가입자가 아닌 자

※ 가입대상 제외자 : 연수생(연수취업은 가입대상), 유학생, 외교관 등 법령에 의해 국민연금 의무가입을 제외한 경우

- 국민연금과 같은 성격의 연금제도에서 대한민국 국민을 의무적으로 가입시키지 않는 나라의 국민(해당 외국인의 본국법이 국민연금법에 의한 "국민연금에 상응하는 연금(국민연금과 같은 성격의 연금제도로서 사회경제적 위험분담형태의 소득보장제도)"에 관하여 대한민국 국민에게 적용되지 않는 경우 우리나라와 사회보장협정을 맺은 나라에서 우리나라로 파견된 근로자가 본국의 가입증명서를 제출할 경우)

2) 국민건강보험제도

(1) 목적

국민건강보험법 제1조에 의하면 "이 법은 국민의 질병・부상에 대한 예방・진단・치료・재활과 출산・사망 및 건강증진에 대하여 보험급여를 실시함으로써 국민 건강을 향상시키도록 사회보장을 증진함을 목적으로 한다"라고 규정하고 있다. 즉, 건강보험제도는 사회보험방식을 통하여 국민의 건강을 확보하고 소득유지와 생활의 안정을 함께 도모하는 사회복지제도이다.

(2) 연혁

〈표 6-2〉 국민건강보험제도 연혁

1963	의료보험법 제정
1976	의료보험법 전면 개정
1977	500인 이상 사업장근로자 당연적용의 의료보험제도 실시
	의료보험법 제정, 공무원 및 사립학교교원 의료보험법 제정
1979	공무원 및 사립학교교원 의료보험법 실시
	300인 이상 사업장까지 의료보험 확대
1985	1종 의료보험(직장의료보험, 2종 의료보험(지역의료 및 직장의료보험 변경)
1987	한방의료보험 전국 확대 실시
1988	농어촌 지역주민 의료보험 실시
	도시지역주민 의료보험 실시
1989	약국의료보험 실시
1999	국민의료보험관리공단 설립 : 공요공단과 227개 지역조합 통합, 국민건강보험법 공포
2000	국민건강보험 실 : 국민건강보험공단 설립
2003	직장건강보험과 지역건강보험 재정 통합
2004	본인부담상한제 실시
2006	보험료 부과 기준의 등급제 폐지, 취약계층보험료 경감 확대
2007	노인장기요양보험법 제정
2008	노인장기요양보험 제정
2011	노인장기요양보험 실시
2012	사회보험 징수통합(건강보험, 국민연금, 고용보험, 산재보험)
2015	간호·간병통합서비스 보험급여 적용
2019	외국인 지역가입자 당연적용 실시

출처 : 국민건강보험공단 홈페이지.

(3) 대상범위

국민건강보험은 직장가입자와 지역가입자로 적용대상을 구분하는데, 직장가입자는 사업장의 근로자 및 사용자와 공무원 및 교직원, 그리고 그 피부양자로 구성되고 지역가입자는 직장가입자를 제외한 자를 대상으로 한다. 국민건강보험 대상자 중 피부양자는 직장가입자에 의하여 주로 생계를 유지하는 자로서 보수 또는 소득이 없는 자를 의미하며, 직장가입자의 배우자, 직계존속(배우자의 직계존속 포함), 직계비속(배우자의 직계비속 포함) 및 그 배우자, 형제 · 자매를 포함한다.

건강보험료 경감 종류 및 경감률은 다음과 같다.

- 국외근무자 경감 : 가입자 보험료의 50%(국내에 피부양자가 있는 경우)
- 섬 · 벽지 경감 : 가입자 보험료액의 50%
- 군인 경감 : 가입자 보험료액의 20%
- 휴직자 경감 : 가입자 보험료액의 50%(육아휴직자는 보수월액보험료의 하한까지 경감)
- 임의계속가입자 경감 : 가입자 보험료액의 50%
- 종류가 중복될 경우 최대 경감률은 50%임(육아휴직자는 예외)

건강보험료 면제 사유는 다음과 같다.

- 3개월 이상 국외체류자로서 국내에 피부양자가 없는 경우 보험료 면제(다만, 국외업무종사로 국외체류 시 해당 사실을 공단에 증빙한 경우 1개월 이상임)

  ※ 외업무종사 1개월 이상 체류에 대한 면제는 2021.10.14.입국부터 적용
- 현역병 등으로 군 복무, 교도소 기타 이에 준하는 시설에 수용

3) 산업재해보상보험제도

(1) 목적

산업재해보상보험법 제1조에 의하면 "근로자의 업무상의 재해를 신속하고 공정하게 보상하며, 재해근로자의 재활 및 사회 복귀를 촉진하기 위하여 이에 필요한 보험시설을 설치 · 운영하고, 재해 예방과 그 밖에 근로자의 복지 증진을 위한 사업을 시행하여 근로자 보호에 이바지하는 것을 목적으로 한다"라고 규정하고 있다.

일반적으로 산재보험의 목적은 산재근로자에 대하여 신속, 공정한 재해보상 실시와 필요한 보험시설의 설의 설치 및 운영으로 재해 예방이나 각종 근로복지사

업을 추진함으로써 재해를 입은 근로자나 그 가족의 인간다운 생활을 보호하고, 불의의 재해로 사업주가 과중한 경제적 부담을 지게 되는 위험을 분산 경감시켜 안정된 기업활동을 할 수 있도록 도와주는 제도이다.

(2) 연혁

〈표 6-3〉 산업재해보상보험제도 연혁

1915	조선광업령에 의한 광업자의 부조제도
1953	근로기준법 제정, 산업재해의 개별사용주 책임제도 확립
1963	산업재해보상보험법 제정
1964	산업재해보상보험법 시행 : 상시 500인이 광업・제조업
1977	저임금근로자에 대한 최저보상제도 창설과 재급여의 임금변동 순응률 적요
1989	보험급여 14일 이내 지급 및 사업장의 확대 적용
1994	5인 이상 사업장 적용
1995	산재보험 집행업무를 근로복지공단에 이관
1999	급여수준의 형평성 제고, 간병급여 신설
2000	산재보험 근로자 1인 이상 사업장 확대 운영
2001	산업재해보상보험법 일부 개정
2002	산업재해보상보험법 시행령 일부 개정
2004	근로자를 사용하지 않는 중소기업 사업주의 산재보험 임의 가입 가능
2007	산재보험 의료기관 지정 기준 및 종합전문요양기관 당연지정제 도입
2010	한국산재의료원 폐지. 근로복지공단 업무에 포괄 승계함
2011	4대 사회보험(산업재해보상보험, 건강보험, 국민연금, 고용보험)의 보험료 별동 고지, 국민건강보험공단에서 통합 징수)
2018	통상의 출퇴근재해 보상범위 확대

출처 : 근로복지공단 홈페이지.

(3) 대상범위

산업재해보상보험제도는 사업의 위험율・규모 및 장소 등을 고려하여 대통령령으로 정하는 사업을 제외하고 근로자를 사용하는 모든 사업에 적용된다. 산업재해보상보험제도의 적용을 받는 사업을 당연적용사업이라 하고 이 사업의 사업주는 당연히 산업재해보상보험의 가입자가 된다. 산업재해보상보험제도에서 정하고 있는 당연적용사업에서 제외되는 사업은 다음과 같다.

① 공무원연금법 또는 군인연금법에 의하여 재해보상이 행해지는 사업
② 선원법·어선법 및 어선재해보상보험법 또는 사립학교교지원연금법에 의하여 재해 보상이 행하여지는 사업
③ 주택에 의한 주택건설사업자(이하 : 주택건설사업자), 건설사업기본법에 의한 건설업자, 전기공사사업법에 의한 공사업자, 정보통신공사업법에 의함 공사업자, 소방법에 의한 소방시설공사업자 또는 문화재보호법에 의한 문화제수리업자가 아닌 자가 시공하는 다음 각 목의 1에 해당하는 공사
- 고용보험 및 산업재해보상보험의 보험료징수 등에 관한 법률 시행령 제2조 제1항 제2호의 규정에 의한 총 공사금액이 2천 만 원 미만인 자
- 연면적이 330제곱미터 이하인 건축물의 건축 또는 대수선에 관한 공사
④ 가사서비스업
⑤ 제1호 내지 제4호의 사업 외의 사업으로서 상시근로자 수가 1인 이상이 되지 아니하는 사업, 이 경우 상시근로자 수의 산정방법은 고용노동부령으로 정함
⑥ 농업·임업(벌목업 제외함)·어업·수렵업 중 법인이 아닌 자의 사업으로서 상시근로자 수가 5인 미만인 사업, 이 경우 상시근로자 수의 산정방법은 고용노동부령으로 정함

4) 고용보험제도

(1) 목적

고용보험법 제1조에서 "이 법은 고용보험의 시행을 통하여 실업의 예방, 고용의 촉진 및 근로자의 직업능력의 개발·향상을 도모하고 국가의 직업지도·직업소개 기능을 강화하며, 근로자가 실업한 경우에 생활에 필요한 급여를 실시함으

로써, 근로자의 생활의 안정과 구직활동을 촉진하여 경제·사회발전에 이바지함을 목적으로 한다"라고 규정하고 있다.

이와 같이 고용보험제도의 목적은 실업예방, 고용촉진 및 직업능력의 개발이 일차적 목적이고, 이를 통하여 근로자 개인의 복지증진과 사회경제적 발전에 기여하는 것을 목적으로 하는 가장 발전된 형태의 사회보험제도라 할 수 있다.

(2) 연혁

고용보험제도는 가장 늦게 도입된 사회보험제도임에도 불구하고 1998년 다른 모든 사회보험제도보다 먼저 1인 이상 전 사업장으로 적용범위가 확대되었다. 이는 대량 실업이 발생한 1998년 외환위기라는 사회적 상황 때문이었다.

〈표 6-4〉 고용보험제도 연혁

1989	한국노총 고용보험법 국회 청원
1991	정부 경제장관회의에서 고용보험제도 실시 확정
1993	전노협 고용보험법 국회 청원
	노동부 고용보험법 제정안 입법 예고
	고용보험법 제정(법률 제46664호)
1995	고용보험법 시행령 제정(대통령령 제14570호)
	고용보험제도 실시
1996	실업급여 지급 실시
1998	고용보험법 일부 개정 : 고용보험 적용 확대(실업급여 30인→10인 고용안정사업 및 직업능력개발사업 70인→50인 이상 사업장
	고용보험법 일부 개정 : 고용보험 적용 확대(실업급여 10인→5인)
	고용보험법 일부 개정 : 고용보험 적용 확대(고용안정사업 및 직업능력개발사업 50인→5인 이상 사업장)
	고용보험법 일부 개정 : 1인 이상 전 사업장으로 고용보험 적용 확대
2001	고용보험법 일부 개정 : 모성보호급여(육아휴직·산전 후 휴가급여) 지급
2002	시행령 개정 : 일용근로자 고용보험 적용 확대
2012	자영업자 고용보험(실업급여) 적용, 두루누리 사회보험 지원 제도 시행
2016	실업크레딧제도 도입

출처 : 고용보험 홈페이지.

(3) 대상범위

고용보험법상의 적용대상은 1인 이상 근로자를 고용하는 사업 및 사업장을 대상으로 적용한다. 하지만 고용보험 적용 제외 대상은 다음과 같다.

① 65세 이후에 고용(65세 전부터 피보험 자격을 유지하던 사람이 65세 이후에 계속하여 고용된 경우 제외)되거나 자영업을 개시한 자(다남, 근로자 또는 자영업자에 대한 고용안정 직업능력개발사업에 관하여는 그리하지 아니함)
② 소정근로시간이 대통령령으로 정하는 시간 미만인 자
③ 국가공무원법과 지방공무원법에 따른 공무원. 다만, 별정직공무원, 임기제공무원의 경우는 본인의 의사에 따라 고용보험(구직급여, 취업촉진수당에 한함)에 가입 가능
④ 사립학교교직원 연금법의 적용을 받는 자
⑤ 그 밖에 대통령령으로 정하는 자

자영업자인 피보험자의 실업급여는 50인 미만인 근로자가 있는 자영업자는 본인이 희망하는 경우에 가입이 가능하며, 자영업자는 구직급여, 직업능력개발수당, 광역구직활동비, 이주비는 적용되나 연장급여와 조기재취업 수당은 적용되지 않는다.

5) 노인장기요양보험제도

(1) 목적

장기요양보험법 제1조에서 “고령이나 노인성 질환 등의 사유로 일상생활을 혼자서 수행하기 어려운 노인 등에게 제공하는 신체활동 또는 가사활동지원 등의 장기요양급여에 관한 사항을 규정하여 노후에 건강증진 및 생활안정을 도모하고 그 가족의 부담을 덜어 줌으로써 국민의 삶의 질을 향상하도록 함을 목적으로 한다”라고 규정하고 있다.

이와 같이 노인장기요양보험(이하 장기요양보험이라 한다) 제도는 고령이나 노인성 질병(치매, 중풍 등)으로 목욕이나 집안일 등 일상생활을 혼자 수행하기 어렵고 장기요양보호가 필요한 노인에게 신체활동 또는 가사지원 등의 수급급여를 사회적

연대원리에 따라 제공하는 사회보험제도이다.

(2) 연혁

〈표 6-5〉 노인장기요양보험제도 연혁

2001	8.15경축사에서 노인요양보장제도 도입 제시(김대중 대통령)
2002	공약사항 포함(노무현 대통령 후보)
2004~2005	공적노인요양보장제도 실행위원회 구성 및 운영
2006	정부입법 국회제출, 한나라당 2건, 열린우리당 2건, 민주노동당 1건, 입법청원 1건 등 총 7개 법안 제출
2007	노인장기요양보험법 제정
2008	노인장기요양보험제도 최초 시행(장기요양보험료 부과, 징수, 요양급여 실시)
2009	외국인 근로자 장기요양보험 가입 제외제도 도입으로 고용허가제로 입국한 외국인 근로자 보험료 부담 완화
	농어촌지역거주 수급자 본인일부 부담금 감경 도입(농어촌지역에 거주하는 수급자의 경제적 부담 완화)
2010	장기요양기관장의 의무 및 장기요양기관 근거 신설
2014	노인장기요양 등급체계 개편에 따라 5등급(치매특별 등급) 신설 등 3등급 체계에서 5등급 체계로 변경
2016	치매전담형 장기요양기관 도입
2018	인지지원등급 신설로 모든 치매질환노인 보장 강화
2019	장기요양 부정 인정자 직권 재조사 제도 시행

출처 : 양승일(2015), p. 176의 내용과 국민건강보험공단 홈페이지의 내용으로 구성.

(3) 대상범위

건강보험 가입자는 장기요양보험의 가입자가 된다(법 제7조 제3항). 이는 건강보험의 적용에서와 같이 법률상 가입이 강제되어 있다. 또한 공공부조의 영역에 속하는 의료급여 수급권자의 경우 건강보험과 장기요양보험의 가입자에서는 제외되지만, 국가 및 지방자치단체의 부담으로 장기요양보험의 적용대상으로 하고 있다(법 제12조).

장기요양인정은 장기요양보험 가입자 및 그 피부양자나 의료급여수급권자 누구나 장기요양급여를 받을 수 있는 것은 아니다. 일정한 절차에 따라 장기요양급여를 받을 수 있는 권리(수급권)가 부여되는데 이를 장기요양인정이라고 한다.

장기요양인정절차는 먼저 공단에 장기요양인정신청으로부터 출발하여 공단직원의 방문에 의한 인정조사와 등급판정위원회의 등급판정 그리고 장기요양인정서와 개인별장기요양이용계획서의 작성 및 송부로 이루어진다.

장기요양인정 신청자격은 다음과 같다.

장기요양보험 가입자 및 그 피부양자 또는 의료급여수급권자 중 65세 이상의 노인 또는 65세 미만자로서 치매, 뇌혈관성 질환 등 노인성 질병을 가진 자

2. 공공부조 정책

공공부조는 스스로 생활유지능력이 없는 사람들에게 국가나 지방자치단체가 인간다운 생활을 영위할 수 있도록 지원하는 사회복지제도의 하나이다. 우리나라 사회보장기본법에서는 공공부조를 "국가 및 지방자치단체의 책임하에 생활 유지 능력이 없거나 생활이 어려운 국민의 최저생활을 보장하고 자립을 지원하는 제도"라고 규정하고 있다. 공공부조제도는 국민의 최저생활을 보장하는 데 기본적인 목적을 두고 있으며 생활의 불안과 위험을 해소하려는 사회보험과 함께 사회보장제도의 주요한 구성요소이다.

공공부조의 일반적 특징은 다음과 같이 세 가지 경우이다.

첫째, 공공부조는 규정된 최저소득 이하의 자들에게만 적용한다. 둘째, 공공부조는 일반 조세를 재원으로 한다. 셋째, 공공부조는 사회적 취약계층에 대한 최종적인 소득보장제도이다. 즉, 공공부조는 빈곤해결에 있어 최후의 보루인 사회안전망으로서 기능을 하고 있고 또한 자산조사를 통하여 대상자를 선정하여 원조를 제공하는 소위 선별주의에 입각한 것이다. 이 공공부조에 필요한 재원은 일반 조세를 통하여 조달된다.

공공부조의 기본 원리는 다음과 같이 여섯 가지이다(박종팔 외, 2010 : 248; 이진숙 외, 2010 : 333-334).

첫째, 공공책임의 원리이다. 이는 일상생활이 어려운 국민의 생존권을 보장하는 일을 공공책임으로 간주하는 것이다. 둘째, 생존권 보장의 원리이다. 이는 모든 국민의 이러한 요구를 들어줄 의무가 있다는 것이다. 셋째, 최저생활보장의 원리이다. 이는 공공부조의 보호수준은 건강하고 문화적인 최저생활을 유지할 수 있는 수준이어야 한다. 넷째, 보충성의 원리이다. 이는 공공부조의 보호수준은 수급자가 자기 생활의 유지 · 향상을 위하여 그 소득 · 재산 · 근로능력 등을 활용하여 최대한 노력하는 것을 전제로 이를 보충 발전시키는 것이다. 다섯째, 타 법 우선의 원리이다. 이는 부양의무자의 부양과 다른 법령에 의한 보호는 공공부조에 의한 급여에 우선하여 행해지는 것이다. 여섯째, 무차별 원리이다. 이는 공공부조의 요건을 충족하는 한 급여는 평등하게 행해져야 하며 생활 빈곤의 주관적인 원인을 묻지 않고 생활유지가 어려운 상태라는 객관적 요건만 있으면 되는 것이다.

우리나라 공공부조제도의 역사는 1961년 생활보호법의 제정으로 시작으로 시작되었다. 또한 1977년에는 의료보호법이 제정되어 의료보호제도가 공공부조의 일부로서 자리잡게 되었다. 그 후 1999년 9월에는 생활보호법을 폐지하고 국민기초생활보장법을 제정하여 2000년 10월부터 시행하였다.

공공부조제도는 사회보장제도로서 사회보험제도와 함께 실시되지만 특성이 뚜렷이 구분되고 있다. 이러한 차이점은 목적, 이념, 원리, 대상, 자격요건, 재원, 급여수준, 수급권의 성격에서 뚜렷한 차이를 보이고 있다.

〈표 6-6〉 공공부조와 사회보험의 차이점 비교

구 분	공공부조	사회보험
목 적	구빈, 사후적 대응	방빈, 사전적 대응
이 념	선택주의	보편주의
원 리	무차별 평등(평등 주의)	비례원리 강조(형평주의)
대 상	소수의 빈곤계층	국민 전체

구 분	공공부조	사회보험
자격요건	자산조사	기여금 등
재 원	일반조세	보험료
급여수준	사회적 최소한	적정선
수급권의 성격	권리성 약함	권리성 강함

출처 : 이진숙 외(2010), p. 323 인용.

1) 국민기초생활보장제도

(1) 도입배경

국민기초생활보장제도는 국가의 보호를 필요로 하는 저소득 빈곤층의 기초생활을 보장하기 위한 제도이다. 그간 우리나라는 1961년 제정된 생활보호법에 따라 오랫동안 저소득층에 대한 생활보호가 실시되어 왔으나 이 법은 저소득층 지원제도로서 한계가 있다는 비판이 제기되어 왔다.

이런 비판 속에서 1997년 IMF체제하의 경제위기로 대량 실직자가 발생하여 그 한계성이 일시에 표출되었다. 이에 대해 기존의 생활보호법을 골간으로 사회안전망사업이 실시되었으나 저소득층이 사회보장의 혜택의 사각지대가 존재하면서 국가가 모든 국민의 기본적인 생활을 제도적으로 보장하기 위해 1999년 9월 7일 국민기초생활보장법이 공포되고, 2000년 10월 1일부터 시행되었다.

(2) 연혁

〈표 6-7〉 국민기초생활보장제도 연혁

1998	45개 시민단체가 국민기초생활보장법 제정추진연대회의를 구성하여 제정 청원
	국민기초생활보장법 발의
1999	대통령이 국민기초생활보장법의 제정방침을 밝힘
	국민기본생활보장법 발의
	국회 본회의 의결

2000	국민기초생활보장법 공표(법률 제6024호)
2001	의료급여법 제정 및 시행
2002	전산연계를 통한 소득 및 재산조사 범위 확대
2003	기초생활보장 사각지대 해소를 위한 일제 조사 실시
2005	부양의무자 범위 1차 축소(직계혈족에서 1촌의 직계혈족으로)
2007	부양의무자 범위 2차 축소(생계를 같이 하는 2촌 이내의 혈족 제외)
2015	최저 생계비 방식에서 기준 중위소득 방식으로 변경, 부양의무자 지준 완화

출처 : 이진숙 외(2010), p. 324와 보건복지부(2021). 2021년 국민기초생활보장사업 안내(지침).

(3) 급여의 종류

〈표 6-8〉 국민기초생활 보장급여의 종류

생계급여	- 기준 중위소득 30% 이하 - 의복・음식물 및 연료비 등 일상생활에 기본적으로 필요한 금품 지급 - 생계급여액 : 생계급여 최저보장수준에서 소득인정액을 차감한 금액 (참고) 2021년부터 노인, 30세 이상, 한부모가구에 대해 부양의무자 기준 폐지, 2022년 전체 가구에 대한 생계급여 부양의무자 기준 폐지 예정
의료급여	- 기준 중위소득 40% 이하 - 근로능력 유무에 따라 1종, 2종으로 구분 (참고) 북한이탈주민 : 1종 수급권자
주거급여	- 기준 중위소득 45% 이하 - 국토교통부장관이 정하는 기준에 따라 거주지, 거주 유형, 가구 규모 등을 고려하여 주거 안정에 필요한 임차료와 유지 수선비 지급 (참고) 부양의무자 기준 폐지
교육급여	- 기준 중위소득 50% 이하 - 교육부장관이 정하는 기준에 따라 초중고등학생을 대상으로 교육활동지원비, 입학금, 수업료, 교과서 등 지급 (참고) 부양의무자 기준 폐지
해산급여	수급자가 출산(출산예정 포함) 시 출생 영아 1인당 70만 원(쌍둥이 출산 시 140만 원)을 현금으로 지급 (참고) 교육급여만 수급하는 대상자는 제외
장제급여	수급자 및 의사자가 사망했을 때 사망자 1인당 80만 원 지급 (참고) 교육급여만 수급하는 대상자는 제외
자활급여	수급자의 자활을 돕기 위하여 필요한 급여・근로능력 향상을 위한 지원・근로기회 등을 제공

출처 : 보건복지부(2021). 2021년 국민기초생활보장사업 안내(지침).

(4) 수급자 선정 기준

① 가구 소득인정액(소득평가액+재산의 소득환산액)이 급여별 수급자 선정기준(기준 중위소득의 일정 비율) 이하인 자

② 부양의무자(1촌 직계혈족 및 그 배우자)가 없는 자, 부양의무자가 있어도 부양 능력이 없거나 또는 부양을 받을 수 없는 자

2) 의료급여제도

(1) 입법 배경

의료급여제도는 빈곤계층에게 소득보장과 의료보장을 제공하는 공공부조제도의 하나로 1961년 생활보호법이 제정되어 동법 제5조에 의료보호에 관한 규정으로 두어 의료보호가 처음으로 법제화되었으나, 생활보호대상자를 중심으로 주로 국공립의료기관에서 무료 진료를 실시하였으나, 의료의 내용이 의료보장으로서의 실효성에 어려움이 있었다. 이에 1977년 1월 4일 의료보호에 관한 규칙의 제정을 통하여 의료보호사업이 본격화하기 시작하였다. 이후 1977년 12월 31일 법률 제3076호로 의료보호법이 제정되면서 의료보호사업이 공공부조제도로서 정착할 기틀이 마련되었다.

(2) 연혁

〈표 6-9〉 의료급여제도 연혁

1961	생활보호법 중 의료보호사업 규정 설치
1976	의료시혜 확대 방안 마련
1977	의료보호에 관한 규칙
	의료보호법 제정으로 생활보호법과 분리하여 실시 마련
1979	의료보호법 시행
1991	의료보호법 개정 : 의료보호 기간을 180일로 제한

1994	의료부조제도 폐지, 의료보호 2종 1차 진료 본인일부부담금 도입
1997	장애인 보장구 급여화
1999	의료보호 진료지구제 폐지, 제1차 및 제2차 진료기관 지정제도 폐지
2000	의료보호기간을 365일로 확대
2001	의료급여법으로 전면 개정, 의료급여수급기간 폐지
2002	연간 의료급여일수 365일 상한제 도입(만성질환자 30일 추가, 1종 수급권자 식사 일부 본인부담제 실시)
2003	본인부담금보상금제 실시(2급 수급권자 입원 시 매 30일간 30만 원 초과 금액의 50%)
2004	차상위계층 의료급여 실시(희귀난치성, 만성질환자의 진료비를 의료급여기금에서 부담, 의료급여 본인부담상한제 실시)
2005	차상위 12세 미만 아동 의료급여 적용
2006	차상위계층 의료급여 지원대사을 12세에서 18세 미만으로 확대 6세 미만 아동의 입원진료 시 본인ㄴ부담금 면제
2007	의료급여 1종 수급권자 본인부담제 및 선택병의원제 시행 건강생활유지비 지원, 의약품 선별등재방식 도입

출처 : 이진숙 외(2010), p. 330.

(3) 수급권자

의료급여 대상자 및 적용범위 제3조에 따른 의료급여의 대상은 다음과 같다.

- 국민기초생활보장법에 의한 수급자
- 재해구호법에 의한 이재민
- 의상자 및 의사자의 유족
- 국내에 입양된 18세 미만의 아동
- 국가유공자와 그 가족으로서 보건복지부장관이 필요하다고 인정한 자
- 중요 무형문화제 보유자와 그 가족으로서 보건복지부장관이 인정한 자
- 북한이탈주민 및 그 가족으로서 보건복지부장관이 인정한 자
- 광주민주화운동 관련 보상자 및 그 가족으로서 보건복지부장관이 인정한 자
- 그 밖에 생활유지 능력이 없거나 생활이 어려운 자로서 대통령령이 정하는 자 등

(4) 수급권자의 유형

〈표 6-10〉 의료급여 수급권자의 유형

구 분	주요 내용
1종 수급자	① 국민기초생활 보장법에 의한 수급자 중 다음 어느 하나에 해당하는 자 - 18세 미만이거나 65세 이상인 자 - 장애인고용촉진 및 직업재활법에 따른 중증장애인 - 질병, 부상 또는 그 휴유증으로 치료나 요양이 필요한 사람 중에서 근로능력 평가를 통하여 시장 · 군수 · 구청장이 근로능력이 없다고 판단하는 사람 - 임신 중에 있거나 분만 후 6개월 미만의 여자 ② 타법 적용자 ③ 행려환자 ④ 보건복지부장관이 1종의료급여가 필요하다고 인정하는 자
2종 수급자	① 국민기초생활 보장 대상자 중 1종 수급권자가 아닌 자 ② 보건복지부장관이 2종 의료급여가 필요하다고 인정하는 자

출처 : 보건복지부(2021). 2021년 의료급여사업안내 지침.

학습문제

1. 국민기초생활보장제도의 원칙에 관한 설명으로 옳지 않은 것은?

① 가족부양 우선의 원칙　　② 자립조장의 원칙
③ 현물급여 우선의 원칙　　④ 생존권 보장의 원칙
⑤ 보충성의 원칙

2. 현행 사회보험제도의 급여와 급여 형태에 관한 서술로 옳지 않은 것은?

① 국민연금의 장애연금은 현금급여이다.
② 산업재해보상보험의 휴업급여는 현물급여이다.
③ 고용보험의 구직급여는 현금급여이다.
④ 국민건강보험의 요양급여는 현물급여를 원칙으로 한다.
⑤ 국민연금의 유족연금은 현금급여이다.

3. 노인장기요양보험제도에 관한 설명으로 옳지 않은 것은?

① 급여의 종류는 크게 재가급여, 시설급여, 특별현금급여로 나눌 수 있다.
② 적용 대상자는 65세 이상 노인 중 장기요양등급판정위원회에 의해 1~3등급 판정을 받는 자로 한정한다.
③ 재가급여는 당해 장기요양급여비용의 15%를, 시설급여는 20%를 수급자 본인이 부담한다.
④ 중복수급 금지를 원칙으로 하되 가족요양비수급자 중 기타 재가급여의 경우 예외가 될 수 있다.
⑤ 장기요양보험료는 건강보험료에 장기요양보험료율을 곱해 산정한다.

1. ③　2. ②　3. ②

참고문헌

박종팔 · 임봉호 · 김승훈 · 전해황 · 김경섭 · 남상권(2010). 사회복지법제론. 양서원.
보건복지부(2021). 2021년 국민기초생활보장사업 안내(지침)
_________(2021). 2021년 의료급여사업안내 지침.
양승일(2015). 사회복지정책론. 양서원.
원석조(2010). 사회복지정책론. 공동체.
이진숙 · 주은선 · 신지연 · 윤나리 · 노승택(2010). 사회복지정책론. 양서원.

고용보험. www.ei.go.kr
국민건강보험공단. www.nhis.or.kr
국민연금공단. www.nps.or.kr
근로복지공단. www.comwel.or.kr

Chapter 07

아동복지

1. 아동복지의 개념과 발달과정

2022년은 어린이날이 100주년이 되는 해이다. 아동은 성인의 소유나 미성숙한 성인의 축소물로 인식되었지만, 20세기에 들어서면서 아동을 독립적 인격체로 인식하기 시작하면서 아동의 권리를 보장할 수 있는 다양한 정책적 노력과 관심이 확대되고 있다.

사회복지의 한 분야로서 아동복지는 아동에 대한 발달학적 이해와 지원뿐만 아니라 가족을 포함한 사회 환경 역시 중요하게 다룬다. 본 장에서는 아동복지의 개념과 국내 아동복지의 주요 정책과 실천 분야에 관해서 살펴보고자 한다.

1) 아동복지의 개념

아동은 발달학적 관점에서 보면 유아기와 청소년기의 중간 단계를 의미한다. 우리나라 민법에서는 만 19세 미만, 아동복지법에서는 18세 미만인 자를 아동으로 정의하고 있고, 국제 아동권리협약에서도 18세 미만을 아동으로 규정하고 있다.

아동복지란 아동(child)과 복지(welfare)의 합성어이다. 아동복지는 아동이 행복한 복지 상태를 유지하는 것에 초점을 두기 때문에 다양한 영역에서 아동복지를 실천할 수 있다. 즉, 아동을 위한 프로그램과 서비스, 우리 사회가 갖는 아동에 대한 이념과 정책을 모두 포괄한다. 빈곤, 비행 등의 어려움을 가진 아동뿐만 아니라 모든 아동이 신체, 정서, 사회성 발달을 할 수 있도록 하는 모든 사회적 노력이 아동복지를 위한 실천 영역이다(Friedlander, 1980). 최근 사회보장정책이 교육, 환경과 법률과 권익 분야를 포괄하고 있다는 점에서 아동의 복지 향상을 위한 다양한 사회적 노력은 아동복지의 개념에서 이해될 수 있다. 이렇듯 아동복지의 실천 영역이 포괄적이기 때문에 각 사회가 처한 상황에 따라 아동복지에 대한 정의는 다양하게 나타나게 된다.

부모가 아동을 양육하고 책임질 수 없는 경우, 아동이나 청소년에게 제공하는 대리적, 지지적, 보호적 서비스를 제공하는 사회적 제도가 아동복지라고 정의하기도 하는데, 이 같은 관점을 잔여적 개념으로서 아동복지라고 한다. 반면 제도적 개념으로서 아동복지는 사회체계의 한 부분이자 전문직으로 아동의 복지를 증진시키고자 하는 사회복지 영역의 한 분야가 되고(Mayer, 1985), 아동의 복지를 증진을 위해 행해지는 신체, 사회, 심리적 지원을 모두 포괄한다(Kadushin & Martin, 1988).

우리나라 아동복지법에서는 국가와 지방자치단체는 아동의 건강과 복지 증진을 위한 노력과 시책을 시행하고, 모든 국민은 아동의 권익과 안전을 존중하여야 한다고 규정함으로써 보편적인 아동복지의 지향성을 반영하고 있다.

이상의 내용들을 종합하면 아동의 복지 향상과 보장은 가정, 지역사회와 국가의 협력을 통해서 가능하다는 점을 알 수 있다. 또한 아동의 복지는 어떤 한 부분만을 지원하는 것으로 해결될 수 없다. 아동의 전인적 발달, 즉 신체, 지적, 정서적 발달을 지원하고, 빈곤, 아동학대와 방임, 질병이나 비행의 문제 등을 가진 아동과 그 가족을 포괄하여 선별적, 보편적 영역을 아우르는 사회적, 경제적, 보건적 제반 활동이다(정익중 · 오정수, 2021; Friedlander & Apte, 1980).

2) 아동기 발달 특성

인간의 발달은 태내에서 수정되는 순간부터 시작된다. 아동기는 0~18세로 정의되지만, 이 연령대 안에서도 유아기와 학령기로 구분된다. 생애 초기에 이루어지는 발달은 전 생애에 걸쳐 영향을 미치기 때문에 아동기의 발달을 이해하고, 발달 단계에 따라 건강한 성장을 할 수 있도록 지원하는 것은 아동복지의 목표 중 하나이다.

인간의 발달은 개인 차이는 있지만, 일정한 규칙에 따라 진행된다. 이 같은 일련의 규칙은 인지, 성격과 사회성 발달 전반에 공히 적용된다. 먼저 발달의 특성을 정리해 보면 다음과 같다.

첫째, 발달은 일생에 걸쳐 점진적, 체계적으로 일어난다. 둘째, 신체, 심리, 사회 영역 전반에 걸쳐 전인적으로 일어난다. 셋째, 발달은 양적이고 질적인 발달이 있는데, 양적인 변화는 몸무게나 키와 같이 크기와 양의 성장과 함께 더 높은 수준의 추상적 사고를 하는 것과 같은 질적 성장이 있다. 넷째, 발달은 상승적 변화와 퇴행적 변화를 포함한다. 마지막으로 발달은 변화를 전제로 한 안정과 안정을 전제로 한 변화가 역동적으로 일어난다(권중돈, 2019).

이와 같이 발달은 전 생애에 걸쳐 이루어지는 연속적이고 역동적인 과정이지만, 인간의 발달 단계에 따라 발달에 대해 이해하는 기준이 다르다. 예를 들어, 노인과 아동의 발달은 서로 다른 기준이 적용되는 것과 같다. 그렇기 때문에 발달을 이해할 때는 연령이나 생애주기를 기준으로 인간의 발달을 구분하고, 각 발달 단계에 맞는 발달을 지원하는 기준으로 삼는다. 국내외에서 오랫동안 인간 발달에 대한 논의가 축적되면서 인간의 발달에 대한 이해의 폭은 넓어졌고, 그에 따라 사회복지 실천에 대한 논의와 개입 전략도 발달 단계에 따라 발전해 왔다.

3) 아동기 발달과정

아동기는 국내 법률적 정의로는 0~18세 미만이지만, 인간 발달에 관한 논의는 아동기를 태내기에서 영아기, 유아기와 아동기, 청소년기로 구분한다. 각각의 발달 단계의 연령 구분은 학자마다 조금씩 상이하지만 보통 영아기는 3세 미만, 3~7세 시기는 유아기라 하고, 초등학교 입학부터 졸업하는 7~13세까지를 아동기 혹은 학령기라고 한다. 본 서에서는 아동복지서비스에서 가장 많은 서비스 대상이 되는 유아기와 아동기를 중심으로 이들의 발달과정을 살펴보고자 한다.

(1) 유아기

3~7세를 유아기라 하는데, 학자에 따라서 3~5세를 걸음마기, 5~7세를 학령전기로 세분화하여 논의하기도 한다(권중돈, 2019). 먼저, 유아기는 걸음마기라고 불리기도 하는데, 이 시기는 운동능력이 정교화되어 뒤로 달릴 수 있고, 손과 팔을 이용해 기어오르기도 하고 혼자 옷을 입을 수도 있는 시기이다. 스스로 할 수 있는 것이 많아지면서 활동성이 커지고 자기주장이 강하게 나타나는 시기이다. 자아중심성과 왕성한 활동성 때문에 부모의 적절한 훈육이 중요하고, 또래와의 놀이를 통해서 사회성이 발달하기도 한다.

유아기에는 대소변훈련을 통해서 자기통제능력이 획득되고, 무엇이든 혼자서 해보려고 함으로써 부모와 자신이 분리된 존재라는 사실을 알기 시작한다. 혼자 하고 싶고, 자기가 원하는 방식대로 하고 싶은 이 시기에는 다소 반항적인 행동이 절정에 달하기도 하여서 제1의 반항기로 명명되기도 한다.

5~7세에 해당하는 시기는 본격적으로 학교 갈 준비를 해야 하는 시기로 학령전기라 한다. 유치원을 다니면서 또래와 상호작용이 증가하며 사회적 기술을 본격적으로 습득하고 호기심이 증가하면서 직관적 사고가 발달하기 시작한다.

걸음마기는 인지 발달이 충분히 이루어지지 않아 도덕적 판단을 하기 어려운 시기인 데 반해 학령전기에는 선생님이나 부모로부터 배운 규칙에 따라서 도덕적 판단을 내리기 시작한다. 하지만 이때는 옳고 그름을 충분히 이해하고 도덕적 행동을 수행하는 것은 아니다. 이 시기는 하면 안 되는 행동을 하게 되면 벌을 받기 때문에 도덕적 행동을 추구하게 되고, 이것은 타율적 도덕성이라 한다. 이 과정을 거쳐 아동기에는 자율적 도덕성이 발달하게 된다.

학령전기는 학교 가기 전 준비를 하기 위해 발달 단계에 맞는 인지 교육과 인지적 자극이 중요한 시기이다. 하지만 부모나 가정에서 적절한 인지적 자극이나 투자를 하지 못하는 경우에는 국가가 조기 교육의 기회를 갖도록 지원하는 것이 중요하다. 특히 국가나 사회가 이 시기에 인지 발달에 관심을 갖고, 인적자본을 개발할 수 있도록 투자하는 것은 생애초기의 투자가 가장 효과적이기 때문이다. 생애초기 건강한 발달을 지원하는 것은 인지발달을 비롯한 발달의 적기를 놓치면 생애 전반에 부정적 영향을 미치고, 이것은 사회적으로도 큰 비용을 발생하기 때문이다. 생애 과정 중 가장 효과적인 개입과 사회투자는 조기 개입이 되기 때문에 우리나라를 비롯하여 미국, 영국, 캐나다 등에서 스타트(start) 프로그램이 이루어지고 있다. 스타트 프로그램은 생애 초기 지원을 통해서 출발선을 국가나 사회가 앞당겨 주자는 것으로 우리나라에서는 드림스타트가 대표적이다.

(2) 학령기

7~13세를 학령기 또는 아동기라 한다. 아동기를 0~18세로 정의하는 법률적 정의로 볼 때, 청소년기까지를 포함하지만, 아동 발달에 관한 학문적 논의와 실천적 논의는 학령기를 아동기로 명명하며 접근하기도 한다.

아동기는 영유아기보다는 둔화된 성장 속도를 보여서 잠재기라고 불리기도 한다. 이 시기에는 운동능력이 세련되어지고, 스포츠 능력과 게임에 참여하는 것을 즐기게 된다. 무엇보다 이 시기는 추상적 사고가 확립되고, 언어능력이 정교하게 발달되는 시기이다.

학령 초기보다 후기로 갈수록 다양한 또래와 상호작용을 맺게 되며 사회적 관계의 발달이 시작된다. 이 시기에는 선생님이나 부모보다 또래로부터 인정받는 것이 더 중요해지면서, 자기중심성이 감소되고, 협동, 경쟁, 협상의 원리를 또래와의 놀이와 상호작용을 통해서 배우고 익히게 된다.

또 이 시기에는 학교 과제나 학습을 익혀가는 과정을 통해서 근면성을 익히게 되고, 이 과정에서 자아존중감이 발달된다. 근면성이 높으면 부모나 교사로부터 칭찬을 받으면서 더 긍정적인 자아존중감이 형성되지만, 반대로 근면성을 성취하지 못해서 훈계나 벌을 받으면 열등감과 낮은 자아존중감을 형성하게 된다. 특히 우리나라 아동들은 학업성취의 압박으로 자아존중감이 급격히 낮아진다고 보고되기도 한다. 특히 13세를 전후로 자아존중감은 낮아지는데, 초등학교 5학년, 중학교 2학년에서 자아존중감이 낮아지는 현상이 발표되기도 했다(이봉주 외, 2015). 심리적 대처자원이 되는 자아존중감을 높이기 위해서는 아동 스스로 자기 생각과 경험 등을 이야기할 기회를 제공하고, 작은 성취(small step)를 경험하고 쌓아가며 유능감을 획득하도록 도와야 한다. 또 학업 성취도가 자기개념이나 자아존중감으로 연결되지 않도록 하는 양육 태도와 교육적 접근이 중요하다.

따라서 이 시기에는 인지 발달 및 근면성을 성취할 수 있는 접근과 함께 문화체험, 또래관계를 다양하게 경험할 수 있는 프로그램이 활발히 전개될 필요가 있다. 이를 위해 우리나라 아동복지 실천 현장에서는 빈곤의 대물림을 예방하기 위해 드림스타트와 아동발달지원계좌 등 다양한 프로그램이 마련되어 있다. 또 방과후 적절한 보호를 받지 못하는 아동을 대상으로 지역아동센터나 학교 방과후 교실에서 숙제 및 학업지도와 또래 관계 증진을 위한 다양한 프로그램을 운영하고 있다.

2. 아동복지의 원칙

아동복지는 아동의 복지를 증진시킬 수 있는 다양한 사회적 대책들을 포함한다. 아동을 대상으로 하는 다양한 사회적 대책은 몇 가지 중요한 실천 원칙들을 반드시 지켜야 하는데, 이와 같은 원칙들은 아동권리협약을 통해서 규정되어 있다.

아동복지의 실현을 위해서는 아동의 권리와 기본 요소를 기반으로 모든 정책과 실천 활동이 반영되어야 한다. 아동의 인권에 관한 사상이 비교적 최근인 20세기에 확립되었고, 아동 스스로 권익을 찾는 것은 다양한 제약들이 있기 때문에 유엔아동권리선언이 제정되어 아동의 복지 증진을 위한 노력을 수행하고 있다.

아동권리선언은 1922년 영국의 국제아동기금단체연합이 발표한 세계아동헌장에서부터 시작되어 1924년 제네바선언 5개항이 채택된 후, 1959년 10개 조항으로 확대되었다. 이후 1979년 유엔아동권리협약 제정안이 제출되었고, 1989년 20개 국가가 비준을 받아 1990년 2월에 효력이 발생되었다. 우리나라는 1991년 12월 20일 아동권리에 관한 국제협약 당사국이 되어 국제적 차원에서 아동권리와 복지 증진을 위한 노력을 수행하고 있다.

아동복지실현을 위한 동인은 인간으로서 최소한으로 보장받아야 할 인권뿐만 아니라 아동기에 육성되어야 할 잠재 능력을 키울 수 있는 발달권까지를 포괄한다. 국내외에서 아동권리에 대한 관심과 노력의 폭이 깊어지며 아동권리의 보장을 위한 국가, 지역사회와 시민들의 노력이 필요하다는 인식 역시 커지고 있다. 각 국가나 지역사회에서 어떻게 아동권리를 기반으로 아동의 복지를 증진시킬 수 있을지에 관한 구체적인 수행 원칙은 다음의 네 가지로 제시되고 있다.

(1) 무차별의 원칙

국제협약 제2조는 인종, 피부색, 성별, 언어, 종교, 정치적 의견, 민족과 인종 또는 사회적 출신, 재산, 무능력 등 또는 신분에 관계없이 어떠한 차별도 없어야 한다고 규정하고 있다. 국가는 모든 형태의 차별이나 처벌로부터 아동이 보호될 수 있도록 보장하는 모든 적절한 조치를 취해야 한다.

(2) 아동 이익 최우선의 원칙

국제협약 제3조는 공공 또는 민간 사회복지기관, 법원, 행정당국 또는 입법기관 등에 의하여 실시되는 모든 아동복지 관련 활동은 아동의 최우선 이익의 대상이 될 수 있도록 고려해야 한다고 규정한다. 다시 말해, 아동을 위한 사회복지적 대책의 수립을 위해 모든 적절한 입법과 행정조치를 취해야 하는 국가 및 지방자치단체, 지역사회와 시민들의 노력이 있어야 한다.

(3) 생명, 생존과 발달 보장의 원칙

국제협약 제6조는 모든 아동이 생명에 관한 고유의 권리를 가지고 있다는 것을 인정하고, 아동의 생존과 발달을 보장하려는 노력을 수행해야 한다.

(4) 아동 의사존중과 참여의 원칙

국제협약 제12조는 아동이 자신의 견해를 표시할 권리를 보장해야 한다고 규정한다. 아동 자신의 모든 문제에 있어서 자신의 견해를 자연스럽게 표시할 권리를 보장해야 한다.

이와 같은 아동복지의 원칙이 얼마나 잘 지켜지고 있는지를 확인하기 위해서 우리 정부는 아동정책영향평가를 시행하고 있다. 아동 최우선의 이익을 보장하기 위해서는 정책의 방향과 내용, 영향이 아동 권리를 보장하는지를 확인하여 평가하고, 환류하는 노력이 필요하다. 아동정책영향평가는 아동 권리가 정책 수립단계에서부터 우리 사회 전반에 가장 중요하게 고려해야 할 우선순위라는 인식을 갖게 하는 효과가 있다.

3. 아동학대와 아동보호서비스

1) 아동복지서비스 분류

우리나라 아동복지는 2000년 이후 보편적 서비스를 지향하면서 아동과 가족을 지원할 수 있는 다양한 서비스 체계를 구축하며 성장해 왔다. 서비스 기능에 따라 지지적, 보충적, 대리적 서비스로 분류할 수 있는데 그 내용은 다음과 같다(Kadushin & Martin 1988).

① 지지적 서비스(supportive service)

지지적 서비스는 부모와 자녀 관계의 구조가 유지되고는 있지만, 아동 양육과 발달에서 문제와 욕구가 발생했을 때 개입함으로써 만성적 문제로의 발전을 예방하려는 목적을 갖는다. 부모와 자녀의 관계의 어려움을 해소하거나 경감시키기 위해서 가족의 기능을 강화하는 서비스를 제공한다. 일례로 아동과 가족 상담을 통해서 가족이 스스로 문제를 해결하거나 미혼 부모나 한부모 가족을 위한 서비스들이 여기에 속한다.

② 보충적 서비스(supplementary service)

보충적 서비스는 부모의 자녀 양육이나 보호에서 문제가 발생했을 때, 제공하는 서비스를 말한다. 부모가 교도소에 수감되거나 질병, 사망, 이혼 등의 이유로 부모의 역할 수행에 어려움이 생길 때 부모의 역할을 사회제도가 일정 부분 대신 수행하는 것이다.

일례로, 부모가 실직이나 건강상의 문제로 소득이 없거나 심각히 부족할 때, 사회보험이나 공공부조와 같은 소득보충 프로그램으로 부모가 자녀 양육에 필요한 소득을 보충할 수 있다. 만약, 부모가 질병으로 집안일을 하지 못하게 될 때, 가정봉사 서비스를 통해서 부모가 수행해야 할 역할을 보충하는 역할을 수행할 수 있다.

이렇듯 보충적 서비스는 부모가 자녀를 양육하면서 해야 할 부모의 역할을 수행하기 어려울 때 이루어진다.

③ 대리적 서비스(substitute service)

부모가 더 이상 부모로서 역할을 수행할 수 없을 때, 부모의 역할을 대리적으로 해야 할 상황에서 수행하게 된다. 원가족이 완전히 해체되었을 때, 제3의 가정이나 시설에서 부모의 역할을 대신하게 되기 때문에 입양, 가정 위탁, 시설보호와 같은 서비스가 대리적 서비스 영역에 속한다. 가정 위탁은 가정에서 자녀를 양육하기 어려운 상황이지만 시설보호가 불가능하거나 적절하지 못할 때, 일정 기간 제3의 가정에서 대리보호를 하는 것을 말한다. 계획된 기간이 지나면 위탁의 사유가 종료되어 원가족으로 돌아가기도 하고, 입양이나 아동복지시설로 입소하기도 한다. 가정 위탁이 일시적으로 보호하는 서비스라면 법적으로 친자관계를 갖게 되는 입양이 이루어지기도 한다. 입양을 통해서 친부모는 아동에 대한 모든 권리가 소멸되고 입양을 하는 부모에게 자녀를 양육할 모든 권리와 의무가 생긴다. 한편 아동복지시설 서비스는 우리나라 아동복지서비스 영역 중 가장 오래된 서비스 분야로, 가족이 해체되어 더 이상 자녀를 양육할 수 없을 때 사회적 보호조치로서 이루어지는 시설보호는 집단보호와 치료서비스를 제공한다.

아동은 부모가 가진 사회 경제적 지위에 소속되어 그 영향을 본인의 의지와는 상관없이 받게 된다. 또 아동에게 가장 중요한 환경은 가정이고, 안전하고 영구적인 가정이 아동을 위한 가장 최선의 환경이 되기 때문에 방어선의 개념으로 아동복지서비스를 분류하기도 한다. 1차, 2차, 3차 방어선에 대해서 정리하면 다음과 같다.

① 1차 방어선

아동은 원가족에서 성장할 권리를 보장받아야 하고, 이것이 1차 방어선이 된다. 따라서 아동복지서비스는 부모 혹은 주 양육자가 아동의 양육을 잘 수행할 수 있도록 지지하여 가족 유대감 강화를 목표를 삼는다.

② 2차 방어선

원가족에서 아동이 성장해야 하지만, 심각한 아동학대로 부모로부터 자녀인 아동을 분리해야 하는 경우나, 부모의 질병과 범죄로 수감된 경우에는 가정에서 아동이 양육될 수 없다. 이런 경우 가정과 가장 유사한 형태로 대리가정에서 보호될 수 있도록 하는데 이것이 2차 방어선이다. 가정과 같은 자연스러운 보호의 장을 마련하기 때문에 시설보호와 같은 단체생활에서 비롯되는 어려움을 겪지 않게 된다. 가정위탁과 입양이 2차 방어선의 예가 된다.

③ 3차 방어선

아동의 가정위탁이나 입양보다 집단보호가 적절할 때 3차 방어선에서 아동의 보호가 이루어진다. 시설보호에서는 가정에서 경험한 다양한 트라우마나 역경(adverse childhood experience)을 치료하는 개입을 하고, 원가족과 상호작용을 지원하는 등 다양한 통합적 서비스를 제공한다. 하지만 시설보호는 집단 생활을 하면서 사생활 침해나 아동이 스스로 자율권을 행사할 수 있는 기회가 상대적으로 부족하다. 이 같은 이유로 최근에는 아동보호시설의 다기능화에 대한 논의가 활발히 진행되기도 하고, 전문 아동보호프로그램을 통해서 지역사회와 가족과 연계를 강화하는 방향으로 발전 방안을 마련하고 있다.

2) 아동학대와 아동보호서비스

아동은 부모 혹은 주 양육자의 양육을 받으며 성장한다. 그렇기 때문에 부모의 사회경제적 지위와 성장배경, 성격은 양육행동 형성에 영향을 미치고, 또 자녀의 양육에 영향을 미친다.

우리나라 아동복지 정책 중 아동학대를 예방하고, 또 피학대 아동을 보호하기 위한 영역은 아동의 건전한 발달을 지원하고 권리를 보장하기 위한 목적을 갖는다. 아동학대를 예방하고, 보호하기 위한 서비스는 아동보호서비스(CPS : Child Protective Service)라 하고, 지역사회에서 아동권리와 학대 예방 강화 및 피학대 아동의 보호를 위해 다양한 서비스가 수행되고 있다. 아동보호서비스를 수행하는 기관은 아동보호전문기관이라 일컫고, 전국에 약 73개의 아동보호전문기관이 설치되어 운영되고 있다(2021년 12월 기준).

아동학대예방 및 보호를 위한 서비스는 아동복지법 제22조를 근거로 수행되고 있다. 또 아동복지법 제10조의2, 제22조 제6항은 아동보호전문기관에 대한 지원, 아동학대예방과 관련된 연구 및 관련 자료의 발간 및 프로그램 개발과 평가와 관련한 사업을 할 수 있는 근거가 규정되어 있다.

지역사회에서 아동학대로 신고되거나 발견된 아동을 위해 서비스를 제공하는 일은 아동의 안전을 조사할 수 있는 공권력의 지원과 협력이 필요하다. 아동학대로 신고된 아동을 위해 도움을 제공하기 위해서는 아동학대가 얼마나 심각하게 또 빈번하게 이루어졌는지, 어떤 형태의 학대가 이루어졌는지를 조사해야 하는데 이와 같은 조사는 위임된 책임을 수행하는 것은 아동복지서비스 중 특수한 형태라 할 수 있다. 아동보호서비스는 아동을 보호하기 위해 부모와는 다른 의사 결정을 할 수 있다. 즉, 자녀의 권리를 부모가 침해했고, 아동의 안전이 보장되지 않는다고 여겨지면, 부모의 권리보다 아동의 보호받을 권리가 더 우선적으로 보장되어야 한다. 그렇기 때문에 아동보호전문기관은 부모의 의사와는 관계없이 아동에게 보호서비스를 제공할 수 있고, 이것은 아동 최우선의 이익을 보장하기 위한 실천이자, 아동을 보호하기 위한 최후의 보루가 된다.

하지만 아동보호서비스의 모든 개입이 부모와 아동을 분리하는 등의 서비스만 수행되는 것은 아니다. 일부 아동학대의 위험이 낮은 가족에게는 가족지지의 서비스를 제공하기도 하는데, 부모교육 등의 서비스를 통해서 부모-자녀와의 관계를 증진시킬 수 있는 서비스를 제공하기도 한다. 이 같은 가족지지 서비스는 가족 내 자녀 학대라는 문제의 원인을 파악하여 문제를 경감시키거나 더 큰 문제가 발생하지 않도록 개입한다. 이 같은 개입 과정은 부모교육과 아동 상담 등이 병행되고 아동과 부모는 원가족에서 거주하면서 가족의 문제가 해결될 수 있도록 돕는다.

이처럼 아동보호서비스는 가족 내에서 이루어진 학대와 방임을 다루면서 부모의 역량강화를 통해 아동이 태어난 가정에서 자랄 수 있도록 지원하기도 하고, 때로는 부모에게서 아동의 최소한의 보호가 보장되지 못할 때는 국가 개입을 통해서 부모를 처벌하거나 아동의 친권을 박탈하는 강제적 절차가 이루어지기도 한다.

아동복지 정책은 가족보호와 국가개입 관점으로 구분해 볼 수 있다. 가족보호의 관점은 서구의 복지국가 확대과정에서 발달하였는데 국가의 개입은 아동이 출생한 원가족에서 보호되는 지지적 형태가 가장 중요하다고 본다. 가족이 유대감을 쌓고, 유지할 수 있도록 돕는 지지적 서비스를 제공하는 것을 중요하게 본다.

반면 국가개입의 관점은 원가족이 항상 최선이 될 수 없고, 부모와 그들의 자녀는 서로 분리된 자연인이라는 점에서 부모보다 우선하여 아동의 권리를 보장한다. 아동 복지가 최우선으로 보장될 정책적 목표가 되기 때문에 부모는 아동에게 최선의 보호를 제공할 의무를 다해야 한다. 하지만 이 같은 관점은 가정을 대체할 가정, 그룹홈의 유지와 입양 가정 조사와 같은 서비스 행정비용 등이 적지 않다는 단점을 갖기도 한다(정익중 · 오정수, 2021).

아동보호서비스는 아동학대가 발생했거나 의심이 될 때 서비스가 개시되는데, 아동학대와 방임의 개념을 정리하면 다음과 같다.

(1) 신체학대
신체학대는 아동에게 신체적 손상을 입히는 행위를 말하며, 손이나 발로 때리거나, 도구를 이용하여 아동의 신체 전부나 일부에 가해를 행하는 경우, 완력을 이용해 신체를 위협하는 모든 행위가 포함된다.

(2) 정서학대
아동에게 행해지는 언어, 정서적 위협, 감금과 억제행동이 포함된다. 아동에게 구걸을 시키는 행위, 곡예 등을 시키는 행위, 소리를 지르고 욕을 하는 등의 언어적 폭력 등이 포함된다.

(3) 성학대
성인의 성적 만족을 위해 아동을 대상으로 하는 모든 성적 행위가 포함된다.

(4) 방임
아동을 보호해야 할 부모 혹은 주 양육자가 아동을 보호감독할 책임을 수행하지 않고, 아동에게 제공해야 할 기본적인 보호와 양육의 행동을 소홀히 하는 행위를 포함한다. 예를 들어, 의무교육을 제공하지 않거나 불결한 환경에 아동을 노출하거나 방치하는 행위 등이 해당된다.

최근 아동보호서비스는 국가의 책임이 강조되면서 아동학대의 재발생률을 낮추고, 가족의 기능을 강화하는 보호의 지속성과 전문성 강화라는 정책적 변화가 있었다. 민간서비스 영역에서 다루던 아동보호서비스에 국가가 공권력을 가지고 아동학대에 대한 조사에 참여하면서 가족의 기능 강화와 재학대 발생을 예방할 수 있는 사례관리를 아동보호전문기관이 추진하는 전달체계의 개편이 이루어졌다. 이 같은 전달체계의 개편을 통해서 아동학대가 일어난 가족을 대상으로 하는 사례관리 실천이 중요하게 논의되고 실천되고 있다.

아동보호서비스가 지역사회에서 아동과 가족을 대상으로 사례관리를 하지만, 아동보호서비스의 몇 가지 고유한 특성들이 있다(손선옥 외, 2020). 우선, 아동보호서비스는 지역사회에서 아동과 가족을 대상으로 서비스를 제공하지만, 가족 내 자녀 학대와 방임의 문제에 주목하고, 이 같은 문제로 인해 발생하는 문제에 개입하여 재학대가 발생하지 않도록 개입한다. 일반적으로 빈곤이나 만성화된 문제나 욕구에 개입하는 지역사회 서비스 기관과는 다른 차별점이 여기에서 발생한다. 두 번째는 서비스의 욕구의 표출이 아동이나 가족이 아니라, 제3자에 의해서 이루어질 수 있다는 점이다. 보통의 사회복지서비스는 서비스의 욕구를 대체로 본인이나 가족이 표현하게 되지만, 아동학대의 발생에 대한 신고는 학교 교사, 의사 등 신고의무자나 지역사회 주민들에 의해서 이루어지기 때문이다. 그렇기 때문에 부모는 가족 내 학대가 발생하지 않았다고 평가하게 되면 아동학대 여부를 판단하고, 개입하는 데 많은 어려움을 수반하기도 한다. 세 번째는 서비스의 강제력이다. 사회복지서비스는 이용자의 욕구에 따라서 제공되지만, 아동보호서비스는 부모가 원하지 않아도, 아동학대로 판단되고 심지어 높은 수준의 위험이 확인되면 강제적으로 서비스를 받아야 하는 특성이 있다. 마지막으로 이 같은 아동보호서비스는 아동학대가 더 이상 발생하지 않을 환경, 부모의 변화가 확인될 때까지 지속된다는 점이다. 그렇기 때문에 많은 경우, 부모의 재학대 위험도가 여전히 높게 판정되거나 위험정도가 사라지지 않아, 종결하지 못한 채 사례관리 대상 가구로 남아있는 경우가 적지 않다.

4. 아동복지 전망과 과제

우리나라 아동복지는 선별적인 것에서 점차 보편적인 체계로 패러다임이 변화해 왔다. 아동에 한해서 이루어졌던 서비스는 모든 아동의 삶의 질에 관심을 갖고 정책적 목표를 수립하는 노력을 해오고 있다. 또 부처별로 산발적으로 또 중복해서 이루어진 다양한 서비스들을 아동권리보장원 설립(2019. 7)을 통해서 통합적 전달체계를 구축했다.

(1) 아동보호서비스 : 아동보호전문기관
(2) 아동보호전달체계 : 드림스타트, 지역아동센터, 중앙가정위탁지원센터와 요보호아동
(3) 요보호아동자립지원 : 아동자립지원단, 디딤씨앗사업지원단
(4) 입양
(5) 실종

아동권리를 보장하기 위해 전달체계 개편과 함께 그동안 민간 위탁을 통해서 수행되어 왔던 서비스에서도 국가의 책임성을 강화하려는 정책적 목표가 수립되기도 했다. 일례로, 앞서 살펴본 아동보호서비스의 아동학대 조사와 사례판단의 업무를 공적 전달체계에서 수행하면서 적극적으로 국가의 역할과 기능을 포함하게 된 것이다. 더불어 아동수당의 도입과 강화 등 아동의 권리를 보장하려는 적극적인 시도와 노력에도 불구하고, 우리나라 아동들의 삶의 질이나 행복은 OECD 가입국 중 가장 최하위 수준에 머물러 있다. 또 민주시민의 역량이라고 평가되는 타인을 배려하는 공감능력이나 친사회적 행동 역시 최하위 수준으로 나타나, 아동기 인성과 행복감과 같은 긍정적이고 바람직한 발달 성과를 보장할 서비스와 정책적 투자가 시급히 필요함을 알 수 있다.

저출생으로 아동 인구가 급격히 줄어드는 인구사회적 구조 속에서 인적자본투자는 시기적절하고 적극적으로 수행될 수 있어야 한다. 보호가 필요한 아동, 돌봄이나 보호 욕구가 있는 가족 등 돌봄과 욕구의 다층적 체계로 구분하여 아동과 가족을 대상으로 하는 촘촘한 서비스 체계를 마련할 필요가 있다. 이를 위해서 가장 많이 논의되는 정책적 강화 요인은 아동보육과 교육의 강화, 초등학생의 방과후 돌봄 서비스의 강화 등이 거론되고 있다(정익중 · 오정수, 2021).

이와 같은 아동복지의 발전을 위해서는 아동정책의 예산 확대가 필요하다. 우리나라 아동 1인당 복지지출은 노인, 장애인과 비교할 때도 적으며, OECD 가입국 중에서도 낮은 수준에 있다. 보육을 제외하면 아동복지 예산은 미비한 수준이라는 평가는 아동복지의 현실적인 예산 확보가 우선적으로 이루어져야 함을 보여준다.

두 번째는 급변하는 사회 환경 속에서 아동 양육과 성과에 대한 이해도 크게 변화할 것으로 예상된다. 지금까지 사회적으로 유망했던 지식과 직업이 사라질 것이라는 전망과 코로나19로 사회가 급격히 변화하고 있는 점을 고려할 때, 미래 세대의 주역이 될 아동의 발달 성과와 발달 지원 체계는 정부와 학계를 중심으로 미래의 방향성을 명확히 확인하고, 새로운 위험요인을 제거하려는 선제적인 노력과 새로운 도전과 기회 요인을 통해서 기민하게 아동 발달을 지원할 수 있는 정책적, 실천적 방향을 모색할 필요가 있다. 일례로 기후변화와 4차 혁명으로 이루어지게 되는 다양한 신기술의 교육과 그 속에서 아동 발달과 권리 보장의 위험요인과 보호요인이 무엇인지를 확인하는 노력이 필요한 것이다.

학습문제

1. 다음 중 유엔 아동권리협약에서 제시하는 주요 원칙이 아닌 것은?

① 무차별의 원칙
② 보편적 복지 원칙
③ 아동 이익 최우선의 원칙
④ 아동의 의견 존중의 원칙
⑤ 생존과 발달 보장의 원칙

2. 다음 중 아동복지서비스에 관한 설명으로 옳지 않은 것은?

① 가족안에서 아동과 부모, 그리고 가족의 기능을 회복, 치료, 강화하기 위한 서비스는 1차 방어선이다.
② 원가족에서 아동이 성장하지 못할 때 제공되는 입양, 가정위탁과 같은 서비스는 2차 방어선이다.
③ 부모가 자녀를 양육하는 데 어려움을 호소하는 경우에는 지지적 서비스를 제공한다.
④ 아동양육시설과 같은 생활 시설에서 아동을 보호하는 것은 3차 방어선에 해당한다.
⑤ 원가족에서 아동이 성장하기 어려운 환경이라면, 아동양육시설에서 보호하고 양육하는 서비스를 제공하는 것이 제일 중요하다.

3. 다음의 내용 중 옳게 제시된 것은?

① 아동복지법의 아동은 18세 미만이다.
② 아동복지법의 아동은 18세 이하이다.
③ 청소년기본법의 청소년은 9세 이상 20세 이하이다.
④ 영유아기본법의 영유아는 10세 미만이다.
⑤ 입양특례법의 아동은 14세 미만이다.

4. 아동의 발달에 관한 설명으로 틀린 것은?

① 모든 아동의 발달은 동일하게 이루어진다.
② 발달에는 일정한 규칙이 있다.
③ 발달은 일생 동안 점진적, 체계적으로 이루어진다.
④ 발달에는 퇴행적 변화도 포함된다.
⑤ 발달은 키, 몸무게의 성장뿐만 아니라 인지 과정의 성장까지를 포함한다.

5. 아동의 발달에 관한 내용 중 틀린 것은?

① 학령기 아동은 7~13세를 말한다.
② 학령전기는 학교 갈 준비를 해야 하는 시기로 인지적 자극이 중요하다.
③ 학령기에는 학교 과제를 수행하면서 근면성을 익힌다.
④ 아동기에는 인지 발달이 중요하기 때문에 많은 시간 학습 활동을 통해서 선행 학습을 하는 것이 중요하다.
⑤ 3~7세 사이에는 대소변훈련을 통해서 자기통제능력이 획득되고, 부모와 자신이 분리된 존재라는 사실을 알기 시작한다.

1. ② 2. ⑤ 3. ① 4. ① 5. ④

참고문헌

권중돈(2019). **인간행동과 사회환경**. 학지사.

손선옥 · 김현수 · 김세원 · 이봉주 · 이상균 · 장화정(2020). 아동보호서비스 실무자들의 사례관리 수행 과정에서 경험하는 어려움에 관한 질적 탐색. **한국아동심리치료학회지, 15**(3), 1-29.

이봉주 · 손선옥 · 김윤지(2015). 아동청소년 학교생활스트레스가 우울에 미치는 영향과 자아존중감의 조절효과. **학교사회복지**, 31, 37-58.

정익중 · 오정수(2021). **아동복지론**. 학지사.

Frederickson, H.(1957). *The Child and His Welfare*(2nd). San Francisco : Freeman.

Friedlander, W. A., & Apte, R. Z.(1968). *Introduction to Social Welfare*(p. 389). Englewood, NJ : Prentice-Hall.

Mayer, S. E., & Leone, M. P.(1997). *What Money can't Buy : Family income and children's life chances*. Harvard University Press.

Kadushin, A., & Martin, J. A.(1988). *Child Welfare Services*. Macmillan Publishing Company.

Chapter 08

노인복지

1. 노인복지의 개념

1) 노인의 이해

(1) 노인의 의미

인간에게 노화는 누구나 피할 수 없는 과정이다. 그 이유는 시간의 경과에 따라 나이 듦(aging)이 진행되기 때문이다. 노인이란 '나이가 들어 늙은 사람'을 말한다. 여기서 '늙다'는 의미는 나이와 관련이 됨을 알 수 있다. 즉, 노인이 된다는 것은 시간적 개념을 내포한 것으로 나이가 들어가는 과정에서 노인이 되어가는 것이다. 인간은 일반적으로 태어나면서부터 시간이 지나감에 따라 성장을 멈추고 퇴화상태가 일어난다. 그리고 이러한 시간의 경과에 의해 모든 인간은 신체적 변화만이 아니라 심리, 사회, 생물학적인 기능이 함께 변화하고 쇠퇴되는 것을 경험하게 된다.

1951년 제2회 국제노년학회에서는 노인을 "인간의 노화과정에서 나타나는 심리적, 생리적, 환경적 변화와 행동의 변화가 상호작용하여 복합형태의 과정에 있는 사람"이라고 하였다. 이러한 특성처럼 노인은 시간의 변화에 수반되는 인간의 발달과정의 부분이며, 노인기는 인간 발달주기에서 최종적으로 도달하는 시기로 노인기를 마지막으로 생을 마감하게 된다.

(2) 노인의 정의

노인이란 용어의 의미는 나이가 많은 사람을 뜻한다. 하지만 단순히 나이가 많다는 이유로 노인으로 구분하기보다는 개인의 신체기능이나 사회적 분위기에 따라 호칭이 달라지기도 한다. 우리나라의 경우 호칭을 살펴보면 노인, 노년, 고령자, 늙은이, 할아버지·할머니라는 호칭이 주로 사용되었다(박석돈 외, 2016). 현재는 노인복지 실천현장에서 '어르신'이라는 용어가 2000년대에 사용되면서 사회적으로 노인을 지칭하는 용어로 정착되고 있는 추세이다.

미국의 경우 노인에 대한 용어로는 늙은 사람(older person), 선배시민(senior citizen), 나이든 사람(aged), 연장자(elderly)라고 부른다. 여기에 단순히 나이 듦의 기준이 아니라 은퇴 이후 경제력과 왕성한 활동력을 기반으로 새로운 인생을 살아간다는 의미로 황금연령대(golden age)로 부르기도 한다. 일본의 경우는 우리나라와 비슷하게 노년기를 호칭하며, 외관상의 변화를 의미하는 실버(silver)세대라는 용어를 쓰기도 한다.

이처럼 노인에 대한 정의는 주로 연령을 기준으로 하나 개인이나 사회가 지닌 특성에 따라 달리 정의하기도 한다.

① 학자들의 정의

브린(Breen, 1960)은 노인에 대한 정의에 있어 인간 개인과 관련된 측면과 사회적 측면으로 구분하였다. 기본적으로 생명체의 속성에 따라 생물, 생리적 측면에서 쇠퇴기에 있는 사람, 심리적 측면에서 정신적 기능과 성격이 과거와 달라지는 사람으로 사회적 측면에서 지위와 역할을 잃고 있는 사람으로 봄으로써 개인의 기능이 쇠퇴되어 가는 과정을 노인이라고 보았다. 국제노년학회(1951)에서는 노인이란 생물적, 심리적, 환경적, 행동적 변화가 복합적으로 일어나는 사람으로 주로 다음과 같은 특징을 지닌 사람을 노인이라고 보았다.

첫째, 자신과 관련된 환경변화에 적응할 수 있는 신체 조직능력 감퇴를 보이는 사람

둘째, 인간 생체 자체의 통합능력의 감퇴를 보이는 사람

셋째, 인체의 기관이나 조직, 기능에서 쇠퇴가 일어나는 사람

넷째, 일상생활이나 사회생활 등 전반적인 인간생활에서의 적응능력이 손실되는 사람

다섯째, 신체조직의 예비능력 감퇴로 환경이나 자신의 변화에 쉽게 적응하는 데에 어려움을 가지는 사람

우리나라의 최성재·장인협(2006)은 노인이란 생리적, 신체적 기능의 퇴화와 함께 심리적인 변화가 일어나 개인의 자기기능 유지와 사회적 역할 기능이 약화되고 있는 사람을 노인으로 정의하였다.

② 노인의 규정

노인을 규정하는 여러 가지 기준은 다음과 같다.

첫 번째는 역연령(歷年齡)이 있다. 역연령은 노인을 구분하는 기준으로 가장 일반적인 기준으로 우리나라에서도 과거부터 만 60세를 '회갑년(回甲年)'이라고 하여 이 나이를 노인으로 보는 전통이 있다. 현대사회에서는 평균수명의 증가와 고령화로 노인기를 다시 세부적으로 구분하기도 한다. 즉, 노인의 연령을 기준으로 75세 이상을 고령노인이나 후기노인으로 분류하기도 한다.

두 번째는 행정 규정에 의한 노인의 구분이다. 이 기준은 주로 법령이나 행정상의 필요에 의해 노인으로 정하는 연령적 개념을 의미한다. 우리나라는 노인복지법에서 65세를 노인으로 규정하고 있으며, 국민기초생활보장법에서도 노인을 65세 이상으로 보고 있다. 행정규정에 따른 노인의 규정은 시대나 환경에 따라 변화된다는 가변성을 가지고 있다. 일례로 우리나라의 국민연금법은 과거 60세에 도달한 자를 노인으로 보아 노령연금을 지급하였으나 이 기준을 연차적으로 상향하여 2033년부터는 65세 이상인 자에게 노령연금을 지급함으로써 노인연령

기준이 변화한 사례라고 할 수 있다.

세 번째는 역할수행에 의한 구분이다. 이 기준은 역연령이나 행정규정 연령이 일률적으로 노인을 규정하여 개인차를 고려하지 않음에 비해 개인의 역할을 중심으로 노인을 구분하고 있다. 즉, 연령과 관계없이 개인의 신체적 또는 정신적 건강의 유지 상태에 따라 노인의 기준을 결정하는 것이다. 이러한 구분은 평균수명이 증가하는 사회에서 건강한 60세 이상의 사람들이 계속 직업을 가지며, 사회 속에서 자기역할을 수행하는 일반적인 사회현상을 반영하는 기준이라고 할 수 있다.

네 번째는 자각에 의한 노인이다. 자각이란 스스로 자기 자신을 늙었다고 여기거나 그렇지 않다고 생각하는 것에 의해 노인으로 규정된다는 의미이다. 이 구분은 늙음을 판단하는 주체는 바로 자기 자신이여야 된다는 것이다. 즉, 시간의 경과에 따른 연령이 노인을 결정하는 것이 아니라 심리적 또는 사회적 흐름에 따라 노인인지 아닌지를 스스로 판단한다는 것이다. 이러한 구분에서 자신이 노인이라고 생각하는 경우는 주로 사회의 주된 문화나 환경변화에 적절하게 적응하지 못하는 경우 많이 느끼게 된다고 하며, 특히 손자녀가 출생한 경우 할머니나 할아버지로 불릴 때 나이와 관계없이 노인으로 자각하는 경향을 보인다.

(3) 노인과 변화

노인기는 인간의 신체뿐만 아니라 심리, 사회적으로 이전과는 다른 변화가 시작되는 시기이다. 이러한 변화의 시작은 노인문제의 발생을 동반하게 되는 주요 원인으로 작동하기도 한다. 이러한 이유로 노인에게 나타나는 변화를 최대한 늦추거나 변화에 적응하도록 지원하는 복지 차원의 대처가 필요하다.

① 신체적 변화

노인에게 나타나는 가장 일반적인 변화현상으로 노화라는 개념과 유사하다고 볼 수 있다. 신체 변화는 크게 두 가지 유형으로 분류할 수 있다.

먼저 신체구조의 변화로 생물의 보편적 특성인 퇴화와 관련된 변화이다. 나이가 들어가면서 약간의 개인차가 있기는 하나 대체로 피부 탄력의 감소와 지방조직 감소, 세포 감소, 골격과 근육의 약화, 치아 감소, 심장비대와 심장박동 약화 등 신체를 구성하는 세포와 기관의 약화가 일어난다.

다음은 신체 외면상의 변화로 흔히 나이가 들어가면서 나타나는 흰머리카락의 증가와 머리카락 수의 감소, 얼굴 등의 주름살이 늘어나는 현상이다. 이외에 키의 감소도 나타난다.

또한 노인기에는 만성질환 등 유병률이 높아진다. 나이가 들어가면서 각종 질환에 시달리는 경향이 높은데 혈관계 질환으로 동맥경화와 고혈압, 당뇨 환자의 증가 등 치료가 어렵고 생존 시까지 약을 복용하여야 하는 만성질환을 가지게 되는 경향이 높아진다.

② 심리적 변화

노화와 관련된 심리적 변화는 감각기능의 변화, 정신기능, 성격의 변화를 들 수 있다. 감각기능은 인간의 오감인 시각, 청각, 미각, 후각, 촉각, 통각의 변화로 그 기능의 저하가 나타난다. 정신기능의 변화로는 학습능력과 기억력에서의 변화를 의미하는데 연령이 절대적인 영향을 미치기보다는 개인의 경험차나 교육수준, 생활경험, 건강 수준과 함께 불안감, 심리적 스트레스 등에 의해 차이를 보인다. 성격특성의 변화로는 내향성, 수동성, 조심성, 경직성, 의존성의 증가, 과거 회상의 증가, 친숙한 사물에 대한 애착심, 유산을 남기려는 성향이 다른 연령대에 비해 높게 나타난다(윤 진, 1994).

③ 정신적 변화

인간의 정신적 변화로는 단순한 기억력 장애를 보이는 생리적 정신노화와 함께 뇌조직의 기능 저하나 이상으로 인해 나타나는 기질적 정신장애로 구분된다. 특히 노년기 삶에 가장 큰 영향을 미치는 치매는 정신기능의 퇴화와 기존과는 상이한 행동양식을 보이는 성격의 와해 현상을 보이게 된다.

2) 노인복지의 이해

(1) 노인복지의 개념

노인복지는 말 그대로 노인을 위한 사회복지를 의미한다. 즉, 노인복지란 사회복지의 한 분야로 노인을 주요 대상으로 하는 노인생활 안정과 복지의 증진을 위한 사회복지적 노력을 말한다. 따라서 노인복지란 실천적 성격으로서 노인중심의 복지활동으로 다음과 같은 사회복지 실천을 말한다.

① 노인의 삶의 질을 높이기 위해 사회 전반적으로 추구해야 하는 인류적 과업
② 빈곤·질병·고독·무위 등 노년기의 주요 문제를 해결하는 국가 사회적 활동
③ 노인 자신이 긍정적·우호적인 자세로 여생을 살아갈 수 있는 사회적 여건 마련을 위한 활동
④ 노인의 심신·건강 유지 및 생활안정을 위해 국가에서 추진하는 여러 가지 활동
⑤ 저소득 노인 기초생활보장, 건강관리 강화, 재가복지서비스의 확충, 노인의 여가선용 및 사회참여 기회 확충, 경로 효친사상의 지속적 앙양 및 경로우대 영역에서 이루어지는 활동

이러한 개념을 기반으로 노인복지에 대하여 종합적으로 정리하면, 노인의 삶에 있어서 신체나 정신, 사회, 영적인 측면에서 모두 편안하고 안락한 상태가 되는 것을 목적으로 하는 활동으로서 주요 실천방법으로는 노인문제 해결과 연관된 제도와 정책을 포함한 사회복지의 공적, 사적 조직적 체계를 통해 이루어지는 모든 활동이라 할 수 있다.

(2) 노인복지의 특징

노인복지란 노인과 복지의 합성어로서 노인을 대상으로 한 공적, 사적 복지서

비스에 대한 총칭이다. 일반적으로 노인이란 65세 이상자로 이 시기의 삶을 지원하기 위해 제공하는 생활안정과 복지 증진을 위한 모든 사회적 노력을 노인복지라 할 수 있다. 따라서 노인복지란 현재 노인이 가지고 있는 생활상의 어려움을 해결함에 있어 노인의 욕구를 기반으로 대응하거나 개입하는 사회복지 실천을 말한다.

이러한 관점에서 노인복지란 모든 노인들이 최저수준 이상의 생활을 영위하고 사회적 욕구 충족과 생활상의 문제를 예방하고 해결하며, 노후생활에 대한 적응과 사회통합을 이루는 데 필요한 급여와 서비스를 제공하는 공공과 민간부분의 조직적이고 전문적인 제반 활동으로 다음과 같은 특징을 가진다.

① 욕구의 다양성 : 인간의 성장에 따라 행복의 조건이 변화함에 따라 욕구도 함께 변화한다. 노인의 경우 이러한 변화와 함께 빈곤이나 건강악화, 사회적 소외 등으로 인한 어려움 등으로 다양한 영역의 욕구가 나타나게 된다.
② 대상의 보편성 : 누구나 노인이 된다는 측면에서 노인복지는 모든 사람이 대상이 되는 보편성을 가진다.
③ 대상의 격증성 : 노인복지 대상자의 증가는 현대과학과 의학의 발달, 생활수준의 증진과 평균수명 증가로 인한 고령화로 인해 그 대상이 급격하게 증가하는 경향을 보인다.

(3) 노인복지의 원칙

노인복지는 노인의 삶을 지원하는 사회복지활동으로서 기본적으로 사회복지 실천의 원칙과 부합되어야 한다. 따라서 노인복지의 원칙은 노인기의 특성을 고려한 사회복지원칙이라 할 수 있다.

① 존엄성 및 개성존중의 원칙 : 노인복지 실천 활동에서는 노인의 존엄성과 개별적인 특성을 충분히 고려하여 그들을 위한 서비스나 프로그램을 제공하여야 한다.
② 개별화의 원칙 : 노인들에 대한 고정관념이나 편견을 배제하며, 노인의 개별

적인 특성이나 현재 상황을 충분히 고려하며, 노인이 가진 배경과 상황에 따라 접근방법을 달리하여야 한다.

③ 자기결정의 원칙 : 노인의 삶을 스스로 생각하고 판단하여 자기의 책임하에 선택하고 이행하는 것으로, 전문가는 노인이 신체, 정신적인 이유로 의사결정이 불가능한 경우가 아닌 한 가급적 노인 스스로 선택할 수 있도록 하여야 한다.

④ 권리와 책임의 원칙 : 노인기 인간다운 삶의 유지는 당연한 인간의 권리임이 강조되어야 하나 노인 역시 사회의 한 구성원으로서 책임을 이행할 수 있도록 지원하여야 한다.

⑤ 보편성과 선별성의 원칙 : 노인복지 서비스의 제공은 한정된 사회복지 자원의 분배이므로 국가나 사회의 주어진 재정적 · 사회적 여건을 고려하여 노인 개인의 욕구에 따라 선별적 원칙과 보편적 원칙이 적절히 적용되어야 한다.

⑥ 전체성의 원칙 : 노인에게 제공되는 복지서비스의 내용은 일부분에 제한되는 것이 아니라 신체적, 정서적, 지적, 사회적, 심리적, 영적인 모든 측면을 충족할 수 있는 총체적 차원에서 서비스가 제공되어야 한다.

⑦ 전문성의 원칙 : 노인복지서비스의 제공에 있어 전문인력을 통한 전달과 함께 지속적인 연구와 전문가 양성을 통해 전문성을 확보하여야 한다.

⑧ 시대적 욕구 반영의 원칙 : 인간의 욕구는 시대별 사회환경의 변화에 따라 달라질 수 있으므로 노인의 욕구에 민감하여야 하며, 이에 따른 새로운 서비스의 개발에 힘써야 한다.

3) 노인복지의 실천

(1) 노인복지의 실천

노인복지의 실천은 노인을 중심으로 하는 사회복지 실천을 말한다. 사회복지 실천이 "사회적 욕구를 가진 사람을 대상으로 사회적 안녕을 위해 계획적으로

서비스를 실천하는 사회적 노력"(엄명용 외, 2016)임을 생각하면 노인복지의 실천을 쉽게 이해할 수 있을 것이다.

즉, 노인복지 실천이란 노인을 대상으로 사회적 안녕을 위한 사회의 노력을 말한다. 여기서 '사회'라는 개념은 매우 중요한 의미를 가지는데, 이는 노인의 제반 문제뿐만 아니라 인간의 많은 문제의 근원이 사회에서 비롯되기 때문이다. 특히 노인은 은퇴라는 사회적 과정을 통해 기존의 역할을 상실하게 되며, 새로운 역할을 부여받기보다 스스로 만들어 나가야 하는 어려움이 있기 때문이다. 이에 노인복지 실천은 노인을 대상으로 하거나, 노인을 중심으로 하는 환경에의 개입을 통해 이루어진다.

① 노인복지 실천의 목적

노인복지 실천의 1차 대상은 노인이며, 2차 대상은 노인을 둘러싼 환경, 특히 가족을 주된 대상으로 한다. 따라서 노인복지 실천의 주요 목적은 노인과 노인이 환경과의 상호작용과정에서 가지게 되는 욕구나 그 과정에서 나타나는 문제의 예방, 경감, 해결은 물론 노인의 사회적 기능 향상을 이루고자 하는 실천 목적을 지닌다.

② 노인복지 실천의 목표

노인과 노인의 환경에 개입하는 사회적 노력을 통해 이루고자 하는 노인복지의 목표는 다음과 같다.

- 노인의 사회적 기능 유지와 회복, 증진
- 노인이 지닌 욕구를 충족시키며, 노인문제 해결에 필요한 능력개발을 위한 사회정책, 서비스, 지원 프로그램의 계획과 형성, 수행
- 위험에 직면한 노인의 역량 강화와 사회경제적 정의 증진을 위한 옹호와 행동
- 노인복지와 관련된 전문 지식과 기술의 개발 및 검증

(2) 노인복지의 실천원칙

노인복지는 노인의 삶을 지원하는 사회복지활동으로서 기본적으로 사회복지 실천의 원칙과 부합되어야 한다. 세계 여러 국가들은 노인복지의 원칙에 있어 주로 1991년 국제연합(UN)에서 채택한 노인을 위한 유엔원칙(United Nations Principle of Older Person)을 기준으로 한다. 우리나라 역시 다음과 같은 다섯 가지 실천원칙에 입각한 노인복지 실천 활동이 이루어지고 있다.

① 독립의 원칙

- 노인의 독립적 생활이 가능하도록 소득이나 가족·지역사회 지원을 통한 의식주의 제공과 건강보호가 이루어져야 한다.
- 의존적인 생활보다는 일할 기회를 제공받거나, 다른 소득을 얻을 수 있는 기회에의 접근을 보장하여야 한다.
- 자신의 일을 언제 어떻게 그만둘 것인지에 대한 결정에 참여시켜야 한다.
- 독립생활에 필요한 교육과 훈련 프로그램을 제공하여야 한다.
- 개인의 선호와 변화된 능력에 맞는 안전하고 적응할 수 있는 환경에서의 생활지원이 이루어지도록 한다.
- 노인이 가능한 한 오랫동안 가정에서 생활할 수 있도록 지원하여야 한다.

② 참여의 원칙

- 사회통합과 노인복지에 영향을 주는 정책 형성과 이행에 노인을 참여시켜야 한다.
- 노년기에도 지역사회에 봉사 기회를 제공받아야 하며, 노인에게 적합한 자원봉사 활동에 참여할 수 있도록 한다.
- 노인들을 위한 사회운동과 단체에의 참여와 조직을 지원한다.

③ 보호의 원칙

- 사회규범과 문화가치에 따른 적절한 수준의 가족과 지역사회의 보살핌을 제공하여야 한다.
- 변화된 신체, 정신, 정서적 안정을 제공하며, 질병의 발생이나 예방을 위한 건강보호를 제공하여야 한다.
- 노인의 자율성과 보호에 대한 인식을 높일 수 있도록 사회적, 법률적 서비스를 확보하여야 한다.
- 필요한 경우 재활이나 사회적, 정신적 안정감을 느낄 수 있는 인간적이고 안전한 환경을 갖춘 시설보호를 제공하여야 한다.
- 보호시설, 치료시설 거주 시에도 건강과 삶의 질을 결정하는 권리와 존엄, 신념, 욕구와 사생활 존중의 기본적인 인권을 보호하여야 한다.

④ 자아실현의 원칙

- 노인의 잠재력을 개발할 수 있도록 기회를 제공하여야 한다.
- 사회 속에서 교육·문화·정신적 자원과 여가자원에 쉽게 접근할 수 있도록 지원하여야 한다.

⑤ 존엄의 원칙

- 착취와 육체적, 정신적 학대로부터 인간존엄을 지키며, 안전하게 살 수 있도록 지원하여야 한다.
- 노인의 조건이나 경제적 기여, 성, 인종, 장애, 지위 등에 관계없이 공정하게 대우하여야 한다.

2. 현대사회와 노인문제

1) 현대사회의 변화

(1) 사회구조의 변화

① 산업화와 노인문제

현대사회의 산업화는 1차 산업 중심 사회에서 생산과 서비스산업 유형인 2·3차 산업 중심으로 변화하는 것을 말한다. 산업화는 인간의 삶을 풍요롭게 만들어 주었으나 그 이면에는 인간보다 자본을 중심으로 하는 풍조를 만들기도 하였다.

우리나라의 경우 산업화 과정을 살펴보면 정부가 주도하는 자본주의적 계획 경제정책으로 인해 민간의 자원을 국가에서 동원하는 유형의 산업화가 시작되었다. 이러한 배경으로 산업화의 결과 경제성장 우선의 최소비용을 중시하는 노동집약적인 산업화 과정을 거치게 되었다(양재진, 2004). 이러한 과정에서 현재 노동시장에서 활동 중인 근로자 중심의 복지제도가 확립되는 결과를 보임으로써 상대적으로 노동력이 약한 노인들의 배제가 나타나게 되었다.

또한 산업화로 인해 여성들의 교육과 취업이 확대되면서 여성의 사회참여가 활발해지기 시작하였다. 이러한 현상으로 과거 전통적인 노인 돌봄자로서 여성의 역할 변화 역시 노인돌봄에 영향을 미치게 되었다.

② 도시화와 노인문제

도시화란 특정 시점과 공간을 중심으로 발생하는 인구의 집중현상으로 도시화 수준은 도시 지역에 거주하는 인구 비율을 의미한다(UNDESA, 2015). 하지만 도시화는 단순히 인구의 밀집만이 아니라 인구계층을 중심으로 하는 인구이동이라는 특징을 가진다. 즉, 경제활동 인구 중심의 도시집중 현상으로 도시화 과정은 농촌지역에서 도시지역으로의 이주나 도시인구가 농촌에 비해 절대적으로 빠른 성장이 진행되는 방식으로 나타난다.

우리나라의 경우 도시화는 과거 청년층이 취업이나 생활을 위해 도시지역으로 이주한 결과로서 나타났다. 이러한 도시화는 출생자 수가 사망자 수보다 더 많은 자연증가가 아닌 필요에 의한 이주결과로 농촌지역에서 분리생활을 하고 있는 부모세대의 고령화로 가족돌봄에 어려움을 보여주고 있다. 또한 도시인구의 증가와 함께 도시생활에 필요한 주거나 교통문제, 교육 및 의료비용 등의 부담으로 인한 상대적 빈곤이 나타나고 있다(ODI, 2018). 따라서 도시화로 인한 거리적, 경제적 문제로 인한 노인문제가 발생하게 된다.

③ 노인 부양의식의 변화

노인 부양의식의 변화는 노인부양에 대한 부담의 결과로서 나타나게 되었다. 노인에 대한 부양부담은 스트레스 유발 인자에 대한 부양자 개인의 인지적 평가나 부양의 결과로 나타난 가족의 위기 또는 부양자의 긴장감을 의미한다. 가족의 과도한 부양부담은 우울증이나 화, 불안, 신체적 긴장과 같은 실제 증상을 가져오며, 이로 인해 부양자로서의 역할을 포기하는 원인이 되기도 한다. 이러한 부양부담의 유형으로는 노인부양에서 경험하는 신체적, 심리적, 정서적, 사회적, 재정적 문제가 주를 이룬다.

우리나라의 경우 급속한 평균수명의 증가로 부모부양의 시간이 상대적으로 길어지면서 노인자녀가 노인을 돌보는 노노케어(老老 Care)의 가족부양 어려움이 예상된다. 또한 노인돌봄을 수행했던 여성의 사회참여 확대로 노부모를 자녀들이 부양하여야 한다는 인식이 변화되어 가고 있다. 실제로 우리나라 여성 취업자 현황을 살펴보면 11,670천 명으로 전체 취업자 27,637명 중 42.2%가 여성으로 조사되었다(통계청, 2021).

(2) 인구구조의 변화

현대사회에서 노인과 관련된 가장 큰 변화는 높아진 평균수명으로 고령사회로 변화되어 가고 있는 것이다. 인간 수명의 연장은 현대 의학의 발달과 항생제의 발견, 위생적 환경과 영양상태의 개선으로 인한 결과이다. 또한 산업화로 인한 여성 인력의 사회진출 확대로 양육의 어려움으로 인한 저출산의 영향으로 인한 인구구조 변화로 급속한 노령화가 진행되는 추세이다.

노인 인구의 증가에서의 특징은 평균수명의 증가와 남성보다 여성 인구가 높다는 것이다. 평균수명이란 0세의 출생아가 앞으로 생존할 것으로 예측되는 평균 생존연수인 기대수명을 말한다. 일반적으로 기대수명은 남성에 비해 여성이 높게 나타난다. 우리나라 역시 남성의 기대수명은 79.7년에 비해 여성이 85.7년으로 평균 82.7년(보건복지부, 2019)로 OECD 국가 중 84.5년인 일본에 이어 가장 높은 수준을 보이고 있다. 또한 여성노인의 증가를 살펴보면 실제로 통계에서도 여성 인구가 57.1%로 남성노인보다 높게 나타나고 있다(보건복지부, 2019).

이 외에 노인과 관련된 가족구조의 변화 역시 함께 나타나고 있다. 대표적으로 대가족에서 소가족으로의 변화에서 이제는 1인가구의 증가와 함께 고령화 비율의 증가, 고령 노인의 증가 현상 등이 있다.

인구구조와 노인복지와의 관계를 살펴보면 노인인구의 증가는 경제활동 인구의 감소를 의미하므로 노인복지 서비스 수요의 증가와 복지재정에 영향을 주는 요인이 된다. 또한 저출산으로 인해 고령노인의 인구비율이 반비례적으로 증가함에 따라 전통적인 노인돌봄의 잠재적 자원인 비공식적 보호자의 감소로 노인문제가 사회문제로 발전될 수 있다.

우리나라의 노인인구의 증가 원인 중 단순히 노인의 수가 늘어나는 것이 아니라 아이를 덜 낳고 있다는 것도 한 요인이다. 2020년 출산율은 0.84명으로 이처럼 인구구조에서 낮은 출산율은 고령화를 가속시키는 요인으로 이에 대한 대처도 필요함을 보여주고 있다.

① 노인인구의 증가

노인인구의 증가는 인구 고령화 현상으로 이를 나타내는 기준은 전체인구에서 노인인구가 차지하는 비율로 분류하고 있다. 일반적으로 고령화의 구분은 65세 이상의 노인인구가 전체인구에서 차지하는 비율로 7% 이상인 경우 고령화사회,

14%를 넘을 때 고령사회라 하며, 20%를 넘는 경우 초고령사회로 본다.

우리나라의 고령화 추이를 살펴보면 1960년 65세 이상 노인인구는 전체 인구의 3.9%인 98만여 명에 불과하였다. 이후 1990년에는 인구의 4.7%인 약 200만 명으로 30년 만에 노인인구가 2배로 증가하였다. 그러나 2000년 노인인구가 전체인구의 7%를 넘어서는 고령화사회로 들어서면서 노인인구는 급격한 증가추세를 보여왔다. 2017년 전체인구의 14.2%를 넘어 고령사회에 진입하였으며, 우리나라 2021년 통계에 의하면 2021년 노인인구는 8,571,347명(16.6%)이며, 2025년 10,585,254명(20.6%)으로 초고령사회에 진입할 것으로 예측된다(통계청, 2021).

② 고령화와 가족

노인의 가족현황을 살펴보면 결혼상태에서 배우자가 없는 경우가 38.6%로 나타났다. 가구구성에서는 노인독거가구 23.0%, 노인부부가구 44.5%, 자녀동거가구 28.4%, 기타 4.0%로 독거노인과 노인부부 세대가 자녀와 동거하는 비율에 비해 상당히 낮음을 알 수 있다(통계청, 2021).

이처럼 우리의 고령화 추세는 인구구조뿐만 아니라 노인을 둘러싼 가족들의 문제로 변화되어 가고 있다. 특히 저출산과 고령화의 결과로 인해 현재의 부부세대가 노인이 될 경우 양가의 부모세대가 모두 생존하고 있을 확률이 매우 높을 것이다. 이러한 변화로 우리나라의 노인가족은 다음과 같은 가족갈등이나 가족부담이 가중될 수 있다.

- 노인가족에 대한 수발부담과 이로 인한 가족갈등 증가
- 노인부모세대에 대한 의료비 부담 증가
- 노인친화형 주거환경 개선의 필요
- 노인 1인가구 부모 증가로 인한 돌봄부담
- 가족돌봄의 어려움으로 인한 사회차원의 노인복지 서비스 필요성 증가
- 부모의 이혼이나 재혼의 경험으로 인한 새로운 가족관계에의 적응
- 노인인 자녀가 고령의 부모세대를 부양하여야 하는 상황의 증가

(3) 고령화의 영향

① 노령화 지수

노령화 지수란 유소년층 인구(0~14세)에 대한 노인 인구(65세 이상)의 비율을 말한다. 노령화 지수는 흔히 한 사회의 인구 노령화에 대한 정도를 나타내는 지표로 활용된다.

우리나라의 노령화 지수는 2013년 81.5명에서 2017년 105.1명으로 노인인구가 유소년층 인구의 숫자보다 많아졌다. 2022년에는 152명으로 노인인구가 더 높게 나타났는데 이러한 추세는 우리나라의 급격한 저출산 고령화 현상을 보여주고 있다. 이처럼 매년 노령화 지수가 높아지고 있어 미래사회에는 생산 연령에 유입되는 인구보다 부양을 받는 인구 증가에 대한 대처가 필요할 것이다.

② 노년부양비

노년부양비란 생산가능인구(15~64세) 100명에 대한 노인인구(65세 이상)의 비율을 말한다. 노년부양비는 한 사회의 100명의 생산인구가 부양해야 하는 65세 이상 인구의 숫자로 표현된다.

우리나라의 노년부양비는 가파른 고령화 속도만큼 높아져 가고 있다. 통계를 살펴보면 2021년에 23.1명으로 4.3명의 생산가능 인구가 1명의 노인을 부양하여야 하며, 2067년에는 100.1명으로 생산가능인구 1명이 노인 1명을 부양해야 할 것으로 예측되고 있다. 이처럼 노년부양비는 노인부양에 대한 사회적 부담을 보여주는 지표로서 한 나라의 인구정책은 물론 안정적 노후대책과 함께 젊은 세대의 부담 감소를 위한 기본 자료로서 중요한 의미를 가진다(통계청, 2021).

2) 노인문제

(1) 노인문제의 개념

① 노인문제의 정의

한 사회에서 노인문제는 노인에게만 국한되는 문제로 발생하지 않는다. 노인문제는 인간 발달과정에서 나타나는 문제로 거시적으로 사회문제의 한 영역으로 다루어지므로 사회문제와 마찬가지로 시대, 장소, 문화 등에 따라 다양한 시각에 의해서 다양하게 규정될 수밖에 없다.

이러한 측면에서 노인문제란 인간이 노인기에 경험하는 다양한 영역에서 가지는 어려움으로 사회에 중요한 영향을 미치는 문제를 의미한다.

② 노인문제의 요건

노인문제는 사회와의 관계에서 나타나는 어려움과 밀접한 관련을 가진다. 하지만 노인의 모든 어려움을 문제로 규정하기는 어렵다. 이러한 측면에서 노인문제는 다음의 세 가지 부분을 충족하여야 한다. 첫 번째는 원인 측면으로, 노인문제의 원인은 사회적이고 사회적 규범과 가치에 위배되는 것이어야 한다. 두 번째는 과정 측면으로, 사회의 광범위한 구성원들에게 관심을 유발하여야 하며, 상당수의 사람에게 부정적인 영향을 주거나 그 문제가 상당 기간 지속되는 것이어야 한다. 세 번째는 결과 측면으로, 사회구성원 중 상당수의 사람이나 소수의 문제라고 규정할 수 있는 권력을 지닌 사람들에 의해 노인문제로 판단되어 사회가 그 문제의 개선을 위해 집단행동이 나타나는 것이어야 한다.

(2) 노인문제의 배경

노인문제 발생배경의 가장 중요한 원인으로는 은퇴를 지적한다. 은퇴는 일정기간동안 사회에서 자신의 역할을 해오던 사람이 그 지위나 역할에서 물러나 지위와 관련된 역할수행을 중단하는 것이다. 사회에서 은퇴는 개인의 선택에 의해 자발적으로 이루어지기도 하지만 대다수의 경우 노인이 신체조건의 쇠퇴로 은퇴가 이루어지는 경향이 있다.

이처럼 은퇴는 신체적 여건에 의해 나타나는 사회적 현상으로 국제연합(UN)에서도 만 65세의 노인의 경우 생산기능을 적절하게 수행하기 어려우므로 국가가 정책적으로 보호, 부양하여야 한다고 규정하면서 노인의 은퇴를 자연스러운 과정으로 보았다. 그러나 최근 평균수명의 연장으로 인간수명 100세 시대라는 인식과 함께 노인의 퇴직연령의 상향이나 퇴직연령 자체를 폐지하여야 한다는 논의도 일어나고 있다.

① 은퇴와 노인문제의 발생

은퇴는 주로 경제활동에서의 은퇴를 의미하지만 은퇴를 기점으로 사회적 역할과 지위를 상실하게 되어 사회적 지위하락을 동반하는 경향이 있다.

- 소득의 격감과 상실, 자아정체감과 존중감 저하, 사회참여 저하
- 은퇴 후 부적응 시 은퇴증후군 발생 : 불면증, 우울증, 불안, 강박증, 알코올 중독 등
- 은퇴 이후 적응과 삶 만족도는 개인의 신체, 사회, 경제적 요인에 의해 다르게 나타남

② 현대사회의 변화와 노인문제의 발생

- 직업에서의 퇴직과 수입 감소에 따른 빈곤문제
- 평균수명 증가에 따른 건강 악화와 만성질병 문제
- 심리사회적인 고립에 따른 소외 문제

(3) 노인복지와 노인의 4고(苦)

현대사회에서 노인의 문제로 흔히 네 가지 고통을 경험한다는 '노인의 4고'를

이야기한다. 여기서 노인의 어려움은 빈곤, 질병, 고독, 역할상실이다. 이러한 어려움은 과거 전통사회에서는 대가족 거주와 낮은 평균수명으로 경험하기 어려웠던 현상이다.

과거 1차 산업 중심 사회에서는 노인의 경험이나 지식의 유용성으로 존경받던 노인의 위상에 비추어 현대사회의 노인문제와 차이를 보인다. 즉, 어떤 측면에서는 현대문명의 발전으로 인한 평균수명의 급격한 증가와 산업기술과 지식의 고도화로 인해 사회에서 은퇴한 노인의 문제가 발생하는 것으로 볼 수 있다.

① 빈곤문제 : 경제적 의존

노인의 빈곤은 경제적 어려움으로 자신의 삶을 충분히 영위할 수 있는 자원의 확보에 어려움을 겪게 된다. 이러한 경제적 문제의 시작은 퇴직으로 인한 소득의 상실과 함께 발생하게 된다. 즉, 현대사회에서는 개인의 노동력이 상품이라고 할 수 있는데, 현대 산업구조의 변화와 과학적 생산기술의 발달로 인해 기술과 능력이 부족한 노인은 산업현장에서 물러나야만 하게 된다. 이러한 은퇴로 노인은 소득의 상실뿐만 아니라 사회적 역할까지 상실하는 경향이 있어 사회와의 단절이나 소외감을 경험하는 요인이기도 하다.

우리나라의 경우 빈곤에 처할 위험이 높은 은퇴의 경우 구조조정이나 명목상의 희망퇴직 등 비자발적 은퇴로 인해 생계수단인 일자리를 잃는 사람의 수가 늘어나면서 노인기 빈곤의 원인이 되고 있다. 우리나라의 퇴직연령은 2013년 「고용상 연령차별 금지 및 고령자고용촉진에 관한 법률」 개정을 통해 60세 이상으로 규정하였다. 하지만 현실적으로는 55세 이전에도 은퇴하는 경우가 있으며, 이 경우 평균수명의 증가로 소득 단절 이후 길어진 여생을 살아가는 동안 빈곤의 위험에 빠질 우려가 높다.

② 질병문제 : 건강

노년기는 신체기능 저하로 인한 건강악화와 만성질환이 나타나는 시기이다. 이러한 건강문제는 일반적으로 현대의 의료 및 보건기술의 발달로 평균수명은 연장되었으나 인간의 신체노화를 막기는 어렵기 때문이다. 이처럼 인간의 생물학적 노화로 질병에 시달리면서 젊은 세대에 비해 2~3배 높은 유병율과 만성질환, 합병증을 수반하게 된다. 노인의 질병은 회복 속도도 느리고 장기간에 걸쳐 회복하는 특징으로 인해 발병 이후 건강 악화와 함께 일상생활과 사회생활에 다른 사람의 도움을 받아야만 기존의 생활을 유지할 수 있다.

③ 고독과 소외문제

인간은 사회적 존재로 사회 속에서 다른 사람과 관계를 형성하면서 살아가는 것이 일반적이다. 실제로 인간관계에 어려움을 보이는 ADHD(주의력결핍-과잉행동증후군)의 경우 치료를 필요로 하는 질환으로 분류하기도 한다.

이처럼 인간과 사회관계는 매우 중요한 부분이다. 하지만 노년기에는 은퇴의 영향으로 대인관계의 축소나 상실로 인해 사회활동이나 사회참여의 기회가 점점 낮아지게 된다. 이러한 상황에서 가족으로부터 지지나 원조가 필요하다. 하지만 현대사회의 산업화나 도시화로 인한 핵가족화와 이로 인한 노인부부 또는 노인단독가구의 증가로 사회로부터의 소외가 일어나게 된다.

노인의 고독과 소외는 다른 연령층과는 달리 심리적으로 치명적인 영향을 줄 수 있다. 이는 기존 사회관계의 단절로 자신의 존재가치에 대한 부정과 비관과 함께 모든 것이 끝이라는 절망적 생각을 가질 수 있기 때문이다. 노인 배우자의 상실의 경우 홀로 남았다는 고독과 소외감으로 사회적, 심리적 상실감을 경험하면서 우울증 또는 심한 병을 앓거나 자살을 선택하는 사례도 나타난다.

④ 역할 상실의 문제

노인의 역할상실 문제의 원인으로는 현대의 산업유형 변화와 기술 발전을 들 수 있다. 노인의 경우 경제활동에 종사해 왔던 시기의 경험이나 지식이 현재사회와 불일치를 보임으로써 경쟁력이 낮아질 수밖에 없다. 여기에 새로운 지식을 습득하기에 어려움을 겪으면서 젊은이에게 밀려 직업적 역할을 잃고 사회적 역할을 상실하게 된다.

역할상실의 문제가 노인에게 미치는 영향은 일련의 과정을 거치면서 노인이 관련된 대부분의 환경에 영향을 미치는 특징을 가진다. 먼저 노인의 사회적 역할 상실로 인해 가족 내에서 누렸던 가부장적 지위와 역할도 점차 약화되어 간다. 이러한 노인의 지위와 권위 저하로 인해 부정적인 자아상을 형성하게 되면서 사회활동에 위축되어 간다. 또한 역할상실로 인한 인간관계의 단절과 고립 상황은 생활의욕을 낮추어 노인의 상실과 고독감을 가중시키고 이러한 상실감이 질병, 정서적 부적응 현상의 원인이 된다.

3. 노인복지 정책 및 과제

OECD 37개국의 노인 관련 통계자료 중 우리나라는 몇몇 분야에서 최상위에 기록되고 있다. 우리나라의 초고령사회 진입은 2025년으로 2017년 고령사회 이후 8년 만에 도달하게 되는데 이는 세계에서 유례를 찾아볼 수 없는 속도이다. 실제로, 노인인구 증가는 최근 10년간 연평균 4.4% 이상 증가하고 있는데 이는 OECD 국가의 평균 노인증가율의 1.7배 수준이다. 노인의 경제와 관련된 순위에서도 노인빈곤율 43.4%로 회원국 평균 15.7%에 비해 가장 높은 수준을 보이고 있다. 자살율의 지표에서도 우리나라는 2019년 전체 자살률(인구 10만 명당 인원수)은 26.9명임에 비해 60대 33.7명, 70대 46.2명, 80대 67.4명으로 노인 자살률 또한 OECD 1위에 올라있다.

이러한 노인과 관련된 부정적 지표들은 우리나라 노인의 어려운 삶을 보여주고 있다. 우리나라가 세계 10위권의 경제규모를 보여주고 있음에 비해 노인복지의 수준은 그 위상에 맞지 않는 것이 현실인 것이다. 이는 국가의 복지수준의 척도로 볼 수 있기에 부정적 통계를 바로잡을 수 있는 정책이 요청된다.

1) 노인복지의 법적 기반

노인복지는 단순히 노인 대상의 복지정책이 아닌 모든 국민을 위한 제도로 간주되어야 한다. 이는 노인의 특성 중 보편성에서 찾을 수 있다. 즉, 인간은 누구나 생애발달과정을 거쳐 노인이 된다는 보편적 시각에서 노인복지의 실천이 이루어져야 할 것이다. 이러한 차원에서 노인복지는 인간의 보편적 권리인 기본권의 영역에서부터 시작되어 특정한 연령대를 위한 복지로 분류하여 다루어져야 할 필요가 있다.

(1) 헌법과 노인복지

헌법은 한 국가의 가장 상위법으로 국가의 통치조직과 통치작용의 기본 원리 및 국민의 기본권을 보장하는 근본 규범이다. 따라서 모든 나라는 그 형식에 관계없이 헌법을 가장 상위법으로 하며, 헌법은 국가의 정체성과 통치이념을 결정하는 법률로 기능하고 있다. 노인복지와 헌법의 관련에서는 가장 먼저 국가의 구성원이 누려야 할 기본권으로의 노인복지권의 보장이다. 우리나라 헌법에서는 복지국가주의라는 헌법상의 기본 원리를 천명하고 있으며, 모든 국민의 건강한 생활을 보장하는 것을 국가의 책무로 규정하고 있다.

기본권으로서 복지권의 헌법조문을 살펴보면 다음과 같다.

먼저 헌법의 전문에서는 국민생활의 균등한 향상을 선언하였다. 사회복지와 가장 관련된 조항은 제10조에서 인간으로서의 존엄과 가치 및 행복추구권을 규정하고 있다. 헌법 제34조 제1항 역시 모든 국민은 인간다운 생활을 할 권리를 가진다고 규정되어 있어 국민의 인간다운 행복한 삶의 보장을 명문화하고 있음을 알 수 있다.

노인복지의 실현에 대하여도 제34조 제4항에서 국가는 노인과 청소년의 복지향상을 위한 정책을 실시할 의무를 진다고 하였으며, 제5항에서도 신체장애자 및 질병·노령 기타의 사유로 생활능력이 없는 국민은 법률이 정하는 바에 의하여 국가의 보호를 받는다라고 하였다.

이처럼 우리나라의 헌법은 복지에 대한 책임이 개인이나 사회가 아닌 국가임을 명시하고 있다. 이는 복지가 인간의 기본권의 영역이며, 정부와 지방자치단체가 노인복지의 실천 주체임을 밝히고 있다.

(2) 노인복지법

① 기본 이념과 목적

우리나라의 노인복지와 관련된 기본법으로는 노인복지법이 있다. 노인복지법은 1981년 제정된 노인복지에 관한 기본적 규정을 담고 있다. 법 제정배경을 살펴보면 우리나라의 전통적인 경로효친이라는 미풍양속을 유지, 발전시키기 위함이라고 그 목적을 밝히고 있다. 또한 노화로 인한 노인의 건강보호와 시설의 제공으로 노인복지 시책의 효과적 추진을 꾀하며 노인인구 증가와 산업화에 따른 노인문제로 인한 사회문제에의 대처를 위한 기본 법령이라 할 수 있다.

노인복지법은 노인복지의 중심이 되는 법령으로 우리나라 노인복지 정책의 방향과 실천내용을 규정하고 있다. 법 제정의 기본 이념은 노인에게 적절한 치료와 요양을 제공하며, 건강유지와 노후 생활안정으로 노인의 보건복지 증진에 기여함을 표방하고 있다. 또한 우리의 전통적인 경로효친 사상을 고취함에 있어 국가가 중심이 되어 노인보호와 경로효친을 실행함을 법 제정의 목적으로 강조하고 있다.

우리나라 노인복지법은 제정 초기에는 저소득 취약계층의 생활을 보장하는 노인 대상의 복지정책 법률로 기능하였다. 하지만 2000년 고령화사회에의 진입 이후 노인인구의 급증과 함께 빈곤노인의 증가로 인한 노인생활의 전반적 보호를 중심으로 규정이 변화하였다. 아울러 노인인구의 증가를 우리나라의 저출산과 연계하여 저출산 고령화에 따른 고령화 저출산 기본법의 제정으로 노인복지 정책의 새로운 변화를 맞고 있다.

② 노인복지법의 주요 내용

노인복지법은 법의 제정목적 달성을 위하여 노인실태조사를 3년마다 실시하고 있다. 조사의 주요 내용은 노인의 보건, 복지에 관한 실태로서 다음과 같은 내용을 담고 있다.

- 노인과 생계를 같이하는 가구의 가구구성 소득·재산 등 경제상태 및 주택 사항
- 노인의 부양실태 및 가족관계에 관한 사항
- 노인의 소득·재산 등 경제상태 및 경제활동에 관한 사항
- 노인의 보건, 의료 및 사회활동 실태에 관한 사항
- 정부 또는 민간에서 제공하는 노인복지 서비스 이용 현황 및 이용욕구에 관한 사항
- 노후준비 상황 및 노후준비 주체 등 노후생활의 인식에 관한 사항
- 그 밖에 노인보건복지 정책에 관한 사항

법에서는 노인에 대한 관심과 공경을 증진하기 위하여 기념일을 지정하고 있다. 대표적으로 5월 8일을 어버이날로 정하고 있으며, 매년 10월을 경로의 달로 지정하고 10월 2일을 노인의 날로 정하여 경로효친 의식을 높이고자 한다.

노인복지 증진과 관련하여서도 국가 및 지방자치단체에서 노인의 사회참여를 지원하기 위한 노력을 규정하고 있다. 이를 위해 국가 등은 노인 적합 직종의 개발과 보급을 위한 시책을 마련하며, 근로능력이 있는 노인에게 일할 기회를 제공하기 위해 노력하도록 정하였다. 노인의 사회참여를 위해 지역봉사, 취업을 위한 봉사기관, 취업알선기관에 대한 지원 등의 실천 근거를 마련하고 있다.

2) 우리나라의 노인복지 정책

우리나라의 노인복지정책의 총괄부서는 보건복지부이다. 보건복지는 노인복지의 증진을 위하여 노후생활안정과 노인건강관리 지원, 노인공경의 사회분위기 조성을 주요 기본 목표로 정하고 있다(보건복지부).

노인의 노후생활 안정을 위한 주요 지원정책으로는 노인기초연금이 대표적이며, 경로우대제도를 통한 교통비 부담완화 및 통신비 감면, 문화생활 지원과 함께

노인일자리 사업 등의 취업기회 확충을 위한 노인복지사업을 추진하고 있다.

노인건강관리 지원을 위하여 노인장기요양 서비스를 지도감독하고 있으며, 치매 등 노인성 질환의 극복을 위한 건강검진과 조기진단, 치료기능 강화를 위한 노인의료 기관 및 보건소의 기능 강화 정책을 펼치고 있다.

노인을 위한 사회분위기 조성사업으로는 노인들이 이용하기에 적합한 노인복지시설의 건립과 이용지원을 위해 유・무료시설의 확충을 지원하고 있다. 아울러 노인에게 적합한 자원봉사 활동 일감의 개발이나 사회참여의 기회 확대를 위한 노인단체의 결성과 운영지원 사업을 국가주도로 시행하고 있다.

이처럼 우리나라의 노인복지정책은 모든 노인의 생활상 기본적 욕구 충족을 사회적으로 보장하는 일반적인 대책의 일환으로 실천을 강조하면서 정책의 기본 목적 달성을 위하여 정부에서는 노인의 경제적 안정, 직업, 주택, 가족, 생활, 의료, 위생, 교육, 문화, 오락 등 노인의 삶의 모든 측면에서 궁극적으로 노인의 삶의 질 증진을 위해 노력하고 있다.

(1) 노인복지 주요 정책

① 소득보장정책

노인을 대상으로 지원하는 소득보장의 유형으로는 대표적으로 연금제도를 들 수 있다. 일반적으로 공적연금은 개인의 기여를 기반으로 한다. 하지만 우리나라의 국민연금은 비교적 늦은 시기인 1988년 제도가 도입되어 80세 이상의 고령노인의 공적연금 수급자 수는 매우 적다.

국민연금 수령자의 수는 노인인구 857만 명 중 약 569만 명으로 33.6%의 노인들이 공적연금을 받지 못하고 있다. 연금액 역시 평균 55만 원(국민연금공단, 2021년)으로 1인가구 최저생계비 54만 8천 원을 겨우 넘는 수준이다.

이처럼 우리나라의 노후소득은 매우 불안정한 상황으로 이를 보완하기 위하여 일정 소득 이하인 노인을 대상으로 기초연금, 공적부조나 고용지원 등의 간접지원이 이루어지고 있다.

- 기초연금 : 노후 보장과 복지향상을 위해 65세 이상의 소득인정액 기준 하위 70% 노인에게 매년 일정 금액을 지급하는 제도이다. 기초연금은 2008년 기초노령연금제도를 개정하여 2014년 7월부터 시행하였다.
- 사회보험 : 국민연금, 특수직역 연금제도(공무원, 군인, 사학연금)
- 공적부조 : 국민기초생활보장제도
- 사적연금 또는 퇴직제도 : 퇴직연금, 주택연금, 개인연금
- 간접보조 : 세금감면, 경로우대의 할인혜택
- 노인고용 : 노인 일자리 제공사업

② 의료보장정책

노인의 건강과 질병에 대한 대처로서 우리나라의 대표적인 보험제도는 국민건강보험이 있다. 1963년 의료보험법이 제정되면서 노인을 포함한 국민의 질병이나 부상, 해산 등에 대한 보험급여를 지급하였다. 의료보험법은 1999년 국민건강보험법으로 개칭되면서 질병치료 이외에 질병의 예방이나 건강을 증진시키기 위한 검진 등을 포함하는 포괄적인 의료서비스를 제공하는 것으로 변화되었다. 이러한 변화에 따라 노인건강검진 서비스를 통해 질병의 조기발견 및 조기치료로 노인의 건강을 유지·향상·증진을 위한 의료지원이 이루어지고 있다.

우리나라 노인 의료보장 정책의 주요 목적은 국민의 건강 회복·유지·증진의 수단으로 국민의 건강에 대한 권리를 보장하는 것이다. 이러한 목적달성을 위해 가입자 부담의 건강보험 외에 저소득 계층의 노인 등을 위한 의료서비스 공공부조의 일환으로 의료급여를 제공하고 있다.

우리나라의 건강보험 진료비 77.6조 원 가운데 65세 이상 진료비는 31.6조로 40.8%로 나타났다. 이러한 증가는 2015년 32.5%에 비해 진료비의 급격한 증가를 보이고 있음을 알 수 있다(건강보험심사평가원, 2019). 하지만 노인의 질병 미치료율이 전체 국민 평균 12.4%에 비해 65세 이상은 16.7%로 높게 나타나 의료서비스 이용에 어려움을 느끼고 있음을 알 수 있다. 이러한 측면에서 노인에 대한 의료보장과 함께 돌봄서비스 제공의 필요성이 있음을 알 수 있다.

노인케어를 위한 노인장기요양보험제도는 2008년 7월 고령이나 노인성 질병으로 인해 혼자서 일상생활을 수행하기 어려운 이들에게 신체활동, 가사지원 등의 서비스를 제공하여 노후생활 안정과 가족의 부담을 덜어주기 위한 사회보험제도로서 시작되었다. 장기요양 서비스는 65세 이상의 경우 신청이 가능하며, 65세 미만자의 경우에도 노인성 질환으로 판정되는 경우 동일한 서비스를 받을 수 있다.

③ 주거보장정책

노년기 주거환경은 신체적, 인지적 변화에 맞추어 적절한 설비나 개선을 통해 제공되는 것이 바람직하다. 주거는 기본적으로 개인의 사생활 영역으로 심리적, 정서적 안정감을 제공하는 공간이다. 특히 현대사회의 노인 1인가구의 증가나 사별, 별거 노인의 증가와 핵가족화로 인해 혼자 사는 노인의 경우 적절한 주거지원이 이루어지지 않는다면 병원이나 요양시설을 이용할 수밖에 없을 것이다. 따라서 노인 주거공간의 지원은 개별 노인의 건강과 심리상태에 따라 최소한의 지원을 통해 스스로 생활이 가능한 주거유형의 제공이 필요하다.

이러한 측면에서 노인주거전문주택의 제공이나 경제력을 고려한 노인 임대주택의 제공과 임대비의 감액 또는 무료 제공 등의 정책이 요청된다.

④ 교통복지정책

노인을 대상으로 하는 교통복지정책은 주로 노인의 이동보장과 관련된 부분이다. 노년기는 신체 기능의 약화로 스스로 이동이 어렵거나 대중교통수단을 이용하는 데 현저한 어려움을 느끼게 된다. 또한 은퇴로 인한 경제력 감소로 자가용을 보유하거나 유지에 어려움을 느낄 수 있다. 특히 교통편의 시설의 경우 도시지역보다는 농어촌지역이 상대적으로 어려움이 많으므로 노인을 위한 콜택시의 무료 제공 등의 정책적 고려도 필요하다.

⑤ 영양지원정책

노인 결식예방 정책은 현재 우리나리의 사회변화와 그 맥락을 함께하고 있다.

과거와 달리 가족의 돌봄이 어려워진 상황에서 노인 스스로 영양관리를 하기는 매우 어렵기 때문이다. 보건복지부는 제2차 국민영양관리기본계획(2017~2021)을 수립하면서 건강검진과 연계해 보건소에서 고혈압·당뇨병 환자나 의심자에게 제공하는 영양상담 서비스 강화를 목표로 하였다. 여기서는 재가노인 등에 대한 방문형 영양관리 프로그램과 다문화가정용 영양교육 프로그램 개발을 통해 노인의 영양불균형을 예방하고자 하였다. 하지만 실제 정책적 효과를 거두기보다는 노인 건강관리의 선언적 정책으로 결식예방 복지실천은 민간복지기관 및 단체의 노인무료급식사업이나 밑반찬 및 도시락 지원사업서비스에 의존하는 경향을 보이고 있어 정부의 적극적인 대처가 요청된다.

(2) 고령친화산업 정책

고령친화산업은 용어 그대로 주요 소비대상이 노인이다. 고령산업은 다른 노인정책과는 달리 실천 주체가 정부가 아닌 민간부문인 기업체 중심이라는 특징을 가진다. 이런 원칙으로 고령친화산업은 시장원리에 입각하여 상품이나 서비스를 공급하는 산업분야로 구분된다.

① 대상의 특징

고령산업의 서비스나 제품은 판매를 통해 이루어지므로 주요 대상은 구매력이 있는 노인이 된다. 산업의 주요 목적은 노인과 관련된 상품이나 서비스를 제공하여 노인의 삶의 질을 향상시키고 노인의 욕구를 해결하기 위함이다. 이러한 측면에서 고령산업은 노인복지서비스와 유사한 성격을 가진다. 하지만 최종 결과물이 노인이라는 특정 계층에 한정되며, 노인들이 필요로 하는 서비스나 상품의 생산이 이루어지므로 대량생산이 이루어지는 다른 제조산업과는 달리 소품종 소량생산 산업의 특징을 가진다. 하지만 최종 결과물이 노인이라는 특정 계층에 한정되며, 고령산업의 대상자 특징을 살펴보면 다음과 같다.

- 신체적, 사회적, 경제적으로 취약하고 정보 면에서도 취약한 노인계층

- 사업추진에서 노인의 권리나 인권보장에 대한 노력 필요
- 취약계층 대상으로 노인보호를 위한 제도적 장치가 필요한 산업분야

② 고령산업의 특징

고령산업은 노인들이 필요로 하는 서비스나 상품의 생산이 이루어지므로 대량생산이 이루어지는 다른 제조산업과는 달리 다품종 소량생산 산업의 특징을 가진다. 이러한 이유로 고령산업은 일반기업과는 달리 영리와 복지가 혼합된 특징을 가지게 된다. 즉, 고령산업은 영리를 추구하는 사업이지만 복지 영역의 일부로 간주되며, 영리성과 복지성과의 적절한 조화가 요구되는 산업분야인 것이다. 이러한 성격으로 공급주체 역시 민간과 공공법인 등 다양한 주체가 참여하고 있으며, 정부가 아닌 민간부문에서 사업에 참여하는 경우가 많다. 현재 우리나라 고령산업 참여자의 유형을 살펴보면 상법에 의해 설립된 주식회사, 합자회사, 유한회사 등 민간기업 유형이 있으며, 비영리조직이 운영하는 재단법인, 사회복지법인, 조합, 종교법인 등도 참여하고 있다.

일반적으로 고령산업의 내용적 특징을 살펴보면 수요중심 산업으로서 노인의 소득, 재산, 연령, 건강욕구에 대응하는 세분화된 소형시장의 집합적 성격을 지니며, 다품종 소량생산의 중소기업에 적합한 분야라 할 수 있다.

③ 고령친화산업의 유형

고령친화산업은 노인의 삶의 전체 영역에서 욕구와 필요를 보이는 모든 분야의 상품이나 서비스가 해당된다. 이를 유형별로 살펴보면 다음과 같다.

첫 번째, 주거 관련 서비스로 노인전용주택, 아파트, 노인촌락, 유료양로원 및 유료요양원 등이 이에 해당된다.

두 번째, 케어 관련 서비스로 주로 거동이 어려운 노인을 위한 재가서비스가 해당되며 주요 내용으로는 가정방문 간호서비스, 가정방문 요양 및 목욕서비스, 낮 시간의 주간보호나 일시적인 단기보호서비스가 있다.

세 번째, 건강 관련 서비스로 간호 관련 사업인 노인병원, 요양원, 상담소, 물리

치료센터 등이 있으며, 가정보건관리 분야로 가정방문 주사・투약, 재활치료, 물리치료, 식이관리 등과 건강서비스로 노인전용 정기 건강검진사업이 있다.

네 번째, 안전 관련 서비스로는 주택개보수 부분으로 문턱 보수, 욕실 등 미끄러짐 방지 설비와 긴급구호서비스로 의료기관 이송 등을 위한 구호, 안전관리를 위한 치매노인 위치추적 탐지기 등이 있다.

다섯 번째, 금융 관련 서비스로 노후 소득관리를 위한 투자신탁의 유형으로 연금, 부동산, 금융, 보험회사의 노후생활 소득관리와 노인재산관리사업이 있다.

여섯 번째, 교육 관련 서비스로는 노년기 삶의 마감이나 입종 준비와 사후 대처를 위한 통합적 노년기 준비교육의 제공이 있다.

일곱 번째, 여가 관련 서비스로는 건강과 즐거움을 제공하는 노인 스포츠나 레크리에이션, 노인들에게 적합한 여행상품, 각종 취미클럽의 운영, 자원봉사활동의 알선 등이 있다.

여덟 번째, 복지용구 및 일상용품 서비스로 재활보조기구로 사용되는 지팡이, 안경, 점자기기, 보청기, 휠체어, 보행기의 제공, 노인의 일상생활 영위에 필요한 특수 의자, 안전 도어, 자동 걸레 등의 용품 지원과 위생용품으로 요실금 방지 성인용 기저귀 등의 제공사업이 있다.

3) 노인복지정책의 방향과 과제

(1) 노인 소득활동의 지원

① 소득보장의 강화

우리나라의 노인복지 정책에 있어 개선의 필요가 있는 분야로는 우선적으로 노후생활 지원 강화를 위한 제도개선을 들 수 있다. 이 중에서도 노인빈곤문제의 해결을 위한 소득보장 정책의 개발이 중요하다. 실제 우리나라 노인 중 65세 노인의 ⅓에 해당하는 인구가 국민연금의 미수령자임을 감안할 때 소득보장을 위한 정책이 필요가 높다. 이를 위해 현재 노인의 70%를 대상으로 하는 기초연금의 수급액의 증액도 고려되어야 할 것이다. 국민연금 수령자의 경우 취업자에 대해 감액연금을 지급하는 정책은 늘어나는 평균수명을 고려하여 향후 고령노인기의 생활을 준비할 수 있도록 전액 지급이 이루어져야 할 것이다.

이 외에도 기초연금제도와 공적연금제도의 통합을 통해 모든 노인들이 일상생활을 유지할 수 있는 최저 생계보장을 위한 정책개선도 요청된다.

② 경제활동 지원

우리나라의 은퇴연령은 법적으로는 60세로 규정되어 있다. 그러나 실제 체감 은퇴 연령에 대한 인식은 2016년 50.9세에서 2020년 49.7세로 오히려 더 낮아지는 것으로 나타났다(잡코리아, 2021). 이러한 낮은 정년은 평균수명의 연장으로 길어진 노년기에 빈곤층으로 전락할 위험을 매우 높이고 있다.

우리나라의 고령화 속도는 세계에서 가장 빠른 속도를 보이고 있음에도 은퇴연령이 지속적으로 하락한다는 것은 노인문제로서뿐만 아니라 국가 차원에서도 인력의 낭비일 것이다.

특히 노인의 빈곤문제 해결을 사회보장비로 충당하는 것은 매우 어렵기 때문에 일할 수 있는 노인을 중심으로 취업과 재취업 증진 정책을 통해 긍정적인 해결을 모색하여야 할 것이다. 이러한 측면에서 노인취업의 활성화는 취업노인의 증가로 노인복지비용 등 사회적 부담의 경감에 효과적일 것이다.

취업지원을 위해서는 기업을 대상으로 정년연장을 자율적으로 실시할 경우 세제경감 등의 인센티브를 제공하는 것도 필요하다.

③ 개인의 노후준비 지원

노인의 노후 소득보장을 장려하기 위한 방안으로는 공적연금 이외에 개인연금에 대한 세제지원 및 금융지원을 강화하는 것도 좋은 방법이 될 수 있다. 현재 직장 급여자를 중심으로 운영하고 있는 퇴직연금제의 경우 실제 노후 재정자원으로 활용될 수 있도록 투자범위를 개방하는 방안과 함께 일률적인 개인연금 세제감면에 대하여 유지기간에 따른 차등적인 인센티브를 제공하는 방안도 필요할 것이다.

개인연금의 수령에 있어서도 현재 연간 1,200만 원 초과 수령 시 종합과세의 부담을 주는 규정의 금액한도를 높여 개인의 노후준비를 지원하는 제도 변화도 필요하다.

길어진 인간수명에 맞추어 개인의 노후준비 지원은 매우 중요하다. 이런 차원에서 1차 노후소득 지원으로는 공적연금이 최저한의 생활보장 수준을 보장하도록 하며, 2차 노후소득 지원으로 준공적연금의 성격인 퇴직연금에 대한 정부지원의 강화, 그리고 3차 노후소득 지원으로 개인차원의 준비인 개인연금에 대한 적극적인 홍보와 지원이 필요하다. 여기에 주택연금으로 불리는 역모기지론을 통해 개인의 노후 생활을 계획할 수 있도록 제도적 뒷받침이 이루어져야 할 것이다.

(2) 노인돌봄 사회서비스의 강화

① 우리나라의 사회서비스 현황

- 사회경제적 여건 변화로 수요는 급증하나 공급은 부족한 상황
- 경제발전 수준에 비해 사회서비스에 대한 공공투자 미흡
- 국민의 다양한 욕구를 충족할 사회서비스 시장의 미비

② 사회서비스 정책의 전환 필요

- 저소득 취약계층에 대한 기초적 지원에 치중
- 서민·중산층의 삶의 질 제고를 위한 보편적 서비스는 취약
- 현재의 소득보장 중심 정책에서 사회서비스 제공의 확대

③ 노인돌봄 사회서비스의 예산 확대

- 일반 노인 대상의 바우처 등 사회서비스 시장 확대
- 다양하고 경쟁력 있는 공급자가 참여할 수 있는 시장경쟁적 환경 구축

④ 노인 사회서비스 정책의 확대

- 돌봄서비스나 노인장기요양보험을 보편적 서비스로 확대 필요
- 돌봄인력의 단순 서비스 제공에서 사회투자형의 인적자원개발 지원으로 확대 필요

(3) 노인복지 정책의 과제와 대처

노인복지 정책은 누구나 노인이 된다는 보편성의 원칙에 입각하여 정책이 수립되어야 한다. 또한 현재의 노인세대는 과거 사회에 기여한 세대로서 잘 다듬어지고 체계적인 노인복지 정책에 의해 건강하고 안전한 노후생활을 영위할 수 있도록 지원하는 정책적 배려와 실천이 필요하다. 이를 위해서는 다음과 같은 노인 특성에 대응하는 서비스와 대처가 중요할 것이다.

① 노인 개별 문제에 대한 세분화 서비스의 제공

- 노인 개별 문제에 대한 사례관리서비스의 제공
- 사회변화와 신노년층의 진입에 따른 새로운 노인욕구에의 대처
- 급증하는 재정부담 경감을 위한 민간참여 노인복지 정책의 수립 필요
- 개인 상태상에 따른 시설보호 및 탈시설화로의 패러다임 전환
- 장기요양 형태의 개인부담 복지서비스 체계 개발

② 노인 특성에 따른 대처

- 복합적인 노인문제에의 대처 : 의학발달과 평균수명의 연장으로 장기간 보호해야 할 노인의 수적 증가와 복합적 욕구 경향
- 노인기 만성질환에 대응 : 노인들이 가진 각종 질병과 장애는 만성적인 것이어서 오랜 노후생활에 보호가 체계적이고 일관성 있는 관리 필요
- 지역사회 자원과 서비스의 연계 및 조정 : 복합적 문제를 가진 노인의 증가

- 노인후견인 제도의 도입 : 신체·정신적 손상으로 노인이 자신에게 필요한 서비스를 스스로 선택하거나 이용하기 어려운 노인의 증가

③ 주요 영역별 대처과제

- 경제문제 대처 : 소득보장지원, 노인취업 알선
- 건강지원 : 건강유지와 질병치료 등에 대한 의료보장제도의 확충
- 노인생활지원 : 계속적인 가정생활이 가능한 지역중심 재가노인사업의 확충
- 심리·여가지원 : 고독, 소외, 상실감 극복을 위한 다양한 여가 프로그램 확충
- 노인복지 전문기관 확대 : 노인복지관, 노인심리상담, 치매예방과 치료 등을 담당하는 노인종합복지기관 설립과 전문가 배치

학습문제

1. 다음 중 국제노년학회(1951)에서 분류한 노인의 특징으로 바르지 않은 것은?
   ① 가족변화에 적응할 수 있는 신체 조직능력 감퇴를 보이는 사람
   ② 인간 생체 자체의 통합능력의 감퇴를 보이는 사람
   ③ 인체의 기관이나 조직, 기능에서 쇠퇴가 일어나는 사람
   ④ 일상생활이나 사회생활 등 전반적인 인간 생활에서의 적응능력이 손실되는 사람
   ⑤ 환경이나 자신의 변화에 쉽게 적응하는 데에 어려움을 가지는 사람

2. 다음 중 노인복지의 원칙으로 보기 어려운 것은?
   ① 권리와 책임의 원칙 ② 전체성의 원칙
   ③ 자기결정의 원칙 ④ 보편성과 선별성의 원칙
   ⑤ 시대적 욕구 불변의 원칙

3. 국제연합(UN)에서 채택한 노인을 위한 유엔원칙 중 적절하지 않은 것은?
   ① 자아실현의 원칙 ② 독립의 원칙
   ③ 존엄의 원칙 ④ 수용의 원칙
   ⑤ 참여의 원칙

4. 초고령사회의 기준이 되는 65세 이상 노인의 인구비율로 옳은 것은 무엇인가?
   ① 5% ② 7% ③ 14%
   ④ 20% ⑤ 21%

5. 생산가능인구(15~64세) 100명에 대한 노인인구(65세 이상)의 비율을 의미하는 지수는 무엇인가?
   ① 고령화지수 ② 노년부양비 ③ 노령화 지수
   ④ 노인요양비 ⑤ 가계생활지수

1. ① 2. ⑤ 3. ④ 4. ④ 5. ②

참고문헌

권중돈(2019). **노인복지론**. 학지사.

박석돈 · 박순미 · 이경희(2016). **노인복지론**. 양성원.

박창제 · 최희경(2021). **노인복지론**. 창지사.

양재진(2008). 한국 복지정책 60년 : 발전주의 복지 체제의 형성과 전환의 필요성. **한국행정학보, 42**(2), 327-349.

엄명용 · 김성천 · 오혜경 · 윤혜미(2016). **사회복지실천의 이해**. 학지사.

오봉욱 · 전동일 · 고경은 · 오미숙 · 심의경 · 정일영 · 주선영(2019). **노인복지론**. 정민사.

원석조(2019). **노인복지론**. 공동체.

윤 진(1994). **성인 · 노인심리학**. 중앙적성출판사.

이근홍(2018). **노인복지론**. 지식공동체.

최상민 · 김윤배 · 김병년(2018). **노인복지론**. 정민사.

최성재 · 장인협(2006). **노인복지학**. 서울대학교.

통계청(2021). 장래인구추계 : 2020~2070년.

______(2021). 2021년 경제활동인구조사.

Breen, L. B.(1960). The aging individual. In C. Tibbitts(Ed.), *Handbook of Social Gerontology*(pp. 145-162). Univercity of Cicago Press.

Meera Murali et al.(2018). 10 things to know about the impacts of urbanisation. ODI.

UNDESA(2015). World urbanization prospects : 2014 Revision.

건강보험심사평가원. https://www.hira.or.kr

국민건강보험공단. https://www.nhis.or.kr

보건복지부. http://www.mohw.go.kr

Chapter 09

장애인복지

1. 장애의 개념과 범주

장애인복지는 장애인을 대상으로 하는 사회복지의 한 분야이며 장애인이란 '장애를 가진 사람'을 표현할 때 가장 보편적으로 사용되는 용어이다. 1981년 심신장애자복지법이 제정될 당시에는 장애자로 사용하였으나, 자(者)의 의미가 부정적이라는 비판에 따라 1989년 장애인복지법으로 개정하면서 현재는 장애인이라는 호칭을 사용하고 있다. 미국에서는 장애인이란 호칭을 신체적 혹은 정신적 결함이 있다는 'handicapped'라는 표현보다는 긍정적인 용어인 'the person with disability', 즉 '장애를 가진 사람'이라고 하는데, 이러한 표현에서 중요한 것은 장애가 아닌 사람을 강조하고 있다는 점이다. 또한 비장애인을 '일시적으로 유능한 사람(temporary-bodies)', '제3의 장애인(third-party handicapped)'이라고 부르기도 한다.

장애인복지란 장애인의 완전한 사회참여를 통한 사회통합을 목적으로 심신의 결함으로 인하여 가정생활, 사회생활에 곤란을 가지게 되는 것을 국가나 민간사회복지기관이 의료적, 교육적, 직업적, 사회적 제 문제에 걸쳐 원조하는 제도적, 정책적 서비스의 조직적 활동과 노력이라 할 수 있다(정일교 외, 2007). 장애인복지에 있어 기본적인 목표는 장애인들이 우리 사회의 한 구성원으로서 비장애인과 함께 더불어 살아가고 보편적인 삶을 유지할 수 있도록 지원하는 것이며, 이를 통하여 그들의 완전한 사회참여와 평등이 실현될 수 있도록 하는 것이다(남일재 외, 2016). 먼저 장애 개념을 살펴보면, 각 국가의 정치 · 사회 · 경제 · 문화적 환경에 따라 차이가 있으며, 각국의 법으로 정해진 장애의 정의를 따른다. 법적으로 어느 범위까지 장애인에 포함되는지가 그 나라의 장애범주를 실질적으로 규정해준다고 할 수 있는데, 일반적으로 선진국의 경우에는 세계보건기구(WHO)에서 정하고 있는 장애분류에 따라 장애 범위를 포괄적으로 정의하고 있다. 세계보건기구에서는 장애 개념을 넓게 정의함으로써 일반적으로 인구의 약 10%가 장애 인구에 해당한다고 제시하고 있다. 선진국에서는 장애 인구 비율이 10%를 상회하고 다양한 복지서비스가 제공되고 있으나, 복지 후진국의 경우에는 장애 범위가 협소하고 장애 인구 비율이 낮을 뿐만 아니라 장애인에 대한 복지수준도 충분하지 않음을 볼 수 있다(권선진, 2008).

우리나라의 경우에도 1989년 최초 장애범주에는 지체장애, 시각장애, 청각장애, 언어장애, 지적장애(당시 정신지체)의 5개 유형으로 한정되어 있었지만, 장애인복지법으로 개정한 후 2000년 1월 1차 장애범주 확대를 통하여 지체장애에서 뇌병변장애를 분리하였으며, 내부장애인 신장장애와 심장장애 그리고 정신장애와 자폐장애(당시 발달장애)가 추가되어 10개의 유형으로 증가되었다.

2003년 7월에는 2차 장애범주 확대 개정을 통하여 안면장애, 간장애, 호흡기장애, 장루 및 요루장애, 뇌전증장애(당시 간질장애)의 5개 유형이 추가되어 장애범주가 15개 유형으로 확대되었다.

또한 2007년에는 부정적인 용어의 장애명을 개정하여 정신지체는 지적장애로, 발달장애는 자폐성장애로 변경하였고, 2015년에는 간질장애를 뇌전증장애로 변경하였다. 2021년 기준 우리나라 장애인복지법은 장애의 유형을 지체장애, 뇌병변장애, 시각장애, 청각장애, 언어장애, 지적장애, 자폐성장애, 정신장애, 신장장애, 심장장애, 호흡기장애, 간장애, 안면장애, 장루 · 요루장애, 뇌전증장애의 15종으로 분류한다(시행령 제2조). 향후 정부에서는 치매, 알코올중독, 만성질환 등의 장애를 장애범주에 포함시킬 예정이다.

1) 장애인의 정의와 유형

(1) 장애인의 정의

우리나라 장애인복지법 제2조에서는 장애인을 "신체적·정신적 장애로 오랫동안 일상생활이나 사회생활에서 상당한 제약을 받는 자"라고 정의하고 있다. 기타 장애인복지 관련법에서의 장애인에 대한 정의를 살펴보면 <표 9-1>과 같다.

〈표 9-1〉 우리나라의 법적 장애인에 대한 정의

관련법	정 의
장애인복지법	신체적·정신적 장애로 오랫동안 일상생활이나 사회생활에서 상당한 제약을 받는 자
장애인·노인·임산부 등의 편의증진보장에 관한 법률	생활을 영위함에 있어 이동과 시설이용 및 정보에의 접근 등에 불편을 느끼는 자
장애인고용촉진 및 직업재활법	신체 또는 정신상의 장애로 인하여 장기간에 걸쳐 직업생활에 상당한 제약을 받는 자
장애인차별금지법	신체적·정신적 손상 또는 기능상실이 장기간에 걸쳐 개인의 일상 또는 사회생활에 상당한 제약을 초래하는 상태의 자

(2) 장애의 유형

우리나라 장애인복지법 제2조에서는 장애를 크게 두 가지의 범주로 나누고 있다.

첫째, 신체적 장애로 주요 외부 신체기능의 장애와 내부기관의 장애 등을 말한다. 둘째, 정신적 장애로 발달장애 또는 정신질환으로 발생하는 장애를 말한다. 이 두 범주별 각 세부 사항을 살펴보면 <표 9-2>와 같다.

〈표 9-2〉 장애인복지법에 따른 장애분류 및 장애범주

대분류	중분류	소분류	세분류
신체적 장애	외부 신체기능 장애	지체장애	절단장애, 관절장애, 지체기능장애, 변형 등의 장애
		뇌병변장애	뇌의 손상으로 인한 복합적인 장애
		시각장애	시력장애, 시야결손장애
		청각장애	청력장애, 평형기능장애
		언어장애	언어장애, 음성장애, 구어장애
		안면장애	안면부의 추상, 함몰, 비후 등 변형으로 인한 장애
	내부기관 장애	신장장애	투석치료 중이거나 신장을 이식받은 경우
		심장장애	일상생활이 현저히 제한되는 심장기능 이상
		간장애	일상생활이 현저히 제한되는 만성·중증의 간기능 이상
		호흡기장애	일상생활이 현저히 제한되는 만성·중증의 호흡기기능 이상
		장루·요루장애	일상생활이 현저히 제한되는 장루·요루
		뇌전증장애	일상생활이 현저히 제한되는 만성·중증의 뇌전증
정신적 장애	발달장애	지적장애	지능지수가 70 이하인 경우
		자폐성장애	소아청소년 자폐 등 자폐성 장애
	정신장애	정신장애	조현병, 조현정동장애, 양극성정동장애, 재발성 우울장애

출처: 장애인복지법 시행령(2021년 기준).

장애인등록 현황(2022년 12월 말 기준, 보건복지부)에 따르면, 우리나라의 등록 장애인은 약 265만 명 정도로 대한민국 전체인구의 약 5.2% 정도의 비율이다. 장애인구 중 장애정도가 심한 중증장애인이 37.1%이고 심하지 않은 경증장애인이 62.9%이며, 지체장애 비율이 약 44.3%로 가장 높다.

(3) 장애등급제 폐지

2019년 7월 1일부터 장애등급제가 폐지되었다. 종전에는 장애 유형별로 장애 정도에 따라 1급에서 6급까지 등급을 판정하였으나 장애등급제 폐지로 중증과 경증으로만 구분되고 있다. 종전 1~3급인 장애인은 '장애의 정도가 심한 장애인(중증)', 4~6급인 장애인은 '장애 정도가 심하지 아니한 장애인(경증)'으로 일괄 전환되었다. 2019년 7월, 제5차 장애인정책종합계획(2018년~2022년)에 따라 장애인

등급제 단계적 폐지가 시작되어 1단계로 일상생활지원에 대한 제도 개편을 통해 활동지원서비스 종합조사가 도입되었다. 장애인의 복지서비스 필요도를 파악하여 지원하기 위해 '서비스 지원 종합조사'가 신규로 도입되어 일상생활지원분야 5종 서비스를 지원한다. 서비스 지원 종합조사를 통해 제공되는 서비스는 활동지원, 보조기기 교부, 거주시설 입소, 응급안전 알림, 발달장애인 주간활동 서비스이며 기존 장애인활동지원 제도에서 운영되던 인정조사는 폐지되었다. 조사 주체는 국민연금공단으로 1회 조사된 내용을 각 서비스별로 선택적으로 활용할 수 있다. 2020년 10월에는 2단계로 '이동지원(특별교통수단, 장애인주차표지) 서비스 종합조사'가 시행되었고 2022년에 3단계로 소득・고용지원(장애인연금, 장애인 의무고용)을 개편하게 되었다.

2) 세계보건기구의 국제장애분류체계

초기에 세계보건기구에서는 ICD(International Classification of Diseases)의 의료적 분류에 따라 장애를 분류하였고, 이에 따라 장애에 대한 대처도 의료적 치료가 주를 이루었다. 1976년 ICD-9에서는 질병과 불리(handicap)를 구분하여 질병의 결과 발생하는 현상을 사회적 불리라고 하였다.

신체적 손상을 강조하는 관점에서 벗어나 사회의 한 개인으로서의 역할을 수행하는 데 지속적인 문제를 가지고 있는 사람을 장애인으로 파악하는 경향이 반영되어 1980년에 ICIDH(International Classification of Impairments, Disability, and Handicaps) 분류체계가 만들어지게 되었다. 이 분류법은 사회적 불리를 포함하였다. 이어서 1997년에 ICIDH-2가 제안되었는데, 손상, 활동, 참여의 3대 축은 사실상 모든 개인에게 적용이 가능한 것으로 장애 개념을 크게 확장하게 되었다. 2001년 세계보건기구에서 승인된 ICF(International Classification of Functioning, disability and health)는 ICIDH-2에 대한 세계 각국의 의견을 종합 정리한 것으로 긍정적인 용어를 사용하기 위한 세계적인 노력의 결과라고 할 수 있다.

(1) ICIDH(1980)

장애에 대한 가장 일반적인 개념은 세계보건기구(WHO)에 의해 제시되고 있다. 세계보건기구에서는 1980년에 장애분류모델(ICIDH : International Classification of Impairment, Disabilities, and Handicaps)을 제시하였다. 장애를 이해하는 새로운 접근으로 국제질병분류(ICID : International Classification of Diseases)를 근간으로 장애를 개인적인 특성인 손상(Impairment), 손상으로 인한 기능적 제한인 기능장애와 이로 인하여 파생되는 능력장애를 포함한 장애(Disability), 그리고 장애의 사회적 결과인 불리(Handicap)의 세 차원으로 분류하였다. 여기서 세계보건기구가 장애의 개념에 대해 새로운 접근방법을 채택한 이유는 장애의 개념에 손상이나 기능제약의 측면보다는 사회적으로 불이익을 받는 상황을 강조하기 위한 것이었다. 이러한 장애 개념을 따르게 되는 경우에는 원인에 관계없이 사회적 불이익을 받는다는 결과를 중심으로 장애를 설명하기 때문에 장애에 대한 사회적 책임론이 확장될 가능성이 높아졌다고 볼 수 있다. ICIDH의 세 차원은 1차 장애, 2차 장애, 3차 장애라고도 불리며 장애는 분리된 것이 아니고 인과적·시간적 연속관계에 놓여있다는 것을 강조하고 있다. 세 차원에 대한 정책적 행동지침 및 대안으로는 1차적 손상은 예방, 2차적 능력장애는 재활, 3차적 사회적 불리는 기회의 균등화로 제시하고 있다(임종호 외, 2010).

ICIDH는 손상에 따라 기능의 장애가 발생하고 기능의 장애에 따라 사회적 장애가 발생한다는 인과론적 모델이라는 점에서 많은 비난을 받았다. 또한 적용하기에 어려움이 많고, 사회환경에 대한 고려가 부족하다는 점도 지적되었다. 특히 사회적 모델에 입각한 경우 장애문제는 질병에 의한 문제가 아니라 질병의 결과를 받아들이지 못하는 사회환경의 문제이기 때문에 사회환경에 대한 고려가 약한 장애분류라는 비판을 받게 되었다.

〈표 9-3〉 ICIDH의 장애 개념

구 분	개 념	차 원
손상 (impairment)	생물학적 장애로 기능의 감소를 가져다준 영구적 또는 일시적 병리적 상태(시각장애, 청각장애 등)	신체적 차원

구 분	개 념	차 원
능력장애 (disability)	일상생활을 영위함에 있어서 기능적 능력의 감소, 정신적 · 신체적 손상의 결과 혹은 개인의 적응결과, 활동상의 능력제한이 발생함	개인적 차원
사회적 불리 (handicap)	개인 활동상의 능력 제한에 대하여 참여제한이라는 사회적 반응 발생. 독립생활, 교육, 취직 등이 저해되고 있는 상태	사회적 차원

출처 : WHO(1998). ICIDH.

① 손상(impairment)은 심리적 · 생리적 · 해부적 구조나 기능의 손실 또는 비정상을 의미한다. 손상에 대해서는 주로 의료적 접근, 신체재활적 접근이 이루어진다.

② 능력장애(disability)는 손상으로 인해 인간에게 정상적인 것으로 간주되는 범위 내에서 또는 그러한 방식으로 활동을 수행하는 능력이 제한되거나 결여(예 신변처리나 보행 등에서의 장애)된 것을 뜻한다. 능력장애에 대해서는 잔존능력의 강화, 일상생활동작 훈련, 보장구의 사용을 통한 일상생활활동 능력 강화 등을 위한 훈련이나 교육차원의 서비스를 제공한다.

③ 사회적 불리(handicap)는 손상이나 능력장애에서 야기된 것으로, 사회문화적 요인에 따라 정상적인 역할의 수행이 제한되거나 방해되는 개인에 대한 불이익으로서 편견, 차별(예 교통사고로 양다리가 절단된 사람이 탁월한 컴퓨터 프로그래밍 기술을 소유하고 있음에도 불구하고 직업을 구하기 힘든 상태) 등을 의미한다. 사회적 불리에 대해서는 환경 개선을 통해 접근 · 사회통합을 강조하며 지역주민의 의식개선, 정상화 원칙, 사례관리 혹은 지역사회재활 등을 통해 사회적 불리를 해소하고자 한다.

(2) ICIDH-2(1997)

세계보건기구에서는 ICIDH를 수정하여 1997년에는 새로운 분류기준인 ICIDH-2를 발표하였다. ICIDH-2는 개별적 모델과 사회적 모델의 개념적 차이를 한 체계 안에서 설명하려는 노력의 결과이다. 여기서는 장애를 손상(Impairment : 기능구조의 손상), 활동(Activities : 활동의 제한), 참여(Participation : 참여의 제약)의 세 차원으로 설명하면서 손상과 활동은 개별적 모델의 개념을, 상황요인과 참여는 사회적 모델에서의 환경을 제시하고 있다. 손상, 기능제약, 사회적 장애를 단선적인 원인관계가 아닌 상호관련성을 갖는 것으로 보았다. 또한 기능의 제약, 사회적 장애는 사회의 문화에 따라 다르게 수용될 수 있다고 보았고, 사회환경에 의해 장애를 강조하기 위하여 사회적 맥락을 추가했으며, 사회적 맥락이 각 구성요소의 관계에 영향을 미치는 것으로 파악했다. 또한 '사회참여'가 장애인 정책의 주요 이슈가 된 점을 감안하여 기능제약과 사회적 장애라는 용어 대신 활동(activity)과 참여(participation)라는 용어를 사용했다(WHO, 1997).

〈표 9-4〉 ICIDH-2의 장애 개념

구 분	손 상	활동(제한)	참여(제약)	상황요인
기능수준	신체 (신체의 부분)	개인 (전체로서의)	사회 (사회와의 관계)	환경적 요인 (기능상의 외부적 영향) 개인적 요인 (기능상의 내부적 요인)
특 성	신체기능과 구조	개인의 일상활동	상황에의 개입	신체적 · 사회적 · 태도적 측면의 실제
긍정적 측면	기능적 · 구조적 통합	활동	참여	촉진자
부정적 측면	손상	활동제한	참여제약	장벽, 어려움

출처 : WHO(1997). ICIDH-2.

① 손상(impairments)은 신체 구조나 물리적, 심리적 기능상의 상실이나 비정상성을 의미하는 것으로 이러한 기능상의 제한, 신체 혹은 신체의 부분의 기본적인 기능을 수행하는 데 따르는 불능을 말한다.

② 활동(activity) · 활동제한(activity limitation)은 개인적 수준에서 기능의 범위와 본질로서 일상생활과 관계된 개인의 활동을 다룬다.

③ 참여(participation) · 참여제약(participation restriction)은 손상, 활동, 건강조건, 상황요인과 관련한 생활상황에서 개인의 연관성 정도와 본질로 정의한다. 따라서 참여의 차원은 사회적 현상을 다루며 개인의 참여 정도, 참여를 촉진하거나 방해하는 사회적 반응을 의미한다. 이에 해당하는 분류는 개인적인 유

지와 보호에의 참여, 이동성의 참여, 정보교환의 참여, 사회적 관계의 참여, 교육・노동・레저와 정신적 영역의 참여, 경제생활의 참여, 도시 및 지역사회 생활의 참여 등이다.

(3) ICF(2001)

2000년대 들어 기존의 질병, 손상 요인을 넘어 환경 맥락이 장애의 핵심 요인으로 강조되면서 기존 ICIDH-2를 보완하여 2001년에는 분류체계와 언어사용을 더욱 긍정적이고 환경지향적인 맥락에서 수정한 '국제기능장애건강분류(ICF : International Classification of Functioning, Disability, and Health)'가 만들어졌다. ICF는 장애의 개인적 특성과 사회환경적 특성의 통합을 주된 특징으로 한다. 모든 신체기능 및 활동과 참여를 포괄하는 의미의 기능(functioning) 및 장애(disability) 개념과 상호 영향을 주고받는 상황적 요인도 정의하고 있다. 그 외에도 장애인뿐만 아니라 모든 사람의 기능과 활동을 설명하는 보편적 틀로서 장애 개념을 확대했다는 의의를 갖는다. ICF는 국제질병분류체계인 ICD-10과 병행해서 상호보완적으로 사용하도록 만들어졌다. ICD-10은 질병의 진단에 초점을 두고 있으며, ICF는 기능(functioning)에 대한 풍부한 정보를 제공하도록 되어있다.

ICF는 다양한 전문영역과 실천현장에서 기여하기 위한 복합적인 목적을 가지고 있으며 그 내용은 다음과 같이 요약될 수 있다.

첫째, 건강 및 건강과 관련된 상태, 건강 관련 성과, 건강 관련 결정요소 등을 이해할 수 있는 과학적 정보를 제공하기 위한 목적이다.

둘째, 건강보호 전문가, 연구자, 정책입안자, 장애인을 포함한 일반 대중 등의 집단들 간에 의사소통을 증진시키기 위하여 공통적인 언어를 제공하기 위한 목적이다.

셋째, 국가 간, 건강보호 전문분야 간, 서비스 간, 시기 간의 자료와 비교할 수 있도록 하는 목적이다.

넷째, 건강정보체계에 대한 체계적인 기록 수단을 제공하기 위한 목적이다.

ICF는 인간의 기능과 기능의 제한 요소들의 연관된 상황을 묘사할 수 있도록 해준다. 이 체계는 정보를 조직화하기 위한 틀로서, 제1영역에서는 기능과 장애를 다루며, 제2영역에서는 상황요인들을 다룬다. 이러한 요인들을 설명하면 <표 9-5>와 같다.

〈표 9-5〉 ICF의 장애 개념

<table>
<tr><th>구 분</th><th colspan="2">영역 1 : 생활기능과 장애</th><th colspan="2">영역 2 : 상황적 요소들</th></tr>
<tr><td>구성요소</td><td>신체기능 및 구조</td><td>활동과 참여</td><td>환경적 요인들</td><td>개인적 요인들</td></tr>
<tr><td>영 역</td><td>신체기능,
신체구조</td><td>생활영역
(과제, 일상행위)</td><td>기능과 장애에
영향을 미치는 외적
요소</td><td>기능 및 장애에
영향을 미치는
내부적 요소</td></tr>
<tr><td>구성개념</td><td>신체기능상 변화
(생리적 변화)
신체구조상 변화
(해부학적 변화)</td><td>표준 환경에서의
과제수행 능력
현재 환경에서의
과제수행 정동</td><td>물리적·사회적·
인식적 측면에서
촉진 또는 방해하는
요인</td><td>개별 특성에
의한 영향</td></tr>
<tr><td rowspan="2">긍정적인
측면</td><td>기능과 구조면에서
완전</td><td>활동·참여</td><td rowspan="2">촉진 요인</td><td rowspan="2">적용 불가</td></tr>
<tr><td colspan="2">기능</td></tr>
<tr><td rowspan="2">부정적인
측면</td><td>손상</td><td>활동제한
참여제한</td><td rowspan="2">방해요인, 저해 요인</td><td rowspan="2">적용 불가</td></tr>
<tr><td colspan="2">장애</td></tr>
</table>

출처 : WHO(2001). ICF.

ICF에 의한 장애의 설명은 ICIDH와 근본적으로 차이가 난다. ICIDH에서는 손상, 능력장애, 사회적 장애의 일방향적인 관계를 전제로 손상의 전제 위에 능력장애가 논의되고, 능력장애의 전제 위에 사회적 장애의 여부를 판단하는 체계였다고 할 수 있다. 그러나 ICF에서는 개인적인 장애나 질병과 상황적 맥락의 상호작용에 의해 기능과 장애를 설명한다. 즉, 특정 영역에서의 개인들의 기능수준은 건강 상태와 상황적 맥락의 상호작용의 결과라고 본다(김용득, 2002). 개인의 기능은 신체의 기능과 구조, 활동, 참여 등으로 표현된다. 이러한 세 가지 차원의 기능들은 건강조건과 상황적 맥락에 속하는 환경요소(사회의 인식, 건축물의 장애요소 정도 등)와 개인적 요소(성별, 나이, 인종, 습관, 대처양식 등)의 양 측면에서 영향을 받는다.

2. 장애인복지의 이념

장애인복지법에서는 장애인복지의 기본 이념을 "장애인의 완전한 사회 참여와 평등을 통하여 사회통합을 이루는 데에 있다"고 명시하고 있다(제3조). 장애인복지의 이념은 장애인에 대한 인간으로서의 존엄성과 권리를 보장하고 사회적으로 동등한 대우를 받도록 하며, 더불어 같이 살며, 능력을 최대한 발휘하여 인권 차원에서 가치 있는 삶을 영위하도록 지원하기 위한 복지 이념을 확립하는 것이다. 이러한 차원에서 몇 가지 세부적인 내용을 제시하면 다음과 같다.

1) 인간 존엄의 평등한 존중

장애인복지의 가장 중요한 목적은 장애인의 인격을 인정하고 존중하는 데 있으며, 이는 인권보장의 가장 기본적인 전제조건이라고 할 수 있다. 장애라는 이유로 인간의 기본적 권리인 인간의 존엄성, 생존권, 생명 존중의 가치가 부인되어서는 안 된다는 것이다. UN의 인권선언과 우리나라 장애인인권헌장에서 천명한 바와 같이 어떤 심신의 상태하에서도 장애인은 인간으로서 존중되어야 할 자유권과 사회권의 주체이다.

인간 존엄의 평등한 존중은 모든 인간에게 적용되며, 모든 인간에 대한 평등하고 보편적인 존중의 이념이라고 할 수 있다. 모든 인간은 인간으로서의 존엄한 존재이며, 자신의 자유와 안녕 및 복리를 향유할 권리를 갖는다. 궁극적으로 사회가 추구해야 할 핵심 가치에서 가장 근본적인 요소라고 할 수 있다. 이러한 이념은 인권사상에 기초한 것으로 인권은 어떤 자격과 조건을 필요로 하지 않는다. 그에게 권리가 있다는 것은 단지 인간이라는 것, 그 사람이 존재하고 있다는 것으로 '인간은 누구나 인간으로서 존엄하고, 인간으로서의 평등한 가치를 가진다'는 인식을 기반으로 하는 것이다. 특히 우리나라 헌법 제10조에서 "모든 국민은 인간으로서의 존엄과 가치를 가지며, 행복을 추구할 권리를 가진다"고 선언하고 있다.

2) 정상화(Normalization)

정상화(normalization)란 "정신지체인을 가능한 한 최대로 정상적인 생활 조건에 가깝게 생존하도록 하는 것"으로 덴마크의 정신지체인부모회에서 1959년에 처음 사용한 용어이며, 1981년 세계장애인의 해를 기점으로 확산되어 장애인의 생활방식과 내용도 비장애인의 생활과 같은 정상적인 생활을 하도록 강조하는 개념이다. 심신의 장애와 같은 불리한 조건을 가진 모든 사람들에 대한 편견이나 차별을 배제하고 단지 평범한 한 인간으로 지역사회에서 가치 있는 역할을 할 수 있도록 교육·훈련·노동을 하며 완전한 사회참여를 하여야 함을 나타내는 이념이며, 장애인복지의 궁극적 목표인 사회통합의 전제조건이라고 할 수 있다. 이러한 개념은 대서양을 건너 캐나다를 거쳐서 미국으로 전파되어 울펜스버거(Wolfensberger)가 일반적인 우리의 생활양식과 주류문화에 대해 설명하면서 지역사회 내에서 장애인이 생활할 수 있는 이념적 초석이 되었다(이경준 외, 2021). 당시 울펜스버거는 정상적인 행동양식을 갖고자 한다면 정상적인 환경에서 정상적인 생활방식에 가능한 근접하게 해야 한다고 주장하였다. 일반적으로 생활시설이나 재활센터, 병원 등은 정상적인 생활환경이 아니며 그런 환경 속에서 장애인은 주류문화와 멀어지고 이러한 그들에게 정상적인 행동양식이나 반응양식을 보이는 것이 오히려 비정상적이라는 것이다. 정상화 이론은 장애를 가진 사람을 장애인으로 취급하는 것이 아니라 한 사람의 인간으로서 정상적 생활을 누리도록 생활환경을 현실적으로 이루려는 것이다. 기존의 전통적인 재활서비스 전달 이데올로기에 반대하면서 정상적인 일상적인 생활의 리듬을 존중할 것을 강조한다. 개인의 성장과 발달에서 정상적인 발달 경험, 인생주기에서의 선택의 자유, 정상적인 이웃과 정상적인 가정에서의 삶, 지역사회에 통합되어 있는 삶을 강조한다.

3) 사회통합(Social Integration)

사회통합은 장애인의 총체적 삶을 장애인과 비장애인, 모든 사람들이 사회구성원의 한 구성원으로서 함께하는 '더불어 사는 사회'를 추구하는 이념이다. 정상화 이념에 기반을 두고 있으며, 장애인이 사회구성원으로서 역할을 수행하며 살아가는 것을 의미한다. 진정한 사회구성원으로서의 역할수행은 그 사회에서 인정하는 생활방식과 기회들에 완전하게 참여하는 것을 통하여 가능하므로 사회통합 이념은 장애인이 가지고 있는 불리를 경감하고 해소하여 의미 있는 사회참여를 할 수 있도록 하는 것을 말한다고 할 수 있다. 사회가 장애인의 통합에 장애가 되는 물리적·심리적·문화적인 제약조건들을 없애는 것이 필요하다.

4) 자립(Independence)과 자립생활(Independent Living)

자립생활은 미국에서 체계화되고 발달된 개념으로서 장애인의 권리를 인식의 토대로 하고 있다. 정상화와 사회통합을 기초로 하여 시설에 수용하지 말고 지역에 살 수 있도록 하여야 한다는 주장에서 비롯되었다. 다른 사람의 도움을 받지만 장애인 스스로가 생활의 주역이 되어 생활의 주체자로서 자기결정권과 자기선택권을 행사하며, 자신의 생활 전반에 대하여 조정하고 관리하는 것을 의미한다. 자립생활은 일상적인 생활 속에서 자신의 삶에 대한 권한을 가지고 타인에 대한 의존을 최소화하면서 장애인 당사자가 스스로 삶에 대하여 선택하고 결정하는 모든 과장에 주체적으로 참여하는 과정을 말한다. 따라서 당사자주의, 자기결정권, 자기선택과 책임, 자조 등을 강조한다. 중증장애인 역시 그들에게 필요한 지역사회 중심의 제반 서비스를 다양한 지원체계를 통해 제공받되 자기결정과 선택권 보장의 가능성을 증대하는 방향을 지향한다.

5) 참여(Participation)

참여를 활성화시키기 위한 전제 조건은 '접근성의 확보'이며, 이는 수화통역, 점역 등의 정보적 차원과 물리적 차원에서의 장벽 제거를 의미한다. 지역사회의 진정한 한 성원으로서 그 지역의 갖가지 행사는 물론 정상적인 삶을 영위하는 데 따르는 각종 관계에 참가하는 것 외에도 '정책단계에까지의 참여'가 보장되어야 한다는 것이다.

3. 장애인복지의 관점과 변화 동향

장애인복지에 대한 관점은 장애에 대한 개념을 어떻게 정의하는가에 따라 차이가 있다. 이는 장애라는 개념이 사회적으로 구성된다는 점을 시사하고 있으며, 특정 사회가 장애를 어떻게 인식하고 있는가에 따라 장애인을 바라보는 시각과 장애인복지에 대한 정책이나 사회서비스 내용이 다르게 나타나기 때문이다(석말숙 외, 2020). 과거에 장애를 의료적 모델(medical model)로 바라볼 때에는 재활전문가의 역할과 권한이 매우 컸던 게 사실이다. 하지만 1970년대 이후에 의료적 모델에 대한 반론과 함께 장애의 탈 의료화(demedicalization)에 대한 주장이 제기되면서 사회적 모델(social model)이 등장하게 되었고, 그 타당성을 차차 인정받게 됨에 따라 재활전문가의 역할과 권한은 상대적으로 축소되었다. 이와 함께 장애인 당사자의 역량 강화(empowerment)를 중시하는 자립생활 운동이 대두되면서 장애인복지 실천에 있어서도 강점개념 모델(strengths conceptual model)이 더욱 강조되는 경향이 나타나고 있다(이경준 외, 2021). 오랫동안 장애 원인을 개인에게 두던 관점에서 벗어나 사회적, 환경적 관점에서 파악하는 방향으로 변화되고 있다. 전문가가 주도하는 재활모델에서 당사자주의, 자립생활모델 등이 점차 강조되는 상황이다. 또한 장애인의 인권과 다양한 사회서비스를 수혜가 아닌 권리로 바라보는 입장이 확산되고 있다. 이에 따라서 해결책 모색에 있어서도 사회적 책임을 강조하고 장애인의 권리를 강조하는 방향으로 패러다임이 변화되어 장애인복지정책의 방향, 사회복지서비스를 제공하는 기관의 성격과 역할뿐만 아니라 개입방식까지 변화되고 있다.

1) 재활 패러다임의 변화

(1) 재활의 의미

장애인에게 의료·사회·교육·직업적인 재훈련을 통합적·협동적으로 실시함으로써 장애인이 가진 잠재능력을 개발해 독립적 삶을 살아가도록 하는 것이다. 장애인을 위한 재활서비스는 장애인이 가지고 있는 잔존능력을 최대한으로 발휘할 수 있도록 여러 가지 다양한 방법을 통하여 개입하는 과정으로 전인재활(total rehabilitation)로 접근되어야 한다. 재활의 분야는 의료재활, 교육재활, 심리재활, 사회재활, 직업재활로 분류되지만, 최근에는 재활공학도 중요한 분야로 다루어지고 있다.

(2) 재활 패러다임의 변화

장애에 대한 개념과 관점의 변화, 장애 관련 문제에 대한 접근방법의 변화 등으로 인해 재활 패러다임이 바뀌고 있다. 장애를 가진 의학적 기능의 문제로 보는 시각에서 장애는 개인의 문제가 아니라 사회나 환경의 문제로 초점을 두는 자립생활과 역량강화의 방향으로 변화되고 있다(배경희, 2021). 재활서비스의 패러다임 변화를 살펴보면 <표 9-6>과 같다.

〈표 9-6〉 재활서비스의 패러다임 변화

항목	재활 패러다임 (rehabilitation paradigm)	자립생활 패러다임 (independent paradigm)	지지·역량강화 패러다임 (support/empowerment paradigm)
문제의 정의	신체적 손상, 직업기술의 부족, 심리적 부적응, 동기나 협력의 부족	전문가·친척 등에의 의존, 부적절한 지원서비스, 건축장벽, 경제적 장벽	사회적 참여의 장벽이 되는 태도, 정치, 행정적 장벽, 사회의 부적절한 지원
문제의 위치	개인	환경, 재활 과정	사회·환경, 재활 과정
문제의 해결	의사, 물리치료사, 심리치료사, 작업치료사, 언어치료사, 직업재활사 등의 전문가에 의한 전문적인 개입	동료, 상담, 옹호, 자조, 소비자 주권, 불이익과 장벽의 제거 등	학교, 가정, 작업장, 보건시스템, 교통, 사회적 환경의 재설계
사회적 역할	환자·클라이언트	소비자	동료, 지역사회 구성원, 이웃
통제, 조정자	전문가	소비자 자신	상호 간의 협력
바라는 결과	최대한의 일상생활 활동, 고용, 심리적 부적응 해결, 동기부여의 개선, 치료	자립생활, 환경장벽의 최소화, 사회적·경제적 생산성	모든 사람이 함께하는 다원적 사회, 진정한 생활의 질, 협력적 의사결정이나 문제해결에 있어 자기결정

출처 : Racino, J. A.(1999), 나운환(2008), p. 142 재인용.

2) 장애인복지 접근모델의 변화

(1) 개별적 모델과 사회적 모델

장애와 장애인의 대한 관점과 인식을 바탕으로 장애개념 모델을 비교해 보면 다음과 같이 개별적 모델과 사회적 모델로 구분할 수 있다. 개별적 모델은 장애 문제를 개인적 비극으로 간주하는 관점이며, 사회적 모델에서는 장애를 사회적 억압에서 비롯된 문제로 간주함으로써 근본적인 차이가 있다.

① 개별적 모델은 장애를 장애인 개인 안에 있는 의학적·기능적 문제라고 보며, 장애인을 문제 있는(혹은 문제를 가진) 사람으로 본다.

개별적 모델은 의료적 모델이라고도 불리며, 다음과 같은 특징을 가진다.

첫째, 장애 문제 발생의 위치가 개인이라는 것이다.
둘째, 문제의 원인이 기능적 제한이나 심리적 손상에 기인한다는 것이다.

개별적 모델은 개별적 치료나 재활, 전문가의 지원, 훈련과 통제 등을 통해 개별 사회 적응을 목적으로 하기 때문에 치료나 재활 관련 전문가의 역할이 절대적이다. 개별적 모델에 대한 비판으로는 장애의 사회적 측면을 고려하지 못한다는 것이다. 장애가 다양한 사회 환경에 따라 신체적 손상의 결과의 차이를 보이는 현상을 설명하지 못한다. 또한 장애의 생물학적 손상을 강조하여, 장애인이 사회적으로 열등하다고 생각하게 한다.

② 사회적 모델은 장애를 사회 안에 있는 것이라고 본다(예 경사로나 엘리베이터가 있다면 지체장애인은 이동에 장애가 없는 것). 사회적 모델은 장애가 사회적 억압에서 비롯된 문제라고 보는 관점으로, 사회 환경의 문제를 중시하는 사회 행동 모델, 환경 중심의 모델이라고 할 수 있다.

사회적 모델에서 장애는 장애인에 대한 제한을 함축하는 모든 것을 의미하며, 장애인의 욕구를 사회 내에서 수용하고 적절한 서비스를 제공하는 데 사회가 실패했다는 것이다. 또한 사회의 실패는 무작위적으로 개인에게 주어지는 것이 아니라, 사회 내에서 체계화되고 제도화되어 장애인 집단에게 전달되는 것이다. 사회적 모델에서는 사회행동을 통한 사회변화를 위해 장애인이 집합적 주체가 될 것을 요구한다.

사회적 모델에 대한 비판으로는 장애인이 경험할 수 있는 심리적 고통이나 개개인의 독특한 개별성을 무시하고 있다는 것이며, 또한 사회적 모델에서 주장하는 사회적 억압이나 차별과 관련된 과정이나 구조를 일상의 수준과 국가의 수준에서 자세하게 검토해야 할 필요가 있으며, 사회 조건을 바꾸면 장애가 사라진다는 것도 과장된 측면이 있다는 것이다.

〈표 9-7〉 개별적 모델과 사회적 모델의 비교

개별적 모델	사회적 모델
• 개인적 비극이론 • 개인적 문제에 관심 • 개별적 치료 • 의료화 • 전문가의 지배 • 개별적 정체성 • 목표에 대한 전문가의 통제 • 개별적인 적응 • 환자 보호	• 사회적 억압이론 • 사회적 문제에 관심 • 사회적 행동 • 자조 • 개별적·집합적 책임 • 집합적 정체성 • 장애인의 목표 선택 • 사회변화 • 소비자의 권리

출처 : 김유경(2021).

(2) 재활모델과 자립생활모델

전통적으로 장애인복지서비스 제공 모델은 재활모델에 가깝다. 문제의 원인은 개인에게 있으며 변화가 필요한 것은 장애인 개인이라고 보는 기존의 재활모델과는 달리, 자립생활모델은 장애인의 문제는 장애인 당사자가 가장 잘 이해하고 있으므로 장애인이 삶을 영위하는 데 있어 스스로의 선택권과 자기결정권을 신장하고 사회복지서비스의 제공에 있어서는 장애인의 주도적인 참여가 보장되어야 한다는 이념이자 실천전략이다.

① 재활모델은 장애인을 환자나 클라이언트로 보고 전문가가 치료시스템을 통해 기능을 회복하거나 직업을 얻도록 돕는 것을 중심에 두는 모델이다. 장애인은 일상적 활동을 부적절하게 수행하여 자신의 능력을 적절히 발휘할 수 없다거나 수입을 얻을 수 있는 직업을 갖기 위한 준비가 충분히 이루어지지 않은 것으로 정의된다. 재활의 성공은 환자나 클라이언트가 이미 규정된 치료체계에 얼마나 잘 순응하느냐에 달려있다.

② 자립생활모델은 환경이 문제라고 보고 장애인의 문제는 당사자가 가장 잘 이해하고 있으므로 자기결정권에 따라 장애인의 주도적 참여가 강조되는 모델이다. 장애인들이 스스로 필요한 원조와 지원을 다양한 지원체계를 통해 제공받음으로써 장애인의 자립생활이 이루어지게 되고 스스로의 선택과 결정 그리고 주도적인 역할을 바탕으로 지역사회에서 통합되어 살아가는 것을 목표로 한다. 자립생활모델에서 자립이란 자신의 모든 과업을 수행하는 것을 의미하지는 않는다. 장애인이 필요한 서비스를 결정하는 과정에서 장애인 스스로가 주도적 역할을 하는 것을 말한다.

〈표 9-8〉 재활모델과 자립생활모델 비교

구 분	재활모델	자립생활모델
문제의 정의	신체적 손상, 직업기술의 결여, 심리적 부적응, 동기와 협력의 부족	전문가, 친척, 등에 의존, 부적절한 서비스 지원, 물리적 환경의 장애, 경제적 장애
문제의 원인	개인	환경, 재활과정
문제의 해결	의사, 물리치료사, 작업치료사, 직업재활상담원 등에 의한 전문적 개입	동료상담, 옹호, 자조, 소비자 주권, 사회적 장애 제거
장애인의 지위	환자, 클라이언트	소비자
통제・조정	전문가	장애인 당사자
목 표	최대한의 ADL(일상생활 훈련), 유급취업, 심리적응	자기관리, 사회적・경제적 생산성, 자립생활

구 분	재활모델	자립생활모델
장애연구 변수	* 개인변수 : 다양한 습관들, 인성 유형, 통제의 소재가 외적, 내적 스트레스 대처방안, 자아상, 창의성, 개인의 심리적 기질 * 유기적 변수 : 연령, 장애의 정도, 합병증, 선천적 이상, 능력, 인내심	* 환경적 변수 : 병원환경, 장애를 낙인화하는 가치관, 가족 및 대인적 지지, 재정적 안정, 사회적 안정, 도시 및 시설 거주, 의료 및 장비 보수에의 접근, 교육 오락 및 부업에의 접근, 사회경제적 지위, 건축학상의 장애 및 이동 수단, 이용 가능성, 법률, 문화, 인종의 영향력
중요시하는 변수	자기관리, 이동, 취업, 치료, 개입, 개별환자, 장애인 개인적 특성	생활여건 조성, 소비자 주권, 옥외이동, 옥외활동, 사회제도, 정책, 환경적인 특성, 환경적 장애 요소

출처 : 김용득 외(2012); 석말숙 외(2020); Dejong(1978).

(3) 복지 모델과 시민권 모델

장애인에게 있어서 시민권이 보장되지 못하는 것은 기존의 복지 모델이 장애인을 '권리의 주체'가 아닌 '보호를 받아야 할 대상'으로 정의하기 때문이라는 것이다. 이에 반해 시민권 모델은 장애인을 '장애로 인해 사회적 불이익을 당하는 사람'으로 보아 사회적 차별을 없애고 시민권 보장을 이슈로 한다는 것이다.

① 복지 모델은 장애인을 '일반인들이 충분히 행하는 일상생활을 수행할 수 없게 만드는 신체적 또는 정신적 손상을 가진 사람'으로 보고, 의료적 재활을 포함하여 적절한 재활서비스 제공을 중요시한다.

② 시민권 모델은 장애인을 '장애로 인해 사회적 배제 기제에 의해 불이익을 당하는 사람'이라고 보고, 차별적 사회기제를 없애고 시민권을 보장하는 데 초점을 둔다.

〈표 9-9〉 복지모델과 시민권 모델 비교

구분	복지 모델(welfare model)	시민권 모델(civil rights model)
장애인이란	일반인들이 충분히 행하는 일상생활을 수행할 수 없게 만드는 신체적 또는 정신적 손상을 가진 사람	장애로 인해 사회적 배제 기제에 의해 불이익을 당하는 사람
문제의 소재	개인적인 문제(손상)	사회적 문제(차별)
해결책	개별적 치료	사회적 행동

구분	복지 모델(welfare model)	시민권 모델(civil rights model)
기본적 시각	(전문시설에) 분리, 보호	통합, 권리
해결방안	개별적인 적용	사회변화
서비스 주체	전문적 권위자	집합적 사회
장애인의 역할	통제의 대상	선택의 주체

출처 : 김유경(2021).

(4) 시설 중심 재활과 지역사회 중심 재활

① 시설 중심 재활(IBR : Institution Based Rehabilitation)이란 거주시설을 기반으로 제공되는 재활서비스 개념을 말한다. 거주공간을 활용하여 일반 가정에서 생활하기 어려운 장애인에게 일정 기간 동안 거주 · 요양 · 재활 등의 서비스를 제공하는 동시에 지역사회생활을 지원하는 시설 이용 장애인을 중심으로 제공되는 서비스 형태이다. 생활시설로는 장애유형별 거주시설, 중증장애인 거주시설, 장애영유아 거주시설, 장애인 단기거주시설, 장애인 공동생활가정 등이 있다.

② 지역사회 중심 재활(CBR : Community Based Rehabilitation)[1]이란 장애인 자신과 그 가족 및 지역사회 내에 이미 존재하고 있는 인적 · 물적자원을 개발, 활용하여 장애인의 기본적 문제를 해결해 줌으로써 그들의 삶의 질을 향상시키고 사회통합을 도모하고자 하는 개념을 말한다. 재가 장애인을 위한 이용시설로는 지역사회재활시설,[2] 직업재활시설, 장애인의료재활시설, 장애인 생산품판매시설 등이 있다.

1) 세계보건기구(WHO) 재활전문위원회에서는 지역사회중심재활(CBR : Community Based Rehabilitation)의 정의와 관련하여 "장애인의 재활 성취를 위하여 지역사회의 자원, 즉 장애인 자신과 그의 가족 및 전 지역사회를 가동 활용하기 위하여 지역사회 수준에서 채택된 모든 방법을 포함할 것"을 권고하였다.

2) 2000년 1월부터 시행되고 있는 장애인복지법에 의거, 종전 장애인복지관 중심의 '장애인 이용시설'이 '지역사회재활시설'로 체계 정비되었다. 지역사회재활시설로는 장애인복지관, 장애인주간보호시설, 장애인 체육시설, 장애인 수련시설, 장애인 생활이동지원센터, 한국수어 통역센터, 점자도서관, 점자도서 및 녹음서 출판시설, 장애인 재활치료시설 등이 있다.

4. 장애인복지정책과 과제

1) 주요 정부정책

(1) 장애인복지 관련 법률

장애인복지 관련 법률은 사회적 요청에 따라 제정되어 체계적으로 구성되어 있지는 않다. 장애와 직접 또는 간접적으로 관련이 있는 법률에는 여러 가지가 있으며 그 주무 부처도 다양하다. 그 가운데 장애인복지 및 장애인의 인권에 관한 기본법의 역할과 기능을 수행했던 법률이 장애인복지법이다. 2007년에 장애인의 인권보장 규범으로 「장애인차별금지 및 권리구제 등에 관한 법률(장애인차별금지법)」이 제정되었다. 장애인복지법이 장애인복지서비스에 관한 기본법의 역할을 수행하면서 각 영역별로 개별 법률이 제정되는 구조를 취하고 있다.

〈표 9-10〉 장애인복지 관련 법률 성격

일반법 성격	장애인복지법, 장애인차별금지법
특별법 성격	장애인 등에 대한 특수교육법 장애인고용촉진 및 직업재활법 장애인 기업활동 촉진법 장애인 · 노인 · 임산부 등의 편의증진 보장에 관한 법률 교통약자의 이동편의 증진법 중증장애인생산품 우선구매 특별법 등

본 절에서는 「장애인복지법」, 「장애인차별금지 및 권리구제 등에 관한 법률」, 「장애인고용촉진 및 직업재활법」, 「장애인 · 노인 · 임산부 등의 편의증진 보장에 관한 법률」, 「중증장애인생산품 우선구매 특별법」을 중심으로 살펴보고자 한다.

① 장애인복지법

장애인복지법(障碍人福祉法)은 장애인복지에 관해 필요한 사항을 정하고 있다. 1981년 6월 심신장애자복지법(心身障碍者福祉法)이라는 이름으로 제정되었으며, 1989년 12월에 장애인복지법으로 개정되었다. 다른 장애 관련 법률의 근간이 되는 기본법으로서 장애인의 완전한 사회 참여와 평등을 통하여 사회통합을 이루는 것을 기본 이념으로 정하고 있다. 장애인의 인간다운 삶과 권리보장을 위한 국가와 지방자치단체 등의 책임을 명백히 하고, 장애발생 예방과 장애인의 의료·교육·직업재활·생활환경개선 등에 관한 사업을 정하여 장애인복지대책을 종합적으로 추진하며, 장애인의 자립생활·보호 및 수당지급 등에 관하여 필요한 사항을 정하여 장애인의 생활안정에 기여하는 등 장애인의 복지와 사회활동 참여증진을 통하여 사회통합에 이바지함을 목적으로, 장애인의 권리, 장애인정책 종합계획과 실태조사, 장애인의 날 지정, 장애인의 복지증진 및 사회통합을 위해서 국가와 지방자치단체가 해야 할 기본 정책, 장애인 등록, 장애인에 대한 복지 조치, 장애인 등에 대한 수당, 장애인복지시설, 장애인학대와 금지행위, 장애인복지 전문인력 등에 관한 내용으로 구성되어 있다.

② 장애인차별 금지 및 권리구제 등에 관한 법률(장애인차별금지법)

2008년 4월부터 시행되고 있는 장애인차별 금지 및 권리구제 등에 관한 법률은 모든 생활영역에서 장애를 이유로 한 차별을 금지하고 장애를 이유로 차별받은 사람의 권익을 효과적으로 구제함으로써 장애인의 완전한 사회참여와 평등권 실현을 통하여 인간으로서의 존엄과 가치를 구현하기 위하여 만들어진 법이다. 차별금지, 장애여성 및 장애아동, 장애인차별시정기구 및 권리구제, 손해배상 및 입증책임 등으로 구성되어 있으며, 이 법에서 금지하는 행위로 인하여 피해를 입은 사람(피해자) 또는 그 사실을 알고 있는 사람이나 단체는 국가인권위원회에 그 내용을 진정할 수 있다(제38조).

③ 장애인고용촉진 및 직업재활법(장애인고용법)

이 법은 장애인이 그 능력에 맞는 직업생활을 통하여 인간다운 생활을 할 수 있도록 장애인의 고용촉진 및 직업재활을 꾀하는 것을 목적으로 제정되었다. 1990년 1월에 「장애인고용촉진 등에 관한 법률」로 제정되었다가 2000년 1월에 전면 개정되면서 현행법의 명칭으로 변경되었다. 장애인 고용은 국가 책임임을 명시하고, 고용의무제를 고용부담금과 고용장려금 제도와 연계하여 실시한다. 상시 50명 이상의 근로자를 고용하는 사업주는 그 근로자의 총수의 100분의 5의 범위에서 대통령령으로 정하는 '의무고용률' 이상에 해당하는 장애인을 고용하여야 하고, 이에 미치지 못한 경우에는 고용부담금을, 적극적으로 고용한 경우에는 고용장려금을 지급한다. 장애인 고용촉진 및 직업재활, 장애인고용의무 및 부담금, 한국장애인고용공단, 장애인고용촉진 및 직업재활 기금 등의 내용을 담고 있다.

④ 장애인·노인·임산부 등의 편의증진 보장에 관한 법률(편의증진보장법)

이 법은 장애인・노인・임산부 등이 일상생활에서 안전하고 편리하게 시설과 설비를 이용하고 정보에 접근할 수 있도록 보장함으로써 이들의 사회활동 참여와 복지 증진에 이바지함을 목적으로 제정되었다. 1997년 4월에 제정되어 1998년 4월부터 시행되고 있으며 편의시설 설치의 기본 원칙, 국가 및 지방자치단체의 의무, 시설주 등의 의무, 대상시설, 실태조사, 장애인전용주차구역 등의 내용을 담고 있다. 이 법에서는 장애인 등은 인간으로서의 존엄과 가치 및 행복을 추구할 권리를 보장받기 위하여 장애인 등이 아닌 사람들이 이용하는 시설과 설비를 동등하게 이용하고, 정보에 자유롭게 접근할 수 있는 권리를 접근권의 권리로 보장하고 있다.

⑤ 중증장애인생산품 우선구매 특별법

2008년 3월 제정되었으며 이 법은 경쟁 고용이 어려운 중증장애인들을 고용하는 직업재활시설 등의 생산품에 대한 우선구매를 지원함으로써 중증장애인의 직업재활을 돕고 국민경제발전에 기여함을 목적으로 한다. 이 법에서의 "중증장애인"이란 주요 일상생활 활동을 현저히 제한하는 신체적 또는 정신적 손상으로 인하여 장기간에 걸쳐 직업생활에 상당한 제약을 받는 자를 의미한다.

"중증장애인생산품 생산시설"은 장애인복지법의 장애인 직업재활시설, 장애인복지법에 따른 장애인복지단체, 「정신건강증진 및 정신질환자 복지서비스 지원에 관한 법률」의 재활훈련시설 중 보건복지부 장관으로부터 지정받을 수 있다. “중증장애인생산품”이란 “중증장애인생산품 생산시설”로 지정받은 시설에서 생산된 제품 및 동 생산시설에서 제공하는 노무용역 등의 서비스를 말하며, 공공기관의 장은 중증장애인생산품에 대한 구매를 우선적으로 촉진하여야 한다.

(2) 장애인복지정책과 제도

장애인복지 패러다임의 변화에 따른 장애인복지정책의 기본 방향은 장애인의 권리에 기반을 둔 자립생활과 사회참여를 보장하는 것이다. 우리나라의 장애인복지정책은 과거 제1차 아시아·태평양 장애인 10년 행동계획(1999~2002)을 통한 제1차 장애인복지발전 5개년 계획을 시작으로 제5차 계획(2018~2022)까지 많은 변화와 발전을 거듭해 왔다. 그동안 우리나라는 장애인복지법의 개정과 「장애인차별금지 및 권리구제 등에 관한 법률」의 시행, 그리고 유엔장애인권리협약(2006)과 제6차 ‘장애인정책종합계획(2023~2027)’이 수립되어 시행되고 있으며, 장애인의 더 나은 삶과 사회통합을 목표로 하고 있다.

‘장애인정책종합계획’은 복지, 교육·문화, 경제활동, 사회참여, 권익 증진 등 장애인의 전반적인 삶의 영역을 다루는 종합적인 계획으로, 우리나라 장애인정책의 방향을 제시하는 핵심적인 계획이다. 제5차에 걸쳐 장애인정책종합계획을 추진한 결과, 다양한 장애인정책이 체계적인 틀을 갖추고 정책 대상자 및 수급 범위, 장애인복지 관련 예산이 지속적으로 확대되었으며 유엔장애인권리위원회의 권고 사항을 반영하기 위한 부처별 이행 방안, 장애 특성을 반영한 발달장애인 서비스의 본격적인 추진, 그리고 장애등급제 개편 및 맞춤형 서비스 지원체계 마련을 위한 시범사업 실시 등 장애인의 복지와 권리 증진을 위한 법·제도의 정비가 이루어져 왔다. 그러나 다양화되고 증가하는 장애인의 욕구에 따른 신규 서비스의 개발 및 제공, 개별적 욕구 맞춤형 사례관리 체계의 필요성은 지속적으로 제기되고 있다. 더불어 국제 조류를 반영한 추진 전략과 자립 생활 패러다임으로의 전환에 따른 장애인정책의 변화 등이 요구되고 있다(김성희, 2018).

또한 우리나라 장애인복지제도는 다양한 법적 기반을 갖추고 있으나, 모법(母法)으로서의 지위를 갖는 장애인복지법에 근거하여 다양한 장애인복지 정책과 서비스가 개발되어 제공되고 있다. 국내 장애인복지제도는 소관 및 시행주체별로 보건복지부에서 시행하는 사업, 기타 중앙행정기관에서 시행하는 사업, 지방자치단체에서 조례에 의거 시행하는 사업, 민간기관에서 자체운영규정에 의하여 실시하는 사업, 지방이양사업으로 구분할 수 있는데, 지방자치제의 확대로 지방자치단체별로 다양한 장애인복지제도가 도입·확대되고 있는 추세이다. 또한 대부분의 장애인복지시설 사업은 지방으로 이양되어 운영되고 있는데, 지방자치단체의 재정자립도에 따라 지원규모와 방식의 차이가 있어 이에 대한 비판의 목소리도 높은 상황이다(손병덕 외, 2021). 장애인에게 제공되고 있는 주요 정책과 제도의 내용을 살펴보면 다음과 같다(김제선 외, 2021).

① 소득보장

우리나라의 장애인 소득보장은 직접적인 소득보장제도인 국민기초생활보장제도, 장애수당제도, 국민연금과 산재보험으로 이루어지고 있다. 간접적인 소득보장은 각종 세제 및 이용료 감면으로 이루어진다.

국민연금에서는 장애로 인한 노동능력의 손실 또는 감소를 보장하기 위해 장애연금을 지급한다. 산재보험에서는 산업재해로 장해가 발생한 경우 장해급여를 통해 소득을 보전한다. 국민기초생활보장제도로 최저생계비를 보장하고 있고 장애수당이 지급되고 있다. 장애인에게 지급되는 수당을 보면 18세 미만의 장애인에게 장애아동수당이 지급되고, 18세 이상의 경증장애인에게는 장애수당이, 중증장애인에게는 장애연금이 지급된다. 18세 이상 중증장애인의 장애인연금 기초급여는 최대 월 42만 4,810원(2024년 기준)이다.

② 의료보장

장애인 의료보장 내용으로는 의료비 지원, 장애인 재활보조기구 무료 교부,

건강보험 지역가입자의 보험료 경감, 장애인 등록진단비 지급, 장애검사비 지원, 발달재활서비스, 언어발달지원, 보장구 건강보험급여, 여성장애인 출산비용 지원이 있다.

③ 고용보장

「장애인 고용촉진 및 직업재활법」에는 장애인의 직업재활, 직업지도, 직업적응훈련, 직업능력개발훈련, 지원고용, 보호고용, 취업알선, 근로지원인 서비스 등을 규정함으로써 장애인들의 고용을 촉진하고 있다.

④ 교육보장

「장애인 등에 대한 특수교육법」에서는 장애인이 유치원부터 고등학교까지 의무교육을 받도록 규정하고 있다. 만 3세 미만의 장애영아교육과 고등학교까지 의무교육을 받도록 규정하고 있다. 만 3세 미만의 장애영아교육과 고등학교 이후의 전공과 과정은 무상교육을 받도록 지원하고 있다.

⑤ 사회서비스

우리나라는 2007년에 사회서비스 전자바우처 제도를 실시하면서 장애아동재활치료지원사업과 시각장애인 안마서비스가 시행되었다. 2020년 기준으로 정부에서 사회서비스 일자리사업으로 관리하는 분야는 각 부처 4조 9,000억 원 규모로, 아이돌보미, 그룹홈, 자활후견기관, 방문보건, 가사간병, 의료급여사례관리사 등이다. 이 중 전자바우처 적용 사업은 노인돌보미사업, 가사간병돌보미사업, 산모・신생아돌보미사업, 장애인활동보조서비스사업, 지역사회서비스투자사업 등이 해당된다.

2) 장애인복지 과제

장애인복지의 기본 목표는 장애인의 완전한 사회참여와 평등을 보장하는 데 있다. 이러한 기본 목표를 달성하기 위해서는 생활능력이 없는 중증장애인에 대해서는 국가가 적극적인 보호를 실시하고, 자활자립이 가능한 장애인에 대하여는 치료, 교육, 취업 등 장애 유형에 적합한 재활시책과 자립기반을 확충해 나가야 한다. 이에 장애인복지의 과제를 몇 가지 제시하면 다음과 같다.

(1) 소득보장의 구체화

장애인의 경우 대체로 빈곤화되어 있다. 따라서 소득보장정책은 1차적이며 필수적이다. 장애로 인한 소득보장의 기회가 상실된 사람에 대해서는 최저생계비를 보장할 수 있는 소득보장제도가 마련되어야 한다.

① 기초생활보장 대상 장애인의 소득공제 확대
② 국민연금의 가입 유입제도 필요
③ 장애인연금의 현실화
④ 장애인 보호수당 도입

(2) 의료재활의 확대

모든 장애인들에게 의료재활서비스를 받을 수 있도록 재활전문병원, 종합병원 내의 재활의학과를 설치·확충하고 재활 관련 전문인력을 양성하여 의료재활서비스 기회를 확대해야 한다. 아울러 보장구의 개발과 재활공학 분야의 국가적 지원과 정책적 배려가 필요하다.

① 장애인복지시책에서 의료보장 영역 확대
② 장애인건강보건관리지원을 위한 전달체계 구축
③ 장애인 건강관리서비스 제공의 강화

(3) 장애인 고용의 확대 및 개선

국가의 더 많은 관심과 노력의 개선이 필요하며 장애인 의무 채용률을 높이고 민간기업체에 장애인 고용을 독려하는 인센티브를 강화하는 등 실질적이고 다양한 방안으로 지속해 나가야 할 것이다.

① 장애인의 직업진입과 고용정책은 국가가 주도적으로 이끌고 나가야 한다.
② 공공기관과 일반 기업의 장애인고용을 의무적으로 지킬 수 있도록 법적 제재를 강화해야 한다.
③ 장애인 취업에 대한 사회적 인식을 개선해야 한다.
④ 장애인들의 직업능력 향상을 지원할 수 있는 장애인직업훈련센터를 설치하여 의도적으로 진입하게 함으로써 다양한 직업훈련을 받을 수 있도록 시스템화해야 한다.
⑤ 국가는 각 생애별 장애인 수를 파악하여 단계별 고용계획을 수립하여야 한다.
⑥ 장애인생산품에 대한 범정부 차원의 구매방안을 마련하여야 한다.

(4) 교육기회의 확대와 통합교육 실시

모든 장애인들이 적절한 교육기회를 받을 수 있도록 조기교육과 중등교육 이후의 교육을 강화하는 조치들이 필요하다. 특수교육 시설의 현대화, 일반 아동과의 통합교육의 확대가 이루어져야 한다.

① 조기교육의 확대를 통한 장애아동의 학습권 보장
② 통합교육을 위한 지원체계의 강화
③ 장애 학생 교육 기회 및 평생교육 기회 확대
④ 직업교육과 전환교육의 강화

(5) 사회환경 개선 및 지역사회 통합을 위한 노력

사회환경 개선은 장애인 재활에서 총체적인 재활의 기초를 형성하는 장기적인 과정으로서 지역사회 내에서의 장애인 재활을 적극적으로 강화하여야 한다.

학습문제

1. 장애인복지 이념에 대한 설명으로 옳지 않은 것은?
   ① 인권존중 : 인간은 누구나 인간으로서 존엄하고, 인간으로서의 평등한 가치를 지닌다는 인식을 기반으로 하는 것을 의미한다.
   ② 정상화 : 장애인이 주거, 일과, 여가 등 가능한 한 보편에 가까운 생활을 하는 것으로서 장애인에게 사회적으로 가치 있는 일을 부여하고 지원하는 과정을 의미한다.
   ③ 자립생활 : 장애인이 자기결정권을 가지고 자신이 바라는 생활목표나 생활양식을 선택하여 살아가는 것을 의미한다.
   ④ 사회통합 : 장애인을 사회적으로 기여할 수 없는 무가치한 존재로 인식하여 비장애인 중심의 일반 사회에서 격리 보호하는 것이 타당하다는 의미이다.
   ⑤ 평등 : 장애를 가진 사람도 비장애인과 동일한 의무와 권리가 인정되고 평등한 기회를 보장받는 것을 말한다.

2. 장애인복지 이념 중 자립생활모델과 재활모델에 대한 비교 설명으로 옳은 것은?
   ① 자립생활모델은 재활모델에 비해 전문가의 개입을 통한 문제해결과 치료적 접근을 더 추구한다.
   ② 재활모델은 자립생활모델에 비해 변화가 필요한 체계로서 환경을 더 강조한다.
   ③ 자립생활모델은 재활모델에 비해 장애인을 소비자로 보는 경향이 더 강하다.
   ④ 재활모델은 자립생활모델에 비해 장애인의 자기결정권과 선택권을 더 강조한다.
   ⑤ 자립생활모델은 재활모델에 비해 치료시스템을 통해 기능회복을 더 강조한다.

3. 장애인복지법에 근거하여 국가나 지방자치단체가 지급할 수 있는 급여에 해당하는 것을 모두 고른 것은?

ㄱ. 장애수당	ㄴ. 장애아동수당	ㄷ. 보호수당	ㄹ. 장애연금

① ㄱ, ㄴ, ㄷ　　② ㄱ, ㄷ　　③ ㄴ, ㄹ
④ ㄴ, ㄷ, ㄹ　　⑤ ㄱ, ㄴ, ㄷ, ㄹ

4. 「장애인차별금지 및 권리구제 등에 관한 법률」상 금지하는 차별에 해당될 수 있는 경우를 모두 고른 것은?

> ㄱ. 정당한 사유 없이 장애인에 대하여 정당한 편의제공을 거부한 경우
> ㄴ. 정당한 사유 없이 장애인에 대한 제한・배제・분리・거부 등 불리한 대우를 표시・조장하는 광고를 직접 행하는 경우
> ㄷ. 장애인보조기구의 정당한 사용을 방해하는 경우
> ㄹ. 보조견의 정당한 사용을 방해하는 경우

① ㄱ, ㄴ, ㄷ ② ㄱ, ㄷ, ㄹ ③ ㄴ, ㄹ
④ ㄷ, ㄹ, ㅁ ⑤ ㄱ, ㄴ, ㄷ, ㄹ

5. 장애인고용촉진 및 직업재활법상 사업주의 장애인 고용의무를 상시 '몇 명' 이상의 근로자를 고용하는 사업주로 규정하고 있는가?

① 10명 ② 30명 ③ 50명
④ 100명 ⑤ 150명

1. ④ 2. ③ 3. ① 4. ⑤ 5. ③

참고문헌

권선진(2008). 장애인복지론. 청목출판사.

김성희(2018). 장애인정책종합계획의 현황과 발전방안. 한국보건사회연구원, 258, 62-71.

김용득(2002). 장애개념의 변화와 사회복지실천 현장 함의. 한국사회복지학, 51, 157-182.

김용득 · 이동석 · 배융호 · 윤상용 · 이은기 외(2012). 장애와 사회복지. EM커뮤니티.

김유경(2021). 사회복지학개론 II. 공동체.

김제선 · 임경선 · 최세영(2021). 사회복지학개론. 어가.

나운환(2008). 장애학. 나눔의집.

남일재 · 양정하 · 조윤득 · 윤성호 · 신헌석 외(2016). 사회복지학개론. 공동체.

배경희(2021). 장애인복지론. 정민사.

보건복지부(2020). 장애인등록현황.

석말숙 · 유영준 · 송근창 · 김행란 · 박종균 외(2020). 장애인복지론. 양서원.

손병덕 · 백은령 · 성문주 · 신승연 · 오혜정 외(2021). 사회복지개론. 학지사.

이경준 · 최윤영(2021). 최신 장애인복지론. 학지사.

임종호 · 이영미 · 이은미(2010). 장애인복지론. 학지사.

정일교 · 김만호(2007). 장애인복지론. 양서원.

정지웅(2019). 장애인복지론. 양서원.

법제처. 장애인 · 노인 · 임산부 등의 편의증진보장에 관한 법률.

법제처. 장애인고용촉진 및 직업재활법.

법제처. 장애인복지법 시행령.

법제처. 장애인복지법.

법제처. 장애인차별금지법.

법제처. 중증장애인생산품 우선구매 특별법.

Dejong, G.(1979). Independent Living : from Social Movement to Analytic Paradigm. *Archive of Physical Medical Rehabilitation, 60*, 435-446.

Chapter 10

다문화복지 (사회복지와 문화적 다양성)

1. 다문화복지의 개념

다문화와 관련된 국내 현황을 보면 국제결혼의 증가 등으로 인해 2012년에 비해 전체 학생 중에서 다문화학생이 차지하는 비율이 4배 이상 증가했다.[1] 1990년대부터 국제결혼, 이민자와 외국인 근로자가 지속적으로 증가하면서 자연스럽게 국제결혼가정과 외국인가정 학생들도 증가했다. 그러나 다문화학생의 학업중단율은 2020년 기준 초등학교 0.4%, 중학교 0.5%, 고등학교 1.1%로 학교 급이 높을수록 증가하고 있다.[2] 정부는 2021년 다문화 교육지원계획을 발표하고 다문화학생 교육지원과 학교 현장의 수용성 제고로 모든 학생이 함께 배우고 성장하는 교육기반을 조성한다고 하였다(교육부, 2021). 구체적인 개선방향으로는 첫째, 다문화교육에 대한 법·제도를 개선하는 것으로 다문화교육의 근거를 시행령에서 초·중등교육법으로 격상하고, 다문화학생의 공교육 진입 기반을 조성하고자 고등학교 입학 및 편입학 절차 개선을 위한 초·중등교육법 시행령 등 법령을 정비

1) 교육통계 기준으로 2012년 다문화학생 비율은 0.7%였고, 2021년에는 3.0%로 나타났다(https://kess.kedi.re.kr/mobile/stats/school?menuCd=0101&cd=5494&survSeq=2021 &itemCode=01&menuId=m_010105&uppCd1=010105&uppCd2=010105&flag=A).

2) 교육통계서비스(https://kess.kedi.re.kr/mobile/stats/school?menuCd=0101&cd=5495&survSeq= 2021&itemCode=01&menuId=m_010105&uppCd1=010105&uppCd2=010105&flag=A).

하고자 한다. 둘째, 안정적인 한국어 교육을 지원하며, 중도입국·외국인학생 등에게 맞춤형 한국어교육을 제공하고자 첫째, 한국어 교육과정에 맞춘 진단·보정 시스템을 전 학년으로 적용하고, 둘째, 조기 적응을 위한 한국어교실 및 징검다리 과정 등 적응과정 운영을 확대할 뿐만 아니라, 교원 대상 한국어교육 연수과정을 신규로 개발하려고 한다. 셋째, 코로나19에 대응하여 온라인 지원 기반을 조성하고자 먼저, 중도입국·외국인학생이 원격으로 한국어수업을 들을 수 있도록 한국어교육 영상 콘텐츠 제작·보급 및 이를 원격수업 플랫폼에 탑재할 예정이며, 다음으로 기초학력 지원을 위해 대학생 다문화 멘토링 운영방식 개선 및 교과 보조교재 기반 핵심개념 중심의 영상콘텐츠(120편)를 제작·보급하고자 한다. 하지만 다문화학생의 학업 중단이나 학교적응 문제는 교육만의 문제가 아니기에 좀 더 종합적인 다문화 정책이 요구된다(김정진, 2016).

우리나라 다문화 정책의 본격적인 계기가 된 것은 1990년대 이후 증가한 국제결혼이라고 할 수 있다(김휘정, 2012). 이후 저출산 고령사회로 인한 외국인노동력의 증가, 국제결혼으로 인한 결혼이민자 증가, 외국국적 동포의 유입, 유학생 증가 등으로 국내 체류 외국인의 수는 2020년 코로나19 팬데믹으로 인한 감소를 제외하고 2019년까지 전반적으로 증가 추세를 보이고 있었다.[3)] 심지어 우리나라에 체류하는 외국인의 비율이 지속적인 상승세에 있어 2030년에는 그 비율이 6%를 상회할 것으로 추정한 결과도 있다(법무부, 2012).

이러한 다문화 시대에 활동하는 사회복지사들에게 있어서 문화적 다양성과 그 기반이 되는 국제이주 혹은 국제이민 정책과 관련된 주요 개념과 이론적 설명을 이해하는 것은 매우 중요한 과제이다. 현장에서 사회복지사들이 주민들에게 어떠한 서비스를 제공할 것인가를 생각하려면, 이들의 문제와 경험을 어떤 시각에서 분석하고 이해할 것인가를 먼저 생각하여야 하기 때문이다. 따라서 이들의 삶의 배경과 이주지에서의 경험 간의 관계를 개념적으로 파악해야 하고, 이러한 개념적 분석을 위해 제시된 이론적 설명을 활용할 수 있어야 한다. 다문화복지와 관련된 주요 개념들은 다음과 같다.

---

3) e-나라지표 : 체류 외국인현황(https://www.index.go.kr/potal/main/EachDtlPageDetail.do?idx_cd=2756). 2019년과 2020년도 국내 체류외국인의 수는 각각 2,524,656명과 2,036,075명이다.

1) 문화적 다양성과 다문화주의

우리나라의 인구는 2020년 말 기준 51,780,579명이며, 국내 체류 외국인의 수 전체 인구의 3.93%로 이른바 다문화사회로의 진입을 언급하고 있는 상황이다(통계청, 2021). 이러한 사회에서는 다양한 소수 집단의 인권을 보장함과 동시에 상호 협력을 바탕으로 더불어 행복한 사회를 만들어 내는 것이 주요 과제라고 할 수 있다. 특히 최근에 사회복지실천기관에서 다양한 인종 및 문화 배경을 가진 아동·청소년과 가족을 만나는 것이 일상화됨에 따라 사회복지사들은 이들에 대해 문화적 다양성을 바탕으로 하는 문화역량을 갖추는 것이 필수적으로 요구된다. 이러한 맥락에서 우리나라 사회복지학계에서는 '사회복지와 문화적 다양성'이라는 교과목을 2018년 5월 2일 사회복지사업법 시행규칙의 개정으로 사회복지학의 법정 선택교과목으로 포함시켰다.

문화적 다양성이란 각 집단의 문화가 고루 반영되어 사회의 문화가 구성되어야 한다는 것을 말한다. 곧 문화구성에 있어 다양한 집단성과 계층성이 보장되어야 한다는 것으로, 각 집단의 문화가 왜곡됨이 없이 드러나 문화를 구성해야 한다는 문화의 주체성과 주권성을 말하는 것이다(라도삼 외, 2019). 또한 언어나 의상, 전통, 사회를 형성하는 방법, 도덕과 종교에 대한 신념, 주변과의 상호작용 등 사람들 사이의 문화적 차이를 포괄하는 개념이다(최명민 외, 2009). 따라서 문화적 다양성은 자신에게 고유한 것과 낯선 것, 즉 자신의 문화 혹은 타인의 문화와 관련된 가치중립적이며 상대적인 시각을 지칭하는 개념이라 할 수 있으며(김혜영 외, 2021 : 17), 이는 곧 다양한 배경으로 인해 서로 다른 생각과 표현의 차이를 이해하고 존중함으로써 다양함이 공존되는 사회를 이루고자 하는 정신이자 실천을 의미한다.

정리하면, 문화적 다양성은 집단과 사회의 문화가 표현되는 다양한 방식을 말한다. 이러한 표현들은 집단 및 사회의 내부 또는 집단 및 사회 상호 간에 전해진다. 문화적 다양성은 여러 가지 문화적 표현을 통해 인류의 문화유산을 표현하고, 풍요롭게 하며, 전달하는 데 사용되는 다양한 방식뿐 아니라, 그 방법과 기술이 무엇이든지 간에 문화적 표현의 다양한 형태의 예술적 창조, 생산, 보급, 배포 및 향유를 통해서도 명확하게 나타난다(유네스코한국위원회, 2012 : 799).

한편 다문화주의는 다민족·다인종으로 구성된 사회에서 다양한 인종의 문화에 대한 상호 존중과 관용을 지칭하는 태도로, 1957년 스위스를 설명하는 용어로 사용되기 시작하였다(Parrillo, 2005). 이후 1960년대 후반 캐나다에서 사용되기 시작했고, 1970년대를 전후로 서구에서 본격적으로 사용하기 시작하였다(홍기원 외, 2006). 다문화주의는 한 국가 내 다양한 인구학적 현상 자체를 의미하는 것에서부터 그 현상을 해결하기 위한 정책적 노력, 나아가서는 지향해야 할 가치나 이념을 의미하는 것까지 매우 광범위한 테두리에서 정의되고 있다(강휘원, 2007; 박진경, 2010; 원숙연, 2008). 다문화주의는 협의의 개념과 광의의 개념으로 구분할 수 있다. 협의의 개념에서는 문화적 다양성 현상이나 철학, 이념을 실천하기 위한 국가정책, 즉 다문화정책을 의미한다(박진경, 2010). 다시 말해, 다인종·다문화 주체들의 삶의 권리에 대한 제도적 보장을 비롯하여 사회평등 보장, 구조적 불평등과 차별을 극복하여 사회통합을 이루기 위한 방법들을 말한다. 광의의 개념은 문화적 다수집단이 소수집단의 문화를 존중하고 그 지위를 동등한 것으로 인정하는 다양성에 대해 인정하는 정부의 태도로 볼 수 있다. 여기에는 다문화정책뿐만 아니라 철학과 이념 등 사회문화적 인프라가 모두 포함된다. 최근 다문화주의에 대한 정의는 더욱 확대되어 국가나 인종, 민족 등의 거시적인 차원을 넘어서 사회 내의 소외계층이나 소수인종 또는 세대 간 갈등과 성 역할의 차이 등과 같은 미시적인 문제들까지 포함하는 광범위한 주제들로 확장되고 있는 추세이다(임형백, 2009).

2) 문화 접촉

서로 다른 문화적 배경을 가진 인구집단과 집단이 만나게 되는 상황을 문화 접촉(culture encounter)이라고 한다. 이러한 접촉은 물리적 이동 여부에 따라 직접접촉과 간접접촉으로 구분될 수 있다. 직접접촉은 지리적 이주에 의한 문화의 접촉 혹은 신체의 물리적 이동이나 대면적 만남 등을 의미한다. 간접접촉은 직접적인 지리 이동 없이 외국 문헌의 전달, 생활용품의 교류, TV·라디오·영화 등 매스

미디어의 문화 매체로서의 교류 및 의사소통 매체를 통한 교류 등으로 이루어지는 것을 포함한다.

문화 접촉은 문화 접촉의 주체와 대상 간의 관계에서 누가, 어떻게 이동하여 접촉하는가에 따라 내향적(inward) 접촉과 외향적(outward) 접촉으로도 나눌 수 있다(조옥라 외, 2006 : 41-42; 최영민 외, 2015). 내향적 접촉은 주체의 생활공간 속으로 타 문화권의 대상이 유입됨으로써 새로운 문화를 접촉하게 되는 것이다. 외향적 접촉은 주체가 자신의 거주 혹은 생활공간에서 이동하여 다른 곳에서 새로운 문화권의 대상을 접촉하는 것이다. 얼마 전까지만 해도 한국 사회는 국제화, 지구촌화 등의 개념으로 사회 변화를 추구해 왔지만, 이러한 변화는 주로 한국인의 해외 방문, 외국 시찰, 통상 교류의 확대 등으로 이루어진 외향적 접촉에 의한 외향적 국제화가 주를 이루었다. 국내 거주 외국인이 증가하면서 내향적 접촉도 증가하고 있지만, '외국인 친화적인 지역사회 만들기', '다문화 공존을 지향하는 외국인 대책' 등과 함께 한국 사회 구성원의 글로벌 의식 변화를 추구하는 내향적 국제화는 초보적 단계에 있다(최명민 외, 2015). 다만, 가장 최근에는 전세계적인 코로나 19의 급속한 전파의 영향으로 상대적으로 내향적 접촉을 통한 문화 접촉에 한정되는 경향으로 자연스럽게 전환되고 있음을 예상할 수 있다.

한편, 문화 집단들 사이의 밀접한 접촉을 통해 자신과 다른 문화 집단에 대한 긍정적인 태도를 촉진시킬 수 있으나, 접촉이 모두 긍정적인 효과를 야기하는 것은 아니므로 접촉이 일어나는 맥락과 상황에 따라 결과가 다를 수 있다(Alport, 1954). 즉, 문화적 만남과 관련된 모든 집단들의 문화 정체성을 흔들어 놓기도 하며, 때로는 이미 정립되었던 문화적 전통의 파괴를 가져오기도 하는 것이다(강선주, 2006).

3) 문화변용

자신들의 모국문화를 기반으로 새롭게 접촉하는 문화를 어떻게 수용하는가와 같은 문화변용(acculturation)의 개념은 중요하다. 문화변용은 이질적인 문화를 가진

두 사회가 지속적이고 직접적인 접촉을 통해 서로가 갖고 있는 문화에 변화를 일으키는 현상을 말한다(김혜영 외, 2021 : 43-44). 서로 다른 문화를 지닌 개인이나 집단이 원문화뿐만 아니라 새로운 문화와의 지속적이고 직접적인 접촉을 통해 양쪽의 문화를 받아들이면서 변화에 적용하는 과정이다(최명민 외, 2015; Berry, 1990). 또한 다른 문화를 가진 개인 또는 집단들이 지속적으로 접촉될 때, 한쪽 집단 혹은 양쪽 모두의 집단에 문화적 변화가 일어나는 것이라고도 정의된다(Redfield, Linton, & Herskovits, 1996). 정리하면 문화변용은 먼저, 문화접촉에 따른 상호작용에 의한 문화변화과정으로 기존의 문화와 새로운 문화와의 접촉과정에서 두 문화가 서로의 영향을 받아 원래 문화양식에 변화가 생기는 것이라고 정의된다(Berry, 1997).

베리(Berry, 1997)는 새로 이주한 사람들의 모국문화 정체성 유지와 새로운 문화의 수용과 참여에 따라 다차원적인 문화변용을 통합, 동화, 분리, 주변화의 네 가지 유형으로 구분하였다. 먼저, 통합의 범주는 자신의 모국에서 가지고 온 문화적 특성과 자신의 문화 정체성을 유지하면서 주류 사회의 문화를 수용하여 소화한 경우이다. 그러나 정체성 유지도 못하고 다문화 수용도 안 되는 두 가지 차원에 모두 해당하지 않으면 주변화 범주에 해당된다. 동화의 범주는 자신의 문화적 정체성을 유지하지 못하고 주류 사회에 함몰되는 경우이고, 분리의 범주는 주류 사회의 문화를 수용하지 않고 자신의 문화적 정체성만을 고집하는 경우이다. 자국의 문화적 정체성을 보존하려는 노력과 주류 사회에 접촉하고 참여하려는 노력은 연속적인 과정이므로 네 가지 범주를 엄격하게 분리할 수는 없지만, 문화변용의 전략과 수준을 이해하는 데에는 도움이 된다. 문화 변용의 정도는 이주민의 상황과 이주 시기, 그리고 이주한 지역의 환경에 따라서 결정되겠지만, 바람직한 문화변용의 수준은 통합의 범주일 것이다(최명민 외, 2015).

4) 문화적응

문화적응은 문화적으로 상이한 배경을 가진 개인이나 집단이 지속적인 상호작용을 할 때 발생하는 문화적 양상의 변화를 포괄하는 개념(Redfield, Linton, & Herskovits, 1936)으로, 다른 문화를 가진 개인이나 집단이 또 다른 집단과 접촉하게 되면서 개인이나 집단에 있어서 원래 문화 패턴에 변화가 있게 되는 것을 의미한다(Berry, Poortinga, Segall, & Dasen, 2002). 따라서 문화적응은 기존의 문화에서 새로운 문화로의 적응과정을 의미하게 된다. 문화적응은 크게 정서적·행동적·인지적 측면을 포함한 개인 수준에서의 변화 개념과(Berry, 1997), 집단 수준의 현상으로 구분된다(Graves, 1967). 문화적응이라 함은 새로운 문화를 접함으로써 나타난 집단의 문화적 변화를 말하고, 상대적으로 심리적 문화적응은 개인의 심리에 일어나는 변화를 일컫는다. 다만, 경험적으로는 문화변용이 문화적응과 함께 사용되기도 하는데(윤인진, 2004; 정진경·양계민, 2004), 이는 양자가 모두 서로 다른 문화가 만나서 생기는 문제들로부터 시작되는 것에 기인한다(임선일, 2010). 문화변용이 변화의 의미가 더 강하다면, 상대적으로 문화적응은 수용 혹은 순응의 의미가 더 강하다(Berry, 1990).

지금까지 언급한 문화적응에 관한 이론적 논의들은 이민현상과 이주민, 그리고 이주한 지역에서의 토착민을 포함한 사회·심리·환경적 차원에서의 개념과 관련된 것이었다. 이러한 분야에서의 지식을 토대로 사회복지실천 현장에서 근무하는 실무자들은 실천현장에서 외국인, 결혼이주민, 북한이탈주민으로 대표되는 다문화 집단을 대상으로 적응 과정에 대한 문제와 욕구 분석 그리고 다문화 정책에 기반한 지역사회 자원을 활용하여 적절한 개입 방안을 수렴하고 실행해야 한다.

2. 다문화주의 관련 정책 유형

다문화주의는 문화적 다양성의 인정의 차원에서는 인류학적·사회학적 주체이지만, 정치적 권리의 인정이라는 차원에서는 정치학적 주체가 되기도 한다. 이러한 다문화주의 정책에 대한 유형을 확인할 수 있는 방법 중에 하나는 기존에 논의된 각국의 이민자정책에 대한 유형분류에 대한 검토를 통해 가능하다(심창학,

2020 재인용; Castle, 1995). 첫째는 변별적 배제 모델(differential exclusion model, 혹은 차별모델(differentialist model))로 이민자들은 노동시장과 같은 사회의 특정 영역에는 포용되지만 다른 영역, 예컨대 복지체계, 시민권과 정치 참여 영역에서의 접근이 거부되고 있다. 여기에서 찾아볼 수 있는 배제기제로는 참여 금지를 규정하고 있는 법적 기제뿐만 아니라 시민과 비시민 간 권리의 명확한 차별, 인종주의와 차별과 같은 비공식적 실행 등을 들 수 있다. 따라서 이 모델에서의 이민자 상황은 소수 종족인으로서 시민사회의 일원이지만(즉, 노동자, 소비자, 부모 등) 경제, 사회, 문화, 정치 측면에서 내국인과 동등하게 참여할 수 없다. 이민자들은 사회적·경제적으로 불리한 위치에 있으며 계급과 종족적 배경 사이에 강하고 영속적인 연계가 나타나는 것 또한 이 모델의 특징이다. 이 모델의 대표적인 국가로 독일과 일본이 해당되며, 기존의 근로자 초청(guest worker) 국가(예컨대, 스위스, 오스트리아, 벨기에), 1970년대 이후 중동 산유 국가 그리고 남부 유럽 국가도 이에 포함되는 것으로 보고 있다.

둘째는 동화주의적 모델(assimilationist model)이다. 여기에서 동화는 일방적인 적응 과정을 통해 이민자들을 사회로 포용하는 정책을 의미한다. 따라서 이민자는 고유의 언어, 문화, 사회적 특성을 포기하게 되며 장기적으로 다수 내국인과의 구분이 사라질 것으로 기대된다. 이 모델에서 국가의 역할은 지배 언어의 사용을 강조하며 이민 국가 사회에 대한 개인의 적응 가능성을 높이고 이민자의 사회 지배 문화 및 가치 수용에 용이한 환경을 창출하는 것이다. 따라서 여기에서의 이민자 상황은 특정 직업 혹은 특정 거주 지역에 집중하는 모습을 띠게 된다. 여러 사례 중 동화주의 모델의 전형은 프랑스라고 할 수 있다. 우선 프랑스는 개인으로서의 이민자 정체성에 초점을 두고 있다. 달리 말하면 이는 문화적 다양성 혹은 이민자 공동체를 인정하지 않는다는 것을 의미한다. 그 대신 프랑스 거주민은 정치적 공동체인 국가에 충성한다면 누구나 프랑스 시민이 될 수 있으며 프랑스 시민은 상호 완전한 평등을 누릴 수 있음을 강조한다. 공화주의로 대변되는 사회 구성원의 평등사상은 프랑스 이민자정책의 한 축을 형성하고 있다. 즉, 평등사상에 바탕을 둔 이민자의 지배 문화로의 흡수가 프랑스 이민자정책의 핵심일 것이다.

셋째로는 다원주의 모델(pluralist model) 혹은 다문화주의 모델이다. 다원주의란 여러 세대에 걸쳐 언어, 문화, 사회행위 그리고 단체와 관련해 다수 인구와 구분될 수 있는 종족공동체로서의 이민자 집단을 인정하는 것이다. 그리고 이 모델에서 이민자들은 사회의 전 영역에서 내국인과 동등한 권리를 부여받아야 한다. 그 저변에는 이민자들이 이민국의 주요 가치에 대해서는 순응할 것으로 기대됨에도 불구하고 그들의 다양성은 포기하지 않을 것이라는 점이 전제되어 있다. 이는 다시 다원주의에 관한 국가정책의 개입 여부에 따라 크게 두 가지로 구분되는데, 하나는 방임적 접근 유형(laissez-faire approach)으로 차이를 인정하면서도 종족별 문화를 유지하는 것은 국가의 역할과 무관하다는 입장이며, 대표적인 국가는 미국이다. 다른 하나는 명시적 다문화주의 정책 유형(explicit multi-cultural policies)으로 문화적 차이를 인정하고 이에 부응하는 방향으로 사회 행위의 변화, 제도적 구조 변화를 시도하려는 다수의 의지를 특징으로 하고 있다. 캐나다, 오스트레일리아, 스웨덴이 이 유형에 포함된다. <표 10-1>은 지금까지의 내용을 정리한 것이다.

〈표 10-1〉 이민자정책 유형

모 델	특 징	사 례
변별적 배제 모델	• 포용과 배제의 영역 간 구분 • 임시 근로 이민 선호 • 정책 : 영구 거주권 제한. 가족결합 방지 • 계급과 종족적 배경 간 강한 연관성	• 독일과 일본 • 기존의 초청근로자 체계 국가(스위스, 오스트리아, 벨기에)
동화주의 모델	• 지배문화, 가치에 대한 이민자 개인의 일방적인 순응 • 이민자 : 특정 직업 종사 혹은 특정 지역 거주 • 국가정책 : 이민자 개인의 순응 및 다수 문화 가치에 유리한 조건 창출(교육, 언어 등) • 사회경제적 지위와 종족적 배경 간 강한 상관성	• 프랑스 • 20세기 초 미국, 영국, 캐나다, 호주
다원주의 모델	• 이민자 '집단'의 정체성 인정(종족공동체) • 집단별 상이한 문화 공존 존중	• 방임적 접근 유형 : 미국 • 명시적 다문화주의 정책 접근 유형 : 캐나다, 스웨덴

출처 : 심창학(2020). 이민자정책 패러다임의 수렴에 관한 탐색적 연구, p. 168.

한편 국가별 이민자정책의 유형 분류 시도에도 불구하고 실제로는 정책 유형별 다양성보다는 수렴 현상이 발견됨을 주장하고 이를 시민통합정책(civil integration policies)이라고 명명하게 되었다(Joppke, 2007). 시민통합정책은 1990년대 후반부터 네덜란드로부터 시작되어 핀란드, 덴마크, 독일, 오스트리아 등으로 확산되었다. 시민통합정책의 특징은 다음과 같다(설동훈 · 이병하, 2013 : 212-215; 심창학, 2020 재인용). 첫째, 이민자의 참여와 개인의 책임을 강조하는 적극적 시민권이다. 이는 집단 차원에서 이민자의 정체성을 확인하려는 다문화주의와 차이를 보이는 대목이다. 주지하다시피 다문화주의는 집단 기반 접근에 기반을 두고 기회 접근 차원에서 특정한 필요와 권리를 지닌 집단의 존재를 인정한다. 그리고 정부의 적극적인 개입을 통해 이민국의 주류 집단에 비해 열등한 위치에 있는 '집단'으로서의 이민자 상황을 개선하고자 한다. 이에 반해 시민통합정책은 이민자 '개인' 스스로의 통합 노력을 강조한다. 이를 위해 이민국의 노동시장에 적극 참여하고 이민국의 언어와 역사를 배워야 하는 이민자 개인의 책임이 강조되고 있다.

둘째, 공유된 시민권이다. 이는 사회구성원 전체에게 공유될 수 있는 공통의 문화를 강조하고 있다. 상호문화주의로 대변될 수 있는 이 특징은 소수민의 지배문화 순응을 강조하는 동화주의와 다르며, 이민자 집단 고유의 문화, 가치, 역사를 용인하고 장려하는 다문화주의와도 차이를 보인다.

셋째, 이민국에 대한 충성과 일체감을 강조하는 도덕적 시민권이다. 이는 국가에 따라 다르지만 입국 전과 입국 후로 구분된다. 입국 전에는 이민 신청자가 어느 정도 이민국의 언어 구사력이 있는지를 테스트한다. 기준에 미달할 경우에는 이민을 불허하거나 일정 기간 언어능력 향상을 위한 노력을 요구한다. 입국 후에는 영구 거주 혹은 국적 취득에서 도덕적 시민권 요건을 강화하고 있는 추세이다. 국적 취득 요건에는 이민국 역사 및 사회에 대한 지식 정도와 언어 테스트 등이 포함된다.

3. 다문화 관련 정책

1) 한국의 다문화 정책 관련 법률

다문화 관련 정책은 기본적으로 법률에 기반하여 그 목적과 목표를 보장하고 이를 실천하게 된다. 주요 법률에는 재한외국인 처우 기본법, 다문화가족지원법, 외국인근로자의 고용 등에 관한 법률, 북한이탈주민의 보호 및 정착지원에 관한 법률 등이 있다.

(1) 재한외국인 처우 기본법

재한외국인 처우 기본법은 우리나라에서 2007년에 제정된 법률로 다문화 관련 국내에 거주하는 외국인 정책 추진을 위한 최초의 법령이다. 이 법은 재한외국인에 대한 처우 등에 관한 기본적인 사항을 정함으로써 재한외국인이 대한민국 사회에 적응하여 개인의 능력을 충분히 발휘할 수 있도록 하고, 대한민국 국민과 재한외국인이 서로를 이해하고 존중하는 사회 환경을 만들어 대한민국의 발전과 사회통합에 이바지함을 목적으로 한다(제1조). 주요 내용은 다음과 같다.

첫째, 용어의 정의 규정이다(제2조).

- "재한외국인"이란 대한민국의 국적을 가지지 아니한 자로서 대한민국에 거주할 목적을 가지고 합법적으로 체류하고 있는 자를 말한다.
- "재한외국인에 대한 처우"란 국가 및 지방자치단체가 재한외국인을 그 법적 지위에 따라 적정하게 대우하는 것을 말한다.
- "결혼이민자"란 대한민국 국민과 혼인한 적이 있거나 혼인관계에 있는 재한외국인을 말한다.

둘째, 외국인정책의 수립과 추진체계에 관한 것이다(제5~9조). 법무부장관은 관계 중앙행정기관의 장과 협의하여 5년마다 외국인정책에 관한 기본계획(이하 "기본계획"이라 한다)을 수립하여야 한다.[4] 기본계획은 상호주의 원칙을 고려하여야 하며 그 내용은 다음과 같다.

- 외국인정책의 기본 목표와 추진방향
- 외국인정책의 추진과제, 그 추진방법 및 추진시기
- 필요한 재원의 규모와 조달방안
- 그 밖에 외국인정책 수립 등을 위하여 필요하다고 인정되는 사항

외국인 정책위원회는 국무총리 소속으로 외국인정책에 관한 주요 사항을 심의·조정한다. 위원회는 위원장 1인을 포함한 30인 이내의 위원으로 구성하며, 위원장은 국무총리가 된다.

셋째, 재한외국인 등의 처우에 관한 것이다. 재한외국인 등의 인권옹호(제10조), 재한외국인의 사회적응 지원(제11조), 결혼이민자 및 그 자녀의 처우(제12조), 영주권자의 처우(제13조), 난민의 처우(제14조), 국적취득 후 사회적응(제15조), 전문외국인력의 처우개선(제16조), 과거 대한민국국적을 보유하였던 자 등의 처우(제17조) 등이 포함되어 있다.

(2) 다문화가족지원법

다문화가족지원법은 다문화가족 구성원이 안정적인 가족생활을 영위하고 사회 구성원으로서의 역할과 책임을 다할 수 있도록 함으로써 이들의 삶의 질 향상과 사회통합에 이바지함을 목적으로 2008년에 제정되었다(제1조). 주요 내용은 다음과 같다.

---

4) 외국인정책기본계획은 제1차 외국인정책기본계획(2008~2012), 제2차(2013~2017), 제3차(2018~2022)가 수립되었다. 법무부 제3차 외국인정책기본계획에 관한 주요 내용은 법무부 관련 홈페이지(https://www.moj.go.kr/bbs/moj/164/423199/artclView.do)를 참조하기 바란다.

첫째, 용어의 정의 규정이다(제2조).

- "다문화가족"이란 다음 각 목의 어느 하나에 해당하는 가족을 말한다.
  가. 재한외국인 처우 기본법 제2조 제3호의 결혼이민자와 국적법 제2조부터 제4조까지의 규정에 따라 대한민국 국적을 취득한 자로 이루어진 가족
  나. 국적법 제3조 및 제4조에 따라 대한민국 국적을 취득한 자와 같은 법 제2조부터 제4조까지의 규정에 따라 대한민국 국적을 취득한 자로 이루어진 가족
- "결혼이민자 등"이란 다문화가족의 구성원으로서 다음 각 목의 어느 하나에 해당하는 자를 말한다.
  가. 재한외국인 처우 기본법 제2조 제3호의 결혼이민자
  나. 국적법 제4조에 따라 귀화허가를 받은 자

둘째, 국가와 지방자치단체의 책무 규정이다(제3조). 국가와 지방자치단체는 다문화가족 구성원이 안정적인 가족생활을 영위하고 경제·사회·문화 등 각 분야에서 사회구성원으로서의 역할과 책임을 다할 수 있도록 필요한 제도와 여건을 조성하고 이를 위한 시책을 수립·시행하여야 한다. 또한 특별시·광역시·특별자치시·도·특별자치도 및 시·군·구(자치구를 말한다. 이하 같다)에는 다문화가족 지원을 담당할 기구와 공무원을 두어야 한다.

셋째, 다문화가족 지원을 위한 기본계획의 수립 관련 규정이다(제3조의2). 여성가족부장관은 다문화가족 지원을 위하여 5년마다 다문화가족정책에 관한 기본계획(이하 "기본계획"이라 한다)을 수립하여야 한다. 기본계획의 내용은 다음과 같다.

- 다문화가족 지원 정책의 기본 방향
- 다문화가족 지원을 위한 분야별 발전시책과 평가에 관한 사항
- 다문화가족 지원을 위한 제도 개선에 관한 사항
- 다문화가족 구성원의 경제·사회·문화 등 각 분야에서 활동 증진에 관한 사항

- 다문화가족 지원을 위한 재원 확보 및 배분에 관한 사항
- 그 밖에 다문화가족 지원을 위하여 필요한 사항

여성가족부장관은 기본계획을 수립할 때에는 미리 관계 중앙행정기관의 장과 협의하여야 한다. 기본계획은 다문화가족정책위원회의 심의를 거쳐 확정한다. 이 경우 여성가족부장관은 확정된 기본계획을 지체 없이 국회 소관 상임위원회에 보고하고, 관계 중앙행정기관의 장과 특별시장·광역시장·특별자치시장·도지사·특별자치도지사(이하 "시·도지사"라 한다)에게 알려야 한다. 또한 여성가족부장관, 관계 중앙행정기관의 장과 시·도지사는 매년 기본계획에 따라 다문화가족정책에 관한 시행계획(이하 "시행계획"이라 한다)을 수립·시행하여야 한다.

다문화가족정책위원회는 국무총리 소속으로 다문화가족의 삶의 질 향상과 사회통합에 관한 중요 사항을 심의·조정한다(제3조의4).

여성가족부장관은 다문화가족의 현황 및 실태를 파악하고 다문화가족 지원을 위한 정책수립에 활용하기 위하여 3년마다 다문화가족에 대한 실태조사를 실시하고 그 결과를 공표하여야 한다(제4조). 여성가족부장관은 제1항에 따른 실태조사를 실시함에 있어서 외국인정책 관련 사항에 대하여는 법무부장관과, 다문화가족 구성원인 아동·청소년의 교육현황 및 아동·청소년의 다문화가족에 대한 인식 등에 관한 사항에 대하여는 교육부장관과 협의를 거쳐 실시한다.

넷째, 다문화가족에 대한 이해 증진(제5조)에 관한 규정이다. 국가와 지방자치단체는 다문화가족에 대한 사회적 차별 및 편견을 예방하고 사회구성원이 문화적 다양성을 인정하고 존중할 수 있도록 다문화 이해교육을 실시하고 홍보 등 필요한 조치를 하여야 한다. 교육부장관과 특별시·광역시·특별자치시·도·특별자치도의 교육감은 유아교육법 제2조, 초·중등교육법 제2조 또는 고등교육법 제2조에 따른 학교에서 다문화가족에 대한 이해를 돕는 교육을 실시하기 위한 시책을 수립·시행하여야 한다. 이 경우 제4조에 따른 실태조사의 결과 중 다문화가족 구성원인 아동·청소년의 교육현황 및 아동·청소년의 다문화가족에 대한 인

식 등에 관한 사항을 반영하여야 한다. 또한 교육부장관과 특별시·광역시·특별자치시·도·특별자치도의 교육감은 유아교육법 제2조 및 초·중등교육법 제2조에 따른 학교의 교원에 대하여 대통령령으로 정하는 바에 따라 다문화 이해교육 관련 연수를 실시하여야 한다.

다섯째, 생활정보 제공 및 교육 지원 규정이다(제6조). 국가와 지방자치단체는 결혼이민자 등이 대한민국에서 생활하는 데 필요한 기본적 정보(아동·청소년에 대한 학습 및 생활지도 관련 정보를 포함한다)를 제공하고, 사회적응교육과 직업교육·훈련 및 언어소통 능력 향상을 위한 한국어교육 등을 받을 수 있도록 필요한 지원을 할 수 있다. 또한 국가와 지방자치단체는 결혼이민자 등의 배우자 및 가족구성원이 결혼이민자 등의 출신 국가 및 문화 등을 이해하는 데 필요한 기본적 정보를 제공하고 관련 교육을 지원할 수 있다. 교육을 실시함에 있어 거주지 및 가정환경 등으로 인하여 서비스에서 소외되는 결혼이민자 등과 배우자 및 그 가족구성원이 없도록 방문교육이나 원격교육 등 다양한 방법으로 교육을 지원하고, 교재와 강사 등의 전문성을 강화하기 위한 시책을 수립·시행하여야 한다.

여섯째, 평등한 가족관계의 유지를 위한 조치 규정이다(제7조). 국가와 지방자치단체는 다문화가족이 민주적이고 양성평등한 가족관계를 누릴 수 있도록 가족상담, 부부교육, 부모교육, 가족생활교육 등을 추진하여야 한다. 이 경우 문화의 차이 등을 고려한 전문적인 서비스가 제공될 수 있도록 노력하여야 한다.

일곱째, 가정폭력 피해자에 대한 보호·지원 규정이다(제8조). 국가와 지방자치단체는 결혼이민자 등이 가정폭력으로 혼인관계를 종료하는 경우 의사소통의 어려움과 법률체계 등에 관한 정보의 부족 등으로 불리한 입장에 놓이지 아니하도록 의견진술 및 사실확인 등에 있어서 언어통역, 법률상담 및 행정지원 등 필요한 서비스를 제공할 수 있다.

여덟째, 의료 및 건강관리를 위한 지원 규정이다(제9조). 국가와 지방자치단체는 결혼이민자 등이 건강하게 생활할 수 있도록 영양·건강에 대한 교육, 산전·산후 도우미 파견, 건강검진 등의 의료서비스를 지원할 수 있으며, 이때 외국어 통역 서비스를 제공할 수 있다.

아홉째, 아동·청소년 보육·교육 규정이다(제10조). 이 규정과 관련된 국가와 지방자치단체의 역할은 다음과 같다. 먼저, 아동·청소년 보육·교육을 실시함에 있어서 다문화가족 구성원인 아동·청소년을 차별하여서는 아니 된다. 다음으로 다문화가족 구성원인 아동·청소년이 학교생활에 신속히 적응할 수 있도록 교육 지원대책을 마련하여야 하고, 특별시·광역시·특별자치시·도·특별자치도의 교육감은 다문화가족 구성원인 아동·청소년에 대하여 학과 외 또는 방과후 교육 프로그램 등을 지원할 수 있다. 마지막으로 다문화가족 구성원인 18세 미만인 사람의 초등학교 취학 전 보육 및 교육 지원을 위하여 노력하고, 그 구성원의 언어 발달을 위하여 한국어 및 결혼이민자 등인 부 또는 모의 모국어 교육을 위한 교재지원 및 학습지원 등 언어능력 제고를 위하여 필요한 지원을 할 수 있다. 한편, 영유아보육법 제10조에 따른 어린이집의 원장, 유아교육법 제7조에 따른 유치원의 장, 초·중등교육법 제2조에 따른 각급 학교의 장, 그 밖에 대통령령으로 정하는 기관의 장은 아동·청소년 보육·교육을 실시함에 있어 다문화가족 구성원인 아동·청소년이 차별을 받지 아니하도록 필요한 조치를 하여야 한다.

열째, 다국어에 의한 서비스 제공 규정이다(제11조). 국가와 지방자치단체는 제5조부터 제10조까지의 규정에 따른 지원정책을 추진함에 있어서 결혼이민자 등의 의사소통의 어려움을 해소하고 서비스 접근성을 제고하기 위하여 다국어에 의한 서비스 제공이 이루어지도록 노력하여야 한다.

열한째, 다문화가족 종합정보 전화센터의 설치·운영 등에 관한 규정이다(제11조2). 여성가족부장관은 다국어에 의한 상담·통역 서비스 등을 결혼이민자 등에게 제공하기 위하여 다문화가족 종합정보 전화센터(이하 "전화센터"라 한다)를 설치·운영할 수 있다. 이 경우 「가정폭력방지 및 피해자보호 등에 관한 법률」 제4조의 6 제1항 후단에 따른 외국어 서비스를 제공하는 긴급전화센터와 통합하여 운영할 수 있다.

마지막으로, 다문화가족지원센터의 설치·운영 등에 관한 규정이다(제12조). 국가와 지방자치단체는 다문화가족지원센터(이하 "지원센터"라 한다)를 설치·운영할 수 있다. 지원센터에서는 다음과 같은 업무를 수행한다.

- 다문화가족을 위한 교육·상담 등 지원사업의 실시
- 결혼이민자 등에 대한 한국어교육
- 다문화가족 지원서비스 정보제공 및 홍보
- 다문화가족 지원 관련 기관·단체와의 서비스 연계
- 일자리에 관한 정보제공 및 일자리의 알선
- 다문화가족을 위한 통역·번역 지원사업
- 다문화가족 내 가정폭력 방지 및 피해자 연계 지원
- 그 밖에 다문화가족 지원을 위하여 필요한 사업

지원센터에는 다문화가족에 대한 교육·상담 등의 업무를 수행하기 위하여 관련 분야에 대한 학식과 경험을 가진 전문인력을 두어야 한다. 또한 국가와 지방자치단체는 제3항에 따라 지정한 지원센터에 대하여 예산의 범위에서 제4항 각 호의 업무를 수행하는 데에 필요한 비용 및 지원센터의 운영에 드는 비용의 전부 또는 일부를 보조할 수 있다.

(3) 북한이탈주민의 보호 및 정착지원에 관한 법률(약칭 : 북한이탈주민법)

북한이탈주민의 보호 및 정착지원에 관한 법률은 군사분계선 이북지역에서 벗어나 대한민국의 보호를 받으려는 군사분계선 이북지역의 주민이 정치, 경제, 사회, 문화 등 모든 생활 영역에서 신속히 적응·정착하는 데 필요한 보호 및 지원에 관한 사항을 규정함을 목적으로 하여 1997년에 제정되었다(제1조). 주요 내용은 다음과 같다.

첫째, 용어의 정의 규정이다(제2조).

- "북한이탈주민"이란 군사분계선 이북지역(이하 "북한"이라 한다)에 주소, 직계가족, 배우자, 직장 등을 두고 있는 사람으로서 북한을 벗어난 후 외국 국적을 취득하지 아니한 사람을 말한다.
- "보호대상자"란 이 법에 따라 보호 및 지원을 받는 북한이탈주민을 말한다.
- "정착지원시설"이란 보호대상자의 보호 및 정착지원을 위하여 제10조 제1항에 따라 설치·운영하는 시설을 말한다.
- "보호금품"이란 이 법에 따라 보호대상자에게 지급하거나 빌려주는 금전 또는 물품을 말한다.

둘째, 기본 원칙 규정이다(제4조).

- 대한민국은 보호대상자를 인도주의에 입각하여 특별히 보호한다.
- 대한민국은 외국에 체류하고 있는 북한이탈주민의 보호 및 지원 등을 위하여 외교적 노력을 다하여야 한다.
- 보호대상자는 대한민국의 자유민주적 법질서에 적응하여 건강하고 문화적인 생활을 할 수 있도록 노력하여야 한다.
- 통일부장관은 북한이탈주민에 대한 보호 및 지원 등을 위하여 북한이탈주민의 실태를 파악하고, 그 결과를 정책에 반영하여야 한다.

셋째, 국가 및 지방자치단체의 책무 규정이다(제4조의2). 국가 및 지방자치단체는 보호대상자의 성공적인 정착을 위하여 보호대상자의 보호·교육·취업·주거·의료 및 생활보호 등의 지원을 지속적으로 추진하고 이에 필요한 재원을 안정적으로 확보하기 위하여 노력하여야 한다. 또한 국가 및 지방자치단체는 제1항에 따라 보호대상자에 대한 지원시책을 마련하는 경우 아동·청소년·여성·노인·장애인 등에 대하여 특별히 배려·지원하도록 노력하여야 한다.

넷째, 기본계획 및 시행계획 규정이다(제4조의3). 통일부장관은 북한이탈주민 보호 및 정착지원협의회의 심의를 거쳐 보호대상자의 보호 및 정착지원에 관한 기본계획(이하 "기본계획"이라 한다)을 3년마다 수립·시행하여야 한다. 기본계획의 내용은 다음과 같다.

- 보호대상자의 보호 및 정착에 필요한 교육에 관한 사항
- 보호대상자의 직업훈련, 고용촉진 및 고용유지에 관한 사항
- 보호대상자에 대한 정착지원시설의 설치·운영 및 주거지원에 관한 사항
- 보호대상자에 대한 의료지원 및 생활보호 등에 관한 사항
- 보호대상자의 사회통합 및 인식개선에 관한 사항
- 그 밖에 보호대상자의 보호, 정착지원 및 고용촉진 등을 위하여 통일부장관이 필요하다고 인정하는 사항

통일부장관은 관계 중앙행정기관의 장과 협의하여 기본계획에 따른 연도별 시행계획(이하 "시행계획"이라 한다)을 수립·시행하여야 한다. 통일부장관은 기본계획 및 시행계획을 수립하고자 할 경우에 제22조 제3항에 따른 실태조사의 결과를 반영하여야 한다. 통일부장관은 시행계획의 추진성과를 매년 정기적으로 분석하고 그 결과를 기본계획과 시행계획에 반영하여야 한다.

2) 한국의 다문화정책 관련 기본계획

우리나라에서 외국인 관련 다문화정책을 추진하기 위한 국가의 기본계획은 크게 재한외국인 처우 기본법을 근거로 하는 외국인정책 기본계획과 다문화가족지원법을 근거로 하는 다문화가족정책 기본계획으로 구분될 수 있다.

(1) 외국인정책 기본계획[5)]

외국인정책이란 국경 및 출입국관리, 국적부여 정책과 이민자 사회통합 정책을 포괄하는 개념으로 이민정책(Immigration Policy)을 의미하며, 대한민국으로 이주하고자 하는 외국인과 그 자녀 등에 대해 영구적 또는 일시적 사회구성원 자격을 부여하거나, 국내에서 살아가는 데 필요한 제반 환경조성에 관한 사항을 종합적인 관점에서 다루는 정책을 말한다.

2007년 제정된 재한외국인 처우 기본법에 따라 법무부가 주관하여 지금까지 세 차례에 걸쳐 기본계획이 수립된 바가 있고, 현재는 제3차 외국인정책 기본계획이 수립되어 실현되고 있다. 제1차와 제2차 외국인정책 기본계획의 비전과 목표, 그리고 중점과제는 <표 10-2>와 같다.

다만, 두 차례에 걸친 외국인정책 기본계획의 수행에 따른 성과에도 불구하고 추진상의 한계 및 문제점에 대한 주요 논의는 다음과 같다.

- 우수 외국인재 유치 미흡 및 단순 기능인력의 장기 거주 진행
- 외국인 유입 증가에 따른 국민 일자리 침해 우려
- 결혼이민자 위주의 정책으로 인해 그 이외의 재한외국인 지원과의 형평성 문제 제기
- 외국인 인권보호를 위한 구체적 실행 체계 부족
- 이민자 증가 등에 따른 사회불안 요인에 대한 체계적 대비 부족
- 이민정책 관련 위원회 및 중앙·지방자치단체·민간 협력 부족

5) 법무부(2018). 제3차 외국인정책 기본계획(2018~2022년).

〈표 10-2〉 제1~2차 외국인정책 기본계획 비전, 목표, 중점과제

구 분	비 전	목 표	중점과제
제1차 외국인정책 기본계획 (2010~2012)	외국인과 함께하는 세계 일류국가	적극적인 이민 허용을 통한 국가 경쟁력 강화	우수인재 유치를 통한 성장동력 확보
			국민경제의 균형발전을 위한 인력 도입
			외국인에게 편리한 생활환경 조성
		질 높은 사회통합	다문화에 대한 이해 증진
			결혼이민자의 안정적 정착
			이민자 자녀의 건강한 성장환경 조성
			동포의 역량 발휘를 위한 환경 조성
		질서 있는 이민행정 구현	외국인 체류질서 확립
			국가안보 차원의 국경관리 및 외국인정보 관리
			건전한 국민확보를 위한 국적업무 수행
		외국인 인권 옹호	외국인 차별 방지 및 권익보호
			보호 과정의 외국인 인권 보장
			선진적 난민 인정 · 지원 시스템 구축
제2차 외국인정책 기본계획 (2013~2017)	세계인과 더불어 성장하는 활기찬 대한민국	경제활성화 지원과 인재유치	내수 활성화 기여 외래관광객 유치
			국가와 기업이 필요한 해외 인적자원 확보
			미래 성장동력 확충을 위한 유학생 유치
			지역 균형발전을 촉진하는 외국인 투자 유치
		대한민국의 공동가치가 존중되는 사회통합	자립과 통합을 고려한 국적 및 영주제도 개선
			체계적인 이민자 사회통합 프로그램 운영
			국제결혼 피해방지 및 결혼이민자 정착 지원
			이민자배경 자녀의 건강한 성장화경 조성
			이민자 사회통합을 위한 인프라 구축
		차별방지와 문화다양성 존중	이민자 인권존중 및 차별방지 제도화
			다양한 문화에 대한 사회적 관용성 확대
			국민과 이민자가 소통하는 글로벌 환경조성
		국민과 외국인이 안전한 사회구현	안전하고 신뢰받는 국경관리
			질서 위반 외국인에 대한 실효적 체류관리
			불법체류 단속의 패러다임 다변화
			외국인에 대한 종합적인 정보관리 역량 제고
		국제사회와의 공동발전	이민자 출신국, 국제기구 등과의 국제협력 강화
			국가 위상에 부합하는 난민정책 추진
			동포사회와의 교류, 협력 확산

이러한 한계와 문제점을 극복하고 외국인정책의 세계적 흐름, 국내 환경, 그리고 미래 전망에 대한 분석을 통해 2018년 제3차 외국인정책 기본계획이 수립되었으며, 비전과 정책목표, 그리고 중점과제에 대한 내용은 <표 10-3>과 같다.

〈표 10-3〉 제3차 외국인정책 기본계획의 비전, 목표, 중점과제

비 전	국민 공감! 인권과 다양성이 존중되는 안전한 대한민국
정책 목표	중점 과제
1. 국민이 공감하는 질서 있는 개방	1. 우수인재 유치 및 성장지원 강화 2. 성장동력 확보를 위한 취업이민자 유치 · 활용 3. 관광객 및 투자자 등 유치를 통한 경제 활성화 4. 유입 체계 고도화 및 체류 · 국적 제도 개선
2. 이민자의 자립과 참여로 통합되는 사회	1. 이민단계별 정착 지원 및 사회통합 촉진 2. 이민배경 자녀 역량 강화 3. 이민자 사회통합을 위한 복지지원 내실화 4. 이민자의 지역사회 참여 확대
3. 국민과 이민자가 함께 만들어 가는 안전한 사회	1. 안전하고 신속한 국경관리 체계 구축 2. 체류외국인 관리 체계 선진화
4. 인권과 다양성이 존중되는 정의로운 사회	1. 이민자 인권보호 체계 강화 2. 여성 · 아동 등 취약 이민자 인권증진 3. 문화다양성 증진 및 수용성 제고 4. 동포와 함께 공존 · 발전하는 환경 조성 5. 국제사회가 공감하는 선진 난민정책 추진
5. 협력에 바탕한 미래 지향적 거버넌스	1. 이민 관련 국제협력 증진 2. 중앙부처 · 지방자치단체 · 시민사회 협력 강화 3. 이민정책 및 연구기반 구축

(2) 다문화가족정책 기본계획

2010년부터 수립된 다문화가족정책 기본계획은 당시 2006년부터 추진되어 온 다문화가족지원과 관련된 정책의 추진[6]과 이를 위한 법적 · 제도적 기반을 구축하였고,[7] 다문화가족지원정책의 안정적인 수행을 위한 추친체계의 확립[8]을 기반

6) 2006년 4월, 관계부처 합동 여성 결혼이민자 가족 및 혼혈인 · 이주자 사회통합지원방안 발표, 2009년 4월, 다문화가족지원 개선 종합대책 발표

7) 2007년 7월, 재한외국인처우기본법, 2008년 6월, 결혼중개업 관리에 관한 법률, 2008년 9월, 다문화가족지원법, 2009년 기준 외국인주민지원 조례 206개 제정 등

8) 2009년 12월 다문화가족정책위원회 구성, 다문화가족지원센터 전국적 확대설치(2010년 기준 159개) 및 국내

으로 수립되었다. 다문화가족정책 기본계획의 비전과 목표, 정책 추진과제를 정리한 것은 <표 10-4>와 같다.

〈표 10-4〉 제1~3차 다문화가족정책 기본계획의 비전, 목표, 정책추진과제

구분	제1차 기본계획 (2010~2012)	제2차 기본계획 (2013~2017)	제3차 기본계획 (2018~2022)
비전	열린 다문화 사회로 성숙한 세계국가 구현	활기찬 다문화가족, 함께하는 사회	참여와 공존의 열린 다문화 사회
목표	• 다문화가족의 삶의 향상 및 안정적인 정착 지원 • 다문화가족 자녀에 대한 지원 강화 및 글로벌인재 육성	• 사회발전 동력으로서의 다문화가족 역량 강화 • 다양성이 존중되는 다문화사회 구현	• 모두가 존중받는 차별 없는 다문화 사회 구현 • 다문화가족의 사회・경제적 참여 확대 • 다문화가족 자녀의 건강한 성장 도모
정책 추진 과제	• 다문화가족지원정책 추진체계 정비 • 국제결혼중개 관리 및 입국전 검증시스템 강화 • 결혼이민자 정착 지원 및 자립역량 강화 • 다문화가족 자녀의 건강한 성장환경 조성 • 다문화에 대한 사회적 이해 제고	• 다양한 문화가 있는 다문화가족 구현 • 다문화가족 자녀의 성장과 발달지원 • 안정적인 가족생활 기반 구축 • 결혼이민자 사회경제적 진출 확대 • 다문화가족에 대한 사회적 수용성 제고 • 정책추진체계 정비	• 다문화가족 장기정착 지원 • 결혼이민자 다양한 사회참여 확대 • 다문화가족 자녀의 안정적 성장지원과 역량 강화 • 상호존중에 기반한 다문화 수용성 제고 • 협력적 다문화가족 정책 운영을 위한 추진체계 강화

현재 진행 중인 제3차 다문화가족정책 기본계획은 제1~2차 기본계획의 실행 후 지적된 한계 및 향후 과제[9]를 해결하고 제3차 기본계획의 수립환경[10]을 반영하여 수립되었다. 제3차 기본계획은 "모두가 존중받는 차별 없는 다문화 사회 구현", "다문화가족의 사회・경제적 참여 확대", "다문화가족 자녀의 건강한 성장

외국인주민 현황 전수조사(2006년부터 매년 실시)와 전국 다문화가족 실태조사 실시(2009년 7월~2010년 2월)

9) 초기적응 중심 정책에서 장기정착화에 따른 정책으로 개편이 필요하다는 점과 중장기 관점에서 다문화수용성 제고방안 마련 시행이 필요하다는 점이 지적됨[여성가족부 제3차 다문화가족정책 기본계획(안)(2018~2022), 4쪽].

10) 첫째, 다문화가족 현황과 관련하여 초기적응 중심에서 장기 정착 결혼이민자의 서비스 욕구를 반영한 서비스 발굴과 확대에 집중이 필요하고, 한부모가족 증가 등 다양한 가족관계 발생에 따른 지원 및 가정폭력 등에 대응하는 인권 강화 방안도 마련 필요. 둘째, 다문화가족 자녀의 규모와 특성과 관련하여 청소년기 자녀 증가에 대응하여 원만한 사회진출을 위한 역량을 강화하고, 정책적 관심이 증가하는 중도입국자녀에 대한 맞춤형 정책도 지원 필요. 셋째, 다문화가족에 대한 우리 사회의 수용성과 관련하여 다문화 교육을 기본적 소양교육으로 많은 국민에게 보편적・통합적으로 제공하되, 참여 및 교류를 통한 실질적인 다문화 수용성 제고 방안도 마련 필요[여성가족부 제3차 다문화가족정책 기본계획(안)(2018~2022), 5~9쪽].

도모"의 3대 목표 아래 5개 대과제, 17개 중과제 및 70개 소과제로 구성되어 있으며, 법무부, 교육부 등 17개 중앙행정기관 및 기관이 참여하고 있다. 주요 특징은 다음과 같다. 첫째, 결혼이민자의 정착주기가 장기화되고 다양한 가족유형이 발생함에 따라 안정된 가족생활을 도모할 수 있는 지원 강화를 목적으로 결혼이주여성의 인권보호를 위해 가정폭력 관련 긴급상담, 전문상담 및 주거시설을 확대 운영하는 등 가정폭력 피해 대응체계를 강화하는 것과, 가족관계 증진을 위한 프로그램을 다양화하고, 한부모가족과 관련된 제도(근로장려금 자격)를 개선하고 지원하는 것이다. 둘째, 다문화가족 자녀가 학령기에 본격 진입함에 따라 학업 글로벌 역량, 사회진출을 위한 지원을 강화하고 정책적 관심의 대상이 되고 있는 중도입국자녀에 대한 지원을 지속 추진하는 것이다. 셋째, 결혼이주여성의 초기적응지원을 지속하고, 취업지원 서비스를 내실화하는 것이며, 넷째, 다문화 수용성 제고를 위해 일반 국민 대상 찾아가는 다문화 이해교육을 강화하는 것이다.

4. 다문화복지의 실천

1) 다문화복지 실천의 개념

다문화가족, 외국인 이주노동자, 북한이탈주민 등을 주요 실천대상자로 하는 다문화사회복지실천에 대한 이해는 한국사회복지사 윤리강령에 언급된 바와 같이 문화적 역량과 사회적 다양성에 대해 민감하며 사회복지실천에 다문화성 및 다양성 수용 원칙을 포함함으로써 가능하다. 다문화사회복지실천에 대한 주요 개념은 다음과 같다. 먼저, 럼(Lum, 2003)은 사람들 사이에 존재하는 다양성과 차이점을 존중하고 원조관계에서 적용하는 문화적 요소를 인식하는 사회복지실천이라고 정의하였다. 수(Sue, 2006 : 20)는 원조 역할과 원조과정으로 그 과정은 클라이언트의 문화적 가치관과 삶의 경험에 일치되는 서비스 목표를 세우고 원조방식을 활용하는 과정이라고 하였다. 이 과정에서 클라이언트의 정체성을 개인적 · 집단적 · 보편적 차원에서 이해하고, 치료 단계에서 보편적이고 문화 특성적 전략을 사용하며, 클라이언트와 클라이언트 환경의 사정 · 개입 · 문제 해결에서 개인주의적 접근과 집단주의적 접근의 균형을 맞추는 실천으로 정의하였다.

다문화사회복지실천은 기존에 다른 사회복지실천 분야에 문화적 다양성 혹은 문화적 역량 등을 고려하여 이를 발전적으로 해석하고 적용하는 것이 요구된다. 이를 통해 일반적인 사회복지실천과정과 동일하게 개입의 목표와 실행을 수행하는 것을 의미한다.

2) 다문화사회복지실천의 관점

다문화사회복지실천에 있어 사회복지사가 갖춰야 할 태도와 다양한 관점을 정립하고 이해하는 것은 매우 중요하다.

(1) 인권 보호의 관점

1948년 국제연합(UN)의 세계인권선언이 선포된 이후 인권에 대한 관심이 높아지고 있으며, 모든 인간이 존엄한 존재가 되기 위해 가져야 할 당연한 권리로 인식되고 있다. 특히 2001년 유네스코의 세계문화다양성 선언 이후 이를 참고하여 2005년 '문화적 표현의 다양성 보호와 증진에 관한 협약(Convention on the Protection and Promotion of the Diversity of Cultural Expression)'[11]과 같은 국제규약이 채택됨에 따라 인권에 문화다양성의 이슈가 포함되게 되었다. 문화적 표현의 다양성 보호와 증진에 관한 협약은 문화정체성의 증진 및 보호와 관련된 기존의 인권 규정에 근거하고 있다는 점에서 문화적 소수자의 인권을 보호하는 중요한 근거를 제공하고 있다. 특히 소멸이나 심각한 훼손 가능성으로 문화적 표현이 위협받는 상황에서 문화 콘텐츠를 포함한 문화적 표현의 다양성을 보호하기 위한 조치를 취하여야 할 필요성을 인식하고, 일반적으로 사회 통합을 위한 문화의 중요성과, 사회에서 여

11) 2005년 10월 20일 프랑스 파리 제33차 유네스코 총회에서 채택됨.

성의 지위와 역할강화를 위한 문화의 잠재력을 강조하고 있다(한국유네스코, 2005).

우리나라에서도 이를 비준한 후 이를 근거로 2014년에 「문화다양성의 보호와 증진에 관한 법률」을 제정하였다.[12] 이 법은 국제연합교육과학문화기구(이하 "유네스코"라 한다)의 '문화적 표현의 다양성 보호와 증진에 관한 협약' 이행을 위하여 문화다양성의 보호 및 증진에 관한 정책수립 및 시행 등에 관한 기본사항을 규정함으로써 개인의 문화적 삶의 질을 향상시키고 문화다양성에 기초한 사회통합과 새로운 문화 창조에 이바지하는 것을 목적으로 한다(제1조). 다만, 이와 같은 법률을 적용함과 동시에 우리나라에서 이민자들에게 최소한의 기본권뿐만 아니라 사회보장 수급권을 포함한 사회적·정치적 영역에 포함된 기본적 권리와 관련된 구체적인 보장 정책에 대한 구체적인 논의가 진행되는 것이 요구된다.

인권 보호 관점의 다문화사회복지실천은 다음과 같이 모색되어야 한다(NASW, 2015; Sue, 2006, 김혜영 외, 2012 : 156-157 재인용).

첫째, 다문화 사회복지실천은 다문화 클라이언트에게 동일하게 인본주의 및 평등주의 사상에 기초한 인간 존엄성의 가치와 클라이언트의 권익을 옹호하는 가치를 적용하는 데서 출발한다.

둘째, 사회복지사는 문화다양성과 인종다양성에 민감하며, 차별·억압·빈곤 및 기타 사회 불의를 해소하기 위해 노력해야 한다.

셋째, 다문화 클라이언트의 자유권과 생존권을 존중하여 클라이언트의 주체성과 자기결정권을 보장하는 가치를 가져야 한다.

넷째, 사회복지사는 사회적 및 경제적 약자 중 다문화 클라이언트가 있을 때 동일하게 옹호해야 한다.

다섯째, 다문화 클라이언트의 문화적 가치관과 삶의 경험에 일치되는 서비스 목표를 설정하고 클라이언트 중심의 개입방법을 활용한다.

12) 우리나라의 헌법에서도 제10조와 제6조 제2항에 이를 보장하고 있다. 즉, 국내에 적법하게 체류하고 있는 외국인 또는 이주민은 국가 간 상호주의에 입각하여 일정 범위 내에서 기본권의 주체로 인정되고 있다. 특히 헌법재판소의 판례에도 국민과 유사한 지위에 있는 외국인은 기본권을 누릴 수 있는 주체가 될 수 있음을 명시하고 있다.

(2) 다양성의 관점

다문화사회복지의 실천에 있어서 다음과 같은 다양성의 관점을 갖는 것이 요구된다.

첫째, 인종적 다양성이다. 우리나라에서는 불과 몇십 년 전까지만 해도 단일민족에 대한 자부심을 갖고 사는 것을 교육하였다. 사회복지사가 가진 인종에 대한 편견이 클라이언트에 대한 불평등으로 전환되어서는 안 된다(Proctor & Davis, 1996). 사회복지사는 클라이언트 인종과 관계없이 그의 독특함을 존중하여 사회환경 내에서 함께 살 수 있도록 원조한다는 자세가 요구된다.

둘째, 언어적 다양성이다. 인간의 언어는 그의 삶과 가치관을 이해할 수 있는 중요한 수단 중에 하나이다. 언어를 통해 클라이언트의 문화와 삶의 의미를 이해하게 된다. 특히 클라이언트가 언어의 미숙함으로 인해 사회적 관계의 형성에 어려움을 호소하고 이것이 악화되어 차별과 배제를 낳게 된다. 따라서 사회복지사는 자신의 모국어를 능숙하게 구사할 수 없거나 외국어를 구사하는 클라이언트에게 그의 요구를 충분히 표현할 수 없는 입장을 이해하고 그와의 원활한 의사소통이 이루어질 수 있는 방안을 적극적으로 고려하는 자세가 요구된다.

셋째, 종교적 다양성이다. 종교는 개인의 신념체계를 구성하는 요소 중에 하나일 뿐만 아니라 모국의 문화적 전통과 관습과도 관련된다. 따라서 이주민이 갖고 있는 종교에 대해 그 다양성을 인정하고, 클라이언트의 종교적 신념을 존중하는 자세가 요구된다.

5. 다문화사회복지 실천가의 자세 : 문화적 역량

문화적 역량(cultural competence)은 개인과 가족, 그리고 지역사회 공동체의 가치를 인식하고, 단언하고, 인정하는 태도와 개인 각자의 존엄성을 보호하고 보존하려는 태도를 가지고 모든 문화, 언어, 계급, 인종, 민족적 배경, 영적 전통, 이민

상태, 그리고 기타 다양성의 요인을 가진 사람들에게 개인과 체계가 정중하고 효과적으로 반응하는 과정을 말한다(Fong, 2004; Fong & Furuto, 2011; Lum, 2011). 부언하면, 문화적 역량은 서비스 전달체계나 기관, 실천가 개인이 다문화 상황에서 효과적으로 서비스를 전달할 수 있게 하는 일관된 행동이나 태도, 정책을 의미한다(이정은 외, 2021 : 67; Cross, Bazron, Dennis, & Issacs, 1989 : 13). 따라서 다문화사회복지 실천가는 클라이언트의 문화와 관련된 관점과 개입방법 등에 있어서 문화적 적절성을 갖추고 의식하며 노력하는 것이 중요하다(최명민 외, 2015). 부언하면, 클라이언트의 문화적 요소를 적절하게 다룰 수 있어야 함이 강조되며, 문화적 역량은 사회복지사들이 다문화 클라이언트와 일하는 데 있어 효과적으로 일하기 위해 발전시켜야 하는 지식과 기술이 된다(Lum, 1999). 이처럼 문화적 역량은 지식 · 기술 · 행동 · 태도 · 정책, 그리고 학문적이며 상호적인 기술이자 다양성을 가진 집단을 이해하는 데 중요한 강점모델 및 전문적인 역량 기준(Lum, 2005; NASW, 2001)으로 정의되어 왔다.

문화적 역량의 구성요소는 크게 세 가지로 구분된다(노충래 · 김정화, 2011). 첫째, 인식이다. 이는 실천가 자신의 문화적 배경에 대한 자기인식과 타 집단 문화의 다양성에 대한 인식, 자신의 문화와 타 집단 문화와의 차이, 그리고 겸손, 존경, 개방성, 비심판적 태도, 사회 정의 등 가치를 견지하는 것을 의미한다. 둘째, 지식이다. 이는 클라이언트의 행동을 그들 문화의 맥락 안에서 이해하기 위한 노력의 일환이며, 다양한 문화와 문화집단, 역사, 현실상황 등에 관한 지식을 의미한다. 셋째, 기술이다. 이는 클라이언트의 문화적 배경을 서비스 제공과 기획과정에 포함시키는 것 혹은 문화적 배경에 맞도록 실천과정과 기술을 유동적으로 변화시킬 수 있는 능력을 포함하여 문화적으로 적절한 개입기술과 민감한 의사소통 기술 및 문제해결 기술을 의미한다. 또한 이와 같은 사회복지사의 문화적 유능감과 관련된 기준과 지표에는 다음과 같은 것이 포함된다(NASW, 2015).[13] 첫째, 윤리와 가치이다. 사회복지사는 사회복지사협회 윤리강령에 있는 가치와, 윤리, 그리고 기준에 부합하여 기능한다. 문화적 유능감은 자기인식, 문화적 겸손함, 그리고 효

13) 문화적 유능감은 효과적으로 다양한 문화들 간의 비교를 가능하게 하는 태도, 지식, 기술들의 지표로 정의되기도 한다(NASW, 2015 : 7).

과적인 실천에 중심을 둔 문화를 이해하고 포용하는 데에 있어서의 헌신을 요구한다. 둘째, 자기인식이다. 사회복지사는 자신과 타인의 문화적 정체성의 가치를 설명하고 그 가치를 인정해야 한다. 또한 자신만의 특권과 권력을 인식하고 클라이언트들과 함께 그리고 그들을 위해서 일하는 데에 미치는 영향에 주의를 기울여야 한다. 마지막으로 사회복지실천의 모든 영역에서 그러한 권력과 특권의 역동에 대해 문화적 겸손과 민감성을 보여주게 된다. 셋째, 비교문화적 지식(cross-cultural knowledge)이다. 사회복지사는 역사, 전통, 가치, 가족 체계, 그리고 예술가적 표현들(예를 들면, 인종과 민족성, 이민자와 난민자들의 상황, 종족 집단, 종교와 영성, 성적 지향; 젠더 정체성 혹은 표현, 사회계층, 그리고 다양한 문화 집단의 정신적 혹은 신체적 능력)을 포함하거나 심지어 여기에 한정되지 않도록 이와 관련된 전문적인 지식과 이해를 갖고 있고 지속적으로 개발시켜야 한다. 넷째, 비교문화적 기술(cross-cultural skills)이다. 사회복지사는 실천과 정책 그리고 연구에 있어서 문화의 중요성을 이해할 수 있다는 점을 보여주기 위해 다양한 범위의 체계와 관련된 기술을 사용하게 된다. 다섯째, 서비스 전달이다. 사회복지사는 서비스와 자원, 그리고 조직체의 사용에 있어서 능숙해야 하며 다문화적 지역사회 공동체를 위해 일할 수 있어야 한다. 또한 공식적·비공식적 연계망을 활용하여 문화적으로 적절하게 의뢰할 수 있어야 하며, 특정 문화 집단에 영향을 미치는 서비스 편차를 인식하고 언급할 수 있어야 한다. 여섯째, 임파워먼트와 옹호이다. 사회복지사는 다문화 클라이언트 인구집단을 위해 언제나 적절하게 사회체계, 정책, 실천, 그리고 프로그램의 영향을 인식하고 있어야 한다. 일곱째, 다양한 노동력이다. 사회복지사는 전문직 내에서 다양성을 보장하기 위해 사회복지 프로그램과 조직체에서 채용, 입사, 그리고 고용을 위해 지지하거나 옹호해야 한다. 여덟째, 전문적 교육이다. 사회복지사는 전문직 내에서 문화적 유능감을 향상시키는 전문적인 교육과 훈련 프로그램을 지지하고 개발하며, 참여해야 한다. 사회복지사는 평생교육의 초점으로서 문화적 유능감을 수용할 수 있어야 한다. 아홉째, 언어와 의사소통이다. 사회복지사는 자국어를 잘 모르거나, 시각 장애인이거나, 장애인이거나 누구든지 간에 모든 문화집단 클라이언트들과 효과적으로 의사소통을 해야 하며 이를 옹호해야 한다. 열째, 문화적 유능감을 향상시키기 위한 리더십이다. 사회복지사는 기관, 조직체,

그리고 지역사회 공동체에서 다문화 집단과 효과적으로 일하기 위해 리더십 기술을 보여주어야 하는 변화 매개인이 되어야 한다. 또한 사회복지사는 구조적이거나 제도적인 억압에 맞서고 다양하고 포용적인 조직과 공동체를 구축하고 지속시키는 것에 도움을 주면서 문화적 유능감을 향상시키는 데 요구되는 책무성을 보여주어야 한다.

다문화사회복지실천에 있어서 사회복지사는 우리 사회와 문화에 적합한 실천방법에 대한 고민과 함께 다양한 이주자의 문화적 다양성을 수용할 수 있는 균형잡히고 적절한 태도를 유지하는 것이 중요하게 되었다. 다만, 다른 나라들의 다문화사회복지 모델만을 따라 하는 것이 아니라 우리나라 고유의 한국적인 다문화사회복지실천의 정체성을 확인하고 구체적인 실천방법에 대한 지속적인 논의가 요구된다.

학습문제

1. 다음은 문화적 다양성에 대한 설명이다. 옳지 않은 것은?
   ① 각 집단의 문화가 고루 반영되어 사회의 문화가 구성되어야 한다는 것을 말한다.
   ② 언어나 의상, 전통, 사회를 형성하는 방법, 도덕과 종교에 대한 신념, 주변과의 상호작용 등 사람들 사이의 문화적 차이를 포괄하는 개념이다.
   ③ 다민족·다인종으로 구성된 사회에서 다양한 인종의 문화에 대한 상호 존중과 관용을 지칭하는 태도를 말한다.
   ④ 집단과 사회의 문화가 표현되는 다양한 방식을 말한다.
   ⑤ 자신의 문화 혹은 타인의 문화와 관련된 가치중립적이며 상대적인 시각을 지칭하는 개념이다.

2. 다음은 문화접촉의 개념에 대한 설명이다. 옳지 않은 것은?
   ① 서로 다른 문화적 배경을 가진 인구집단과 집단이 만나게 되는 상황을 말한다.
   ② 문화적 접촉은 물리적 이동 여부에 따라 직접 접촉과 간접 접촉으로 구분된다.
   ③ 문화 접촉은 문화 접촉의 주체와 대상 간의 관계에서 누가, 어떻게 이동하여 접촉하는가에 따라 내향적 접촉과 외향적 접촉으로도 나눌 수 있다.
   ④ 문화 집단들 사이의 밀접한 접촉을 통해 자신과 다른 문화 집단에 대한 부정적인 태도보다는 긍정적인 태도를 주로 촉진시킬 수 있다.
   ⑤ 가장 최근에는 전세계적인 코로나19의 급속한 전파의 영향으로 상대적으로 내향적 접촉을 통한 문화 접촉에 한정되는 경향으로 자연스럽게 전환되고 있음을 예상할 수 있다.

3. 다음은 다문화주의 관련 정책 유형에 관한 내용이다. 옳지 않은 것은?
   ① 다문화주의 관련 정책 유형에는 변별적 배제모델, 동화주의적 모델, 다원주의 모델, 그리고 시민통합정책이 있다.
   ② 변별적 배제모델에서 이민자들은 노동시장과 같은 사회의 특정 영역에는 포용되지만 다른 영역, 예컨대 복지체계, 시민권과 정치 참여 영역에서의 접근이 거부되고 있다.
   ③ 동화주의적 모델에서 동화의 의미는 일방적인 적응 과정을 통해 이민자들을 사회로 포용하는 정책을 의미한다.
   ④ 다원주의 모델에서 여러 세대에 걸쳐 언어, 문화, 사회행위 그리고 단체와 관련해 다수 인구와 구분될 수 있는 종족공동체로서의 이민자 집단을 인정하며, 이민자들은 사회의 전 영역에서

내국인과 동등한 권리를 부여받아야 한다.

⑤ 시민통합정책 모형에서는 이민자들이 이민국의 주요 가치에 대해서는 순응할 것으로 기대됨에도 불구하고 그들의 다양성은 포기하지 않을 것이라는 점이 전제되어 있다.

4. 사회복지사의 문화적 유능감과 관련된 기준과 지표에 해당되지 않는 것은?

① 윤리와 가치 ② 비교문화적 지식 ③ 비교문화적 기술
④ 전문적 교육 ⑤ 비밀보장

5. 인권 보호 관점의 다문화사회복지실천에 대한 설명 중 옳지 않은 것은?

① 다문화 사회복지실천은 다문화 클라이언트에게 동일하게 인본주의 및 평등주의 사상에 기초한 인간 존엄성의 가치와 클라이언트의 권익을 옹호하는 가치를 적용하는 데서 출발한다.

② 사회복지사는 문화다양성과 인종다양성에 민감하며, 차별·억압·빈곤 및 기타 사회 불의를 해소하기 위해 노력해야 한다.

③ 다문화 클라이언트의 자유권과 생존권을 존중하여 클라이언트의 주체성과 자기결정권을 보장하는 가치를 가져야 한다.

④ 사회복지사는 사회적 및 경제적 약자 중 다문화 클라이언트가 있을 때 동일하게 옹호해야 한다.

⑤ 다문화 클라이언트의 문화적 가치관과 삶의 경험에 일치되는 서비스 목표를 설정하고 클라이언트 환경 중심의 개입방법을 활용한다.

1. ③ 2. ④ 3. ⑤ 4. ⑤ 5. ⑤

참고문헌

강선주(2006). '문화적 접촉과 교류의 역사'의 내용 선정 방안. **역사교육연구**, 3, 61-97.

교육부(2021). 출발선 평등을 위한 2021년 다문화교육 지원계획. 교육부 교육기회보장과.

김혜영 · 신영화 · 김성경 · 임원선 · 최소연 · 임은의 · 홍나미 · 전혜성 · 이민영 · 이은지 · 유진희 · 박지현 · 양경은(2021). **사회복지와 문화다양성**. 학지사.

라도삼 · 조윤정 · 이정현(2019). 서울시 문화다양성 의제와 정책방안. 서울연구원.

유네스코한국위원회(2010). 유네스코 세계보고서 : 문화다양성과 문화 간 대화.

윤인진(2004). 코리안디아스포라. 고려대학교출판부.

임선일(2010). 에스니시티 변형을 통한 한국사회 이주노동자의 문화변용 연구. **산업노동연구, 16**(2), 381-422.

정진경 · 양계민(2004). 문화적응 이론의 전개와 현황. **한국심리학회지 : 일반, 23**(1), 101-136.

조옥라 · 박재묵 · 설동훈 · 이송화(2006). 다문화 개방 사회를 위한 사회정책연구. 빈부격차차별 시정위원회 연구과제 보고서.

최명민 · 이기영 · 김정진 · 최현미(2015). **다문화사회복지론**. 학지사.

통계청(2021). 인구로 보는 대한민국. https://kosis.kr/visual/populationKorea/ experienceYard/populationPyramid.do?menuId=M_3_2.

홍기원 · 백영경 · 노명우(2016). 다문화정책의 방향과 문화적 지원방안 연구. 한국문화관광정책연구원.

Allport, G. W.(1954). *The Nature of Prejudice*. Cambridge. MA : Perseus Books.

Berry, J. W.(1980). Acculturation as varieties of adaptation. In A. Padilla(Ed.), *Acculturation : Theory, Models and Some New Findings*(pp. 9-25). Boulder : Westview.

__________(1990). Psychology of acculturation. In R. W. Brislin(Ed.), *Applied Cross-cultural Psychology*(pp. 232-253). Newbury Park, CA : Sage.

__________(1997). Immigration, acculturation and adaptation. *Applied Psychology : An International Review, 46*(1), 5-34.

Berry, J. W., Poortinga, Y. H., Segall, M. H., & Dasen, P. R.(2002). *Cross-Cultural Psychology : Research and Application*(2nd eds.). Cambridge : Cambridge University Press.

Castle, S.(1995). How nation-states respond to immigration and ethnic diversity. *New Community, 21*(3), 293-308.

Cross, T. L., Bazron, B. J., Dennis, K. W., & Issacs, M. R.(1989). *Toward a Culturally Competent System of Care*. Washington, DC : George Town University Child

Development Center.

Fong, R.(Ed.)(2004). *Culturally Competent Practice with Immigrant and Refugee Children and Families.* New York : Guilford Press.

Fong, R., & Furuto, S.(Eds.)(2001). *Culturally Competent Practice : Skills, Interventions, and Evaluations. Needham Heights*, MA : Pearson.

Lum, D.(1999). *Culturally Competent Practice : A Framework for Growth and Action*. Pacific Grove, CA : Brooks/Cole.

_______(2005). *Cultural Competence, Practice Stages, and Client System : A Case Study Approach.* Thomson : Brooks/Cole.

_______(2011). *Culturally Competent Practice : A Framework for Understanding Diverse Groups and Justice Issues*(4th ed.). Belmont, CA : Brooks/Cole.

NASW(2001). *NASW Standards for Cultural Competence in Social Work Practice*. Washington, DC : Author.

______(2015). *Standards and Indicators for Cultural Competence in Social Work Practice.* National Association of Social Workers.

Parrillo, V. N.(2005). *Diversity In America*. Sage Publications.

Proctor, E. K., & Davis, I. E.(1996). The Challenge of Racial Difference : Skills for Clinical Practice. In P. L. Ewalt, E. M. Freeman, S. Kirk, & D. L. Poole(Eds.), *Multicultural Issues in Social Work*(pp. 97-111). Washington, DC : NASW.

Redfield, R., Linton, R., & Herskovits, M. J.(1936). Memorandum on the Study of Acculturation. *American Anthropologist, 38*, 149-152.

Chapter 11

1인가구와 사회복지

1. 1인가구 개념[1)]

가구란 "1인 또는 2인 이상이 모여서 취사·취침 등 생계를 같이하는 생활단위"를 의미하며(네이버 지식백과, 2019), 가구형태는 크게 일반가구와 집단가구로 구분하고 있다. 1인가구는 일반가구에 속하며, 취사·취침 등 생계를 홀로 유지하는 가구로 정의하고 있다. 통계청 인구주택 총 조사에서도 이와 같이 정의하고 있으며, 1인가구 노인은 '독거노인'이라는 용어를 혼용하여 사용하고 있다.

〈표 11-1〉 1인가구란?

구 분	정 의
네이버 지식백과	혼자서 살림하는 가구를 의미하여, 1인이 독립적으로 취사·취침 등의 생계를 유지하는 가구
두산백과	가구원이 한 명인 가구(One Person Household, 一人家口)
김춘남 외(2014)	(독거노인) 1. 배우자와 사별했거나 무자녀로 노후부양을 받지 못하는 노인 2. 자녀가 있어도 부양능력이 부족하여 가족이 해체되어 공동생활을 유지할 수 없게 되어 홀로인 가구형태
서울특별시 동대문구 고독사 예방 및 사회적 고립가구 안전망 확충을 위한 조례	제2조(정의) 1명이 단독으로 취사·취침 등을 하며 생계를 영위하는 생활단위
서울시 1인가구 기본계획	혼자 사는 개인임과 동시에 원가족과 떨어져 살고 있는 가족원

1) 1인가구 복지는 김숙향 외(2019) '동대문구의 고독사 위험군 1인가구 맞춤형서비스 지원방안' 연구보고서의 내용 일부를 발췌함

2. 현대사회와 1인가구의 리스크

1) 1인가구의 증가 상황

2015년을 기준으로 혼자서 생활하는 1인가구는 전체 가구 수 대비 26.6%를 차지하고 있으며, 2020년과 비교하면 1인가구의 증가는 예상보다 빠르게 증가하고 있다는 것을 알 수 있다. 장래가구추계를 살펴보면 2025년 32.3%로 지속적으로 증가할 것으로 나타났다.

〈표 11-2〉 연도별 1인가구 현황 (단위 : 명, %)

구 분	2015	2016	2017	2018	2019	2020
1인가구	5,203,440	5,397,615	5,618,677	5,848,594	6,147,516	6,643,354
비율	26.6	27.2	27.9	28.5	29.4	30.9

주 : 1인가구 비율은 전체 가구 수 대비 비율을 의미하며, 외국인 가구 포함
출처 : 통계청(KOSIS)-1인가구 현황.

〈표 11-3〉 장래가구추계 (단위 : 명, %)

구 분	2025	2030	2035	2040	2045
전체 가구	21,342,220	22,036,338	22,496,855	22650641	22,456,121
1인가구	6,897,169	7,439,702	7,922,862	8,237,157	8,323,664
비율*	32.3	33.8	35.2	36.4	37.1

주 : (*)비율은 전체 가구 대비 1인가구 비율을 의미함
출처 : 통계청(KOSIS)-장래가구추계 현황.

가구유형은 변화에 있어 1인가구의 형성과정이 어떻게 변화되어 왔는지에 대해 살펴볼 필요성이 있다. 최근 1인가구는 집단별로 고도 성장하고 있다.

산업예비군은 학업과 직장에 따른 가구구성이라면 골드세대는 미혼자의 비율이 급증하고 있다는 것이다. 미혼은 한 번도 결혼한 적이 없다는 것을 말하는데 이는 고령이 되었을 때 무배우자, 무자녀로 노후를 가족에게 의지하는 것이 더욱 어려워질 것이다. 불안한 독신자는 이혼·별거·비혼으로 형성된 1인가구라면 실버세대는 이혼·별거·비혼을 포함한 배우자의 사망으로 형성된 1인가구이다.

이처럼 중장년에 미혼인 채로 혼자 살면서 고령기를 맞는 사람이 증가한 영향인 것을 추정할 수 있다.

〈표 11-4〉 1인가구의 집단별 형성과정

구 분	쪽방모형	산업예비군	골드세대	불안한 독신자	실버세대
1990년대 후반기	일부존재	전반적 확산	성장	점진적 확산	맹아(萌芽)
2000년대	일부존재	거점 유형으로 자리잡음	사회 트렌드화	성장	본격 형성
2010년 이후	일부존재	성장	고도 성장	고도 성장	고도 성장

주 : 1990년~2000년대의 내용은 변미리 외(2008)의 내용을 인용
출처 : 김숙향 외(2019).

2) 1인가구가 안고 있는 리스크

앞서 살펴본 바와 같이 집단별 1인가구의 증가에 대해 언론보도를 토대로 추출한 1인가구의 리스크 및 집단 간 공통요인에 대한 경로를 추정한 선행연구에서 청년층 1인가구는 실업상태로 인해 경제적 취약으로 비혼 기간이 장기화되면서 중장년 1인가구로 편입되는 것으로 추정할 수 있었다. 중장년 1인가구는 조기퇴직으로 인한 실업상태로 사회적 관계가 부재하게 되고 빈곤계층으로 전락하면서 정서적으로 고립되는 것으로 추정되었으며, 노인 1인가구는 이른 소득상실로 인해 빈곤계층으로 전락하면서 건강상태 유지에 어려움을 경험하는 것으로 추정되었다(김숙향, 2019).

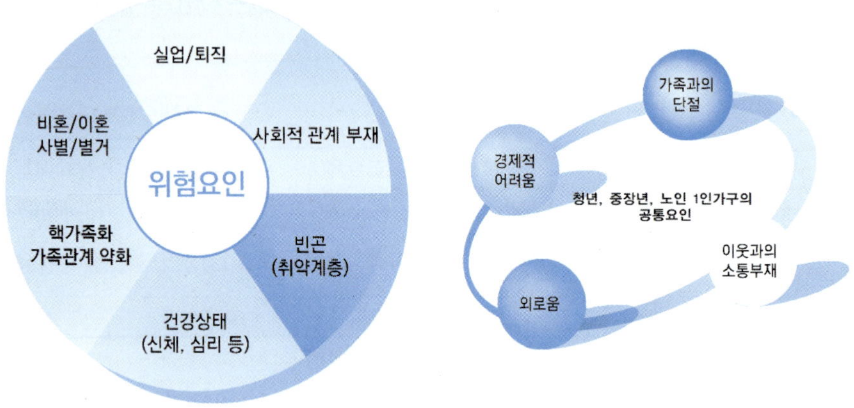

|그림 11-1| 언론보도를 토대로 추출한 집단별 1인가구의 위험요인 및 공통요인
출처 : 김숙향 외(2019), p. 45.

이와 같이 집단별 1인가구가 안고 있는 공통적인 리스크는 경제적 단절, 외로움, 가족과의 단절, 이웃과의 소통부재는 현대사회의 사회문제인 비혼주의, 조기퇴직, 실업, 사회적 관계 부재, 건강상태 약화, 핵가족화로 인한 가족관계 악화 등이 위험요인으로 작동하고 있는 것을 알 수 있다. 공통요인은 1인가구가 안고 있는 리스크로 작동하면서 1인가구의 고독사 위험에 노출되고 있는 것을 언론보도를 통해 보도되고 있다. 그래서 고독사의 개념과 실태를 언론보도의 텍스트로 살펴본 후 1인가구 복지 정책 및 과제에 대해 제시할 것이다.

(1) 고독사

① 고독사의 개념

고독사 개념을 정의하기 전 '고독사'가 우리 사회에 문제점으로 드러난 계기는 2013년 10월 부산의 한 다세대 주택 쪽방에서 67세 김 모 할머니가 백골화된 시신으로 발견된 사건이다.

고독사 개념을 정의함에 있어 고독이 죽음과 관련되어 사회문제가 화두로 등장되고 있으므로 '고독'이라는 단어의 개념을 우선 살펴볼 필요성이 있다고독은 사전적으로 '세상에 홀로 떨어져 있는 듯이 매우 외롭고 쓸쓸함'을 의미하며, 유의어로는 '외롭다 · 쓸쓸하다 · 적적하다'로 표현되고 있다(네이버 지식백과, 2019).

'고독사'의 개념을 살펴보면 다음과 같다.

고독사를 어의로만 보면 외로울 고(孤), 홀로 독(獨), 죽을 사(死)로 외롭게 홀로 죽음을 맞이하는 것을 말한다. 선은애(2019)의 연구에서는 장소, 고립, 사망 후 시신방치 기간, 관계로 고독사를 정의하고 있으며, 이진아(2013)의 연구에서는 홀로 외롭게 지켜보는 이 없이 죽음을 맞이함으로 정의하고 있다. 일본 내무성에서 발간하는 고령사회백서와, 우에다 토모코(2010), 요시다 다이치(2006)의 연구에 따르면, 고독사를 돌봄을 못 받고 사망한 지 상당 시간 시신이 방치된 죽음으로 정의하고 있다.

위와 같이 살펴본 결과, 고독사의 개념을 정의함에 있어 공통적 요소는 가구형태, 사망 후 시신 방치 기간, 관계 단절로 확인되고 있다.

고독사의 개념을 법적(조례), 학술적, 사전적 정의들을 통해 살펴보면 <표 11-5>와 같다.

〈표 11-5〉 고독사의 개념

구 분	내 용
고령사회백서 (일본 내무성, 2010)	고독사(고립사)는 아무에게도 보살핌을 받지 못하고 숨을 거두고, 그 후 상당 기간 방치되는 비참한 죽음으로 정의
우에다 토모코(2010)	사회와의 교류가 적고 고립되고, 누구에게도 돌봄을 받지 못하고 자택부지 내에서 사망하고 사후 발견되는 경우로 정의
요시다 다이치(2006)	혼자 사는 노인이나 환자가 제대로 돌봄을 받지 못하고 본인이 사는 집 안에서 돌연사하거나 사망 후 오랫동안 발견되지 못하는 죽음
정순둘(2010)	문자 그대로 홀로 외롭게 지켜보는 이 없이 죽음을 맞이한다는 의미로, 가족이나 이웃과 단절되어 있기 때문에 외롭게 죽어가도 아무도 인식하지 못하게 되는 죽음
이진아(2013)	가족이나 이웃과 단절되어 있기 때문에 외롭게 죽어가도 아무도 이를 인식하지 못하게 되는 죽음
송인주(2016)	가족, 이웃, 친구 간의 왕래가 거의 없는 상태에서 혼자 살던 사람(1인가구)이 홀로 임종기를 거치고 사망한 후 방치되었다가 발견된 죽음(통상 3일 이후)

구 분	내 용
선은애(2019)	• 자택에서 혼자 아무도 돌봐주는 사람 없이 사망하여 아무에게도 알려지지 않고 수일, 수개월이 지난 후 발견되는 경우 또는 혼자서 임종을 맞이하고, 시신이 사망 시점으로부터 일정 시간이 경과한 후에 발견되는 죽음 • 사회적 관계망이 단절된 채 정서적으로 외로운 상황에서 발생한 죽음 • 가족, 친척 등 주변 사람들과 단절된 채 홀로 살아가는 사람의 자살, 병사 등의 이유로 혼자 임종을 맞고 시신이 일정한 시간이 지난 뒤에 발견되는 죽음
네이버 사전	홀로 사는 사람이 앓다가 가족이나 이웃 모르게 죽는 일
네이버 지식백과	주변 사람들과 단절된 채 홀로 살다 쓸쓸하게 죽음을 맞이하는 것 - 사망한 지 3일 이후 발견되면 고독사로 인정 - 고독사 발견 시 사망진단서 첨부해 관할 지방자치단체장에게 신고 - 사망자의 연고자를 찾기 위해 지방자치단체 홈페이지에 30일간 공고 - 무연고자이거나 연고자 시체인도 거부 시 지방자치단체에서 화장 또는 매장 - 사망자에 대한 매장 또는 봉안은 10년간 보존

개념들을 종합하면, 고독사의 정의들에서 ① 1인가구, ② 시신 방치 기간, ③ 사망원인, ④ 사망 장소, ⑤ 사회적 고립, ⑥ 경제적 취약, ⑦ 질병, 자살, 외로움, ⑧ 사회복지 서비스의 부재 및 복지사각지대, ⑨ 인구고령화 등과 연관되며, 고독사를 '홀로 죽음을 맞은 후 시간이 지나서야 발견됨'의 요소들로 구성하고 있다.

고독사의 개념적 정의를 언론매체에서 고독사 유사 개념으로 독거사, 무연사, 고립사로 혼용하여 사용하고 있다. 고독사는 무연고와 달리 주거가 분명하다는 점과 가족이 시신을 인수한다는 차이가 있다. 무연사는 가족이 있더라도 시신 인수를 거부하는 경우 무연고 사망자로 처리하고 있다.

〈표 11-6〉 고독사 유사 개념

구분	내 용	출처
독거사 (獨居死)	홀로 맞이한 죽음을 통틀어 말함	네이버 지식백과
무연사 (無緣死)	• 고독사(가족, 친척, 사회에서 격리돼 홀로 떨어져 살다가 아무도 모르게 죽음에 이르는 것) 중 시신을 인수할 사람조차 없는 것 • 연고자가 없는 경우뿐만 아니라, 이후 가족을 찾았음에도 불구하고 그 가족들이 시신의 인수를 거부하는 경우	네이버 지식백과
	• 사망 후 시신을 인수할 사람이 없는 죽음 • 임종 당시에 누구의 보살핌도 받지 못하여 장례절차에 들어가지 못하고 인체가 방치되는 상태	언론매체

구분	내 용	출처
무연사 (無緣死)	「장사 등에 관한 법률」 제12조 제1항에 의하면, "시장 등은 관할 구역 안에 있는 시신으로서 연고자가 없거나 연고자를 알 수 없는 시신에 대해서는 일정 기간 매장하거나 화장하여 봉안하여야 한다"고 명시하고 있음	법률
	「서울특별시 고독사 예방 및 사회적 고립가구 안전망 확충을 위한 조례」 제2조의5에 의하면, "무연고 사망자"란 고독사 사망자 중 유가족이 없거나 유가족이 시신 인수를 거부해 자치구가 시신을 처리하는 사망자를 말함	
	아무 인연이나 연고가 없는 사람이 죽는 일	국어사전
고립사 (孤立死	사회적 고립이나 정서적 고립으로 인한 죽음	언론매체
	일본에서는 15일 이내에 발견되면 고립사로 봄(※ 15일 이상이면 고독사로 명명)	김웅철(2017) 인용

앞서 고독, 고독사, 독거사, 무연사, 고립사를 법률(자치법규), 학술연구, 정책연구, 사전적으로 어떻게 정의하고 있는지를 살펴봄으로써 '고독사'의 정의를 정리하면 다음과 같다.

첫 번째, 고독사를 공간적으로 홀로 거주하는 사람의 사망과 무연고 사망을 포함하고 있다.

두 번째, 관계적으로는 단절되어 소외로 인한 사망을 포함하는 개념으로 정의하고 있다.

세 번째, 고독사와 유사개념인 독거사, 무연사, 고립사는 고독사의 협의의 개념이라 할 수 있다.

앞서 살펴본 고독사, 무연사, 독거사, 고립사의 정의들의 내용을 토대로 관련 키워드를 분석한 결과 |그림 11-2|와 같다.

|그림 11-2| 고독사 및 유사개념들의 공통점

출처 : 김숙향 외(2019), p. 11.

3. 1인가구 복지정책 및 과제

1인가구가 증가하는 것은 현대사회의 자연스러운 현상이지만 우려스러운 점은 우리 사회에서 실업 등의 경제적 여건과 이혼 및 사별 등으로 인해 비자발적 1인가구가 상당한 비율로 증가하고 있다는 것이다(이희현 외, 2011). 그런데 비자발적 1인가구는 다인가구에 비해 직업의 안정성 및 소득 수준과 주거 사정 그리고 건강 상태 등이 현저히 떨어지고, 이러한 위험을 당사자들의 개인적 노력만으로 극복하기는 쉽지 않다. 따라서 이들에 대한 지원책이 사회적 차원에서 다각도로 마련되고 시행되어야 한다.

우선 1인가구 형성의 자발성 여부나 연령대 및 성별 차이와 무관하게 혼자 사는 경우 가족 내의 정서적 지원을 구하기 힘들고 갑작스러운 질병 등 자신이 해결하기 힘든 위기 상황에서 활용할 수 있는 인적 지원체계가 가족 내에 존재하지 않는다는 점은 공통적이다. 또한 규칙적인 생활과 취사 등을 소홀히 함으로써 건강이 악화될 가능성이 높은 것 역시 1인가구가 지닌 취약성이다. 따라서 개인적 차원에서도 나름의 대비책이 필요하다. 즉, 균형잡힌 식사와 규칙적인 생활을 유지하고 술과 담배를 절제하는 등의 자기 통제, 정서적 지원을 같이 나누고 유사시에 긴급한 도움을 요청할 수 있는 주변 관계망을 형성하고 긴밀히 유지하는 것 등이다. 그렇지만 이러한 문제가 개인적 차원의 노력만으로 충분히 해결될 수 있는 것은 아니다. 그래서 전술한 바와 같이 이들의 삶을 지원하는 제도적 지원책이 촘촘하게 마련되어야 하는 것이다.

현재와 같은 1인가구의 증가는 단절과 고립으로 인한 개인적 위험뿐 아니라 장기적으로는 사회 통합 내지 사회적 안정성과 관련해서도 고민해야 할 부분이다. 즉, 가족의 울타리를 통해 사회와 연결되지 않고 원자화된 개인들이 직접 사회와 마주하는 1인가구의 증가가 우리 사회의 현실이므로 사회 정책 역시 이에 발맞추는 방향으로 전환되어야 한다. 지나간 가족 규범을 고집할 것이 아니라 변화하고 있는 가족 현실을 직시하고 적확한 정책으로 신속히 대응하는 것이 필요한 시점이다.

학습문제

1. 1인가구에 대한 설명으로 옳지 않은 것은?

① 전 세계적으로 1인가구가 지속적으로 증가하고 있는 요인은 사회적 요인 중 하나이다.
② 1인가구란 혼자서 살림하는 가구를 의미한다.
③ 가구원이 1인 이상인 가구를 핵가족 유형에 속한다.
④ 1인가구에 대한 지원은 포괄적 접근이 요구된다.
⑤ 1인가구는 다인가구에 비해 위험요인에 노출된 위험성이 더 높다.

2. 1인가구 정서에 대한 설명으로 옳지 않은 것은?

① 우울, 좌절, 사회적 고립을 경험하고 있다.
② 노인 1인가구는 생애주기에 경험하는 사건들로 인해 정서적으로 취약하다.
③ 비자발적 1인가구는 이혼, 가족해체 등이 요인이기도 하다.
④ 1인가구 정서지원 정책은 지방자치자치단체의 조례만을 통해 지원 가능하다.
⑤ 1인가구는 다양한 욕구를 가지고 있다.

1. ③ 2. ④

참고문헌

강은나 · 이민홍(2016). 우리나라 세대별 1인가구 현황과 정책과제. **보건복지포럼**. 제234호. 47-56.

김수영(2015). 혼인상태별 사망력 차이 : 1990-2010, **한국인구학**, **38**(3), 25-48.

김숙향 · 맹진영(2019). 동대문구의 고독사 위험군 1인가구 맞춤형서비스 지원방안. 동대문구청 연구보고서.

김유경 · 이여봉 · 최새은 · 김가희 · 임성은(2015). 가족형태 다변화에 따른 부양체계 변화전망과 공사 간 부양분담 방안. **한국보건사회연구원 연구보고서**. 81-83.

변미리 외(2008). 서울의 1인가구 증가와 도시정책 수요연구. 서울시정개발연구원.

송인주(2016). 서울시 고독사 실태파악 및 지원 방안 연구. 서울복지재단.

우에노 치즈코(2016). 송경원 역. **누구나 혼자인 시대의 죽음**. 어른의시간.

이희연 · 노승철 · 최은영.(2011). 1인가구의 인구 경제 사회학적 특성에 따른 성장패턴과 공간분포. **대한지리학회지**. **46**(4), 480-500.

통계청(KOSIS). kostat.go.kr

Chapter 12

복지국가와 사회적 인정

1. 복지국가

1) 복지국가의 개념

우리가 일반적으로 말하는 복지(welfare)의 의미는 무엇인가? 우선 복지의 사전적 의미는 만족스러운 상태, 건강, 안녕 등으로 복지는 삶이 만족스럽고 건강과 행복의 조건들이 충족되는 상태로서 비복지(diswelfare)와 상반된 개념이다. 여기서 비복지는 만족스럽지 못한 상태, 질병, 빈곤, 불안, 불행한 상태를 의미한다.

복지국가(福祉國家, welfare state)의 개념은 사회복지의 증진을 국가의 목표로 하고 어느 정도의 복지를 실현하고 있는 국가로서 완전고용과 사회보장제도를 갖추어 모든 국민이 건강하고 문화적인 생활이 가능하도록 국가가 책임지는 형태로 설명된다. 이것은 '국민들의 비복지를 해소하고 복지를 향상시키기 위해 노력하는 국가' 또는 '국민들의 복지향상을 가장 중요한 책임과 의무로 여기는 국가'로 정의된다(김태성 · 김성룡, 2014 : 46). 덧붙여서 복지국가는 사회구성원들의 높은 사회적 연대와 인정과 분배가 이루어지는 국가를 의미한다. 인정과 분배는 기회의 균등, 부의 공정한 배분, 사회적 약자들의 인간다운 삶의 보장을 공공의 책임으로 천명하는 것을 의미한다. 또한 사회구성원들이 사회적 연대를 실천하며 더불어 함께 살아가는 사회정의가 실현됨을 의미한다.

2) 복지국가의 정의

복지국가의 용어는 1941년 영국의 컨터베리 대주교인 템플(Temple)의 저서 『시민과 성직자』에서 최초로 사용하였다(김종명 외, 2010 : 77; 김명근 외, 2014 : 360). 또한 1942년 영국의 윌리엄 베버리지(William Beveridge) 저서인 『사회보험과 관련 서비스(Social Insurance Allied Services)』에 수록된 내용을 기초로 하여 채택한 포괄적인 사회보험 관계 법령과 관련되어 시작된 것으로 본다(김명근 외, 2014 : 360).

복지국가의 용어는 사전에서 제시하는 단어에 불과한 것이 아니며 현대국가의 사회체제를 어떻게 운영할 것인가에 관한 선택인 것이다. 이러한 관점에서 복지국가에 대한 체계적인 정의가 필요하고 이에 많은 학자들은 정의와 함께 복지국가의 유형화를 제시하였다.

① 윌렌스키(Wilensky, 1975 : 1)

복지국가는 국가가 모든 국민에게 최소한 수입, 건강, 주거, 교육을 보장하는 것이다. 국가에 의한 이러한 복지제공은 자선이 아니라 모든 국민이 누리는 정치적 권리에 대응하여 주어지는 것으로 최소한의 수준 보장을 위해 국가가 시행하는 프로그램은 재분배를 통해 평등을 증진시킬 수 있어도 목적은 평등과 관계가 없다고 정의하였다.

② 헥셔(Heckscher, 1984 : 6)

복지국가는 자국 내에 거주하는 국민들과 시민권을 갖고 있지 않은 거주자를 포함하여 그들의 삶에 대해 집합적 책임을 갖는 국가를 의미한다. 즉, 복지국가는 빈곤 제거를 위해 노력하고 국민들이 빈곤상태에 빠지는 경우 그들을 위해 적절한 사회보장을 제공한다. 또한 복지국가는 기회의 평등을 촉진하여 국민들의 삶을 향상시키기 위해 노력한다고 정의하였다.

③ **미쉬라**(Mishra, 1990 : 34)

복지국가는 모든 국민들의 삶과 관련된 최소한의 전국적 기준(national minimum standards)을 유지하기 위해 국가의 책임을 제도화하는 것이다. 2차 세계대전 이후의 복지국가는 최소한의 전국적 기준을 보장하기 위해 완전고용의 실현, 국민의 기본 욕구를 충족시키기 위한 보편적 서비스의 제공, 빈곤의 해소와 예방에 정책의 초점을 두는 것으로 정의하였다.

④ **코르피**(Korpi, 1983 : 185)

복지국가의 발전 정도는 정치적 민주주의와 국민들에 대한 최소한의 사회보장을 전제조건으로 하여 상대적 빈곤이 어느 정도 감소되는가 혹은 결과의 평등이 어느 정도 실현되는가에 의해 결정된다고 정의하였다.

⑤ **에스핑-안데르센**(Esping-Andersen, 1990 : 3)

복지국가는 자유주의 체제, 조합주의 체제, 사회민주주의 체제 형태의 복지체계로 분류된다. 국가에 의해 부여되는 사회권이 국민들의 시장에 대한 의존성을 얼마나 감소시키냐의 탈상품화(decommodification)의 정도가 높은 정도를 복지국가의 정의로 설명하였다. 탈상품화는 개인이 노동시장에 의존하지 않고 생계를 유지할 수 있는 정도, 즉 개인이나 가족이 시장참여 여부와 상관없이 사회적으로 받아들여질 수 있는 생활수준을 유지할 수 있는 정도를 의미한다(박시종 역, 2007 : 79). 복지국가일수록 탈상품화는 높은 수준을 보인다. 에스핑-안데르센이 분류하는 북유럽 국가들이 사회민주주의 체제에 위치한다.

⑥ **브릭스**(Briggs, 1961)

브릭스(Briggs, 1961)는 "복지국가란 시장에서 오는 문제를 수정하기 위해 정치와 행정, 조직화된 권력을 의도적으로 다음과 같은 방향으로 사용하는 국가"라고 정의하였다. 복지국가는 첫째, 시장에서 가지는 개인의 능력이나 가치와는 상관없이 모든 개인과 가족에게 최소한의 수입을 보장한다. 즉, 최소한의 생계유지에 실패한 빈곤층에 대한 공공부조정책 등이다. 둘째, 개인과 가족을 위기에 빠지게 하는 질병, 노령, 실업, 사망 등과 같은 위험으로부터 보호함으로써 생존의 불완전성을 사전에 감소시키는 사회보장정책이 해당된다. 셋째, 사회적 지위나 계급과 상관없이 국민에게 최고의 수준으로 일정 범위의 사회적 서비스를 제공한다. 이 목표에서의 최고의 수준은 최저(minimum)수준, 적정(option)수준의 개념으로 교육, 의료보장, 주택 등의 정책이 이에 해당된다(김명근 외, 2014 : 359-360).

3) 복지국가의 유형

복지국가는 정치, 경제, 사회환경, 문화와 이념에 관한 국민의식 수준 등의 차이에 따라 복지를 수행하는 국가들의 상이함이 반영되어 형성되었다. 복지를 실행하고 있는 각 국가들의 복지제도의 기본 원리와 실태를 통해 복지국가의 형태를 유형화하는 것이 이론적으로 가능하다는 귀납적으로 논의하는 유용성에서 복지국가의 유형을 찾을 수 있다. 그리고 복지국가의 특성을 중심으로 다양한 복지국가 유형이 존재할 수 있다는 이론 도출 후 특정 국가가 복지에 관한 사회체제를 변화시키거나 개혁하고자 할 때 도출된 이론을 근거하여 복지국가 유형을 제시하는 것은 의미가 있다.

이렇듯이, 복지국가의 유형에 관하여 학자들마다 다양한 주장을 하고 있어 복지국가의 유형화를 검토하여 본다.

(1) 에스핑-안데르센(Esping-Andersen, 1990)

에스핑-안데르센은 개인의 복지가 시장에 의존하지 않고도 충족될 수 있는 국가와 사회계층제의 형태, 시장 및 가족과의 관계, 탈상품화의 정도 등 세 가지 기준을 가지고 자유주의 체제, 보수주의 체제, 사회민주주의 체제라는 복지국가의 세 가지 유형을 제시하였다(Esping-Andersen, 1999 : 85).

① 자유주의 복지국가

자유주의 복지국가는 미국이 대표국가이며, 캐나다, 호주, 영국 등의 자본주의 국가들도 자유주의 복지체제를 따르고 있으며 사회복지 제공 주체는 시장이다. 복지서비스는 시장 중심적이지만 시장에서 탈락한 계층에 대한 국가개입이 집중적으로 이루어지고 있으나, 탈상품화 효과는 낮은 수준이다. 또한 자산조사를 전제하는 공공부조는 보편적이며, 낮은 소득이전이 자유주의 복지체제의 특성이다.

② 보수주의 복지국가

보수주의 복지국가는 독일이 대표국가이며, 이탈리아, 프랑스 등의 국가들이 보수주의 복지체제를 따른다. 이 국가들은 시장의 효율성과 상품화를 강조하는 모습은 거의 찾을 수 없다. 그러나 복지제도를 실행하여 노동시장 계층을 유지하고, 남성중심 생계를 강조하는 전통적 가족제도의 역할을 보존하려는 보수주의 복지체제의 특성을 갖는다.

③ 사회민주주의 복지국가

사회민주주의 복지국가는 스웨덴이 대표국가이며, 덴마크, 노르웨이, 핀란드 등의 북유럽 국가들이다. 사회민주주의 복지국가는 보편적 평등을 추구하며 탈상품화 효과가 가장 높은 국가의 복지체제에 위치하고 있다. 계층화(stratification)는 계급과 신분의 균열을 의미하며 복지국가의 사회정책에 영향을 미치는 요인으로 계층화가 낮은 수준은 사회보장제도가 잘 갖추어진 국가를 의미한다. 사회민주주의 복지국가는 계층 간의 갈등이 심하지 않아 계층화 정도는 매우 낮다는 특성을 갖는다.

(2) 윌렌스키와 르보(Wilensky & Lebeaux, 1965)

복지국가의 유형은 국가의 총체적인 사회체계이면서 개별 복지제도의 시행 방법과 수준을 결정하는 원리이며 이러한 측면에서 잔여주의 복지제도와 보편주의 복지제도는 가장 기본적인 복지제도의 유형을 결정하는 주요한 기본 원리의 핵심이다. 윌렌스키와 르보(Wilensky & Lebeaux, 1965)는 복지국가의 기본유형을 '잔여적 제도'와 '제도적 제도'의 개념으로 정립하였다.

잔여적(residual) 복지제도는 1차적으로 개인이 가족이나 시장기제에 의해 욕구를 충족하지 못하거나 시장의 기능이 실패할 경우 사회복지제도가 2차적으로 이를 보완하는 원리로, 최소수준의 선별적인 운영으로 운영예산을 최소화한다. 이들 대상자를 선택하여 국가가 주도하는 복지를 최소화하는 단기적이고 사후적인 보조적 조치의 성격을 갖는다. 복지는 낮은 수준이며, 수급자의 자격을 얻기 위해 자산조사(means fest)가 이루어진다. 자산조사로 인해 열등감과 수치심을 수반하는 낙인효과(stigma effect)가 발생할 개연성이 높고 국민기초생활보장제도와 같은 공공부조가 이에 해당되며 최후의 사회안전망(social safety net)의 성격을 갖는다.

제도적(institutional) 복지제도는 일정한 기준을 갖춘 개인의 상황을 고려하지 않고 모든 국민이 수급권을 받게 되는 원리로, 보편성을 띠는 이 제도는 많은 예산을 필요하게 되어 경제성장을 전제한다. 또한 제도적 복지제도는 산업사회에서 야기되는 사회적 위험으로 인한 사회구성원의 생존을 보장하기 위한 예방적이고 제도적 차원에서 항구성을 가진 사회안전망의 성격을 갖는 사회보험과 여타 사회복지사업의 개별 제도들이 해당된다.

〈표 12-1〉 잔여적·제도적 복지 유형

구 분	잔여적 복지제도	제도적 복지제도
대 상	도움이 필요한 사회적 취약계층, 요보호 대상자	모든 국민(전체 사회구성원)
의 미	협의의 사회복지	광의의 사회복지
실천주체	국가의 역할을 강조하지 않고 민간의 자발적 활동 장려	국가의 역할 강조
빈곤의 책임	개인의 게으름	사회구조
욕구 충족 기제	가족, 시장	국가의 제도
이 념	선별주의	보편주의

구 분	잔여적 복지제도	제도적 복지제도
사회복지 프로그램	취약계층을 위한 최소한의 국가의 역할을 수행하는 프로그램	국가에 의한 소득보장, 의료보장, 의료, 사회복지서비스 등 사회구성원의 삶의 질 향상을 위한 프로그램
서비스 기간	시혜, 자선 등의 단기간	예방과 재활을 강조하는 장기간
낙인효과	자산조사에 따른 낙인효과	낙인효과 발생 없음
기 능	자원이 고갈된 후 사후처리적인 보충적, 잔여적, 일시적, 임시적 기능	자원의 고갈을 막는 예방적 기능
개입상황	긴급한 상황, 위기상황의 문제에 개입	현대생활의 복잡성에서 예상되는 문제에 개입
단 점	문제와 서비스로 인해 낙인 수반	문제와 서비스에 낙인이 없음
인정과 분배	수급권리에 대한 사회적 인정	소득보장을 위한 공평한 분배
정책의 목표	보완적, 자립생활 유도	국민의 최저생활을 위해 소득재분배의 효과

(3) 조지와 윌딩(Greorge & Wilding, 1985)

조지와 윌딩(Greorge & Wilding)은 정치적 이념에 따라 복지국가의 유형을 반집합주의(anti collectivism), 소극적 집합주의(reluctant collectivism), 페이비언주의(Fabian socialism), 마르크스주의(Marxism)로 분류하여 설명하였다(김태성 외, 2014).

① 반집합주의(anti collectivism)

신자유주의로 표현되는 반집합주의는 고전 경제학의 자유주의 사상에 기초한 자유방임주의, 반복지적인 사상이다. 이들은 국가가 행하는 사회복지정책은 시민을 국가에 예속시켜 자유를 박탈한다는 견해를 갖고 있다. 시장의 기능을 유지하기 위해 국가의 개입은 최소화되어야 하고 시장은 '보이지 않는 손(invisible hand)'에 의해 균형을 찾게 되어 국가에 이롭다는 입장이다. 복지의 명분으로 시장에서 야기되는 빈곤, 불평등을 완화하려는 개입은 자유를 침해한다는 입장을 취하는 국가의 개입을 소극적으로 바라보는 잔여적 제도를 지지한다.

② 소극적 집합주의(reluctant collectivism)

반집합주의 국가가 취한 복지국가에 대한 무조건적인 부정이 아니라, 빈곤을 제거하기 위해 실용주의가 필요하다는 입장이다. 반집합주의로 나타나는 자유방임의 지나친 불평등의 해소가 경제성장을 가능하게 한다는 것이다. 이들의 입장은 자본주의 존속을 위해 자본주의의 비효율과 부정 제거를 강조하였다.

③ 페이비언주의(Fabian socialism)

페이비언주의는 사회적인 선을 추구하기 위해 국가의 긍정적 역할이 필요하다는 입장을 취한다. 이들은 소득의 평등보다 부의 평등을 주장하며 사회구성원들의 행복한 삶을 보장하는 복지국가에 대한 찬성과 지지를 표명하였다(원석조, 2012 : 33). 페이비언주의는 소극적 복지보다 적극적 복지를 지향하며, 빈곤의 제거가 복지국가의 중요한 목표이며 이러한 복지국가의 목표달성을 위해 사회보장, 사회봉사 프로그램과 같은 불평등의 감소를 위한 복지정책의 전제를 강조하였다.

④ 마르크스주의(Marxism)

마르크스주의는 자본주의에 대한 부정을 전제로 하였는데, 자본주의는 노동자 계급(proletariat)의 노동을 착취하여 자본가 계급(bourgeoisie)만을 이롭게 하여 부의 불평등을 악화시키는 것에 불과하다는 입장을 취한다. 즉, 자본주의 국가가 행하는 모든 활동은 계급혁명에 도움이 안 되고 자본주의의 폐해를 고착시키는 것이며 사회복지정책도 비단 다르지 않다는 것이다. 마르크스주의자들은 복지국가의 사회복지정책이 노동자와 빈민을 위한다고 하지만 결국 자본가 계급의 발전을 보장하는 도구로 인식하였으며 노동자들은 이를 거부해야 한다는 입장이다.

2. 복지국가와 사회적 인정

1) 인정의 개념

복지국가의 목표는 모든 국민의 행복한 삶의 증진이다. 모든 국민의 행복한 삶은 자아실현과정에서 행복의 가치를 느끼며 희열을 경험하는 과정에서 출발하고 미래지향적인 성장을 한다. 성장은 자신의 삶에 대한 목표설정과 설정된 목표달성을 위해 사회구성원들끼리 경쟁하면서 갈등을 겪으며 타협하여 긍정적·부정적 인간관계를 형성한다. 긍정적 인간관계는 상호존중의 신뢰를 전제한다. 상호존중의 신뢰는 타인에 대한 인정에서 출발되고 타인을 인정함으로써 자신도 인정받는다. 그러므로 복지국가를 구성하는 사회구성원들의 행복한 삶은 인정과 밀접한 관계가 있음을 알 수 있다. 사회구성원들은 타인에게 인정받음을 충족하면서 목표달성을 위해 끊임없이 노력하고 도전한다. 만일 타인에게 인정보다 무시의 대상이 된다면 낮은 자아존중감, 자신감 결여, 성취에 대한 두려움 등을 경험하게 되고 좌절도 경험하게 되어 삶의 질이 저하된다. 현대사회에서 인정은 핵심어가 되어 우리의 일상생활과 삶의 깊은 곳까지 침투해 있다.

행복한 삶 속에서 개인은 욕구가 충족되어야 하며, 개인의 행복한 삶은 자아실현을 필요조건으로 하며 자아실현은 타인에게 인정받는 것을 전제한다. 개인은 타인을 인정하고 인정받음으로써 긍정적인 인정 관계 형성은 물론 자신에 대한 긍정적 자기인식도 가능하다. 자기인식은 타인이 자신의 행동을 어떻게 이해하고 있는지 알게 되면서 시작한다. 즉, 자기인식은 타인에게 자신이 어떻게 보이는가를 알게 되면서 갖게 되는 자아상이며 인정은 사회적으로 가치 있다고 여겨지는 특정한 인간상에 따라 이루어지며 그 결과 사회적 인정을 둘러싼 일반적 질서인 인정질서가 형성된다(문성훈, 2014 : 117).

현대사회의 다양한 제도는 인정질서를 둘러싼 법질서, 사회적 가치 평가 영역에 해당하는 사랑, 연대, 권리의 인정 차원에서 이해가 필요하다. 이것이 사회적 인정이며 인정의 확대로 이루어진 것이다. 따라서 인정개념은 사회구성원 모두의

행복한 삶을 담보하는 개념으로 변화하는 사회복지실천현장에서 기본이 되고 인정개념의 변화에 따른 복지국가 완성에 대한 이해가 필요하며 |그림 12-1|과 같이 제시한다.

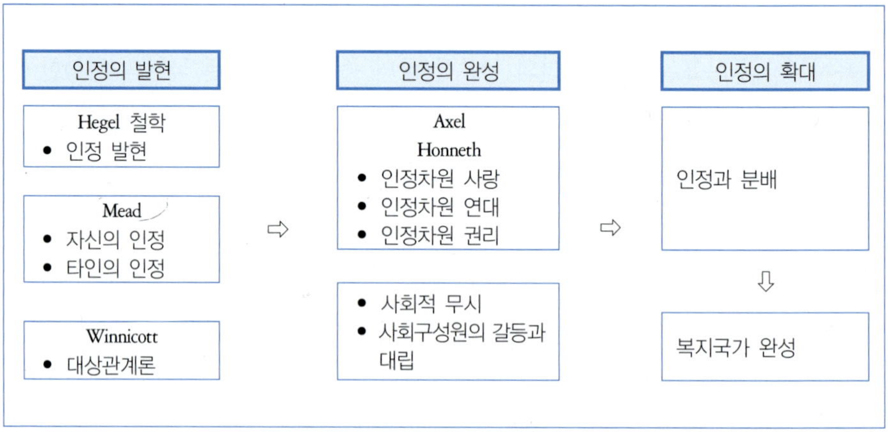

|그림 12-1| 인정개념의 변화

출처 : 김정희(2019), p. 8 재구성.

(1) 인정의 차원 사랑

인정의 차원 사랑은 위니캇(Winnicott)의 '대상관계이론', 미드(Mead)의 '자신의 인정과 타인의 인정', 헤겔(Hegel)의 철학 '개인 → 가정 → 사회' 확장에서 인정발현을 찾을 수 있다(김정희, 2019 : 9). 인간은 출생 후 어머니를 통해 생명보호를 받으며 성장하는 과정에서 인정받으며 성장한다.

어머니도 자신의 아이를 분신으로 여기며 어머니와 아이는 서로 필요한 존재가 된다. 아이가 성장하면서 점점 어머니의 손길을 벗어나 타인과 인간관계를 맺으며 살아간다. 어린아이와 어머니 관계의 사랑을 확대하여 이해하면 사회구성원들 간의 상호주관적인 인정관계도 다르지 않다. 즉, 어린아이와 어머니는 상호인정행위자로서 자신의 욕구 충족을 위해 서로에게 의존하고 서로 개인적 경계를 설정할 수 없는 '절대적 의존성'으로 살아가는 것처럼 사회구성원들도 서로 의지하고 인정하며 살아가야 된다.

예컨대, 노인장기요양기관의 노인돌봄이다. 요양시설의 입소노인은 요양보호사의 도움이 없이는 일상생활 유지가 어렵다. 노인돌봄 과정에서 요양보호사가 입소노인을 모욕하고 무시하는 인정훼손이 초래되면 노인돌봄에 대한 다양한 문제를 촉발하게 된다. 또한 입소노인과 보호자로부터 요양보호호사들이 인정훼손을 경험하게 되면 돌봄노동사회화를 저해할 것이다. 요양보호사는 돌봄노동자로서 새로운 직업군에 위치하며 노인돌봄의 국가 정책에 따라 역할을 수행하는 점을 숙지하며 돌봄의 대상자를 인정해야 한다. 또한 입소노인과 가족들도 요양보호사의 돌봄노동을 인정해야 한다. 입소노인도 요양보호사의 역할이 없다면 일상생활이 어려우며, 요양보호사도 돌봄의 대상자가 존재하지 않으면 돌봄역할도 의미 없다. 돌봄과정에서 입소노인과 요양보호사는 위니캇(Winnicott)이 제시하는 어린아이와 어머니의 관계와 비단 다르지 않다. 상호주관적 인정관계가 성립되어 신뢰에 토대를 두는 인정 차원의 사랑이 가능할 때 사회복지실천현장도 건강해진다는 것이다.

사회복지실천현장에서 사회복지사와 클라이언트의 모든 관계는 서로 사랑이라는 인정의 차원을 통해 존중·신뢰할 수 있다. 사회복지사는 존중·신뢰를 통한 따스한 사랑을 담아 전문가로서 클라이언트를 원조한다. 원조과정에서 사회복지사 자신도 클라이언트로부터 존중·신뢰를 동반한 사랑을 기대할 수 있으며, 나아가 사회복지사와 클라이언트는 강한 파트너 관계를 만들게 된다.

따라서 사회복지실천현장은 도움 주는 자와 도움 받는 자 간의 모욕과 무시의 사회적 불인정보다 인정관계가 성립될 때 사회정의를 실현하는 복지국가를 완성할 수 있다.

(2) 인정의 차원 연대

인정의 차원 연대는 개인의 사회적 가치에 대한 인정의 차원으로 연대는 노동운동에서 유포된 개념에서 출발되어 인간의 존엄성을 근거로 하여 '연대의 원칙'과 '보충성의 원칙'이 상호보완적인 관계를 갖는다. 인정 주체들 간의 상호관계에서 개인의 정서적 부분까지 인정 유형의 범주에 위치시키는 것이 연대이며, 연대는 인간이 타인과 사회의 공동복지를 위하여 인간적 우애와 초자연적 우애의 직접적 요구를 가능하게 하는 도구이다(김정희, 2019 : 16). 예컨대 빈민 간 연대, 부자와 빈민의 연대, 노동자 간의 연대는 현대산업 사회가 직면하는 사회·경제적 문제들을 해결하는 도구라는 것은 자명한 사실이다.

또한 연대는 사회적 신념의 과시와 집단의 이익추구에 활용되고, 사회적 책임을 일깨우며 공공복지를 상기시키는 도구로 활용되며, '인간의 상호의존성'을 연대의 시작으로 볼 수 있다. 인간의 상호의존성을 연대의 출발점으로 이해하되, 미시적 연대, 중도적 연대, 거시적 연대로 분류하여 인간의 사회환경 안에서 연대를 이해한다(Hans Braun, 정재훈·김태희 공역, 2006 : 15-18, 김정희, 2019 : 17 재인용).

미시적 연대는 사회적 관계에서 지원과 도움을 받는 행위로서 가족, 친지, 친구들 간의 관계에서 이루어지는 연대를 의미하며, 중도적 연대는 정치적·경제적·사회적 자조 프로젝트 행위이다. 정치적 자조 프로젝트는 노동운동의 특징을 갖는데, 현대 사회의 소수집단 이익을 대변하는 상황에서 찾을 수 있다. 경제적 자조 프로젝트는 협동조합, 소비자 단체, 상호보험 단체, 자녀 돌봄시설 등이 해당된다. 거시적 연대는 주권을 획득하여 국가에 소속되는 국민으로서 노동시장에 진입한 대상자라면 누구나 가입 의무를 갖는 의료보험, 연금보험, 실업보험, 장기요양보험 등의 사회보험 납부의무를 갖는 연대이다.

이렇듯 연대는 사회정의를 실현하기 위한 중요한 도구가 되며, 누구나 지켜야 할 의무로 이해되어야 한다. 사회구성원들이 자신의 입장만을 관철시키기보다 서로 배려하고 이해하며, 모두가 행복한 삶을 누릴 수 있도록 보이지 않는 희생도 전제하는 사회복지실천현장과 사회 안에서 실천하는 것이다.

(3) 인정의 차원 권리

인정의 차원 권리는 인정관계의 산물이며, 인간은 이성을 지닌 모두 평등한 인간으로서 존중받을 법적 권리를 갖는다. 모든 인간 주체는 모든 권리에 대한 담력과 지혜를 가진 사람으로 인정되어야 하는데 이는 개인의 자아실현을 가능하게 하기 때문이다. 또한 '권리인정'은 사회구성원들 각 주체의 인간적 존엄함 속에서 사회적 보호를 의미하며 아울러 모든 인간 주체를 차별 없이 '목적 자체'로 인정하는 것도 의미한다. 권리는 개인의 자유, 생명, 소유권을 국가의 임의적인 침해로부터 보호하는 소극적 형태로 개인에게 부여되는 자유주의적 자유권, 개인의 공공의사 형성과정에 참여하도록 하는 적극적인 권리의 사회복지권과는 구별된다.

마샬(Marshall)은 개인적 권리 요구는 개인의 완전한 사회구성원을 가정하는 보편적 평등원칙을 제시하였는데 18세기 자유권 형성, 19세기 정치적 참정권의 정착, 20세기 사회복지권의 근대법에서 인정의 확장을 이해할 수 있다. 즉, 권리인정은 개인이 사회구성원 모두에게서 존중받음으로써 자기존중을 가능하도록 하는 기제로, 개인의 권리소유는 자기존중과 타인존중을 위한 전제조건이 된다(Axel Honneth, 1992; 문성훈 · 이현재 공역, 2015 : 124, 김정희, 2019 : 18 재인용). 그러므로 권리인정은 사회구성원들의 행복한 삶의 보장을 위한 복지국가의 중요한 도구로 인식되어야 한다.

2) 인정과 분배

복지국가를 완성하려는 국가는 인정과 분배에 대한 논의와 정책적 개입이 필요한 시점에 도달하였음을 인식해야 한다. 1950년 우리나라의 사회복지는 국가개입을 상상도 하지 못했다. 1950년 6 · 25 전쟁으로 산업시설파괴, 주택파괴와 전쟁으로 부모를 잃은 전쟁고아 등 돌봄을 요구하는 요보호 대상자는 사회문제화되었다. 그러나 정부의 개입은 현실적으로 어려운 실정이었다. 우선은 외원단체의 도움으로 최소한의 보호조치가 이루어졌으며, 정부는 경제성장을 위한 안간힘을 썼다.

국민경제발전을 목적으로 5년 단위로 경제개발 5개년이 1962년부터 1986년까지 이루어졌다. 정부주도하의 경제개발과 외국자본의 적극적 도입으로 '한강의 기적'이라는 신조어가 만들어질 정도로 우리나라는 고도의 성장을 이루어 1986년 '아시안 게임', 1988년 '서울올림픽'의 성공적 개최와 국가 위상을 높이는 기회가 되었다. 이렇듯 우리 경제의 발전은 고용주와 노동자의 노고가 있었기에 가능하였으며 복지국가의 대열에 진입하였음을 의미한다.

경제발전은 사회복지법령 제정과 제도로 귀결되어 복지국가의 실현이라는 사회적 과제를 안겨주었다. 이는 경제성장이 사회복지발전을 달성할 수 있다는 필요조건이라는 것이다. 경제성장의 쾌거와 함께 노동자 보호를 위한 사회보험과 공공부조, 사회서비스 실시는 사회구성원들의 삶의 질 향상이라는 목표달성으로 귀결되어 현재까지 이어지고 있다. 그러나 법령과 제도의 시행은 개인의 이익을 중시하는 이익단체의 출현과 타인에 대한 사회적 무시와 갈등 등을 조장하여 사회발전을 위협하고 있다. 또한 노동시장 진입에 대한 높은 장벽은 개인을 빈곤층으로 추락시켜 사회적 비용을 증가시키는 요인이 되고 있어 인정과 분배의 철학적 관점에서 사회복지에 대한 새로운 조망이 필요한데 그것이 악셀 호네트(Axel Honneth)의 인정이론(Recognition Theory)이다.

인정이론은 사회정의의 목적론적 관념으로 좋은 삶에 대한 가설적으로 일반화된 구상, 즉 행복한 사회구현을 위해 사회적 비용을 부담하는 자와 사회복지서비스를 받는 자 간의 상호주관적 인정이 전제되어야 한다. 이는 예컨대 임금피크제, 탄력근무제 등이 고용불안 경감과 함께 더불어 살아가는 사회를 만들어 가는 제도라는 것이다. 이러한 제도는 사회적 합의가 있을 때 가능한 것이며 개인의 입장을 내세우면 결론이 나지 않는 것이다. 예컨대 건강한 자에서 건강하지 못한 자, 부유한 자에서 빈곤한 자에게 소득이전이 이루어지지 않는다면 빈부격차는 더욱 악화될 것이며 또한 높은 소득이 있는 자들이 사회복지예산에 기여하지 않는다면 공공부조 자체가 불가능해질 것이다. 그러므로 사회적 합의에 따라 예산을 확보하고, 확보된 예산으로 취약계층의 최저생활보장이 가능한 기여자와 받는 자 간의 상호인정이 가능하다는 논리에서(Axel Honneth, 2003; 김원식 · 문성훈 공역, 2014 : 230) 인정과 분배가 이루어져야 하며 이는 사회복지권에 대한 인정이며 사회적 약자의 존중인 것이다.

권리를 통해 자율성을 보장받고 실제 사용하기 위해 소득과 무관하게 이들이 최소한의 경제적 자원을 사용할 수 있도록 보장하여 삶의 질 향상을 증가시키는 사회보험과 공공부조, 사회서비스의 목표를 달성할 수 있다. 이는 인정과 분배라는 구조에서 가장 이상적인 모형을 전제해야 한다. 모든 인간 주체는 상호인정이라는 규범적 원칙을 통해 규율되는 사회적 교류형태에 기본적으로 의존하고 있다. 그리고 인정관계의 붕괴나 무시, 모욕 경험을 갖는 것은 개인의 정체성 형성에 해로운 영향을 주고 있어 사회통합을 위해 사회구성원들이 신뢰할 수 있는 상호인정관계를 다양한 차원에서 보장할 수 있는 질서체계가 필요하다.

인정원칙들은 사회구성원들의 다양한 인정형태를 통해 사회적 삶의 연관 속에 편입되는지 이해와 규율 속에서 인정을 통한 질서체계를 전제한다(Axel Honneth, 2003; 김원식 · 문성훈 공역, 2014 : 266). 플랫폼 노동자들의 노동권 불인정, 여성의 돌봄노동에 대한 불인정, 기업의 저임금 비정규직 노동자들의 업적 저평가 등의 문제가 바로 그것이다. 이러한 문제해결의 해답이 인정과 분배이며, 인정과 분배는 복지국가 완성의 핵심으로 악셀 호네트(Axel Honneth) 의 인정이론에서 해답을 찾을 수 있다.

학습문제

1. 복지국가 개념으로 옳지 않은 것은?
   ① 모든 국민이 행복한 삶을 보장하는 국가이다.
   ② 국제사회에서 국가 위상이 높은 국가이다.
   ③ 선택적인 개인의 안녕만을 보장하는 국가이다.
   ④ 사회적 연대가 이루어지는 국가이다.
   ⑤ 사회정의를 실현하는 국가이다.

2. 잔여적 복지제도의 설명으로 옳지 않은 것은?
   ① 모든 국민을 대상으로 서비스를 지원하는 제도이다.
   ② 협의의 사회복지제도이다.
   ③ 욕구충족의 기제는 가족, 시장이다.
   ④ 도움이 필요한 취약계층을 대상으로 하는 제도이다.
   ⑤ 복지제도의 이념은 선별주의이다.

3. 악셀 호네트(Axel Honneth)가 제시하는 복지국가에서 사회적 인정이 중요한 이유를 옳게 설명한 것은?
   ① 복지국가는 사회구성원들 간의 적절한 경쟁이 이루어져야 가능하다.
   ② 복지국가는 사회구성원들 간의 사회적 연대와 사회적 인정이 필요하며 이는 서비스를 주는 자와 받는 자 간의 인정을 의미한다.
   ③ 복지국가는 전문가로서 활동할 수 있는 사회구성원 다수가 존재해야 가능하다.
   ④ 복지국가는 무조건 국민부담률을 높이기 위한 사회적 인정이 전제되어야 한다.
   ⑤ 복지국가는 선별적인 국민의 삶의 질 향상에만 초점을 두어야 한다.

4. 악셀 호네트(Axel Honneth)는 사회구성원으로서 개인의 자아실현을 위해 가장 중요한 요인 제시한 것은 무엇인가?
   ① 정체성 형성　② 미래에 대한 희망　③ 자신의 배우자 선택
   ④ 사회환경　⑤ 네트워크

5. 악셀 호네트(Axel Honneth)가 제시한 인정의 차원으로 옳은 것은?

① 사랑, 연대, 권리

② 자본과 물리적 환경

③ 개인의 출생 순위와 부모의 경제적 능력

④ 아동기의 교육환경

⑤ 영유아기의 가정환경

1. ③ 2. ① 3. ② 4. ① 5. ①

참고문헌

김명근 · 길귀숙 · 박종팔 · 박주현 · 조성상(2014). **사회복지개론**. 양서원.

김정희(2019). 요양보호사의 사회적 인정 개념화 연구 : Axel Honneth의 인정이론 중심으로, 서울여자대학교 대학원 박사학위논문.

김태성 · 김성룡(2014). **복지국가론**. 나남출판사.

Axel Honneth(2003). *Umverteilung order Anerkennung? Eine politisch-philosophische Kontroverse.* 김원식 · 문성훈 공역(2014). **분배냐 인정이냐?**. 사월의 책.

Esping-Andersen, G.(1991). *The Three Worlds of Welfare Capitalism*. Princeton : Princeton University Press.

__________________(1999). *Social Welfare of Postindustrial Economies*. Oxford University Pres s : Oxford.

Heckscher, G.(1984). *The Welfare State and Beyond : Success and Problems I Scandinavia*. University of Minnesota Press.

Chapter

13 자원봉사와 사회복지

1. 자원봉사의 개념

자원봉사란 어떤 일을 대가 없이 자발적으로 참여하여 돕는 것을 뜻한다(표준국어대사전). 자원봉사는 라틴어 Voluntas에서 유래되었는데, volo는 개인 의지(will)라는 의미를 내포하고 있다. 즉, 스스로 자발적으로 어떤 일을 하고자 나서서 다른 사람을 위한 활동이 자원봉사이다(이만식 외, 2017; 천정웅 외, 2020).

자원봉사는 다양하게 정의되기도 하는데, 미국 사회사업백과사전에서는 자원봉사를 어떠한 이득을 얻기 위한 활동이 아니라 사회적인 책임을 수행하기 위한 태도로 행동을 선택하는 것으로 설명한다. 내가 속한 지역 혹은 사회문제에 주인의식을 가지고 해결하기 위해 자발적으로 참여하기 때문에 단순한 주민참여 활동과는 다른 특성을 가진다.

우리나라 시민자원봉사헌장에서는 자원봉사란 시민들이 새로운 천년을 향해 나아갈 기본 방향이며, 인간에 대한 순수한 인도주의의 발로이며, 건강한 사회를 이끄는 등불이라고 정의한다. 또 자원봉사활동 기본법에서는 자원봉사를 "개인 또는 단체가 지역사회, 국가 및 인류사회를 위하여 대가 없이 자발적으로 시간과 노력을 제공하는 행위를 말한다"고 정의한다.

이와 같은 정의를 종합하여 보면, 자원봉사는 자발적으로 참여하고, 대가 없이 지역사회의 요구와 문제해결을 위해 활동하는 공익적 활동이 된다(이만식 · 김성호 · 오단이 · 전구훈 · 원도연, 2017).

지역사회, 국가 및 인류사회의 발전을 위해 시간과 재능을 자발적으로 활용하는 행위는 다양한 사회 영역에서 이루어지고, 사회 전반의 이슈에 관여할 수 있기 때문에 사회봉사라는 용어와도 혼용되어 사용되기도 한다. 그러나 사회봉사는 개인의 자발적 의지를 가지고 수행되는 자원봉사와는 달리, 사회적 공헌이라는 목적하에 수행되기 때문에 개인의 자발적 의지보다 기관의 비전과 목표 달성을 위해 봉사활동이 독려되는 차이점을 가진다(주성수, 2013).

1) 자원봉사의 특성과 범위

자원봉사는 누군가의 요구로 이루어지는 것이 아니라 타인을 돕고자 하는 이타적 행동에서 비롯된다. 그렇기 때문에 자원봉사에 참여함으로써 경제적 이익을 도모하지 않으면서도 사회의 변화를 위해 지속적으로 참여하는 등 다양한 특성들을 포함하고 있다. 많은 학자들을 통해서 자원봉사가 갖는 특성들이 정리되어 소개되었는데, 이들 특성은 자발성, 무급성, 이타주의 등으로 정리되었다. 그 특성들을 살펴보면 다음과 같다.

첫째, 자원봉사는 지역사회뿐만 아니라 자원봉사자에게도 긍정적인 성장에 도움이 된다. 앞서 살펴본 바와 같이, 자원봉사는 지역사회, 국가와 전 세계의 발전에 기여함과 동시에 자원봉사자의 자아존중감 등의 다양한 개인적 성장에 도움이 된다.

둘째, 보수를 받지 않으며, 자원봉사를 통해서 어떠한 경제적 이익을 추구하지 않는다. 다만, 최근에는 교통비 등의 실비를 제공하기도 하는데, 이는 경제활동을 하지 않는 노인이나 아동 · 청소년들의 자원봉사를 독려하고, 이들이 자원봉사에 참여하면서 비용의 어려움을 겪지 않도록 하는 차원에서 이루어지고 있다.

셋째, 자원봉사는 무보수로 이루어지고, 비영리 분야에서 수행되는 특성을 갖는다. 비영리 조직은 사회복지기관, 환경 등 영리를 추구하지 않는 곳을 의미한다. 자원봉사활동이 가능한 비영리조직은 사회복지 자원봉사 인증관리 홈페이지를 통해서도 확인할 수 있다.

넷째, 자원봉사는 일회성이 아니라 일상생활 속에서 일정 기간 지속적으로 이루어져야 하는 것에 있다. 한국사회복지협의회는 주 1회, 3~4시간 기준으로 6개월 정도를 지속할 필요를 제시하고 있다.

다섯째, 자원봉사는 그 활동이나 활동으로 인한 영향이 어떤 개인이나 단체의 이익을 도모하는 것이 아니라 사회에 환원될 수 있는 사회의 공익을 증진시킬 수 있는 내용이여야 한다. 주민의 복지향상, 공동체 의식 함양, 환경오염에 대한 이해를 위한 캠페인 등 사회 구성원 모두를 위한 공익 활동이 자원봉사 활동의 영역이다. 자원봉사활동 기본법에서는 자원봉사활동 범위를 다음과 같이 규정하고 있다.

- 사회복지 및 보건 증진에 관한 활동
- 지역사회 개발·발전에 관한 활동
- 환경보전 및 자연보호에 관한 활동
- 사회적 취약계층의 권익 증진 및 청소년의 육성·보호에 관한 활동
- 교육 및 상담에 관한 활동
- 인권 옹호 및 평화 구현에 관한 활동
- 범죄 예방 및 선도에 관한 활동
- 교통질서 및 기초질서 계도에 관한 활동
- 재난관리 및 재해구호에 관한 활동
- 문화·관광·예술 및 체육 진흥에 관한 활동
- 부패 방지 및 소비자 보호에 관환 활동
- 공명선거에 관한 활동
- 국제협력 및 국외봉사활동
- 공공행정 분야의 사무지원에 관한 활동
- 그 밖에 공익사업의 수행 또는 주민복리의 증진에 필요한 활동

이와 같은 자원봉사 활동 영역과 범위는 자원봉사가 친인척의 도움이나 개인의 사적 이익을 위한 활동이 아니라 사회 구성원의 삶의 질 향상과 공익을 위한 활동이라는 점을 알 수 있다.

마지막으로 자원봉사 활동은 참여하는 개인들이 사회 공익을 위해 기여하고 있다는 긍지와 자부심을 줄 수 있어야 한다. 타인을 위해 시간과 재능을 사용하여 자원봉사에 참여함으로써 폭넓은 인간관계를 경험하고, 새로운 경험을 하기도 하는 등 자원봉사를 통해서 자기만족과 자아존중감 향상과 같은 이익을 얻게 된다. 이 같은 과정을 통해서 타인에게 도움이 되는 과정과 사회문제에 관심을 갖게 되는 등 봉사학습의 과정을 거치기 때문에, 타인에 대한 이해와 배려 등을 익힐 수 있는 교육적 특성을 갖기도 한다(Volunteer Victoria, 2015).

2) 자원봉사의 의의

자원봉사는 민주 복지사회의 근간이 되는 활동으로 다양한 영역에서 다양한 방법으로 수행된다. 시민 스스로가 지역사회의 발전을 위해 이타적으로 행동하는 것이기 때문에 자원봉사는 지역사회, 국가나 전 세계의 긍정적 발전에 기여하게 된다. 또, 자원봉사에 참여하는 개인은 긍정적인 자아형성, 삶의 발견과 성찰의 기회를 얻기도 하고, 소외감과 고독감을 해소할 수 있게 된다.

특히 자원봉사는 연령별로 다양한 개인적 차원의 의의가 논의되기도 하는데, 아동·청소년기에는 자아존중감의 형성이나 비행을 경감시킬 수 있는 요인이 되기도 한다(민원홍, 2018). 청년기에는 전공지식을 실천 현장에서 직접 수행해 봄으로써, 진로 성숙도가 높아지는 효과가 있고, 지역사회를 비롯한 사회문제에 관심을 두게 됨으로써 민주시민이 갖추어야 할 공동체 의식이 함양되는 효과도 기대된다.

더욱이 이 같은 자원봉사는 시간, 노력, 재능을 활용하면서 지역사회 문제 해결에 참여하기 때문에 한 분야에 오랜 전문성을 쌓아오거나 은퇴 후 여가 시간이 많은 노인층의 자원봉사 역시 사회적인 측면과 아울러 개인적인 측면에서 중요하게 논의되고 있다. 노인기는 은퇴 후 사회적 역할의 부재와 단절에서 스스로 고립감을 경험하거나 외로움을 경험하기도 한다. 노인기에는 타인에 대한 의존도가 높아지는 시기로 주로 사회봉사의 대상이라고 여겨지기도 한다. 하지만 기대여명이 길어지고, 65세부터 은퇴를 하게 되는 노인들은 여전히 건강하고, 사회 생활을 통해서 쌓아온 경력 역시 적지 않기 때문에 자원봉사를 통해서 돌봄이나 사회서비스의 제공자가 될 수 있다. 노인의 자원봉사활동은 퇴직 후 생활 적응력을 높이고 상실된 사회적 지위와 역할을 보충하며 지역사회 공동체 의식이나 유대감을 경험할 수 있다는 점에서 성공적 노화의 중요한 요인으로 손꼽히고 있다.

2. 자원봉사와 사회복지

개인이 환경 속에서 잘 적응하고, 행복한 삶을 영위하기 위해서는 사회구성원이 살기 좋은 사회를 만들기 위한 노력과 관심이 필수적이다. 자원봉사를 통해서 사회문제에 관심을 갖고, 지역사회 문제 해결의 주체로 참여하는 것은 복지 사회 건설과 유지의 근간이 된다. 이렇듯 자원봉사는 사회구성원의 삶의 질 보장을 위해 기능하게 된다. 자원봉사 기능을 정리하면 다음과 같다.

1) 자원봉사의 기능

자원봉사는 단순히 개인의 활동에 그치지 않고, 지역사회, 국가적 차원까지 다양한 기능을 수행하게 된다. 따라서 자원봉사의 기능 역시 좀 더 다양하게 논의가 되는데 그 내용은 다음과 같다.

첫째, 최소한 인간다운 삶에서부터 적정한 수준의 삶의 질을 보장하기 위해서는 다양한 사회복지제도가 만들어져야 하고, 이 같은 제도가 작동될 수 있는 기관과 직원이 필요하다. 그런데 이 같은 기관 운영에 소요되는 비용은 사회 전반의 공익에 관여되는 것이기 때문에 사회적 재원이 투입된다. 세금과 같은 방법으로 형성된 사회적 재원은 언제나 부족하기 때문에 적절한 배분을 할 수 있는 전문성이 요구된다.

사회복지 및 관련 서비스 기관들을 휴먼서비스 기관이라고 하며, 이들이 운영되는 상당 부분의 재원이 사회적 재원이 투입되기 때문에 재원의 효율적 사용을 위해서는 더 많은 사람들에게 적절하게 서비스를 제공할 방법을 모색해야 한다. 자원봉사활동으로 서비스에 대한 홍보나 사회서비스를 수행하는 데 필요한 대민 업무 등을 보완하고 지원하는 역할을 수행하는 것이 필요하다. 휴먼서비스 기관의 서비스 대상자들과 인간관계를 형성하고, 사회적 재활 및 사회화를 경험할 수 있도록 지원할 수도 있고, 지역사회에 기관의 활동을 소개하고 알리는 역할 등을 수행할 수 있다. 이와 같은 자원봉사활동은 단순한 행정 지원, 홍보, 안내데스크 등에서 활동하는 것에서부터 일정 부분 훈련이 된 준전문성을 갖춘 자원봉사자의 대면 서비스의 보조 등의 역할까지 다양하게 활동할 수 있다.

둘째, 지역사회 돌봄이 필요한 많은 사람은 자신이 사는 곳에서 도움을 받고 싶어 한다. 거동이 불편하여 일상생활을 유지하기 어려운 상황이나 때로는 가정에서 도움을 받는 것이 더 효과적일 때가 있다. 이 같은 이유로 최근 다양한 서비스 영역에서 가정 방문이 시도되고 있고, 가정에서 어르신들을 대상으로 말벗 서비스를 제공하기도 하고, 반찬이나 청소, 목욕 등을 돕기도 한다.

이와 같이 지역사회의 복지 증진에 자원봉사가 기여하는 바가 크지만, 개인의 자기 계발과 같은 기능을 갖기도 한다. 타인을 돕는 행위는 도움을 받는 사람의 복지나 삶의 질 향상에 기여하게 되지만, 또 타인을 돕는 이타적 행동을 통해서 개인이 성숙하고 발전하게 된다. 인격적 성장과 발달, 잠재력을 실현하는 기회를 얻기도 하고, 사회참여 자체가 외로움을 경감시키는 효과를 주기도 한다. 이 같은 사회적 관계 속에서 경험하는 만족감은 전 생애주기에 걸쳐 공히 적용되는 것으로 알려져 있다.

2) 지역사회에서 자원봉사의 중요성

자원봉사활동은 원칙적으로는 내가 사는 동네 혹은 가까운 지역에서 정착되어야 한다(천정웅 외, 2020). 내가 사는 동네에서 활동하면서 지역주민의 문제와 욕구를 잘 이해할 수 있고, 때로는 도움을 주기도 하고, 받기도 하는 공동체 의식이 향상될 수 있기 때문이다.

더욱이 우리나라는 2026년 초고령사회 진입을 앞두고 지역사회 문제 해결의 당사자로서 지역주민의 자원봉사를 통한 참여가 중요해지고 있다. 초고령사회로 진입은 그동안 우리 사회가 경험하지 못한 다양한 돌봄(care)의 욕구가 발생할 수 있고, 내가 살았던 곳에서 삶을 지속하고자 하는 욕구(aging in place)를 보장하기 위해서는 지역주민의 자원봉사는 필수적으로 요구된다.

그런데 지금까지 우리나라는 지역사회 공동체 형성이 미비하고, 지역 현안의 해결은 중앙 정부, 지방자치단체나 휴먼서비스 기관이나 전문가의 주도하에 이루어졌다. 우리 사회에서 복잡하고 다양한 양상으로 나타나는 돌봄이나 삶의 질과 관련한 욕구와 문제들은 그동안 서비스 제공자로 일컬어졌던 공적 영역에서 주도하여 대응했는데, 더 이상 공적 체계나 정부의 주도하에 대응하는 것은 역부족일 수밖에 없다.

우리나라는 그동안 자원봉사 참여율이 낮으며 다양한 자원봉사 참여 프로그램 역시 미비한 것으로 지적되어 왔다. 일례로 2017년 자원봉사 참여율은 약 21.4%였지만(주성수, 2017), 2020년 코로나19 팬데믹이라는 사회적 재난 상황에서 자원봉사 참여율은 8.4%로 떨어졌다(통계청, 2021). 특히 2018년부터 2020년 사이 성인의 자원봉사 참여 현황은 매년 감소하는 추세를 보였는데, 이 같은 현상은 코로나19의 확산뿐만 아니라 자원봉사 활동의 내실화가 부족한 것에서 기인된다. 시간 인증형과 같이 획일적 봉사활동에서 온라인 및 메타버스를 활용한 다양한 형태의 자원봉사 방법이 개발될 필요가 있다. 더불어 지역사회 문제를 해결할 수 있는 전문적 자원봉사 활동 영역 및 프로그램이 발굴되고 개발될 필요가 제기된다.

3) 자원봉사 활성화 방안 : 멀티패러다임 모델

4차 산업혁명, 저출생과 초고령화 사회의 진입 등 급격하게 일어나는 사회적 변화는 지금과는 다른 다양한 사회문제와 욕구의 출현을 예고한다. 이 같은 문제와 욕구를 해결하기 위해서는 정부, 기업, 시민사회가 함께 역량을 합하여 높은 수준의 파급력을 끌어내야 하는데, 이것을 콜렉티브 임팩트(collective impact)라 한다. 변화하는 사회 구조의 변화는 다양한 복지 및 돌봄 욕구를 발생시키고, 이 같은 사회적 욕구는 중앙 정부나 지방 정부의 주도하에 모든 사회문제나 욕구를 해결하기에는 역부족일 수밖에 없다. 따라서 시민들의 적극적인 사회참여를 위한 노력이 요구되는데 이 같은 사회참여를 위해서는 지역사회를 중심으로 정부, 비영리단체, 학계, 일반 시민들이 함께 지역사회의 변화 과정에 참여할 수 있는 기회와 변화 계획에 대한 공유가 수반되어야 한다.

이렇게 다양한 수준에서 다양한 영역 혹은 섹터가 함께 지역사회 변화를 추동하기 위해서는 자원봉사의 다양한 패러다임 모델을 고려할 필요가 있다. 자원봉사로 참여하는 것은 나와 우리 모두를 위한 공동의 선과 혜택이 공유되는 멀티패러다임(multi-paradigm) 모델이 논의되는데, 이를 위해서는 연령별, 전문적 지식과 경험에 따라서 자원봉사로 활동할 범위가 다양하게 마련될 필요가 있다. 자원봉사의 멀티패러다임이 보장되고, 자원봉사를 통해서 지역사회 긍정적 영향력이 확대되기 위해서는 단계별로 자원봉사의 차원이 확대될 필요가 있다.

첫 단계로는 자원봉사를 독려하고 다양한 활동 범위를 개발할 수 있는 중추기관으로서의 역할을 수행할 기관이 있어야 한다. 현재 우리나라는 자원봉사활동기본법 제19조 및 동법 시행령 제15조에 의해 지역자원봉사센터가 설치・운영되고 있고, 전국적인 자원봉사활동의 허브 역할을 수행하고 있다.

두 번째 단계로는 지역사회 현안 및 자원봉사 활동에 대한 개방적 의사소통을 통해서 동기부여와 자원봉사의 목표 수립 및 문화 창출을 도모해야 한다. 지역사회 현안의 해결을 위해서 지역사회 참여자들이 지역사회 변화를 위한 청사진을 논의하고, 이 같은 의사소통 구조는 개방적인 형태를 유지할 수 있어야 한다.

세 번째 단계는 자원봉사자가 자원봉사를 통해서 각자의 역량을 강화하는 것이다. 도움을 주고, 받는 사람들 간 또는 자원봉사에 참여하는 봉사자 간 자원봉사 역량 강화를 통해서 자원봉사의 경험이 개인의 성장과 발전에도 기여하고, 사회에도 기여할 수 있는 순환적 피드백이 이루어져야 한다.

네 번째 단계로는 자원봉사를 통해서 목표한 바람직한 변화가 실제로 일어났는가를 평가하고, 그 결과를 공유하는 과정을 통해서 상호신뢰와 책임감을 지속해 나가는 과정이 필요하다.

마지막 단계로는 모든 이해당사자들이 사회문제와 그 해결 방향에 대해 합의된 비전과 목표를 공유해 가는 것이다(Kanla & Kramer, 2011) 우리나라의 자원봉사 참여율을 확대하고, 전문성 및 역량을 끌어내기 위해서는 자원봉사 현장의 질적 변화가 필요하다. 노인의 자원봉사 참여를 독려해야 할 현안부터, 생애초기부터 자원봉사를 경험하여 민주시민으로서의 역량을 육성해야 하는 장기적 방향까지 수많은 과제가 주어져 있다. 근자에 들어서 자원봉사가 갖고 있는 사회경제적 파급력을 확인하는 연구가 수행되고 있는데, 이와 같은 과학적 접근을 통해서 자원봉사의 중요성과 위상이 더욱 중요해질 것으로 평가된다.

3. 자원봉사활동의 과제와 전망

'자원봉사진흥 제3차 국가기본계획(2018~2022)'에 의하면, 우리나라 자원봉사의 방향은 시민성과 공공성을 기반으로 자원봉사의 가치 확장과 자원봉사 거버넌스 구현을 통해 자원봉사 생태계를 구성하려는 목적을 갖는다.

국가가 목표로 삼는 자원봉사의 방향은 자원봉사 영역의 성장을 통해서 성숙해진 시민의식과 다채로운 시민 참여를 통해 자원봉사의 양적 성장과 질적 발전을 도모하는 것이다. 실질적으로 자원봉사의 참여율을 높이기 위해서는 자원봉사 활동 영역의 몇 가지 과제를 해결하려는 노력이 필요하다.

첫째, 자원봉사활동의 인식 개선이다. 자원봉사는 자선적 활동이라는 인식 제고를 위해서는 자원봉사에 대한 사회적 인식과 인정을 구체화시키고, 다채로운 자원봉사의 활동과 영향력에 대한 교육과 홍보가 필요하다. 특히 청소년기 학교 수행평가 등으로 수행되었던 자원봉사는 자발적 동기라고 보기 어렵고, 봉사의 내용도 단순 업무에 그쳐서 자원봉사에 대한 생애초기 경험과 인식을 변화시킬 수 있는 적극적인 노력이 요구된다.

둘째, 자원봉사 프로그램의 체계화가 필요하다. 지금까지 자원봉사는 특별한 교육이 필요하지 않은 영역에서 이루어졌지만, 점차 전문성을 갖춘 인력이 다양해지고, 이들의 사회참여를 독려하기 위해서는 전문인력이 참여할 수 있는 다양한 프로그램과 자원봉사 관리 시스템이 구축될 필요가 있다. 자원봉사자가 원하는 욕구를 충족할 수 있는 프로그램 개발이 시도되어야 하고, 자원봉사 참여자의 심리적 보상 등 다양한 보상체계를 구체적으로 논의하여 제시할 필요가 있다. 또 사회취약계층을 중심으로 이루어진 자원봉사 참여 프로그램 영역도 지역사회 현안을 해결하고, 공동체 의식을 함양할 수 있는 영역으로 확대하여 지역사회 당사자로서 전문성을 함양할 수 있는 체계 구축과 다양한 시도가 필요하다.

마지막으로 자원봉사의 활성화를 위해서는 다양한 섹터의 협력이 필요하고, 이를 위해서는 핵심 리더십을 갖춘 전문 인력이 반드시 필요하다. 자원봉사활동의 전문성을 확대하기 위해서는 관주도, 획일화된 접근으로는 민간의 자발적 참여를 독려하기 어렵다. 민간의 자발적 참여를 독려할 수 있고, 이 같은 논의가 개방적 구조 속에서 활발하게 진행할 수 있는 전문 인력의 양성이 병행되어야 한다. 전문인력은 전문가를 새롭게 포진시키는 것을 의미하는 것이 아니다. 다채로운 자원봉사 영역의 확대 및 활발한 자원봉사 참여를 기대하기 위해서는 혁신적 자원봉사 활동의 장이 열려야 하고, 그 속에서 긍정적 측면과 문제점을 도출하여 개선방안을 마련할 수 있는 실험적 시도가 필요하며, 이를 뒷받침할 수 있는 정책적, 제도적 지원이 필요하다(양재모, 2018).

학습문제

1. 자원봉사활동의 원칙이 아닌 것은?

① 무보수성 ② 비영리성 ③ 일회성
④ 자발성 ⑤ 공익성

2. 다음 중 자원봉사에 대한 설명으로 옳지 않은 것은?

① 자원봉사자의 능력에 따라 적절한 일이 제공되어야 한다.
② 자원봉사는 지역주민이 지역사회 행사에 참여할 수 있는 방법이다.
③ 자원봉사는 자발적 선택으로 이루어진다.
④ 친척이나 가족의 요양간호와 같은 일도 자원봉사에 해당된다.
⑤ 동물보호와 같은 활동도 자원봉사에 해당된다.

3. 다음 중 자원봉사활동 범위가 아닌 것은?

① 사회복지 및 보건 증진 활동
② 환경보전과 자연보호에 관한 활동
③ 교통질서 계도에 관한 활동
④ 특정 후보의 국회의원 선거운동 활동
⑤ 공명선거에 관한 활동

4. 자원봉사의 의의로 옳지 않은 것은?

① 청소년기 자원봉사활동은 자아존중감 형성이나 비행을 경감시키는 효과가 있다.
② 자원봉사에 참여하는 개인은 삶의 발견과 성찰의 기회를 얻는다.
③ 자원봉사에 참여하면 고독감을 해소할 수 있다.
④ 자원봉사를 통해서 폭넓은 인간관계를 경험할 수 있다.
⑤ 모든 자원봉사 활동에는 개인의 사적 이익을 추구할 수 있다.

5. 우리나라 자원봉사활동의 발전방향으로 옳지 않은 것은?

① 우리나라 자원봉사는 시민성과 공공성을 기반으로 자원봉사 가치 확장을 목표로 하는 발전계획이 수립되어 있다.

② 자원봉사는 일부 능력이 있는 사람들이 하는 활동이라는 인식을 개선해야 한다.

③ 아동 · 청소년들을 대상으로 강제적으로 자원봉사에 참여할 기회를 제공하여 친사회적 행동을 익힐 수 있는 교육 목표를 달성해야 한다.

④ 더 많은 시민들이 자원봉사에 참여할 수 있기 위해서는 자원봉사 프로그램이 체계화될 필요가 있다.

⑤ 다양한 자원봉사 영역의 확대를 위해서는 정책적, 제도적 지원이 필요하다.

1. ③ 2. ④ 3. ④ 4. ⑤ 5. ③

참고문헌

민원홍(2018). 비행친구가 청소년 비행에 미치는 영향-청소년 자원봉사활동의 조절효과를 중심으로. **교정복지연구**, 57, 31-56.

양재모(2018). 자원봉사활동기본법 개정논의에 관한 검토. **한양법학**, 29(4), 105-125.

이만식 · 김성호 · 오단이 · 전구훈 · 원도연(2017). **뉴패러다임 시대의 자원봉사론**. 학지사.

주성수(2013). **자원봉사 문화와 제도**. 한양대학교출판부.

천정웅 · 김세광 · 안명선 · 문정희(2020). **자원봉사론**. 양서원.

통계청(2021). https://www.index.go.kr/unify/idx-info.do?idxCd=8044

행정안전부(2018). 자원봉사진흥 제3차 국가기본계획(2018~2022).

Porter, M. K., & Kramer, M.(2011). Creating shared value. *Harvard Business Review, 89*(1/2), 62-77.

찾아보기

인 물

골릭과 어윅 ······ 114
노트하우스 ······ 136, 140
르보 ······ 316
마샬 ······ 323
미드 ······ 320
미쉬라 ······ 313
배스 ······ 142
베니스와 나누스 ······ 138
브릭스 ······ 313
브린 ······ 198
샤인 ······ 145
악셀 호네트 ······ 324
에스핑-안데르센 ······ 313
위니캇 ······ 320
윌딩 ······ 317
윌렌스키 ······ 312, 316
조지 ······ 317
코르피 ······ 313
페이욜 ······ 114
하센펠드 ······ 109
헤겔 ······ 320
헥셔 ······ 312

본 문

가족보호 ······ 188
가치 ······ 45
갈등 ······ 324
강제노동 ······ 67
개념적 기술 ······ 113
개방체계이론 ······ 119
개별적 모델 ······ 248
거시적 연대 ······ 322
걸음마기 ······ 180
결과우선 가치 ······ 52
경제개발 5개년 ······ 323
경제성장 ······ 324
경제적 자조 프로젝트 ······ 322
고독사 ······ 302
고령친화산업 ······ 224
고용보험제도 ······ 164
고용불안 ······ 324
고전이론 ······ 116
공공복지 ······ 322
공공부조 ······ 324
공공부조 정책 ······ 168
공공부조정책 ······ 314
공동경작권 ······ 64
공유화 ······ 65
과업중심 리더십 ······ 139
과학적 관리론 ······ 117
관계중심 리더십 ······ 139
관료제 ······ 116
관리기능 ······ 114
관리기술 ······ 112
교정원 ······ 67
구걸면허제 ······ 66
구빈사업 ······ 64
국가개입 관점 ······ 188
국가개입의 관점 ······ 189
국민건강보험제도 ······ 160
국민연금제도 ······ 157
국제노년학회 ······ 198

권리인정 323
근로능력이 없는 빈민 64
근로능력이 있는 빈민 64
긍정적 인간관계 319
기회의 평등 312

낙인효과 316
남성중심 생계 315
노년부양비 212
노노케어 209
노동자 계급 318
노동자법 65, 66
노동통제정책 67
노령 314
노령화 지수 212
노인의 4고 214
노인장기요양보험제도 166
농민반란 66

다문화 관련 정책 275
다문화가족정책 기본계획 286
다문화가족지원법 276
다문화복지 265
다문화복지의 실천 288
다문화주의 267
다문화주의 관련 정책 유형 271
다양성 291
다원주의 모델 273
대리적 서비스 185
대상관계이론 320
도덕적 결함 64
도제생활 68
도제제도 67
독점자본이론 93
돌봄노동자 321
동질론 107
동화주의적 모델 272
드림스타트 181

리더십 136

마르크스주의 318
명시적 다문화주의 정책 유형 273
목표관리 124
무차별의 원칙 183
문화 접촉 268
문화변용 269
문화적 다양성 267
문화적 역량 291
문화적응 270
미시적 연대 322

반집합주의 317
발달 179
방임 189
방임적 접근 유형 273
백년전쟁 65, 66
법령 324
변별적 배제 모델 272
보수주의 복지국가 315
보이지 않는 손 317
보충성의 원칙 321
보충적 서비스 185
보편적 서비스 313
복지 모델 251
복지관료조직 127
봉건제 65
부랑 빈민 64
부랑인 65
북한이탈주민의 보호 및 정착지원에 관한 법률 281
빈민부양 63
빈민세 68
빈부격차 324

사람우선 가치 52
사회계층제 314
사회권 313

사회민주주의 복지국가 ········ 315
사회민주주의 체제 ········ 313
사회민주주의이론 ········ 95
사회보장 ········ 14
사회보장정책 ········ 314
사회보험 ········ 324
사회보험 정책 ········ 155
사회복지 ········ 10
사회복지경영조직 ········ 127
사회복지권 ········ 323
사회복지서비스 ········ 18
사회복지의 가치 ········ 45
사회복지의 관점 ········ 20
사회복지의 기능 ········ 32
사회복지의 목적 ········ 29
사회복지의 실천가치 ········ 51
사회복지의 윤리 ········ 53
사회복지조직의 특성 ········ 109
사회복지학의 특성 ········ 38
사회복지행정 ········ 106
사회복지행정의 가치 ········ 111
사회복지행정의 영역 ········ 112
사회복지행정의 특성 ········ 110
사회사업 ········ 13
사회서비스 ········ 15, 324
사회안전망 ········ 17, 316
사회양심이론 ········ 92
사회적 모델 ········ 248
사회적 무시 ········ 324
사회적 비용 ········ 324
사회적 신념 ········ 322
사회적 연대 ········ 50
사회적 욕구 ········ 10
사회적 위험 ········ 316
사회적 자조 프로젝트 ········ 322
사회정의 ········ 51
사회정책 ········ 67
사회통합 ········ 244
사회환경 ········ 314
산업재해보상보험제도 ········ 162
산업화이론 ········ 90, 91
상대적 빈곤 ········ 313
상품화 ········ 67, 315
상황이론 ········ 119
선별적 복지와 보편적 복지 ········ 25
성문법 ········ 67
성학대 ········ 189
세계아동헌장 ········ 182
소극적 복지 ········ 318
소극적 집합주의 ········ 318
수급권 ········ 316
수단우선 가치 ········ 52
수치심 ········ 316
시민권 ········ 312
시민권 모델 ········ 251
시설 중심 재활 ········ 252
신체학대 ········ 189
실업보험 ········ 322

아동 이익 최우선의 원칙 ········ 183
아동권리보장원 ········ 190
아동권리협약 ········ 182
아동기 ········ 179
아동보호서비스 ········ 187
아동보호전문기관 ········ 187
아동복지 ········ 177
아동복지법 ········ 187
아동정책영향평가 ········ 184
아동학대 ········ 187
아동학대의 재발생률 ········ 189
양모 매뉴팩처 ········ 65
엘리자베스 구빈법 ········ 64
연금보험 ········ 322
연대의 원칙 ········ 321
열등감 ········ 316
영아기 ········ 179
완전고용 ········ 313
외국인정책 기본계획 ········ 284

요보호아동 ······ 64
운영예산 ······ 316
원외구제 ······ 67
위탁가정 ······ 68
유민 ······ 65
유민화 ······ 65
유아기 ······ 179
유엔아동권리협약 ······ 183
윤리 ······ 53
의료보장 ······ 314
의료보험 ······ 322
이익단체 ······ 324
이질론 ······ 107
인간 존엄의 평등한 존중 ······ 243
인간관계(대인관계) 기술 ······ 113
인간관계이론 ······ 118
인간의 발달 ······ 179
인간의 상호의존성 ······ 322
인간의 존엄성 ······ 47, 321
인간적 우애 ······ 322
인권 보호 ······ 289
인두세 ······ 66
인정 ······ 319
인정의 차원 권리 ······ 322
인정의 차원 사랑 ······ 320
인정의 차원 연대 ······ 321
인정이론 ······ 324
인정훼손 ······ 321
인클로저 운동 ······ 64
임금계약제 ······ 65
임금피크제 ······ 324
임상치료소 ······ 127

자기인식 ······ 319
자립생활 ······ 245
자립생활모델 ······ 250
자본가 계급 ······ 318
자본주의 ······ 66
자산조사 ······ 315, 316
자선 ······ 63
자선사업 ······ 63, 64
자신감 ······ 319
자아상 ······ 319
자아존중감 ······ 181, 319
자원봉사 ······ 329, 335
자유 ······ 48
자유권 ······ 323
자유주의 복지국가 ······ 315
자유주의 체제 ······ 313
작업장 ······ 67
잔여적 복지와 제도적 복지 ······ 21
잔여적 복지제도 ······ 316
잠재기 ······ 181
장기요양보험 ······ 322
장애등급제 폐지 ······ 236
장애범주 ······ 234, 236
장애인 ······ 235
장애인·노인·임산부 등의 편의증진 보장에 관한 법률(편의증진보장법) ······ 255
장애인고용촉진 및 직업재활법(장애인고용법) ······ 254
장애인복지 ······ 233
장애인복지법 ······ 253
장애인복지의 이념 ······ 243
장애인차별 금지 및 권리구제 등에 관한 법률(장애인차별금지법) ······ 254
장원 ······ 66
재한외국인 처우 기본법 ······ 275
재활 패러다임의 변화 ······ 247
재활모델 ······ 250
적극적 복지 ······ 318
적정수준 ······ 314
전달체계 ······ 128
전달체계 통합 ······ 134
전달체계의 원칙 ······ 131
전문적(기능적) 기술 ······ 113
전통조직 ······ 127
절대적 의존성 ······ 320

정상화 ··· 244
정서학대 ··· 189
정책분석방법 ··· 96
정치경제이론 ··· 119
정치적 자조 프로젝트 ··· 322
정치적 참정권 ··· 323
제네바선언 ··· 182
제도이론 ··· 121
제도적 복지제도 ··· 316
조건부 수급 ··· 67
조직 ··· 126
조직군생태학이론 ··· 120
조직문화 ··· 144
조합주의 체제 ··· 313
종교적 동기 ··· 63
중도적 연대 ··· 322
중증장애인생산품 우선구매 특별법 ··· 255
지역사회 중심 재활 ··· 252
지지적 서비스 ··· 185
질(Gill)의 분석 틀 ··· 99

참여 ··· 245
철학적 관점 ··· 324
청소년기 ··· 179
초고령사회 ··· 211
초자연적 우애 ··· 322
총체적 품질관리 ··· 123
최저수준 ··· 314
최저임금 ··· 66
친족부양 ··· 68

콜렉티브 임팩트 ··· 336

탄력근무제 ··· 324
탈상품화 ··· 313
태내기 ··· 179

페이비언주의 ··· 318
평균수명 ··· 210
평등 ··· 49, 312
평등원칙 ··· 323

학령기 ··· 181
학령전기 ··· 180
학습조직이론 ··· 123
한강의 기적 ··· 324
항구성 ··· 316
행정관리론 ··· 117
허가장 ··· 66
현대조직이론 ··· 122
확산이론 ··· 92
효율성 ··· 315
흑사병 ··· 65
희사금 ··· 63

1인가구 ··· 299
1차 방어선 ··· 186

2차 방어선 ··· 186

3차 방어선 ··· 187

ICF ··· 237, 241
ICIDH ··· 237, 238
ICIDH－2 ··· 237

POSDCoRBE ··· 114

저/자/약/력

■ **김정희**

서울여자대학교 사회복지학 박사
숭의여자대학교 겸임교수
글로벌복지비전 대표

■ **김숙향**

경기대학교 사회복지학 박사
한국사회복지연구원 원장
경기대학교 행정복지상담대학원 겸임교수

■ **민원홍**

서울대학교 사회복지학 박사
성산효대학원대학교 HYO복지학과 조교수

■ **손선옥**

서울대학교 사회복지학 박사
충남대학교 사회과학연구소 연구원

■ **이은아**

성결대학교 사회복지학 박사
성결대학교 사회복지학과 교수

■ **신경안**

성결대학교 사회복지학 박사
동서울대학교 사회복지학과 교수

■ **김도훈**

숭실대학교 사회복지학 박사수료
행복한동행 대표

사회복지학개론

|공저자| 김정희 · 김숙향 · 민원홍 · 손선옥 · 이은아 · 신경안 · 김도훈

|1판 1쇄| 발행 2022년 2월 26일
|1판 2쇄| 발행 2024년 5월 1일

|발행인| 김 동 훈
|발행처| 공 동 체

|주소| 경기도 고양시 일산동구 호수로 358-39, 동문타워 I 905호(백석동)
|전화| 031) 814-3000(대표)
|팩스| 031) 814-3100
|홈페이지| http://www.compub.co.kr
|전자우편| compub@naver.com
|출판등록| 2005년 10월 6일
|등록번호| 제396-2005-36호

|ISBN| 979—11—6725—129—9
정가 20,000원